读客®图书

STEVEN GERRARD MY STORY

杰拉德自传

我的故事

[英]史蒂文 · 杰拉德 著

张隽恺 译

江苏凤凰文艺出版社
JIANGSU PHOENIX LITERATURE AND ART PUBLISHING, LTD

图书在版编目（CIP）数据

杰拉德自传：我的故事 / (英) 史蒂文·杰拉德 (Steven Gerrard) 著；张隽恺译. -- 南京：江苏凤凰文艺出版社, 2017.9

书名原文: My Story

ISBN 978-7-5594-0756-6

I. ①杰... II. ①史... ②张... III. ①杰拉德－自传 IV. ①K835.615.47

中国版本图书馆CIP数据核字（2017）第154256号

MY STORY
Text Copyright © STEVEN GERRARD, 2015
First Published 2015
First published in Great Britain in the English language by Penguin Books Ltd.

图字：10-2017-209号

书　　名　杰拉德自传：我的故事

著　　者　史蒂文·杰拉德
译　　者　张隽恺
责任编辑　丁小卉　姚　丽
特邀编辑　蔡若兰　黄迪音
责任监制　刘　巍　江伟明
策　　划　读客图书
版　　权　读客图书
封面设计　读客图书　021-33608311
出版发行　江苏凤凰文艺出版社
出版社地址　南京市中央路165号，邮编：210009
出版社网址　http://www.jswenyi.com
印　　刷　三河市龙大印装有限公司
开　　本　680mm x 990mm　1/16
印　　张　25.25+1.5彩插
字　　数　370千
版　　次　2017年9月第1版　2017年9月第1次印刷
标准书号　ISBN 978-7-5594-0756-6
定　　价　59.90元

如有印刷、装订质量问题，请致电010-85866447（免费更换，邮寄到付）

献给我的家人和朋友

作者按

我的第一本书《杰拉德》出版于2006年。这本新书专注于近年来发生的事件，并对我27年的利物浦生涯以及14年的英格兰国家队生涯做出了更深入的回顾，加之一份对我一生的高潮和低谷更为私人的分析。

目录
CONTENTS

序章：滑倒

2014年4月27日，周日

利物浦

坐在汽车后座上，我能感觉到顺着脸颊滑落的泪水。很多年没有哭过了，但是在回家的路上，我却无法抑制住泪水。在利物浦阳光未褪的傍晚，眼眶里的泪水止不住地往下掉。随着我们与安菲尔德渐行渐远，周遭变得非常安静。我早已记不得这段旅程究竟走了多久。我甚至说不出街上到底是拥堵不堪，还是像车里一样空空荡荡。我只感到生不如死。

一个小时前，同切尔西的比赛后，我只想找个地洞钻进去。我们本赛季的倒数第二个主场比赛本该是决定冠军归属的一战。前一场坐镇安菲尔德，我们已经击败了争冠的最大对手曼彻斯特城。我们刚一鼓作气拿下11连胜，只要再赢一场，便几乎确定可以夺得球队自1990年5月以来的第一座联赛冠军奖杯。

24年前的5月，那时我刚满10岁。那支由肯尼·达格利什执教、队长阿兰·汉森率领的球队，是父亲和我心目中的梦之队。那支球队也属于麦克马洪和摩尔比，属于比尔兹利和拉什，属于惠兰和巴恩斯。

即便远在当时我都幻想着今天。彼时那个年方8岁刚刚加入利物浦青训营的孩子，盼望着祈祷着有朝一日，他也能在Kop看台[1]前为球队赢得冠军。我的一线队处子秀是在1998年。那年18岁的我全然不知，当一位33岁的男人在汽车后座上哭泣时，他会是怎样的一种感受。

我感到全身麻木，就像刚失去了一位家人。

好像我在这家俱乐部效力25年的一幕幕都涌现在我的眼前一样，当下午发生的事件在我的脑海中一遍又一遍地回放时，我甚至都不屑去止住无声的眼泪。

我们的对手是一支全线退守的切尔西，穆里尼奥准备好了要阻拦我们的荣耀之路。就在上半场最后一分钟，悲剧发生了。中场线附近一次毫无难度的传球向我滚来——这只是平淡无奇的一刻，争冠道路上平凡的一个台阶。我迎上前接球，脚下打了滑。

一切就在那一刻反转。我滑倒了。我摔倒在地。

球被迅速劫走，切尔西展开了迅雷不及掩耳的攻势。我撑起双腿全力回追。我全力追赶着登巴·巴，如同我命悬此线。我很清楚如果没法赶上他将会面临怎样的结果。但事实就是那么无助，我没法阻止他。

登巴·巴破门得分，一切都结束了。我的滑倒损失惨重。

同在车里的还有我的妻子阿莱克斯，以及我的挚友保罗·麦克格拉滕。阿莱克斯和格拉滕都在极力安慰我、帮助我，他们说:“嘿，局势还会有改变，还有几场比赛要打呢……”

但我很清楚，争冠的命运已经掌握在了曼城手中，而他们绝不会出一丝差错，利物浦已经回天乏术。不会再有伊斯坦布尔奇迹——2005年欧洲冠军杯决赛，我们半场0：3落后意大利的防守大师AC米兰，但我们仍然反败为胜点球击败对手。我是那支球队的心脏，早在那么多年前我就已经是利物浦的一队之长。对阵米兰的起死回生之旅，是我打进了第一球。伊斯坦布尔那个神奇的夜晚，在其他人触碰奖杯之前，我亲吻了欧冠奖杯，一

[1] 译者注：利物浦最为著名的球迷看台。本文注释如无特殊标注，皆为译者注释。

次又一次。

我深知胜利的荣耀，一如懂得失利的绝望。两年之后，又是对阵AC米兰，我输了一次欧冠决赛。我是唯一在联赛杯、足总杯、欧联杯和欧冠决赛都进过球的球员。我在世界杯和欧洲杯为英格兰出赛上百场。我还身兼英格兰队长一职。很快，我们就要远征巴西，参加我的最后一届大赛。

与此同时在利物浦，为希尔斯堡惨案96名遇难者家属的昭雪之战还在继续着。我的表哥，当年只有10岁的琼保罗·吉尔胡利也是惨案的遇难者之一。我们刚刚度过了这次惨痛浩劫的25周年纪念，长久以来遮蔽真相的谎言和掩饰也被全部揭开。

光明与黑暗，喜悦和痛楚，每个人都感同身受。他们并肩而立，相距甚远但又形影不离，如同球门的两根立柱，一同伫立在安菲尔德。

联赛不同于其他的一切。我一直以来都期盼能和利物浦一同捧杯，现在又一次与它失之交臂。我没法控制自己的情绪，泪水缓缓流下，这座我深爱的城市渐显模糊。

我没法原谅自己，一切都在脑海里挥之不去。对我而言这算是家族遗传，但那时我并不觉得我对自己太严厉，或是太过自责。职业生涯一路走来，经历了许许多多伟大的瞬间，也达到了比儿时白日做梦更卓越的成就。对于在利物浦郊区海顿的布鲁贝尔街区长大的我而言，后来参加过的大赛，进过的球简直就像来自另一个世界。我所经历的这些，换作儿时的我想必会目瞪口呆。

毫无疑问，我对利物浦足球俱乐部奉献了我的一切：在训练场上，在将近700场大小比赛中；在场下的时间里，我也作为球队和俱乐部的一分子，为社区和这座城市做贡献。能做的我都已经做了。我已榨干了自己每一分雄心、渴求和希望。到头来，这些还是不足以帮助我们赢得每个利物浦人都渴望的冠军奖杯。

没能一记斜长传跨越半场助攻破门，没能做出关键抢断力保城门不失，也没能弯刀出鞘直刺马克·施瓦泽把守的球门，取而代之的是我滑倒了。切尔西在终场哨响前再下一城，但真正的绝杀瞬间却只是那次幸运天平的稍稍倾斜。

马马杜·萨科的传球，皮球缓缓滚来，接着就打滑了。我滑倒了。

Kop看台，乃至整个安菲尔德都在高唱《永不独行》[1]，但坐在车里，我却感到孤立，感到无助。利物浦的队歌提醒你穿越狂风暴雨也要昂首挺胸；提醒你不要畏惧无尽黑暗；提醒你穿越风雨，即便梦想灰飞烟灭，也要心怀希望大步向前。

我不觉得自己还心存什么希望，反而感觉自己朝着自寻短见的方向去了。

最后我找阿莱克斯谈了谈。我让她给我的经纪人斯特鲁恩·马绍尔打个电话，让他安排今晚离开英格兰的航班。我想远走高飞，不能让我的三个女儿看到我这么失魂落魄。看到自己的父亲如此支离破碎只会给她们平添不安。我必须离开利物浦，因为我仍觉得自己让所有人都失望了。我需要找一个能让我们俩静一静的地方，只有我和阿莱克斯，一座如同鬼城的地方。也许到那时我可以试着埋葬我的痛苦。

我听到阿莱克斯正在和斯特鲁恩通话，但我感到一阵眩晕。汽车加快了速度，不久我们都安静了下来。我迷失在一个刺激又痛苦的赛季所带给我的思绪和记忆中，迷失在一段充满了祝福和爱的职业生涯中，迷失在了我的结局中。在汽车后座上，我擦拭着泪水却依旧湿润了脸庞。

不过，我却知晓，我再也不会感到如此孤独。

---

[1] 利物浦队歌。

第1章　对峙

当我还是个孩子时，每天都会去布鲁贝尔小区我家门口那儿的艾恩赛德路上踢球。那一刻我就是约翰·巴恩斯。他也许要比我年长17岁，肤色也不同，但是在家门口这一大片水泥地上，利物浦最杰出的球员和我就像一个模子里刻出来的。

在我们的小胡同里，我装得和巴恩斯一模一样——技艺精湛、万夫莫敌，是盘带机器也是世界波专业户。对手是我的哥哥保罗和他的朋友们，要知道他们可比我大上三五岁呢。他们抢球很凶狠，时常会带倒我，膝盖立马就皮开血流。我就地起身，忍住眼泪，在这条对我而言像是球场一般的街上再度化身巴恩斯。

上天的安排已经很明显了。约翰·巴恩斯在利物浦穿10号，我家在艾恩赛德路10号。我们都热爱足球。我们都热爱利物浦——尽管他是从牙买加去到沃特福德，再来到默西塞德，而我则在这座城市土生土长。

年少时我很瘦小。有时候我几乎变成了约翰·阿尔德里奇，虽然少了八字胡但满满都是利物浦人式的进球；有时候又变成彼得·比尔兹利，卖弄着相同的小急停急转和传球，尽管我没有他那一口泰恩赛德口音。我也会变成罗尼·惠兰，冷静的中场领袖，或是史蒂夫·麦克马洪，既是下脚凶狠的硬汉又是拉球大师，一口利物浦口音就跟我一样。我练过麦克马洪拉球：一边大步趟球一边又能让球保持在底线附近。我一遍又一遍地重复着这组动作。利物浦的球星们都汇聚在我身上。在我的脑海里，在艾恩赛德路上，我就变成了他们。尽管每一个对手都比我大得多、壮得多，但我的决心从不输给他们。

在我8岁那年，我获准加入利物浦卓越中心[1]。父亲会带我去弗农桑斯特，那是一家坐落于斯坦利公园里的运动中心，现在已经被拆除了。加入利物浦让我们俩都备感自豪。在俱乐部卓越中心，我会身穿利物浦的红色球衣。那些年风雨兼程，大冬天顶着寒冷和冰雪辗转两辆巴士去训练的日子，对我和父亲而言都算不上什么，因为我感觉好像每天都在阳光明媚的日子里踢球。

要是我真的累了——毕竟那时我还小——老爸就会在一旁帮我加油打气。赶上有些天我放学回家告诉老爸，我筋疲力尽实在没力气搭两辆车去桑斯特踢球了，老爸会帮我解决难题。他提醒我："为了利物浦，多累都不算累。别停下。去换身衣服，冲冲头，打点干净我们就出发了。"待我们到运动中心的时候，我早就已经迫不及待想要再次上场了。

我对阿尔德里奇、巴恩斯、比尔兹利、麦克马洪、惠兰这一辈球星的爱从来没有停止过，但随着光阴流逝，当我正青春年少的时候，安菲尔德正在上演另一部梦幻演出。罗比·福勒成为了利物浦的箭头人物，身披标志性的9号球衣。和千万利物浦球迷一样如痴如醉的我，幻想着能和他并肩作战。罗比也来自利物浦，他是我们每个人心目中的英雄。他是那个被唤作"上帝"的托斯德男孩。我想象着自己送出手术刀般的直塞穿越防线，助攻福勒攻城拔寨。我早已深信不疑，我俩双剑合璧必将势不可挡。

梦想成真了。我们没能在彼此的生涯巅峰中成为搭档，但我们做了队友。我们一起效忠利物浦，甚至还一同为英格兰效力。

2013年8月，在利物浦待了整整25年后，一路从青训学院开心的少年

---

[1] Centre of Excellence，足球青训体系的一部分，有天赋的少年球员会在此接受训练。

时代到两年青年学徒计划的欢乐时光、再到成为那支癫狂的欧冠队队长的我，仍然能感受到当年在艾恩赛德路上、在安菲尔德球场里那份不断燃烧着我的炙热情感。我已经33岁了，但仍然是利物浦的死忠粉。我仍深爱着利物浦，以及那些卓尔不凡的球员：约翰·巴恩斯、罗比·福勒和路易斯·苏亚雷斯。

一如我看着巴恩斯和福勒时一样，我在苏亚雷斯身上看到了自己。路易斯曾经也在街头足球摸爬滚打，全身流淌着和我一样的痴迷。来自蒙得维的亚还是来自默西塞德并无区别，我们镌刻着一样的烙印。足球是我们的全部。

路易斯在2011年1月31日加入利物浦。来到梅尔伍德训练场的第一个全职日，他对足球之痴迷已让人有目共睹，让我神魂颠倒。路易斯是那种训练如同比赛一般卖力的人。周二清晨阴雨濛濛的梅尔伍德，和周六夜晚人山人海的诺坎普并无区别。路易斯力争赢下5V5对抗练习，和他追逐欧冠或是世界杯冠军的劲头别无二致。要是他那队在梅尔伍德的对抗赛里败下阵来，他会气冲冲地回家。他总是那么渴望胜利。

我喜欢他那份紧迫感和热情，但最爱的还是他的能力和技术。在我的职业生涯中，我曾和不少耀眼的巨星一同训练，但我一直认定自己也同样高高在上，是最强之一。这份自信必不可少，同时我也希望世界上最好的球员能加盟利物浦。我希望他们能把俱乐部撑到80年代的高度，那个我还是个艾恩赛德路上的小屁孩的时代。自私一点说，我想证明给那些伟大的球星们看，我能和他们并驾齐驱。

路易斯·苏亚雷斯给利物浦和我带来了很多美妙的机会。他还给了我们机会去抗衡曼联、切尔西和曼城这些有钱又有权的俱乐部。训练中、比赛中，路易斯一次又一次地证明了他和其他人可不是一个级别的。我比以往更努力地想要追赶上他——但路易斯确实比我技高一筹。

在一段长达17年的职业生涯中想要挑一个最最出色的队友绝非易事，但当我思考这个问题的时候，答案很快就跃然脑中。在我效力利物浦和英格兰期间有四位出类拔萃的球员。

前三位都曾经帮助我更上一层楼。他们都说西班牙语，提起任何一个都能在我和每个利物浦球迷心中激起一片涟漪。

费尔南多·托雷斯，哈维·阿隆索，路易斯·苏亚雷斯。

另一位是韦恩·鲁尼，同样是利物浦人但却是一位“蓝血人”，一位埃弗顿人，他在2004年从古迪逊公园去了老特拉福德。他也是我心目中的最佳球员。在英格兰的训练和比赛中，韦恩也展示了那份天赋和渴望。

托雷斯，阿隆索，苏亚雷斯，鲁尼。

巴塞罗那在前场能摆出梅西、内马尔和苏亚雷斯这样的进攻三叉戟。或许我也有自己的梦之队：阿隆索和杰拉德坐镇中场，厮杀在战场中央；加上苏亚雷斯、托雷斯和鲁尼突前。

苏亚雷斯是个很真实的人。他可不是什么幻想中的球队的梦幻队员。他靠奔跑压迫对手、争夺皮球，然后继续奔跑——同时他还能做出超神的动作，打入精妙的进球。有段时间和路易斯搭档就像是沐浴在魔法之中。他的天赋让我呆若木鸡。

费尔南多是最接近路易斯的一个。我和他搭档过两年，他让我感到天下无敌。我随时都知道他在什么位置，下一步要怎么跑动。我并不是天生的10号位球员，不过那几年费尔南多帮我找到了感觉。2007—2008赛季，我出任10号位打出了当时个人最佳赛季，这都要归功于费尔南多。

那个赛季我交出了生涯最惊艳的数据——24粒进球9次助攻。每次和费尔南多一起走上球场我都很确定我俩之间总有一个会进球，而且我们会赢下比赛。和苏亚雷斯搭档时也有相同的感觉，和鲁尼之间偶尔也会。时常在大赛前，我会和鲁尼一起走上球场，思忖着：“今天胜券在握了，因为有他在。”

迈克尔·欧文是另一位非同凡响的前锋。我俩都还很年轻的时候就做过搭档。对于身为中场的我而言，迈克尔绝对又是一个梦幻般的存在。

不过说到底，最杰出的还是路易斯。我多么希望能在更年轻一些的时候，在我的生涯巅峰期和路易斯搭档，那样我们必然会是一个现象级的组合。这是我对苏亚雷斯唯一的一丝遗憾。

苏亚雷斯对我有何影响，我来举个例子。2012年3月13日坐镇安菲尔德对阵埃弗顿的比赛中，我完成了帽子戏法。这是默西塞德德比30年来首次帽子戏法，上一次还要追溯到1982年伊恩·拉什在古迪逊公园球场打进三球。有人告诉我这还是安菲尔德球场自1935年来的首个德比帽子戏法。纪录和历史在我对足球的热爱中占据着重要的一环，但即便是亲手书写历史，也比不上当晚和苏亚雷斯同场竞技来得刺激。

那场我入账了不少进球，还都是些挺精彩的好球，这也成为我记忆中最爱的一场主场比赛——不仅仅是因为我们赢了埃弗顿。我喜欢德比胜利的感觉，因为你难以想象埃弗顿球迷让我吃的积年累月的苦头，完全就是人身攻击。所以在他们身上攻入三球的感觉太美妙。更美妙的是，苏亚雷斯一整晚都在我身上挥洒着他舍己为人的魔力。这是一对罕见的组合，一位神奇的球员竟乐意用自己的天赋来为队友助攻，创造进球。伟大的梅西，也有着这份谦逊。

路易斯并不是一位圣人，我不确定他会不会也为丹尼尔·斯图里奇这么做。斯图里奇和苏亚雷斯之间总是有些微妙的竞争关系，但当搭档换作是我，尤其是对阵埃弗顿时，路易斯抛下了自我，选择了帮助利物浦、帮助我，表现出了王者之风。

那些从来没见过路易斯·苏亚雷斯本人却对他无端指责的人，如果有机会看到他毫无己念愿意为球队牺牲自我的精神，或许会大吃一惊。他会跑到自己累垮为止，正如他那晚所做的那样，简直像钻石一般绚烂夺目。我完成了帽子戏法，但是苏亚雷斯在我的周围奔走忙碌，发光发热，一手为我送上了两粒进球。

看苏亚雷斯踢球，每天和他相见，看着他为足球竭尽全力，这些都给我带来了很多美好的回忆。他从不去医务室，他是一位真正的斗士。苏亚雷斯比托雷斯更胜一筹的原因正是他有强大的内心。充沛的精力意味着他不会错过任何一次训练、任何一场比赛。他进球，他助攻，他坚韧不拔，是对手们的噩梦。他时刻准备着。有苏亚雷斯和你同在一队，击败世上任何人都绝非不可能。

2013年8月，利物浦

西德比，梅尔伍德训练基地

每当我看到远处的路易斯，难过和泄气的感觉又会涌上心头。这一幕让我脑袋里翻江倒海，几天以来这都是一种折磨。我随一线队一起训练，而路易斯和我们却相隔两片球场，只有一位体能师相伴。有时只有在我们训练结束之后，他才可以上场活动。利物浦和苏亚雷斯之间的矛盾变得激烈起来。

对此我有些左右为难。一边是俱乐部的美国老板约翰·亨利和汤姆·沃纳牵头的芬威集团，还有教练布兰登·罗杰斯；另一边，在梅尔伍德训练场最远端边线上的，是路易斯·苏亚雷斯。

路易斯对芬威很生气，对布兰登更是气恼。他非常生气，以至于在8月初一整个星期的训练中都毫不出力。路易斯想要表明自己的立场，他对罗杰斯很失望，因为他很确定自己的主教练，或者是芬威集团的某位高层，欺骗了他。

路易斯想要的只有足球，所以他连续一周不训练让我很难过。脑海中不断地盘旋着同一个想法："难不成是有人教路易斯这么做的？"

我不确定到底是谁选择要赶走他，但我觉得布兰登握有最终决定权。他肯定觉得："好吧，要是他这样消极训练，我可没法让他跟队训练。"我能理解他的决定，但我还是觉得我必须有所行动。

路易斯和布兰登之间的隔阂越来越深，这位球员和俱乐部之间的距离也越来越远。我看不到任何让他们重新走到一起的方法。冲突的根源来自阿森纳，他们在低得可笑的首轮报价之后，向利物浦报价4000万零1镑求购苏亚雷斯。

我不知道路易斯的合同里写了什么，但是传闻称任何超过4000万镑的报价都将激活他的解约条款。不过即便如此，阿森纳的报价上所附加的那寒酸的1英镑，仍让人感觉是个非常侮辱人又出人意料的行为。我认为这非常玩世不恭。阿森纳一直以来都非常有风度，他们的主帅阿尔塞纳·温格很优雅，一如阿森纳的球风，球员们也很出色。因为阿森纳行事总是妥善合理，我非常敬重他们——但这次除外。

阿森纳对苏亚雷斯的求购惹恼了老板，路易斯因为芬威拒绝出售他而气急败坏。

整个局面在过去四个月里不断升温。我和路易斯的关系还没有好到我会每天给他发短信或者离开俱乐部后一起吃饭，但是只要我们在梅尔伍德碰头，我们便无所不谈。我喜欢他的个性，他很有感染力，他的英语也一直在进步。路易斯和我互相敬重，我们可以开诚布公地交谈。

在更衣室里我们坐在一起。训练服和背心的号码从1号依次排到37号，不用说，他的7号就在我的8号旁边。我跟他靠得够近，可以面对面问他："怎么了路易斯，最近怎么样？"

一开始只是闲聊而已。路易斯会说："你知道的，有几家俱乐部正在试探我。"要么是，"我想踢欧冠。"

阿森纳风波过去几个月后，我开始担心路易斯会离开我们，因为我知道他的表现有多出色。

到2012—2013赛季结束时，他已经代表利物浦出场96次，打进了51球，其中有30球是那个赛季打进的。我们在主帅布兰登（在2012年夏天继任达格利什出任新帅）上任第一年取得了很大进步，这些进球也是关键因素之一。情况和托雷斯那时很相似。当你的当家射手脚感火烫，几乎场场进球，欧洲顶级豪门就会伺机而动。而当你无缘欧冠，球星又那么抢眼，你就如履薄冰了。面对想要花重金将托雷斯和苏亚雷斯这种球员挖走的死敌，对抗他们绝非易事。

我深知球员成为如此瞩目的话题人物是怎样的感受。2005年，就在我带领利物浦赢得欧冠之后，若泽·穆里尼奥差点就成功说服我离开利物浦。当时我已走到签约切尔西的边缘，但突然间背弃利物浦的念头让我感到恶心。即便我们曾为了续约闹了不必要的矛盾，我还是做了不带一丝悔恨的决定。我将自己献身给了利物浦。当我处在生涯巅峰的时候，那应该是在2006年到2009年间，不断有球队在争取我，我有很多大好机会离开利物浦：切尔西除了这次之外还争取过一次；皇家马德里则有两次，而第二次尤为吸引人，因为穆里尼奥又一次希望我加盟。身披皇马的纯白战袍在伯纳乌为穆帅效力，只有利物浦能让我再次说“不”。

即便到了2012年欧洲杯后，拜仁慕尼黑还接触了我的经纪人。那是我代表英格兰发挥最稳定的一届大赛，我还入选了波兰—乌克兰欧洲杯的最佳阵容。拜仁好奇我有没有兴趣加入他们。就在那个夏天后，他们在雅普·海因克斯的带领下夺得了三冠王，包括在2013年5月的温布利决赛上击败多特蒙德勇夺欧冠。也许我本可以成为那支球队的一员，但八年前拒绝切尔西时，我就已下定决心。我知道自己无法离开利物浦，只要我还在欧洲踢球，我就会一生一队。

我仍能体会被夸奖、被追捧的感觉。我非常仰慕的教练穆里尼奥，在他率领国际米兰夺得欧冠的那个赛季也谈到过想要签下我；巴塞罗那显然也对我有所想法，但我并不确定他们是不是特别感兴趣。我觉得他们也深知我和利物浦的联系有多紧密。

不用说，如果你是一名南美球员，来自巴萨和皇马的诱惑几乎是无法抗拒的。但是阿森纳？要是路易斯离开利物浦去了阿森纳，我会很伤心。

刚开始我置身事外，因为布兰登全权负责整件事。他和路易斯还在商谈。经历了之前费尔南多的种种——那次我拼命想要将他留在利物浦——这次我不想再参与其中了。我自己的状态还是问题，身为队长的我需要站在恰当的立场考虑，对一线队里其他30名队员我也需要承担一份责任。

我在利物浦的漫长岁月意味着我可能和足坛上任何一位队长都有所不同——在英超更不例外。利物浦的球员一直觉得我平易近人，所以他们会来找我答疑解惑，而我则尽力帮助每个人。

我感受到了这份职责的分量。说这是负担也许有失偏颇，因为大多数情况下这更像是一份荣誉。每次走进梅尔伍德基地都会看到我们伟大的主帅比尔·香克利刻在墙上的那段名言。这段话涵盖了香克利精神，作为香帅门徒的我们，每天都会被他所说的话提醒：

> 重中之重的是，我希望这样被铭记：一个无私忘我的人，他的奋斗和忧虑是为了让他人一同分享荣耀；他打造了一个大家庭，里面的每位成员都可以昂首挺胸地说："我们是利物浦。"

比尔·香克利将利物浦从一支第二级别的球队打造成为一家欧陆豪门。他为俱乐部注入了我们所珍视的价值准则。我仅仅是一名球员，但我深谙这段名言的意义。这是一份信仰、一种气质，让我在俱乐部核心区域的小岗位上身体力行。

于是过去的十年里，我身上一直有着一份重任，在利物浦尤是如此。我感到我们热情的球迷需要帮助——其中很大一层含义是，无论是托雷斯也好，苏亚雷斯也好，我都要尽力挽留我们的明星球员。我必须协助教练，同时又要聆听球员的声音。他们不仅仅是队友，有时更是一位朋友。他们在与俱乐部角力时请求我的支援，所以我的处境很困难，感到很有压力——尽管和60年代香克利所克服的挑战相比，这根本算不上什么。

四年里我两次被迫卷入转会肥皂剧。两次我都竭尽全力挽留，前一次是费尔南多，这次是路易斯。这不仅仅是因为这对利物浦而言是正确的选择，自私一点来看，我知道有他俩在阵中，无论作为球员还是队长，我的任务都要轻松许多。

我明白要是没有路易斯，我们的2013—2014赛季看起来注定又会是一个平庸的赛季。有他在，我深信我们能突破此前联赛第七的排名，竞逐前四。就算无法争冠，我们也有能力竞争欧冠席位。我知道苏亚雷斯能给利物浦带来什么。

此前我败下阵来，眼睁睁看着托雷斯前往伦敦。我无法忍受在苏亚雷斯身上再品尝相同的失败，但我真的应该对此承担起责任，因为在路易斯的眼中，我和布兰登还有芬威集团有所不同。他看着我的时候，那种神情让我觉得我还有回旋的余地。我有一线希望，路易斯愿意听我一席话。

没有这份情感纽带，我们将会失去路易斯。若没有苏亚雷斯，我们又将回到一片混乱当中。别无他法，我必须介入，我必须努力找到解决方案。一切都是一团糟。

从前的生活可要简单得多。球员时代最美好的时光还历历在目，它们发生在我半辈子以前。1996年，我只有16岁，我在梅尔伍德度过了青训计划的前两年，除了拖地板、擦球鞋、给球打气，其他时间就是足球、足球，还是足球。

这就是天堂。要是我能重温职业生涯的任何时光，我的选择肯定会是这两年。

那时候没责任也没压力，我们对足球如痴如醉。进入青训计划还意味着我可以免去传统学校那些无聊的课程。现在我明白当初真的应该同时申请上学，因为我有能力也有足够的智商去做到更好。不过当时，我对学校真心无感。我还算有一点动力，但我真该再刻苦一些才对。我觉得自己有机会拿到合同踢上职业足球，而青训计划的那段日子让我品尝到了以足球为生的甜蜜滋味。我从每天可怕的学校生活，转而进入到梅尔伍德为我爱的俱乐部做全职工作。身边围绕的都是我的英雄们。

我每天早上从布鲁贝尔巷搭车去梅尔伍德训练基地。但要是我睡过头了——虽然很少发生，因为我可劲头十足——我就得改变计划转两辆巴士去训练。以我47.5镑的周薪，我可坐不起出租车。

我记得2014年我拒绝了一份去卡塔尔踢球两年的合同，那份报价的净收入是1350万欧元。

有时候，住在福特小区的托米·卡尔肖会捎我一程，他是个一年级菜鸟球员。他从来都不收我给他的油费。托米当时可帮了大忙，时至今日他仍是我的好友。

在青训营我们的工资是每月一发，不过我的父母保罗和朱丽每周能从俱乐部额外收到40镑以补助我的生活开销。一直都很支持我的爸妈也非常大方，要是我在家表现好，他们就会把一周40镑的补助全都给我花。利物浦和爸妈给的这些小钱，对我而言可能比现在那些天才新秀几千镑的周薪来得更弥足珍贵。

一到月末的发薪日，我都会进城买新衣服新裤子，然后就去麦当劳潇洒一番。这意味着剩下三周半我都会身无分文，但我才不管呢，足球能让我坚持下去。

几个死党陪我度过了那段美妙又疯狂的岁月。巴沃（伊恩·邓巴文）和波戈（约翰·博根）很早以前就跟我打成一片了。现在我们不太碰头，但我跟阿莱克斯结婚时，是波戈当我的伴郎。巴沃和我走得最近。他12岁加入青训营，比我晚四年，但我们却一见如故。

巴沃当时是我们的守门员，后来他去了阿克灵顿[1]守门，现在在利物浦柯克比青训营当守门员教练。我觉得现在青训小球员有独立基地，远离一线队真的很遗憾。我认为他们也应该待在梅尔伍德，就像我们当初第一年一样，这样他们就能近距离看看乔丹·亨德森和菲利普·库蒂尼奥这些利物浦新星每天的训练内容了。他们的专注和魔力，只需一点点便能感染小球员，让他们与众不同。

另一点让我感到遗憾的是，现在的孩子太娇生惯养，不会去做我们当

[1] 阿克灵顿足球俱乐部，全名阿克灵顿斯坦利（Accrington Stanley FC），目前在英格兰乙级联赛征战。

时在梅尔伍德那种脏活累活。他们错过了我们擦地板、洗衣服所经历的那些癫狂岁月。除了波戈和巴沃之外，我们的小团体里还有尼尔·格雷格森（格雷戈）、马蒂·卡斯、史蒂芬·赖特（赖蒂），以及迈克尔·欧文——这位金童再过几年就要跟随英格兰闪耀世界杯了，但迈克尔此刻正准备着和我们打成一片，笑作一团。

我们就是一帮球场小流氓，经常作弄“唐大仙”。唐是梅尔伍德孔武有力的球员监护人。那时候我们自以为让唐的生活苦不堪言，我们感觉乐坏了，但事实并非如此。唐是个大好人。所有能做的恶作剧我们都对他做了，从往他的茶包上倒水到关掉所有灯然后朝他砸东西。我们自以为是在恐吓他，逼他生气，但唐还是能让我们继续干脏活累活，就算是泥泞寒冷的冬天也不例外。哪怕有时候我们一拥而上，把这个全利物浦最壮的男人扳倒在地，他也要确保我们保质保量完成工作。有时候我们都笑得人仰马翻了，但唐只是默默起身，提高嗓门让我们继续做苦力。

不同现时，往日那些孩子个个都是纯正的不列颠人。我们有着相同的文化、共同语言和嘲讽精神，一整天都笑话不停，每个恶作剧我都很喜欢——无论是把哪个小伙伴的衣服给剪了，或是我们被谁打击报复了都不例外。更衣室里统共就20个人，清一色的250镑月薪。人人都是穷光蛋，却没有丝毫的压力和负担。

每到周末，我们都等不及要为利物浦青年队出征，和埃弗顿、曼联或是其他死敌们战个痛快。作为青训学员，不是我自大，我看得出我和迈克尔是最优秀的。迈克尔比我大六个月，当他开始进入一线队打比赛后，我更觉信心满满。从一开始我便看到迈克尔是多么成功，这让我确信机会很快就会到来。这份确信让我放松身心，切实地去享受整个学习过程。我能一边梦想着日后过着天天有球踢的日子，一边眉开眼笑地干着我们的活儿。

利物浦传奇球员史蒂夫·海韦、戴夫·香农和休·麦考利，正是这三位教练塑造了我。他们向我揭示了利物浦的精神，在青训营是他们让我相信自己能成为一名职业球员。在他们的指导下，赖蒂和我被邀请和一线队一同训练。

我的艾恩赛德英雄约翰·巴恩斯，此时已接近自己十年利物浦生涯的尾声。曾经还幻想自己就是巴恩斯的我，转眼间正要从他脚下断球。但是“钻头”——大家都这么称呼他——每次都能把我挤开。我从未能限制住巴恩斯，或是断下他脚下的球。我对他也从喜爱转变成了对他绝妙技术的欣赏。

对抗杰米·雷德克纳普就更不走运了，他太强了。杰米很和蔼，他经常把我叫到一边表扬我或是建议我这位中场小将该如何改进，时不时还会送我一双崭新的美津浓球鞋。

罗比·福勒是另一位走进现实的英雄。我对罗比和史蒂夫·麦克马纳曼无比崇拜，因为他们的能力和成就，也因为他们来自利物浦。我的任务之一就是在一线队更衣室门口等他们，让他们给海报、球衣和足球签字，然后拿去送给当地医院和学校，或是拿去义卖。

我可能在青训营着实是个调皮鬼，但只要在福勒或是麦克马纳曼面前，我绝对不会让自己看起来像是傻帽。我敬畏他们，也希望有朝一日能变得跟他们一样，变成能在Kop看台前制造进球、破门得分的利物浦男孩。

多米尼克·马特奥，这位比我年长六岁的苏格兰人，1992年从邓弗里斯空降利物浦。四年后他以后卫身份登上一线队。1996年圣诞节他给了我200镑的分红让我目瞪口呆。所有这些利物浦成名球员都教会我很多，让我知道要善待从青训营一路走来的孩子们。

足球、一线队球星和到处插科打诨对我而言一直都比金钱更为重要。再无聊苦闷的工作，我们也能把它变成一场骚乱。知道每天早晨给梅尔伍德的皮球打气这工作我们是怎么坚持下来的吗？因为只要有一颗皮球不在完美状态，伟大的利物浦老教头鲁尼·莫兰就会罚我们的款。所以才有我们在球室打啊打啊打的情景，并且每次都边笑边叫。因为我们可是伴着乔·科里根的屎臭在作战。乔大爷总是在早晨和厕所有个约会，他最爱的坑位就在球室隔壁。

乔是我们的守门员教练，这位70年代在曼城和英格兰国家队叱咤风云的门神，一定爱死他的谷物早餐了[1]。我们开出经典玩笑的频率有多高，他上厕所的频率就有多高。给球打气时，我们被迫听乔那简直跟时钟一样准点的蹲坑声。更痛苦的是，还要冒着被他的浓郁“毒气”熏死的危险。那间房里还有另外六个人，所以也许不止乔一个人在进行“晨间轰炸”。我们也没兴趣去近距离一探究竟，只是继续笑着打着，打着笑着，伴随着梅尔伍德办公室里恶臭的浓雾渐渐散去。

一阵不同的浓雾在2013年夏天笼罩了世界足坛。少了世界杯或者欧洲杯在休赛期给人们带来的余兴，只剩下又臭又长的转会传闻盘旋不散。无论是报纸、电视还是电台都充斥着各种最新消息和传闻。

这个夏天属于贝尔，属于鲁尼，以及令我很苦恼的苏亚雷斯。

贝尔刚在热刺度过了一个异常出彩的赛季，正受到皇马的密切追踪。大家都知道最后他以超过8500万镑的高价加盟了皇马，但热刺早已准备好能拖几个月就拖几个月，以便将转会费抬到这个疯狂的价格。

鲁尼的处境则让我想到了当年发生在我身上的那出利物浦和穆里尼奥切尔西的肥皂剧。离开英格兰多年在国际米兰和皇马执教的穆里尼奥，那年夏天回到了斯坦福桥。鲁尼和我一样被效力穆里尼奥的想法深深吸引。使整个局面变得更复杂的是，他似乎在曼联和爵爷有所不睦。

弗格森在上赛季结束后退休更使其徒增变数。大卫·莫耶斯离开埃弗顿入主曼联，尝试完成接班弗格森这项不可能完成的任务。曾经在埃弗顿执教过鲁尼的莫耶斯，必须尽力留住这位英格兰头牌。

我被苏亚雷斯的闹剧弄得精疲力竭。这比贝尔和鲁尼的两出边角戏来得更纠缠、更激烈。

大家都知道路易斯·苏亚雷斯来的时候就已经麻烦缠身。他所到之处总是麻烦不断。苏亚雷斯因为在2011年10月对曼联的比赛中种族歧视帕

[1] 麦片在英国人的常识中被认为有利于排便。

特里斯·埃弗拉而被禁赛8场。路易斯始终坚称自己清白无罪，他和利物浦也对禁赛的场次之多表达了不满。

最后，我们熬过了禁赛期。但正当苏亚雷斯状态火热，进球如麻，全身心投入比赛时，更大的麻烦又来了。

2013年4月21日，在安菲尔德对阵切尔西的比赛中，他咬了伊万诺维奇的肩膀。苏亚雷斯双手抓住切尔西后卫的手臂，接着将牙齿深深扎进了伊万诺维奇的皮肤。这件事没有任何辩驳的余地。

当他被宣布禁赛10场时，利物浦再次上诉，其中包括2012—2013赛季的最后四场比赛以及新赛季的前六场比赛，这使得利物浦阴云密布。我把负责开导苏亚雷斯的任务留给了俱乐部，并希望路易斯有一天能学会远离麻烦。

毫无疑问，要是换作一个天赋不如他或者对我们无足轻重的球员犯下如此大的错，我们可能并不会这样支持他，这点我很惭愧地承认。但职业足球的现实就是，俱乐部更愿意帮助那些最能回馈俱乐部的球员，这是一笔残酷的交易。

从个人层面而言，我知道自己除了喜欢路易斯的球技，也同样喜欢他的为人。路易斯为家人和足球而活。他深爱着索菲——他的第一任女友，也是他现在的妻子——还深爱着他的孩子们。除了足球以外，路易斯只想和家人在一起。他的生活就这么简单，这让我很有同感。

家庭和足球也是我生活的重心，但我和路易斯有所不同。我会在利物浦从8岁留到35岁。我对家乡球队的深厚感情寄托是他无法体会的。路易斯从乌拉圭去到荷兰再到英格兰然后是西班牙，但我并不认为他是个雇佣兵，我只看到了一个为了自己和家人，一心想要在金字塔的最顶端踢球的男人。

我们纷纷离开俱乐部参加国家队比赛，然后各自度假。即便置身千里之外，路易斯的蠢蠢欲动似乎还是显而易见。我也无法视而不见，因为几乎和所有球员一样，我也看报纸。我上网搜索全球最新转会新闻，一天又一天，一周又一周，根本不可能错过路易斯·苏亚雷斯的消息。

一切始于路易斯在2013年5月29日接受乌拉圭电台Sport 890的一次采访。苏亚雷斯谈道："我在利物浦很开心，之所以开心是因为那里的球迷。不过我不打算再对英格兰媒体忍气吞声。我和利物浦有合同在身，但你很难对皇马说不。"

西班牙电台为皇马主席弗洛伦蒂诺·佩雷斯播放了这段采访。他把水搅得更混："是的，苏亚雷斯是位伟大的球员，跟卡瓦尼和莱万多夫斯基一样。我们不方便讨论别家俱乐部的球员……不过如果你问我喜不喜欢苏亚雷斯，那么答案是，喜欢。"

一天后，当佩雷斯将注意力转向另一位英超球星后，我总算松了口气："贝尔天生就该为皇马效力。"与此同时，热刺已经全副武装准备好迎接皇马对他们的当家球星倾巢而出了。

6月，蒙得维的亚。在乌拉圭同法国的友谊赛前，苏亚雷斯召开了一次新闻发布会：

> 目前我处境很困难。英格兰媒体对我不好。因为狗仔队，我都没法去我家的花园或者超市。我想要离开英格兰的原因不是钱，而是我的家人和形象。在那里我再也无法感到自在。这和利物浦无关，我只是想换个环境。

到7月初，阿森纳将视线从阿根廷射手伊瓜因移到了苏亚雷斯身上——前者正打算离开皇马。他们向利物浦报价3000万镑，相较于热刺为贝尔标出的8000万至9000万镑价码，阿森纳的报价简直就是开玩笑。

然而，路易斯对Sport 890的再次开口，给我敲响了警钟。在谈及阿森纳的报价时，他说："我不得不好好考量一下。这让我觉得我可以回去从头来过，还有英格兰顶级俱乐部想要我可是个好消息。"

苏亚雷斯的好友兼乌拉圭锋线搭档卡瓦尼给我心头再补一刀："路易斯

一定要踢上欧冠才行。我可以告诉你他对利物浦的爱非常真心实意。如果他们有欧冠可踢，他不会想走。但他知道在职业生涯的这个阶段，他需要打上最顶尖的比赛才行。”

7月22日，阿森纳羞辱性地报价4000万加1镑。老板约翰·亨利异常愤怒，他问道：“‘酋长’那头到底是什么意思？”

我们在澳大利亚和印尼踢季前赛时与路易斯再度聚首。尽管利物浦的全球影响力又再度浮现，他却显然心不在焉。墨尔本一场友谊赛前，9.6万名球迷齐唱《永不独行》，声色场面扣人心弦。我们在泰国人见人爱，在那儿我还被邀请觐见国王。

礼节仪式我都尽职尽责完成，但满脑子想的只有路易斯的事。他私下告诉我：“史蒂文，阿森纳已经开出解约金了，但俱乐部还是不让我走。布兰登和老板骗了我。”

这是他第一次直接来找我谈合同问题，或者任何真正和足球毫不相干的话题。在那之前我和路易斯从来只有说说笑笑，要么就是谈对手球队或是个别球员。我从来没和他谈过经济问题或是我们的合同。球员平时真的不会跟别人聊这些细节。

我的处境非常棘手。我对利物浦的忠诚，和我想要留住路易斯的渴望总是第一位的。但我必须承认，从法律和道德角度而言，我们拒绝出售他可能有失偏颇。

于是我转而谈了谈费尔南多·托雷斯的事。我说：“路易斯你想，就进球能力而言，费尔南多曾是利物浦有史以来最好的射手之一，他备受球迷爱戴。”

安菲尔德对托雷斯的爱称得上痴狂，曾经整座球场齐唱他的专属曲目：

> 袖标证明他是红血人 / 托雷斯，托雷斯 / 袖标书写着永不独行 / 托雷斯，托雷斯 / 我们从阳光明媚的西班牙买来这个小伙，他一拿球就得分 / 费尔南多·托雷斯就是利物浦的9号！

托雷斯2007年刚从马德里竞技加盟利物浦，立马就被Kopite[1]视为“红军”一员。他在利物浦的处子赛季打进33粒进球，被奉若神明，因为安菲尔德素有热爱锋线球星的传统。在我的球迷生涯里这份热爱从未断过，从达格利什到拉什，到阿尔德里奇，到福勒，到托雷斯再到苏亚雷斯。最终托雷斯为俱乐部出战142场打进81球。

利物浦深爱着“圣婴”，很长一段时间里费尔南多也深爱着他们。我有着相同的感受，因为那几个赛季里只要费尔南多在状态，我们似乎战无不胜。

随后情况变得复杂起来。我们不再有欧冠联赛可踢，费尔南多开始施压要转会切尔西。利物浦压根不想和切尔西交易。他们想要留住托雷斯的心情就和我一样急切。

但费尔南多强行推动了这次转会。他还来寻求我帮助他离开利物浦以便能为切尔西效力。我说:“不。听着，费尔南多，我不能帮你走人。我并没有资格做这些决定，我也不想这么做。我希望你留下，因为比起作为这支球队的球员和队长，我更是这支球队的球迷。我没法帮你，因为我不想你离开。”

他摇了摇头。“史蒂文，事情没那么简单。我必须走。”

我能看出他在哽咽。他的经纪人，一个我不太认识的女人，那几天经常出现在俱乐部。所以我知道费尔南多一直在进出教练办公室试图迫使俱乐部放人，我看得出事情进展不顺让他很失落。不过在他对我说出那番话之后，我就知道我们留不住他了。

2011年1月，费尔南多以打破英国转会费纪录的5000万镑的身价转会切尔西，他伤了每一位利物浦球迷的心，包括我在内。让事态更糟糕的是，他在亮相斯坦福桥时说道:“我真的很高兴，因为加盟一家像切尔西这样的俱乐部，我确定自己的职业生涯向前迈了一大步。这是一家伟大的俱

[1] 原指在Kop看台看球的利物浦球迷，后泛指利物浦死忠球迷，也简写作“Kop”。

乐部。”

这番话狠狠地扇了每一位利物浦球迷的脸。当然我和费尔南多的关系还是很好。他是一位益友，而我也知道过去几年他过得很不如意。如果再经历一次那段时光，我相信他会更谨慎一些。我们互通电话聊过很多次，直到后来我感觉到，他后悔离开利物浦。他依然深爱着这家俱乐部，但多数利物浦球迷很长一段时间都对他嗤之以鼻。他们觉得被托雷斯背叛了。每当他跟随切尔西回来的时候，我们都能感觉到球迷的态度。

我对路易斯说："你也想那样吗？在你为球迷奉献了一切，而他们也为你付出了所有之后？你有大把时间先在这里取得成功，然后你可以考虑更上一层楼，但千万别像费尔南多那样毁了跟球迷之间的关系。"

我向他解释了9号球衣在安菲尔德的重大意义以及为什么射手在Kop面前能得到其他人所不曾有的崇拜。他们膜拜球星、膜拜得分手，他们周而复始地带给你支持和鼓励，简直不可思议。

路易斯能切身体会到这份爱，但他还是怒火中烧。形势如箭在弦，但我仍相信还有一线希望，在我如此努力的挽留之下一定还有什么可以做。

其他球员也纷纷提供帮助——卢卡斯、库蒂尼奥、何塞·恩里克，我们都努力挽留他，但随着阿森纳事态的升级，我已经失去控制。路易斯和俱乐部之间的嫌隙，尤其是他和布兰登之间的，已经成为了一条无法跨越的鸿沟。

除了为我们最好的球员操心以外，我在俱乐部还有份非官方的工作。过去十年里，我作为队长承担了另一份责任，我要试着去说服那些好球员加入利物浦。这已成了每年夏天的例行公事，俱乐部会知会我他们有哪位长期目标人选，并要求我去进行联系。他们觉得由我邀请对方考虑加盟利物浦，会更具影响力。

最近一位进入我们视线的球员是巴西中场威廉，他此前刚从顿涅茨克矿工转会去了俄超俱乐部安郅·马哈奇卡拉。那年备战期我们已经错过了一位主要目标——攻击型中场亨里克·姆希塔良，来自亚美尼亚的他在乌克兰为矿工队效力。姆希塔良选择了多特蒙德而非利物浦，我很清楚为什么。几个礼拜前多特蒙德还在欧冠决赛中角逐，那时的利物浦却早早确定无缘欧战赛事了。

对威廉的争取也变得更加紧迫。布兰登和俱乐部都希望我能说服他。我也知道要是我们能搞定威廉，俱乐部也准备为此掏出3000万镑，这些能让路易斯知道我们是认真的。

我沿用了接触明星球员的惯用套路：不直接通电话。我一般会先发一条短信，这样似乎显得更庄重一些，也让球员能在自己最方便的时候阅读我的短信。一通陌生电话感觉有些失礼。

我对威廉也是老办法对待。我先打了个招呼，然后希望他不介意我直接联系他本人。我表达了自己对他的喜爱，顺带提到我知道利物浦已经在对话他的经纪人，还用了标准辞令："要是想聊聊或者有任何问题，随时都可以找我。"

这只是一出老把戏的开场白，威廉的回复又提起了那个老生常谈的问题。威廉对我表达了谢意，随后说了一段中规中矩的场面话："我很愿意和你一起踢球，史蒂文，吧啦吧啦吧啦……但我还得跟另外几家打欧冠的球队谈谈。"

我知道热刺和切尔西也对威廉非常感兴趣。于是我理所当然地表示我很清楚现在的局面，但我接着又干起了我的销售工作："我觉得加盟利物浦对你来说很不错啊。球迷非常棒，球队有着深厚的历史，我们也正在重建球队。在这里你能有所作为，我们也很想得到你。"

我的话也是出自真心，因为只有我本人也看好的球员，俱乐部才会请求我提供帮助。我一直都想通过真诚和尊重来说服他，我从未提及任何与球员在利物浦的经济待遇和合同相关的内容。

威廉随后的短信已经很明白了，甚至在还没有读之前我就能代他写这条信息了。他再次表示能和我同队会很荣幸，但是"我不确定利物浦能为我提供参加欧冠联赛的机会”。

无可厚非。对威廉，对过去几年里我接触过的所有球员，我都没法保证他们能随利物浦征战欧冠联赛。我仅仅能表达，有他的加入，我们能有一番作为，他也会享受为我们的球迷踢球。

这就像一场短信乒乓赛，每次都大同小异。偶尔会有球员说他妻子或是女友更喜欢在伦敦、马德里或者巴黎生活，而非利物浦。言下之意，就是比起利物浦，那些大城市来得更灯红酒绿。这时我就知道买卖黄了。

比起利物浦，威廉可能也更向往伦敦。我们没能得到他。有一阵子看起来他即将加盟热刺，但欧冠席位的老把戏和若泽·穆里尼奥又发挥了魔力，最后威廉去了切尔西。

起码我为下个转会窗准备好了短信套话，谈谈我在利物浦的生活状况。这似乎和当初擦地板、讲笑话的癫狂岁月已经相去甚远了。

2013年8月3日周六，利物浦为我举办了一场纪念赛。赛事筹集了超过100万镑的收入，全都纳入了我的基金会账下，致力于帮助弱势儿童。我们的对手是奥林匹亚科斯，他们没有索要一分一毫的出场费。他们的慷慨意义非凡。

2004年对阵这支希腊冠军时，我打进了那粒所谓“神迹”的进球。当时在欧冠小组赛最后时刻，我打进了一记25码开外的凌空抽射世界波。这意味着我们得以晋级淘汰赛，而那个赛季我们最终夺得欧冠冠军。奥林匹亚科斯在我的职业生涯中一直都占据着一席特殊的地位。

在纪念赛前有件事炒了很久。在一代已经渐渐绝迹的球员中我是最后成员之一，可能还是最为出名的一个——一队之臣[1]。在2013—2014赛季开始前，我为利物浦出战628次打进159球。除了欧冠之外，我还赢得了联盟杯、两次足总杯冠军和几次联赛杯。早在十年前的2003年，我就当上了利物浦队长。此外在2013年6月，我还将合同延长了一年，意味着我将在俱乐部至少待到2015年夏天，这将为我在利物浦长达27年的功劳簿上画下

[1] One-club man，即一生只效力一家俱乐部的球员。

句号。

我为此感到自豪，不过私底下我还是为路易斯以及整出转会闹剧感到揪心。纪念赛那周我们又聊了一次，路易斯说："那个，赛后的聚会我就不参加了，但比赛我会参加。我想为你出赛，史蒂文。"

我并不介意晚上他不来跟我们一起出去混，路易斯从来不去夜店。他非常顾家，只要训练或者比赛一结束，他就想回去陪家人，所以球队午餐或者晚餐他也从不参加。我很尊重作为球员的他，所以我接受他的做法。但他也向我坦言在纪念赛前他感到很受伤很困扰，阿森纳的交易仍然摆在台面上。

路易斯告诉我："我理解球迷现在对我有点失望，但只要我穿上球衣上场就会为球迷倾尽全力。每次训练我都全力以赴，但我不能接受的是有人欺骗我。"

我不知道这是不是真的，我只是祈祷路易斯能留下。对奥林匹亚科斯的比赛中他替补出场时受到了疯狂的欢迎，而他也被球迷的反应"征服"了。

但就在两天之后的周一，我们在安菲尔德进行了一堂公开训练，来了很多球迷。路易斯动都没动。这是他一周罢训的开端，他什么都不想知道，他很不开心，他身在曹营心在汉。

8月7日周三，路易斯用西班牙语通过《卫报》记者——同时也是他的自传作者席德·洛发表了一篇轰动性采访：

> 去年我曾有机会加盟一家欧洲豪门（尤文图斯），而我留在了球队，因为有共识称要是接下来的赛季我们没有取得欧冠席位的话，俱乐部会放我走。我所希望的只是利物浦能遵守约定。我有俱乐部的承诺，我们也有书面合同，我们很愿意把这些交给英超组委会请他们定夺。但我不希望事情走到那一步。
>
> 我26岁了。我需要参加欧冠。我已经等了一年，没人能说上赛季我没有尽全力和队友一起冲击欧冠席位。有人说我应该为利

物浦付出更多，但我在不到100场比赛里进了55球，而且现在他们也能以收购我时两倍的价格出售我。

去年我跟布兰登·罗杰斯谈了好几次，他告诉我："再待一个赛季，我向你保证，要是我们进不了欧冠我个人也会保证你能离开。"现在整个故事都变了，我只希望他们能遵守上赛季的约定。

布兰登和约翰·亨利重申不会出售路易斯，尤其不会卖给阿森纳。也就是从那时开始，布兰登让路易斯在梅尔伍德自生自灭。在向俱乐部、球迷和球队道歉并且同意留在利物浦之前，不允许他回到球队训练。在我眼里，路易斯就像两年半前的费尔南多一样失落。

2013年8月8日，周四
默西塞德，福姆比

阿莱克斯给我泡了茶，她把三文鱼、面条和沙拉放在我面前——这是我最爱的餐点。但那天傍晚我看着晚餐，胃里一阵不适。三个小女儿绕着屋子跑来跑去，踢一颗小球，就跟普通孩子一样。我的脑袋感觉快炸了，我连刀叉都拿不起来，晚餐一动未动。

"怎么了？"阿莱克斯问道，"晚餐有什么不对吗？"

我摇了摇头，感觉我连话都说不出，别说吃饭了。

"是足球的事？"阿莱克斯让姑娘们小声点，然后又问道。阿莱克斯对足球毫不关心，我们的女儿也是，不过她跟我一起生活了那么久，所以很清楚我的情绪波动几乎总是跟足球脱不了关系。我为利物浦感到担忧，无论是俱乐部还是球队。我知道有些球员只考虑自己的状态，考虑如何保全自己在队内的位置，但在家乡俱乐部待了十多年却让我对俱乐部牵肠挂肚。无论我们在场上或者场下有什么问题，我都觉得有义务提供帮助。

我时常会羡慕那些看起来如此无忧无虑的球员。我也明白了为何青训时期能这么开心畅快。任何时候回忆起乔·科里根大叔的毒气都是欢乐的回忆。我厌倦了现代足球的勾心斗角，利欲熏心。

冲突扭曲了2013—2014赛季的备战期。8月本该是任何足球迷最乐观向上的一个月，但也被此无情撕碎。在正式比赛开踢前的时光，原本应该满是憧憬和梦想才对：这个赛季会让心痛如家常便饭般的球迷感受到物有所值吗？

我空洞地注视着我的晚餐，感到迷失在了绝望之中。

距离新赛季开始还有十天。我们的最佳球员，本就已经被禁赛六场而且还遭到俱乐部停训处罚，现在一心要离开我们。

“我吃不下。”我心里想，“我受不了了。”

我把食物推开，我再也无法忍受。拿起电话，我必须给路易斯打个电话或是发个信息。

我决定给他发条简单的消息：“路易斯，这都怎么了？我们得把事情理清楚。”

他立马就回复了：“嘿兄弟，教练骗了我，俱乐部骗了我。”

我又发了一条给他：“我想帮你和俱乐部把事情解决掉。”

路易斯一连发来好几条信息。他很难过，而他的英语即便是在短信里，也因为想要表达自己的失望而变得更为支离破碎。

我给他又发了一条信息。

“明天能聊聊吗，我们早点在梅尔伍德见？”

“好的史蒂文。”

看到他的回复我几乎笑了起来。

梅尔伍德，周五一大清早，利物浦的流放者和他们的队长本不该相聚在此。路易斯被告知在下午我们训练结束之前不准去训练场。但事态已经如此严重，我们应该无视禁令开诚布公地谈一谈。我向教练知会了我的计划。

我先开了口。“听着。”我告诉路易斯，“我不打算帮你离开俱乐部，因为我觉得你做了错误的决定。”

路易斯很安静。

“坦白跟你讲，”我说道，“你应该再留一年。要是你能保持上赛季的状态，那些你真正想去的俱乐部，那些能负担得起你真正价值的俱乐部，会来找你的。”

“万一不呢？”路易斯淡淡地问道。

“他们现在来找你了吗？”

“好吧。”路易斯说，“他们在四下打探。皇马已经转向贝尔，我们觉得巴塞罗那还没准备好。但他们对我有兴趣。”

我以亲身经历告诉路易斯，只要皇马想得到你，他们总是会卷土重来，巴塞罗那也一样。要是他们现在对他感兴趣，下赛季也会感兴趣。他必须相信我，我也有过和他一样的处境——同切尔西和皇马。

我更直接地说：“我所关心的只是你别去阿森纳。我不想和你做对手，而且我知道要是你去了，阿森纳会比利物浦更有优势。这都是真心话。所以我也希望你对我讲真心话，路易斯。你真的想为了阿森纳而离开利物浦？还是你想要离开利物浦而加盟一家超级豪门？”

路易斯迟疑了：“你说的超级豪门是指？”

“好吧。”我说，“当你和我们的球迷建立了深厚的关系，答案很明显。换作是我，为你设身处地地想的话，我只会去两个地方，皇马或者巴萨。我知道这就是你想要的。”

路易斯的沉默说明我说得有道理，说得正中要害。他很认真地在听。

“我曾经有机会去皇马，但我拒绝了。”我解释道，“但我的情况不同。对我来说，在这些球迷面前比赛意义更大，因为他们是我的自己人……”

我的队友点了点头，他明白我的意思。我乘胜追击地说，加盟皇马或者巴塞罗那对我来说有着更大的风险，因为我刚成家。但我知道作为南美人，转会去那里的感觉就和回家一样——尤其如果他加盟巴萨。他的妻子在巴塞罗那生活了多年，他的孩子们都说西班牙语。

我在不断拉近距离，施加压力。“而且如果你在这里再多留一个赛季，”我说，“我知道我们会成为一支比阿森纳更好的球队。”

路易斯看着我。“听着，哥们儿，”我急切地说道，“你就是不能去阿森纳。这对利物浦和我们的球迷都不合理，对你来说也不合理。我觉得要是有人还在对你说你在阿森纳会过得更好，那他正在忽悠你。”

路易斯没有做任何反驳。他没对我说“我喜欢阿森纳，我想去那儿”或是“我觉得他们是家伟大的俱乐部”这类的话。

路易斯知道他能信任我。我将我的计划和盘托出，忘掉阿森纳，再和我们奋斗一个赛季，我们一起好好冲击一下英超。然后自不用说，我们都明白，到时候皇马或者更可能是巴塞罗那再来争取他的话，利物浦就该是时候让路了。

他又轻轻点了点头，但我们俩都还没有笑容。我问他是否能安排他和布兰登谈一谈。

路易斯伸出手来和我握手。“好的史蒂文。”他说道。

我给布兰登发了短信:“我跟路易斯开诚布公地谈了谈。我感觉我们还有回旋的余地。但是不能有任何差错，因为他很生气。你能见见他吗?”

布兰登同意了，然后我安排时间让他们见面。但那晚路易斯给我发了信息，他表示只有我在场他才会去见布兰登。

“路易斯希望我和他一起来。”我告诉布兰登。

“我也是。”他回答道。

见面时，我们三人坐在教练办公室的皮质小沙发上，气氛很尴尬。我们都面带微笑，但路易斯对布兰登的微笑更像是一种威胁。看得出布兰登刚开始不太确定我们打算怎么做。我已准备万全要充当和事佬。这一刻事关重大。

路易斯打算说些布兰登不爱听的话。他已经不知多少次告诉我他觉得布兰登骗了他。

但我还是抱有希望。布兰登很通情达理，也是位对球员很有亲和力的教练。他与带领我们在2005年和2007年两度闯入欧冠决赛的教练拉法·贝尼特斯截然相反。事关胜负的时候，拉法是位杰出的战术大师，但他为人冰冷无情。我喜欢布兰登温和可亲。我还看在眼里的是，直到他们因为转会问题闹翻之前，布兰登对路易斯和我都很好，给了我们极大的尊重。我是俱乐部队长，而路易斯是我们的头牌。

我们的头开得很好，布兰登把握住了谈话的情绪。谈话很快有了进展。我还是有些担心事情会有变糟，因为我不知道他们和老板见面时会谈些什么，也不知道路易斯的合同上都有些什么条条框框。不过在布兰登办公室的谈话进行得跟我所能预期的一样顺利。在我和路易斯讨论的几点上，我们都达成了共识。布兰登说他希望路易斯回到球队，路易斯回应保证会好好训练。最后布兰登承诺，他还会去跟老板谈谈，争取一次性解决问题。我们再次握了握手。

走出办公室时我心情大好，感觉我们有机会重回正轨。

最后的考验来自路易斯归队后的第一堂训练课。当时我们刚完成国家队任务回到俱乐部，路易斯则刚从日本归来——他在那儿跟随乌拉圭打了友谊赛。那周我出任英格兰队长，率队在温布利3：2战胜苏格兰。

我又担心了起来，路易斯不在的时候媒体充斥着各路消息。刚开始路易斯告诉乌拉圭媒体他改变心意的时候我还很宽心："感谢大家的关心，目前我还会继续留在利物浦。"但就在一天之后，乌拉圭4：2赢球，日本京都新闻播报了一段话显示苏亚雷斯否认了自己早先的表态："我没说过……可能是别人说的吧。"

我无法忍受再看着路易斯孤身一人游荡在和我们相隔两片球场的地方，脸上写满了伤痛。

每个人都很高兴见到他，尤其是南美球员和西班牙球员。路易斯和我们的巴西后腰卢卡斯·雷瓦是维系西语帮和南美帮的两大支柱。他们都为路易斯感到难过，也希望他能赶快回到团队中。我感觉到他们指望我能解决这场对立局面。不过卢卡斯在路易斯留队上也起到了很大作用。卢卡斯是个大好人，我太爱他了。

2013年8月16日，训练在周五一大早就开始了。我仔细观察着路易斯，在听过所有自相矛盾的报道后，我并不百分百确定他仍忠心利物浦。

但我错了。路易斯就像着了魔一样投入到训练中。他不停奔跑、飞身抢断、左闪右避，然后又继续奔跑，就像是在提醒我们这段日子是有多么怀念他。他的进取心令人难以置信，而他的天赋甚至比他的投入更夺人眼球。

布兰登和我不断意味深长地互使眼色。有时候我们看着路易斯，不禁咧嘴笑了起来。

路易斯回来了，利物浦和我也回来了。忽然间，在新赛季前夕，我们带着希望和幸福感再度起航。

第2章　风云突变

28年前的1988年8月，英格兰足球的格局相比现在有着天翻地覆的变化。我8岁那年加入利物浦青训时，利物浦是英超卫冕冠军。那年5月他们方才以9分优势力压第二名曼联，夺得第17次顶级联赛冠军。那个赛季，切尔西排名倒数第四，随后又在降级附加赛中不敌米德尔斯堡。1988年5月28日，切尔西跌出顶级联赛。

更显意外的是，距切尔西降级恰好两周前，利物浦在足总杯决赛不敌温布尔登。这场1：0失利使得利物浦三年内两夺联赛、足总杯双冠王的梦想破灭。现在回想起来感到更不可思议的是，利物浦自那以后，只获得过一次联赛冠军——1990年我们的第18座联赛冠军奖杯。

英超联赛成立于1992年2月，那时英格兰顶级赛场上没有一位外国老板或教练。欧西·阿迪莱斯在1993年夏天成为了这个新成立联赛的第一位外籍主帅，海外球员和教练随后也渐渐涌入。五年半以后我完成了利物浦一线队首秀，当时我替补挪威国脚维加德·黑格姆上场，出现在了并不熟悉的右后卫位置上。

赛季开始前，前法国国家队主帅热拉德·霍利尔加入利物浦，辅佐老一辈靴室[1]中坚罗伊·埃文斯。到了11月中旬，霍利尔开始独自执教并给我出场机会。1998年11月29日，我在足球圈遇到过的最亲切的人之一霍利尔，在比赛第85分钟对着站在场边瑟瑟发抖的我说了一番话。当时利物浦凭借保罗·因斯和迈克尔·欧文的进球2：0领先布莱克本流浪者。

“帮我们控制住球。”霍利尔冷静地指挥我，“站住你的位置，直到比赛结束。”

我稳稳停住球，一记简单的传球交给队友，接着又是一传。然后，当我又一次参与到进攻中时，因斯的传球把我送到右路，我打算来一脚传中。结果我踢太猛了，这球都快飞出百年看台[2]了。因斯的表情就像想要杀了我一样。

在霍利尔麾下，我在利物浦的处子赛季共出场13次。与此同时，远方发生了比这令人震惊的事情。1998—1999赛季末，曼联夺得了无上的三冠王荣誉——联赛、足总杯和欧冠联赛。全场比赛85分钟里都落后拜仁慕尼黑的曼联，在伤停补时连进两球加冕欧洲之王。

随后的两个赛季里，曼联完成了英超冠军帽子戏法——让阿森纳连续两年都屈居次席。亚历克斯·弗格森和阿尔塞纳·温格的对决已达白热化，但利物浦的联赛征途却似乎仍只有微微一线光明。在霍利尔麾下，我们在2000—2001赛季夺得了我们的三冠王——联赛杯、足总杯和联盟杯。这是我球员生涯的第一份荣誉。那年我们在联赛也排名第三。

十二个月后，我们成为了亚军——距离阿森纳7分之遥。接下来的2002—2003赛季，曼联再度夺冠，阿森纳排名第二，而利物浦则滑落至第五。切尔西压我们一头，从我们手中“偷走”了一个欧冠参赛资格。

就在那时起，2003年夏天，英超的一切都彻底改变了。俄罗斯富豪罗

[1] Boot Room，原本是安菲尔德看台下用于存放球员战靴的房间。从香克利时代开始，教练组经常在此饮茶讨论训练和比赛。渐渐成为利物浦传统，并成为利物浦智囊团和教练文化的象征。

[2] Centenary Stand，安菲尔德球场的四面看台之一。

曼·阿布拉莫维奇收购切尔西，这次震荡堪称恐怖。但这只是海外资金掌控英超的开端而已，对利物浦和我而言，局面很快便变得更糟——糟糕得多！

当敌对球迷指出，在过去效力利物浦的17个赛季里我从未拿到过一块冠军奖牌时，我保持沉默。但现在我可以说出我之所以没能随利物浦夺得一次联赛冠军的原因是他们：切尔西的罗曼·阿布拉莫维奇和曼城的曼苏尔酋长。

我也接受我得看看自己身上的问题的意见。我承认要是球队和我自己表现得更好，或是在那么一两件事上有所改变，又或是运气更好一些，我们说不定已经夺冠了。但过去十几年间，外资掌控的俱乐部确实给英超带来了巨大的冲击。

阿布拉莫维奇入主切尔西的记忆还历历在目。那时我刚满23岁，已经明白足球和金钱意味着什么，以至于我看到新闻时便破口大骂。

刚开始会想："这会持续多久？他会觉得无聊吗，或者这是真的吗？"但到第二个赛季开始，阿布拉莫维奇仍然在位。2004年5月，他聘请了世界上最好的少帅之一，若泽·穆里尼奥。穆里尼奥刚率领波尔图赢得欧冠冠军，他大摇大摆地走进伦敦城，称自己是"特别的一个"。我内心更觉低落。

看得出穆里尼奥自带赢家光环，在他背后则是足球世界财力最雄厚的老板。你很难不为此感到泄气。

如果你是我，你就知道在联赛夺冠这件事上已经歇菜了。我还知道，想要赢得英超以外的奖杯，我也必须要战胜切尔西和阿布拉莫维奇。

我一时无法接受。在利物浦我们已竭尽所能追赶曼联，除此之外还要对付阿森纳。2001年当他们的"无敌舰队"[1]开始成形之际，我们从他们手上夺走了足总杯冠军。凭借欧文在最后7分钟的两粒进球，我们后来居上。阿森纳是一支强队，但我们攻其不备，带走了我个人第四项锦标。那

[1] 阿森纳在2003—2004赛季以不败战绩夺冠，这支球队后来被称为无敌舰队（The Invincibles）。

时的英格兰足球格局更为开放。

在2003—2004阿布拉莫维奇的第一个赛季，阿森纳给出了一份无法更好的答卷，他们一场不败地拿下了联赛冠军。枪手的战绩太夺人眼球，而切尔西和曼联分居二三。我们位居第四让人略感失望，丢人地落后阿森纳整整30分。

霍利尔在2004年5月离开俱乐部，由拉法·贝尼特斯接过教鞭。我们重拾信心，因为拉法是位卓越的战术大师，他刚带领瓦伦西亚夺得联盟杯和西甲双冠王。这是他们第二次随拉法力压皇马和巴塞罗那夺得西甲冠军。

随后的赛季里，英伦足坛又迎剧变。经历了弗格森和温格旷日持久的对抗，穆里尼奥和贝尼特斯的到来将其变成一场更为激烈有趣的混战。拉法带队的第一个赛季，我们夺得了欧冠，但我们在同城较量中竟屈居下游。切尔西赢得冠军，随后是阿森纳、曼联和埃弗顿。埃弗顿以3分优势让我们只获得第五名。

经历了与阿布—穆帅组合初期的摸爬滚打之后，我们自觉已准备好和富豪们一决高下了。2005年2月，我们在联赛杯决赛不敌切尔西，那场比赛我进了一粒乌龙球。但当我们在欧冠半决赛遭遇穆里尼奥处子赛季的切尔西时，我们表现得毫不畏惧。在斯坦福桥的首回合比赛前不久，我刚从嘴里移除了一块疼痛化脓的肿块，但我仍然出场比赛了。那是场侧重防守的比赛，看看双方教练是穆里尼奥和贝尼特斯就毫不意外了，我们很高兴比赛以0：0收场。

2005年5月3日安菲尔德的主场一战被渲染成平民俱乐部对抗富豪俱乐部，来自利物浦球迷的助威创造出一种令人难以忘怀的氛围。那可能是我职业生涯最为吵闹的一个夜晚。比赛第4分钟，约翰·阿尔内·里瑟穿裆过掉弗兰克·兰帕德后沿边路飞奔。他传中过来，我轻巧地挑给米兰·巴罗什。但切尔西门前的彼得·切赫带倒了自己的捷克老乡。当我们都在举手示意点球时，路易斯·加西亚从人丛中杀出将球垫进切尔西大门。威廉·加拉在球似乎刚过门线的一刹那将球踢出。这时哨声响起，我们全都蒙了。最后主裁卢博思·米歇尔的手指向了中线，我们才反应过来：这球判进了。

切尔西非常愤怒，尤其是穆里尼奥。他对这粒“幽灵进球”大发雷霆，随后的十年里也不断提起，但他无法改变比分。他们的抗议忽略了切赫本该因为放倒巴罗什而被罚下的事实。切尔西本该十人应战而我们会获判一粒点球。真正重要的只有我们1：0战胜切尔西跻身欧冠决赛。他们那年损失了破纪录的1.4亿英镑，但这似乎毫无意义，因为阿布拉莫维奇能轻松解决。

想要在整个赛季里匹敌阿布拉莫维奇的财力可能很难，但我们证明了我们能在两回合的激烈交锋中胜出。拉法在赛前告诉媒体："我看着史蒂文的双眼，我看到了决心。"此话不假，战胜切尔西、为利物浦拿下欧冠联赛的渴望在我心中燃烧，欧战荣誉对每一个深爱这家俱乐部的人而言都意义重大。我们都准备好了。

欧冠给我们带来了希望，盼望即使对阵阿布拉莫维奇的金钱攻势——他们每年夏天都花1亿英镑买人——拉法或许也能够组建一支球队在未来的一个赛季超越切尔西。拉法确实做到了。2009年5月，我们的排名力压这支伦敦球队。虽然曼联仍然战胜了我们夺得了冠军，但起码我们向自己证明了我们能在一个赛季里比切尔西拿到更多的积分。

但就在转瞬之间，原先的等式里又杀出了一位阿拉伯王子。亿万富翁的故事再度上演。

当2008年9月1日阿布扎比联合财团宣布收购曼城时，我的感觉并不如当年阿布拉莫维奇进驻英超那么撕心裂肺，我反倒有个邪恶的念头：为什么他们不直接飞来利物浦在安菲尔德降落呢？

我们的俱乐部曾归属于当地家族。1991年，约翰·摩尔斯将俱乐部控制权交给了侄子大卫·摩尔斯。大卫·摩尔斯是位正宗绅士，我很敬重也很爱戴他。但无可避免的是，他的财力无法跟阿布拉莫维奇之流同台竞技，2004年他将俱乐部挂牌出售也验证了这点。大卫知道俱乐部需要新的投资来达到新的高度，他很坦白地对我承认了这点。

身为利物浦队长，我的职责之一就是和潜在的新老板交谈。迪拜国际资本这家公司看起来对收购俱乐部非常感兴趣，但他们在2007年1月撤回了报价。而后，对俱乐部的注意力从迪拜国际转移到了两位美国人身上——汤姆·希克斯和乔治·吉列，两人最终在2007年2月6日买下了俱乐部。我和他们有过几次会面，刚开始感觉这是一次激动人心的发展，我做过我们说不定也能和阿布拉莫维奇掰一掰手腕的美梦。

但不到一年半时间，拉法已经同他们开战，不久后希克斯和吉列还闹起了内讧。整个乱子最后上了法庭，我的美梦变成了噩梦。当芬威体育集团于2010年从“厄运二人组”希克斯和吉列手中收购球队的时候，我大大地松了口气。芬威的两位创始人约翰·亨利和汤姆·沃纳与他们很不一样。

2013—2014赛季之初，即便已经在芬威集团旗下度过了三年多的稳定管理，利物浦想要和阿布拉莫维奇、阿布扎比竞争还是难上加难。想要扳倒几个寡头绝非易事。

曼联是第一家被海外资本攻占的俱乐部。马尔科姆·格雷泽家族在2003年初从他们强大的坦帕集团斥资收购了他们在曼联的第一笔股份。随着格雷泽家族不断强化控制，直至最终举债完全收购曼联后，愤怒的情绪在他们的球迷中蔓延。我能理解为什么球迷很愤慨俱乐部要为格雷泽债务的几百万利息买单，因为是他们创下了这个后来被希克斯和吉列复制沿用的错漏百出的商业模式。这投射出了英格兰足坛正被以一种怎样的方式重塑。

但我从来没有认真思考过格雷泽家族和曼联的事。我对他们怎么做生意毫无兴趣，我对他们的一切都不感兴趣。要是我碰巧看报或者上网看足球新闻，我一般都会跳过任何跟格雷泽、阿布拉莫维奇或者曼苏尔酋长相关的文章，没兴趣看。我已经知道他们让我在利物浦的球员生活无比艰难了。我无须知道他们是怎么得到俱乐部控制权的。我更感兴趣也更关心的是球场上的比赛，无论是在安菲尔德还是在老特拉福德、斯坦福桥，或者是在最近才被冠名的伊蒂哈德球场和酋长球场。

2013年8月，苏亚雷斯闹剧最终平息，但四下看看，到处都是暗流涌动，充满了不确定。穆里尼奥回到切尔西，但斯坦福桥此前一个赛季并不太平。球迷很讨厌贝尼特斯出任球队临时主帅。即便夺得欧联杯冠军，切尔西球迷还是对拉法冷眼相待。他们因为他的利物浦背景以及同穆里尼奥的口角而憎恶他。切尔西那年只拿到联赛第三。穆里尼奥提醒球迷，他可能需要一个赛季来重获对俱乐部的控制。

阿森纳错失苏亚雷斯，就在他们即将斥巨资从皇马阵中挖来梅苏特·厄齐尔之前，他们的球迷对温格立起反旗。他们看起来又准备来一场神经紧绷的争四大战。

曼城也不稳定。他们解雇了罗伯特·曼奇尼，用曼努埃尔·佩莱格里尼取而代之，智利人离开马拉加来到了曼彻斯特。佩莱格里尼是位非常出色的教练，但一切都没有定数。很难预测一位来自不同联赛的新人将如何适应英格兰足球的龙卷风。曼苏尔酋长和他的幕僚在进行了上亿的投资后，想必对持续成功迫不及待，尤其在欧战赛场上。

老特拉福德的情况就更耐人寻味了。这是二十六年来的第一个夏天，没有亚历克斯·弗格森在曼联为又一座联赛冠军运筹帷幄，指点江山。弗格森的伟大无可否认，他的冠军清单告诉了你所须知的一切素养。即便在我职业生涯1998—2013年期间，我们也被他完全压制——此间他赢得了9次英超冠军、2次欧冠冠军、2次足总杯冠军和2次联赛杯冠军。弗格森总共将曼联送上冠军宝座13次。算下来平均每两年就有一次联赛冠军。

我对他的继任者大卫·莫耶斯很熟悉。在他执掌埃弗顿的十一年间，我们聊过几次足球，我一直都被他在足球方面的知识和见地所打动。但很明显，取代弗格森对莫耶斯来说是项空前巨大的挑战。到8月中旬，他和曼联董事会看起来在转会市场上只打雷不下雨。

在所有的未知因素中我感到了一丝机遇。我希望这四家经常和我们排名临近的俱乐部中至少能有一家会摇摇欲坠。

在梅尔伍德过去的15个赛季里与我形影不离的人已经离去。詹米·卡拉格，我的好朋友兼好队友也退役了。他在2013年5月19日完成了代表利物浦的最后一战。那天正好也赶上弗格森执教曼联的最后一场比赛。毫无疑问，大多数的焦点都聚集在爵爷身上，但我觉得卡拉[1]的最后一战也大获全胜。

在两位最后的一天里，卡拉很高兴在安菲尔德1：0拿下了女王公园巡游者。他也险些打进一粒精美绝伦的进球。我想他肯定是穿了我的战靴才踢出了那么漂亮的一球。同一天下午，弗格森督战曼联5：5客场战平西布朗。总而言之对卡拉——我的这位队友，这位不朽的后防大将——来说，他显然是把爵爷比下去了。

整个夏天我都很怀念卡拉。如果他还在梅尔伍德，在苏亚雷斯的事上他肯定会为我分担一些责任。他还会不停在我耳边嘀咕，兴致勃勃地谈论着足球。他聪明又犀利的观察总是合理无比。

算上最后一战，卡拉总计为利物浦出战737次，仅次于伊恩·卡拉汉，位居历史第二。我在俱乐部历史出场排行上位列第三，但是因为比卡拉小两岁，在2015年2月之前我都没法跨过700场大关。我们俩是利物浦一生一队的最后两位守卫人。

当英格兰足球正改头换面，发生天翻地覆的变化却又时而充斥着贪婪和自私之际，我和卡拉仍旧从一而终。利物浦贯穿着我们两人的内心。卡拉在35岁的“高龄”比我先一步离开。我那时33岁，终点已渐渐临近。但我还想最后一搏，为了我和卡拉，也为了整支利物浦。

我和他是多年室友，在每场比赛前的大巴上也和他邻座。我们会滔滔不绝地谈论足球，谈论接下来的比赛还有我们必须要赢下的球队和球员。然后突然间，他就走了。

我们一同分享所有伟大的时刻和癫狂的胜利，也相互扶持撑过失利的苦涩。利物浦输球的时候只有卡拉会像我一样低落，无论坐大巴还是搭飞

[1] Carra，卡拉格的昵称。

机，我们一起度过回家路上的痛苦时光。没有其他人像我们一样沉重，因为我们承担着对球迷和俱乐部的责任。利物浦占满了我们的整个生活。

卡拉比我先一批进入梅尔伍德。我那届有几个不错的苗子，但卡拉那届是青年队中的佼佼者。他们是青年足总杯得主，我记得他们击败了一支非常强大的西汉姆青年军，弗兰克·兰帕德和里奥·费迪南德都在那支球队。但卡拉所在的也是一支伟大的球队，记得有斯图伊·奎因、艾迪·特金顿、詹米·卡西迪、李·普赖尔、大卫·汤普森和卡拉。有段时间我觉得汤普森是我在利物浦见过的最强的年轻球员。还在读书的时候，我就会去看他打预备队比赛。他非常棒。

汤普森是卡拉的死党。卡拉、汤普森、卡西迪和普赖尔教训起我们这些后生来毫不留情。卡拉是里头嗓门最大也最强硬的一个。

我还记得卡拉第一次和我直面对话的情形。当时我在梅尔伍德给他擦地板，他刚拿到第一年职业合同，是一个彻头彻尾的“自大狂”。利物浦每个刚拿到职业合同的球员，鲁尼·莫兰都叫他们自大狂，卡拉也是不折不扣的。他知道我那时候一周只拿47.5镑，对于我只是学徒而他是职业球员这件事津津乐道。我必须把更衣室地板上他的汗水和鞋底的泥巴都抹干净。但也是这个卡拉，总是出口成脏。

他对我的发型很有意见，老是对我的刘海指指点点，因为那时候我还不用什么美发产品。我一般起床后抓两把刘海就完事了。谁会在意我的发型？我对足球着了魔，17岁那年又没人想要我的照片。卡拉会看着我的刘海，每次都是同一句话:“你这又是那拿屁股梳的头吗？”

早年我被卡拉还有其他所有一线队的老队友骂了个遍。这就是足球的一部分，等我退役之后一定会很怀念。这也是为什么在2013年那个痛苦的夏天我会如此怀念卡拉的原因。没人像他那样尖锐好斗。我为苏亚雷斯的事情烦躁的时候，要是有他在身边就好了。

2004年，丹尼·墨菲离开利物浦的时候正好赶上迈克尔·欧文离队。迈克尔和卡拉走得很近。他们是好搭档，就像我和丹尼一样。我们四个经常一起上街。不过那时候我绝对跟丹尼更聊得来。当他和迈克尔离开后，卡拉和我成为了好朋友。他来自布特尔，还是个埃弗顿球迷，而我来自海顿。我们就是两个为足球痴狂的利物浦人，所以为什么我们处得来就一目了然了。我早就知道卡拉这人很聪明，但还是要赞赏他的机智。卡拉牙尖嘴利，但更好使的是他的脑袋。

卡拉的记忆力和对足球的执恋都非常可怕。如果不踢比赛，他就会去看球、聊足球或者读些有关足球的东西。卡拉甚至比我对足球还着迷，而且总是想赢，训练中为了赢下五人制比赛他很乐意作弊。比赛中你也能看得到，他总是盯着裁判喋喋不休，想要找点优势。

因为一些奇怪的原因，总是有很多传闻说我俩在训练场上打架。我们只是顶顶牛而已。让我更生气的是，在他们意淫出来的斗殴当中，赢的那个总是卡拉。以后我可要严阵以待，尤其现在卡拉可是跟着全利物浦最好的拳击手托尼·贝柳在练把式[1]。

卡拉是位出色的球员。这位当地男孩在金钱涌入足坛之际取得的这番成就叫人赞叹。在我们三年两进欧冠决赛的那个阶段，利物浦可以买来世界上任何一个后卫，但没人能取代卡拉在我们后防核心地带的位置。

他渐渐成为全欧洲最好的后卫之一。没有卡拉坐镇，我们的欧冠之旅不会如此成功。包括我在内的很多球员，因为进球和那些高光镜头获得人们的喝彩，但是是卡拉在后场一场又一场、一年又一年地支撑着我们。十多年来他的状态都很稳定，但我觉得有几个赛季他跟阿莱桑德罗·内斯塔和约翰·特里一样处在顶尖行列。我一直觉得特里是我这一代最好的后卫，但卡拉有几年的状态跟特里和内斯塔有得一拼。

伊斯坦布尔120分钟的欧冠决赛很好地总结了詹米·卡拉格以及他对利物浦的意义。那晚他付出了一切——汗水泪水，流血抽筋。这是拼死到底的精神，卡拉的球袜卷到膝盖，一次次用英勇的抢断阻止卡卡和安德烈·舍甫琴科。卡拉在赛后表示比赛时他的腿在抽筋，这比拖着条断腿打

[1] 卡拉格退役之后，在利物浦当地贝柳开的一间健身房里健身。

比赛更困难。只有卡拉心里清楚自己所说的是什么意思——有次他在同布莱克本的比赛中断了腿但仍坚持比赛。当然了，当时他并不知道伤势如何，心想可以忍住疼痛。卡拉就是这样，他时刻准备着为俱乐部赴汤蹈火。

他的最后一个赛季过得很煎熬。我能看得出，新年之前一直不能在球队的阵容中，让他痛不欲生。卡拉和我一样，他的一周从周一早晨开始，那时他已经开始期待下一场比赛了。他会做所需的一切，他会努力训练，合理饮食，接受理疗，充分休息以确保日常作息能让他准备万全迎接周末的到来。但当教练隔三岔五地剥夺卡拉的出场机会，他的生活就此改变了。

布兰登·罗杰斯在利物浦执教生涯初期做了这一决定：卡拉不再是球队的默认首发。这很难接受，尤其当你已经连续16个赛季基本一周不落地踢比赛，知道球队需要你，知道教练每次都会选你，会义无反顾地支持你之后。当这一切变了，你会很受伤。我在我的最后一个赛季里也略有体会，当我因受伤或者被禁赛缺阵几场，回归会比以往任何时候都更困难。

而这对后卫来说更是难上加难。替补后卫的出场机会寥寥，你的信心会因此受挫——作为中场我明白这道理。如果我替补轮休，我基本上肯定有机会能在比赛某一阶段出场；要是球队情况不妙我可能会在最后30分钟出场；要是我们正处于领先我可能会领命保持住胜果。

不过卡拉和我都从不乐意当板凳球员。所以当我们2013年1月输给曼联后，布兰登表示球队需要更多“男子气概”以及“领袖气质”，随后卡拉重回阵容。我感到非常高兴。后一场比赛对诺维奇，我们5：0取胜。赛季余下的比赛，卡拉都留在了首发阵容中。

在足球生涯的最后一年里他依旧强壮敏捷，而且他的丰富经验也毋庸置疑。我觉得只要卡拉在场上，我们就变得更强大而且防守也更稳健。他的组织能力太难以置信了，他仍旧是球队的中流砥柱。每支球队都需要支柱人物，需要顶梁柱和大牌。卡拉在留队的最后六个月里充分展示了这些，他仍是一位不可思议的后卫。

他还能继续在利物浦一线队踢一年，但我觉得卡拉离开得正是时候。

人们对他还有期待，球员也希望自己以更完美的方式离开他效忠了一生的俱乐部。但保罗·马尔蒂尼，这项运动有史以来最伟大的后卫之一，也是我欧冠决赛对手的队长，生涯全部的25年都奉献给了AC米兰，却在生涯临近尾声时遭到了来自本队球迷可耻的嘘声。加里·内维尔是位伟大的球员，尤其是他全力投身每一场比赛的精神，但我记得他生涯末期的比赛看起来也非常痛苦。他遭受了太多的伤病，我能看出在一对一局面下他难以招架。当你一直以来都出类拔萃时，这很难接受。加里是位难以置信的后卫，上下翻飞的强力边路，但我觉得他不该坚守那最后的六个月。所以我真的很高兴卡拉给自己留了个念想，没有这样离开。他退役得正是时候。

布兰登执教的第一个赛季我们最终排名第七，比去年达格利什的排名高一位。俱乐部主席汤姆·沃纳在2013年5月接受《利物浦回声报》采访时显得满怀希望：

> 布兰登取得了可观的进步。他是位出色的战术家，也表现出了很强的领导力。显然我们没能在积分榜上取得更高的排名令人有些失望，但球队确实进步了。看到1月加入的新员丹尼尔·斯图里奇和菲利普·库蒂尼奥表现如此出色让人备感乐观。我们比上赛季多进了很多球。俱乐部在布兰登的带领下绝对走在正确的方向上。我们的目标是在今夏进一步加强球队。

新赛季行将开始之际，我们已经稳住了苏亚雷斯，还有一些新鲜血液可以来弥补卡拉离开后经验上的损失。我对主教练布兰登充满信心，对两位青年才俊斯图里奇和库蒂尼奥的到来也感到眼前一亮。但我并不认为球队那年夏天买了正确的球员——尽管转会大转盘距离关闭还有好几周。安迪·卡罗尔和斯图尔特·唐宁都已完成转会加盟西汉姆，琼乔·谢尔维去了斯旺西，而杰·斯皮林已经签约博尔顿。

马马杜·萨科将在2013年9月1日以1200万镑的身价从巴黎圣日耳曼来投，同时加入的还有六位新援：伊亚戈·阿斯帕斯（塞尔塔维戈，900万镑）、西蒙·米尼奥莱（桑德兰，900万镑）、路易斯·阿尔贝托（塞维利亚，680万镑）、蒂亚戈·伊洛里（里斯本竞技，680万镑）、科洛·图雷（曼城，免费）和维克托·摩西（切尔西，租借）。他们填满了全队阵容。

阿尔贝托和阿斯帕斯两个人都是好孩子，从技巧而论都是非常出色的球员。二过一打得很熟练，传球视野也好。两人在五人制和七人制比赛里看起来都很棒，难怪他们能在更偏技术型的西甲联赛里证明自己。

但没过多久，当我在更衣室里看到他们，我就知道他们没法在英超成功。说到底还是要看身体，他们的身体就跟小孩子一样，看起来就像只有15岁。我在想：上帝啊，你们这要怎么扛得住约翰·特里、阿什利·威廉姆斯和瑞恩·肖克罗斯啊?

我立马就看出阿斯帕斯绝对没法独自一人顶在前场。他能出任双前锋吗？也许吧。他球商挺高，但我们几乎从来不会打双前锋。900万镑可能就这么打水漂了。我说得没错。阿斯帕斯次年6月就被租借去了塞维利亚——包含继续留在西甲的三年附加条款。

总体而言，两堂训练课之后你就能知道新援有没有能力立足。我觉得我的直觉在大多数时间里都被证明是对的。一周的训练后，毫无疑问，一切都很清楚了。是个人都会有一两次训练失手，但很少有人连着五六次训练都搞砸的。你能看看球员的身体、运动能力和力量，然后瞬间就能作出判断。

也有球员证明了我是错的。乔丹·亨德森在利物浦的第一年里都很挣扎，自信心看起来也很低落。有几次训练和比赛，他完全跟不上节奏。但我也能看到有时候他训练时很在状态。更重要的是，在比赛中我能看到一些蛛丝马迹让我觉得，只要打出信心来，他能让球迷回心转意，成为一名好球员。我断定他只是需要一些帮助，需要有人伸出援手拉他一把。从此以后他就非常出色。乔丹继承了我在利物浦的队长职务，无论是对他的职业素养还是为人我都充满了信心。

所以当我刚开始观察一位球员的时候我不会完全否定他们。有几位球员让我大吃一惊，完全改变了看法的。最典型的要数哈维尔·马斯切拉诺，刚开始他的传球偏得让人没法看，但他只是需要一段磨合期。刚开始我在想这人恐怕不行，但五六场比赛后是个人都能看出他有多棒。他现在已经是巴塞罗那的出色一员，但确实需要时间检验才能看出他的优点。

技术和天赋仍然是最重要的。比如2004年哈维·阿隆索从皇家社会加盟之前我就已经知道他是位出色的球员，但当我们在做他第一堂训练课的传球热身时，光是看他传几个20码开外的球，看他轻描淡写的停球和技术动作，不到两分钟的时间里我就确信他会成为利物浦强援，我的梦幻队友。

相比之下，我知道阿尔贝托、阿斯帕斯和法比奥·博里尼很难在英格兰足坛留下难以磨灭的印记。博里尼速度奇快，但两次训练后我就很确定他没法成为利物浦前锋——肯定是达不到福勒、欧文、托雷斯和苏亚雷斯的级别。我只希望他最终能成为像哈维尔·埃尔南德斯那样的球员，替补出场，在你最需要进球的时候偷袭得手。但博里尼被租借去了桑德兰。他也有高光的时刻，但一切就是不顺利。

那年季前赛阶段还有一位重要球员离队——佩佩·雷纳被租借去了那不勒斯。后者刚刚聘请拉法·贝尼特斯出任新帅。西蒙·米尼奥莱取代了他在门前的位置，我对此有些疑虑。我知道西蒙之前守得很好，在桑德兰的数据也很好，不过当联赛垫底球队的门将情况不同，因为你的球门会不断地受到威胁。那时候在《今日比赛》[1]里当然常能看到精彩扑救。但当你成为利物浦1号的时候你的评判标准就不同了，人们不只衡量你的守门技巧。效力利物浦，你的球门不会那么频繁地遭到围攻，所以别人还会看你的脚下技术、触球能力还有你能不能没收对方的传中。

我深知米尼奥莱会成为一位出色的扑救手。我可以拿他和其他任何一

[1] 一档BBC制作的英超集锦节目，在英国可谓家喻户晓。

位英超门神比拼。同样明显的是他是个好人，所有方面都很职业，作为守门员在训练中也很卖力。但我仍不确定他能否很好地融入布兰登·罗杰斯的体系，因为门将需要频繁用脚，还得在球队进攻的长时间里保持警惕。等到赛季开始，我们就会知道结果了，无论是我们的门将还是球队。

2013年8月17日，周六
安菲尔德

新赛季的第一场比赛，在开场哨响起和安菲尔德发出吼声震天的欢呼声之前，一切充满着甜蜜的期许。8月中旬，一个刮风下雨的周六下午，我们在主场对阵斯托克城——这简直就是传统的英式足球比赛日！除了应电视转播要求，我们得在12点45分开球而非传统的下午3点以外。好歹我们赶在其他所有英超对手之前开球。

安菲尔德人声鼎沸，《永不独行》的旋律回荡在球场内，伴随着我们完成最后几步热身。一片红色的海洋充斥着球衣和围巾、标语和旗帜，我注视着这一切在我面前展开。能看到“为了96人的正义”[1]的巨幅标语，用利物浦红色的字母绣在缓缓垂下的白布上，还有很多只写着“96”的旗帜在寒风中摇摆。希尔斯堡遇难者之一，我的表哥琼保罗，如果没去世的话这会儿该34岁了。场内其余的一切都纯粹围绕着足球，让我们再度感受到这项我们深爱的运动所带来的那份快乐。

比尔·香克利那张熟悉的脸庞，还有我自己的画像，在一大片旗帜中铺开，还有很多标语被高高挂起。随着Kop看台的大合唱分贝越来越高，

---

[1] 因希尔斯堡惨案中的96名遇难者遭到不实报道，随后利物浦发起了为其昭雪的一系列举措和活动，其主题即为“Justice for the 96”。

“赐我梦想”[1]再度抓住了我的眼球。如果八年前我离开利物浦去了切尔西，也许我早就失去那份紧迫感，以及所有的深情和忠诚。即使和安菲尔德交换的是如同伯纳乌般负有盛名的宏伟球场，我也无法再次感受到那份令人“毛骨悚然”的激动。

我能感受利物浦球迷殷切的希望和期待再次在我心中燃烧。“出发吧！”我心想，“新赛季，新梦想！”

当然路易斯·苏亚雷斯还处在禁赛期。他坐在看台上一脸忧郁地看着我们活动筋骨，看着我们练习的传球穿梭在被寒冷夏雨浇湿的草皮上。但能在安菲尔德停车场听到欢迎路易斯的巨大欢呼声还是让人很高兴——更棒的是，当他接受利物浦球迷们的支持时，又露出憨憨的笑容。因为他的缺阵，布兰登决定给阿斯帕斯第一次英超首发的机会，搭档斯图里奇。拉希姆·斯特林和阿尔贝托等人则坐在板凳上。

我走向中圈。我最不喜欢的裁判马丁·阿特金森正在等候。他给我的红黄牌足够让我整个职业生涯都记得他，我受不了他。和斯托克城队长握手互祝好运时我对他微微一笑。我很确定看到他舔了舔嘴唇，这肯定不是因为他想尝尝雨滴而是因为他看见了阿斯帕斯在寒风中战栗的身躯。

阿特金森将硬币抛向空中，正面落地，由我们挑选进攻方向。我说：“老样子，我们先攻安菲尔德路看台的方向，我们要把Kop看台留到下半场。”我转身走回我的球队，说完最后几句话，大伙最后互相拍打致意。所有的混乱和困惑，季前赛的临阵磨枪，都已成过去。我没有在想阿莱克斯和孩子们，也没想我的父母和表哥保罗。所有的一切都浓缩到90多分钟里唯一重要的事：我们必须以一场胜利展开新赛季的征途。

利物浦在场面上更占优势，但斯托克城在取代了托尼·普利斯的新帅马克·休斯的带领下，组织严丝合缝。比赛第2分钟我就拿到一个任意球，罚得很不错，但肖克罗斯高高跃起稳稳地将球解围。我们打得很机动灵活，斯图里奇和库蒂尼奥充满了速度和活力，他们都是高水平球员。

[1] Make Us Dream，利物浦该赛季的口号。

顽强的斯托克城不断向我们发起反攻。开场第9分钟，新赛季的第一次惊险场面就发生了。当时西蒙·米尼奥莱出击处理传中，我们的新晋门神紧张地跃起，在与彼得·克劳奇的争夺中败下阵下——后者重回安菲尔德但却换上了对手的新装。随后距离球门9米开外的罗伯特·胡特趁乱一脚凌空打在了横梁上。万幸的是这次机会落到了一位笨拙的中卫而非前锋的脚下。

几分钟后又是我的任意球。这球罚得完美，斯图里奇一记美妙的头槌将球送进斯托克城网窝。安菲尔德瞬间沸腾了，但边裁同时举旗，丹尼尔稍稍有一些越位，但他能在禁区里如此轻易地找到空间还是让我备受鼓舞。

接着是科洛·图雷接到了我的定位球输送。我主罚右侧角球，看到我们的新中卫在禁区边缘伺机而动，我将球抽向近门柱。科洛的头球重重砸在门柱外侧。皮球弹回场内，图雷的补射不中，斯图里奇跟上的小角度打门高飞出底线。

斯图里奇不断给斯托克城制造麻烦，最后也正是他打破了场上的僵局。阿斯米尔·贝戈维奇凭借几次神扑将斯图里奇拒之门外，但比赛第37分钟时他也无能为力了。我一脚斜长传给亨德森，后者找到了斯图里奇。他将球传给卢卡斯，后者再传给阿斯帕斯。接到阿斯帕斯的传球后，斯图里奇在禁区边缘跟上一脚劲射，精度与力量俱佳。皮球从胡特双腿间钻过。飞身扑救的贝戈维奇鞭长莫及，目送皮球飞入斯托克城大门右下角。1：0!

丹尼尔高举双手像雕像一样站着一动不动，酷得不行，他正等着我们上去把他团团围住。他刚刚打进2013—2014赛季英超联赛的第一粒进球，看起来这仅仅是个开始。

临近中场休息，米尼奥莱做出一记惊险扑救，飞身扑向左侧挡住了琼·沃尔特斯的抽射。几分钟后卢卡斯大脚解围，这半场打得很胶着，但好在我们比分领先。

下半场我们加快了节奏，但斯托克城依旧踢得很有纪律。贝戈维奇还有一次神扑将亨德森拒之门外，后者打中了门柱。斯特林顶替阿斯帕斯出场，但贝戈维奇不动如山。他将我的一脚任意球挡出，这球看起来本该是一脚能够飞入球门右上死角的必进球。

斯托克嗅到了进球机会，嗅到了客场带走1分的机会，安菲尔德充斥着不安的情绪。我们的前利物浦队友查理·亚当替补出场，没多久他就玩了一次老把戏——中场吊射。到2015年他最终是得手了一次，但这次米尼奥莱将他的球扑了出去。斯托克向我们发动了最后一波猛攻，斯特林放倒杰罗姆·卡梅隆，斯托克在左侧禁区外拿到一个任意球。比赛已经进行了88分钟，我们全线退守半场。

皮球旋进禁区，混乱中丹尼尔·阿格试图用左脚挡住来球时举起了右臂，皮球擦到了他的右手上。

点球。

我们都没想要抗议，马丁·阿特金森对我和利物浦判罚点球完全不意外，但这次他吹得没毛病。阿格的手球太明显了，他都可以将球拍出了。我心情暴跌，主场丢两分，新赛季首战，最后时刻。我开始渐渐丧失希望。

我面向球门站在禁区右侧，双手放在屁股放弃抵抗。所有人都注视着米尼奥莱。他有过一次精彩扑救，但一到要出球他就左闪右避，开场时的一次接传中他看起来也不知所措。他的首秀似乎并非充满自信。

过去几个赛季，我总是多多少少有信心佩佩·雷纳能扑住对手的点球。对米尼奥莱就不那么有信心了，因为我对他知之甚少。

琼·沃尔特斯已经准备主罚了。他是个严肃的球员，沃尔特斯，我觉得他会进球。我站在那儿看着，另一边的米尼奥莱在门线上来回跳跃高举双手，希望能干扰到沃尔特斯。

阿特金森一声哨响，沃尔特斯助跑上前对着米尼奥莱右边一脚爆射。

我们的新门神飞身出去做出一次不可思议的扑救，一掌将球挡出。西蒙就这么扑住了。他立马起身，双脚站住，挡出了肯温·琼斯的补射。斯托克没捞到进球只拿到一个角球。好样的西蒙，帅呆了！

我们全都向他冲了过去，图雷、亨德森和格伦·约翰逊率先冲到他面前。接着就是我——在一阵哄抢前跑到卢卡斯、阿格和何塞·恩里克之前。我跳到所有人上面一把抓住西蒙的脖子，左手在空中不停挥拳。我对他狂吼着乱七八糟的话，心中一片狂喜，但西蒙继续做着他的本职工作。他睁大双眼，指着角旗区开始向我们所有人大喊。米尼奥莱是对的，他让我们从狂喜中清醒过来继续防守角球。磨到比赛结束，我们以1：0取胜，全靠最后时刻的点球扑救。

下午其他比赛还有一个半小时才开踢，但我们的赛季已经正式开始了。

“联赛榜首！”布兰登·罗杰斯笑着说道。

接下来，是下周六下午客场打维拉。这场也是电视直播场次，于是这次是下午5点半开球。当我们搭球队大巴去往伯明翰的时候，我很明显地感觉到卡拉离开之后我的一切都变了。以前我俩总是坐在一起，现在他不在了。很幸运的是旅途开始的时候仍然有好友能让我依靠。不用说我向来乐意和克里斯·摩根或者保罗·斯莫尔坐在一起。摩根是我们的首席理疗师，他比俱乐部里所有人都更了解我和我那饱受摧残的身体。

保罗是我们的按摩师，人非常好。他还跟随英格兰国家队工作，这意味着我非常依赖他。罗伯·普莱斯是另一位我非常信任的理疗师。

克里斯加入我们是在2005—2006赛季初，就在伊斯坦布尔奇迹和我决定留守利物浦拒绝切尔西之后。刚开始他是预备队理疗师，给一线队主力做些边角工作，但是克里斯的活儿太好了，一旦我觉得有点异样或是担心会有更严重的问题，他都会是我第一个找的人。这样的事情变得越来越稀松平常。

日积月累使我开始完全信任克里斯，无论是伤后复健的时候，抑或是他听我直抒胸臆谈一些负面的疑问。他多次拯救了我的职业生涯。2011年，在我生涯最低点的时候，我以为一切都结束了，克里斯和俱乐部队医萨夫·伊克巴尔带我去见了心理学专家史蒂夫·彼得斯。后者在我利物浦生涯的最后三年半时间里为了我做了太多太多。史蒂夫和克里斯在身体上和心理上帮了我很多，我欠他们两人太多了。

还记得当初向克里斯敞开心扉，是我们一起去德国做我的第一次疝气修复的时候。一连几天都要动手术，从那时起克里斯就会在手术室看我进行手术以便他能完全理解整个过程。手术和复健之间，我们一起在德国度过了很多时光。我们间的谈话也变得越发坦白。

那些私聊是我一般在足球圈子里不太敢提的。但是我们年龄和生活背景都太相似了，所以我渐渐放松并对克里斯坦诚相待。

所以在去维拉的路上以及每次我们登上球队大巴，我坐在克里斯身旁就像内定的一样。车上有很多年轻人，我基本上和他们保持距离。我不想让他们太拘谨，因为说到底我是他们的队长。我已经33岁了，他们里头有一些比如拉希姆·斯特林和乔丹·艾比才十来岁，剩下一些比如库蒂尼奥也就20出头。对他们来说我就是个老头子。我经历过的比他们任何一个人都多得多。所以我要确保没有人会被我吓到，我还一直清楚地表明我是来提供帮助的。

我不跟年轻球员一起出去吃饭或是做足球以外的消遣。我们时而会有些奇怪的笑话，但我喜欢让他们处在一起。有时候我在场的话他们有点太安静了。毕竟我要是再年长个几岁，我都能当他们的爸爸了。这想法还挺可怕的。

我很喜欢有一晚我们出去团队建设前，布兰登对我说的一席话：“你过去露个脸然后一起混一会儿——为了告诉他们你是团队领袖。但是你也得给小伙子们留点自己的空间，早早走人。回家找阿莱克斯和孩子们。”

很棒的点子。我还想到：就是啊，我也就比布兰登小5岁。

当然了，任何需要全队参与的场合我都能和球队的每个人打成一片，但是跟格伦·约翰逊、布拉德·琼斯和马丁·斯克特尔这些老球员会更有共鸣。

同坐大巴，我发现克里斯是个好伙伴还对足球非常了解。他非常了解我，还知道在输球之后怎么安慰我。虽然花了些时间，但我很明确地告诉了他我希望他有一说一。在我看见史蒂夫·彼得斯之后，我们这层关系更为巩固。某种程度上，史蒂夫允许克里斯对我直言不讳。

克里斯总是深思熟虑，他在直接告诉我我犯错了或者我的水准有所下滑之前，一定会谨慎选择合适的时机。因为他从来不会拍我马屁，所以要是克里斯说我踢得很好，我会觉得很有分量。

有时，因为我的所处在的位置，比赛后没人会实话告诉我你的表现如何——他们会片面夸大那些闪光点，对缺点避实就虚。这很体贴，但是作为一名普通人，我很看重我信得过的人，比如克里斯，能一五一十地把他的想法告诉我。

我们经常在比赛前互通短信，聊聊我们选出的出场球员。就和布兰登一样，客战维拉的比赛我们很乐意原封不动地保持上一场首发的阵容。主教练想要更多的稳定性，而我们正打着一波连胜。算上上赛季的最后8场比赛，我们已经连续9场不败，并且赢下了其中7场。

一个美妙的夜晚，满是8月末那朦胧的日照，斯图里奇和米尼奥莱又一次在球场的两端做出巨大的贡献。上半场过半，斯图里奇在左路衔枚疾进随后内切传球找到我。我短传给到卢卡斯，他将球做给恩里克，后者左脚扫一脚横传被库蒂尼奥在禁区弧内漏过。斯图里奇又一次接管了进球。

被三名维拉后卫团团围住，斯图里奇展现了他魔鬼的步伐，躲过弗拉尔的防守闪到右侧。此时门将布拉德·古赞出击，试图压迫他的空间。斯图里奇右脚将球拉到外侧，并仍然保持对球的控制，紧接着左脚外侧在极小的角度打进一记精彩绝伦的进球。

斯图里奇转身飞奔兴奋地摆动双臂，随后他转身找到我。我们高举双手击掌庆祝，然后就被图雷、亨德森和库蒂尼奥围在了中间。

加布里埃尔·阿邦拉霍和克里斯蒂安·本特克这两位球员很突出，不断制造威胁。两次危险局面下我们需要米尼奥莱拿出最佳扑救水准。两次射门都来自本特克，他让图雷和阿格难以招架。第一次险情就在上半场结束前，图雷被带得晕头转向，本特克抡起一脚，米尼奥莱纵身左扑将球击出。比赛行将结束前的最后几分钟，尼克拉斯·赫莱纽斯头球一蹭本特克，拿到一次绝佳机会。比利时人的半凌空截击，米尼奥莱又一次左扑将球击出底线。扑救本身就很漂亮，再加上本特克距球门只有10码[1]之遥，感觉就更不得了了。

两场比赛6分到手。布兰登情绪高涨但赛后表态还是很现实。经历了在切尔西和曼城的磨难后，斯图里奇八个月前以1200万镑的价格加入我们。他在过去为利物浦出场的16场比赛里打进12球，就像布兰登赛后说的那样：

> 要是能保持状态，他对任何对手都会是巨大威胁。看看他，以他的身体素质、速度和力量，别人会以为他可能是巴西射手吧。英格兰很幸运能拥有他，因为他非常有天赋，而他知道自己需要变得更稳定。他需要打比赛，需要进球。
>
> 同效力切尔西以及曼城时期相比，他的变化很明显。此前作为巨星中的年轻球员，他要一级一级争取位置。在这里，他到哪儿都如鱼得水。有英格兰队长史蒂文·杰拉德挺他，给他建议指引他。他的每位队友都将战斗到底，不停奔跑拼搏，他更是其中的一员。今晚，我们都为他和球队而高兴。

[1] 约合9.14米。

第3章　纠结的庆祝

赛季第三战主场对阵曼联的比赛是一场标志性的比赛。我们和曼联过去的爱恨情仇、恩怨纠缠吞噬了我。我总是迫不及待地想同他们交手，尽管我们输多赢少。但这对丹尼尔·斯图里奇而言，似乎并非如此。记忆中这场比赛充斥着各种宣传造势，丹尼尔觉得自己无论在状态还是比赛欲望上都极不稳定。本来在缺少路易斯的情况下打曼联已经很艰难了，要是再失去丹尼尔，那就基本是弹尽粮绝了。

赛前我们住在霍普街酒店，进行了常规的集体散步。我挑好了位置以便在整个散步的15分钟里都能走在丹尼尔边上。我知道如果想要在曼联身上全取得3分，我们有多么需要他。我必须说服他出场比赛，否则的话就只能由阿斯帕斯首发出任单箭头了。阿斯帕斯是有几次灵光一闪，但我现在比之前更肯定这个西班牙人缺少在英超联赛中为利物浦摧城拔寨所需的体力。我们是否能有击败曼联的最好机会，取决于斯图里奇能否引领锋线。

丹尼尔是那种需要你时不时给他打打气的人。你需要说些“振作点，你可是我们的头牌。我们需要你，加油冲啊”之类的话。但你从来不用对路易斯说这些。路易斯给人感觉几乎是打不死的。我发觉他在利物浦从未因为受伤而缺席过一场比赛。我见过路易斯去过两次理疗室，其中一次还是绑着冰袋出来的。路易斯基本上不去按摩室。记得有次他是带着腿伤打阿森纳的。这就是苏亚雷斯精神，路易斯·苏亚雷斯能为你撞碎墙壁。

有些天赋异禀的球员同样也有其他与生俱来的天赋——有韧劲、强抗击打能力、坚定的信念。其他球员则软弱或者缺乏自信，就这么简单。

路易斯和丹尼尔有着不同的心理素质。我很了解路易斯，而我觉得丹尼尔是那种需要你时常给他信心的人。但在同曼联的大战前，丹尼尔的情况更为复杂。他真的有些发怵，感觉很糟糕。

在散步前我和克里斯还有我们的首席竞技专家格伦·德里斯科尔聊了聊，谈了丹尼尔的伤势——因为我不想在他没有完全恢复的情况下劝他去参赛。我自身也有伤病隐患，参赛前需要像克里斯或者格伦这种专家明确告诉我："你没事，可以比赛，上吧。"

我问他们："丹尼尔情况如何？"

克里斯看着我："我们觉得他能出场。他大腿有点问题，但我们确定他能恢复。我们觉得他只是需要打打气。"

格伦表示同意。这让我更有信心。

丹尼尔在夏天出征英格兰时踝关节受过伤。他刚刚恢复过来，必须接受个人季前体能训练。然而因为路易斯不在阵中，他得直接披挂上阵。

维拉的比赛后，我们周中跟诺茨郡打了联赛杯的比赛。情况不是太好，虽然比赛刚进行29分钟我们就2：0胜券在握，但比赛进行至1小时我们就葬送了领先。来自英甲的诺茨郡奋起直追，在84分钟时将比分追成2：2。我们通过加时赛4：2取胜，丹尼尔打满了120分钟。我们需要他在场上，因为最后我们只剩10人应战。3个换人名额早已用完，科洛·图雷因腹股沟撕裂离场时我们已经无人可换。丹尼尔被迫咬牙坚持，他还是进了两个球。

斯图里奇就是在这时候令大腿再添新伤，还稍有疼痛，但医疗组确认他在对阵曼联的比赛中首发没有问题。

我让丹尼尔放心，告诉他他的身体状况可以参赛。克里斯不确定丹尼尔能坚持多长时间，但他同意我的说法。他和其他理疗师还有主教练，都试着开导丹尼尔参赛，但都以失败告终。

这是我身为队长的又一个任务。但是我可能更像是个路人球迷想要说服他一样——最后我是祈求着丹尼尔出赛。我说要是10或15分钟后他感觉不对，可以离场。我说所有的球迷和球队的每一员都会感谢他的试一试。

我试着给他打气，帮他找回自信忘却疼痛，冒个小险出场比赛。我也想赢下比赛，因此极度渴望丹尼尔能首发出场。

“好吧，”走到最后丹尼尔说道，“我就试试吧……”

这下我终于能把注意力转到曼联身上了。赛季还没开始前我就想：要是曼联一开局就出乱子，那莫耶斯的日子肯定不好过了……

感觉似乎莫耶斯也是这么想的。他是位聪明又强势的教练，但是自他入主老特拉福德的那一刻起，我觉得他瞬间意识到了顶替亚历克斯·弗格森是件艰巨的工作。曼联赢下了他们赛季的第一场比赛，客场4：1拿下斯旺西。然后他们要先后主场面对切尔西，客场挑战利物浦。

听到莫耶斯抱怨赛程有猫腻还挺新鲜的。“好吧，老教练告诉我会有这种事发生。”莫耶斯说，“这是曼联近二十年来最困难的开局。我希望这不是因为曼联上赛季轻松夺冠，所以本赛季的赛程变得困难许多。我很难相信会以这样的方式开局。”

我们都知道英超赛程是电脑软件生成的，而且阿斯顿维拉的开局要比曼联还困难。维拉还要在8天内完成他们的前三场比赛，而像曼联和利物浦这些球队则在15天里完成这些比赛。开头两场比赛，维拉先打阿森纳——他们客场3：1拿下——然后打切尔西。之后他们主场输给了利物浦。但是保罗·兰伯特[1]可没有哭诉赛程不公。

我已经习惯了弗格森和穆里尼奥的套路，抱怨总有推测出来针对曼联和切尔西的阴谋论。拉法·贝尼特斯执教利物浦时期也用过相同策略，但收效略差。就我看来莫耶斯也在犯同样的错误。

我更喜欢对媒体说实话。也就是避免说一些自找麻烦的话、打心理战

[1] 时任阿斯顿维拉主帅。

或者想办法给组委会和裁判施加压力，我还觉得大喊冤枉没什么意义。于是我在对阵曼联的赛前发布会上做了诚实的回应。我被问道，在两连胜后我是否对日后夺冠感到更有希望。

“我很想赢得英超冠军头衔，但是在33岁的高龄我得现实一点，说起来可能职业生涯也就剩下两三年了。”我回答道，“目前我距离联赛夺冠还有很长一段距离。我必须得耐得住，但我绝不会放弃冲击冠军。重回欧冠联赛可能会是个更有望实现的目标，但即便要达成这个目标也是困难重重。”

你可以说我和莫耶斯都是失败主义者。但我是话从心生，诚实地谈我们的前景，而我好奇莫耶斯是不是有点妄自菲薄——他在埃弗顿功勋卓著的时候我可没见过他有这种特点。

布兰登同样感知到了情况，作为主教练他进一步利用了死敌的新弱点。这是自1986年2月以来，曼联第一次在没有弗格森坐镇的情况下来到安菲尔德。布兰登说他发现自从爵爷离开后曼联的心态有所变化，他觉得在莫耶斯治下曼联打法比之前谨慎很多，主场对阵切尔西只求0：0平局。“看着就要0：0收场了，老特拉福德还是毫无动静。要是爵爷在场他会要赢球，所以球迷几乎能在比赛结束前看到进球。现在看起来曼联有所改变。我能理解他们的谨慎——但打主场我总会争胜。”

这是对莫耶斯一记极好的讽刺，给他施加了压力。我转而把注意力放到为比赛做好准备上。曼联，即便没有弗格森，对我们也是货真价实的考验。

2013年9月1日，周日
安菲尔德

我们站成两排，11名利物浦球员面对11名曼联球员，掌声回荡在整个安菲尔德。我们为比尔·香克利鼓掌庆祝100周年诞辰。我们身穿传统红色球衣，背对Kop看台而立；曼联球员身穿深蓝色球衣黑色短裤，注视着我们身后的巨幅马赛克。我们在中圈集合进行1分钟鼓掌喝彩之前，我就看过这幅图了。

安菲尔德球场外有一座香克利的雕像。这座铜制雕像的双手向身前展开。香克利在庆祝又一场胜利，以及他一手将利物浦从平庸带向伟大的路上所成就的一切。香克利雕像笑脸上、额头上和眼底的一道道深深的纹路，有力地陈述了他给予俱乐部的一切。对利物浦的忧愁操心、挚爱热情，都印在了他的脸上。

雕像的轮廓被Kop们印在了巨幅马赛克上。球迷们举着的红色卡片刻蚀出香克利愉悦的身形——而“100”的字样则用相同颜色标识在球门的另一侧。其余的Kop组成了一块白色方阵，看起来美妙绝伦。

看到看台底下的两条自制标语，我想到了香克利脸上的愁纹，想到了他对利物浦的关切。第一条写道：

香克利1913—1981，他让人快乐

另一条只写了：

香克利万古长存

香克利在1959年至1974年间，长达15载的职业生涯中率领利物浦出战753场。他在利物浦的结局悲伤而复杂，但他的遗产无法仅仅以奖杯来衡量，而应当由他注入俱乐部的信念和价值来定义。一条教练的血脉从香克利流传到鲍勃·佩斯利到乔·费根再到肯尼·达格利什[1]，都由靴室打造，封存了他们的天才。这四位主帅在超过30年的时间里庇护着利物浦。

这一事实也让亚历克斯·弗格森一人执掌曼联26载成为一项更为超凡

[1] 佩斯利、费根和达格利什三人皆为利物浦历史上的功勋主帅。

卓越的成就。弗格森把打败我们当作他的使命。“我最大的挑战就是把利物浦从他们该死的宝座上踢下来。”他曾这么说道，“你可以把我说的印出来。”

这句话被刻在了每一个利物浦球迷的脑海里。我们向来不喜欢对方，无论俱乐部还是城市，仇恨更因此变得根深蒂固。利物浦已经统治英格兰足坛太久，而最后曼联在弗格森治下接管了利物浦的地位。我们是英格兰足坛历史上最为成功的两家俱乐部。但让我伤心的是，利物浦在夺得第18座联赛冠军后便停滞不前，与此同时几十年来落后于我们的曼联却一个又一个地搜罗冠军。在弗爵艰难起步的年代，他们仅有7座冠军，而我们有18座。

曼联曾在长达26年的时间里无缘联赛冠军，而后就在1996—1997赛季，在我的职业生涯开始的前两个赛季，他们的统治开始了。他们超越了我们18次顶级联赛冠军的纪录。让弗格森更为满意的是，就在四个月前，曼联在他的最后一个赛季夺得了第20次英超冠军。曼联以冠军身份与我们对垒，我前所未有地想要击败他们。

在海顿，我和每一个出自“红军”家庭的孩子都被教导厌恶曼联。这些厌恶深深植入我们利物浦球迷的大脑，坚实我们的内心，滋养我们的灵魂。多年以来，尤其是当我在国家队和保罗·斯科尔斯、大卫·贝克汉姆、加里·内维尔、里奥·费迪南德和韦恩·鲁尼这些伟大曼联球员并肩作战时，即便我的情感有所分立，但从未消失过。

我不喜欢曼联，他们的球衣是我唯一不允许进家门的。我有着庞大的球衣收藏，都是和其他俱乐部的对手换来的，但没有一件来自曼联。但我仍敬重也爱戴他们的顶尖球员和我的英格兰队友，我们还成了朋友。当我们谈到他那句臭名昭著的憎恨所有利物浦人的名言时，我明白加里·内维尔究竟是什么意思。

加里确实有提到过，他在布里[1]的往事和从小到大都是曼联球迷的事。“我家那边从小就培养我憎恨利物浦人。”他是在解释他所经历的环

[1] 地名。

境——就像我在海顿长大被教导要恨所有曼彻斯特人。“但我尊重弗格森和罗伊·基恩还有瑞恩·吉格斯以及其他不胜枚举的关键人物。我甚至，很不情愿地，尊重他们作为俱乐部所取得的成就。”

曼联有20座联赛奖杯，领先于我们的18座。他们还赢得11次足总杯，领先于我们的7次。但我们有8座联赛杯，高于他们的4座，以及3次联盟杯冠军。这两项赛事同真正有意义的那项不可同日而语——那就是世界足坛的顶级俱乐部赛事。曼联曾3次夺得欧洲杯冠军，但是利物浦曾在5次令人难忘的场面下登顶欧洲之王。

这就是为何在伊斯坦布尔奇迹刚结束后，城市里的人们开始穿起红色T恤，上面清楚地印着：休斯到汤普森，汤普森到索内斯，索内斯到杰拉德。

埃姆林·休斯担任队长率领利物浦在1977和1978年成功问鼎欧洲冠军杯；菲尔·汤普森在1981年，格雷姆·索内斯在1984年都相继捧起了奖杯；直到2005年，轮到我赢得欧洲冠军联赛。这5座奖杯，相对于曼联的3座，证明了我们在欧洲仍然比他们更有炫耀的资本。

但我向往用利物浦的第9座联赛冠军，也是我的第1座，来拉近同曼联的内战差距。对阵曼联我有过自己的高光时刻，我至今还高兴地记得2001年3月31日，我们在安菲尔德2：0赢球那场，我对法比安·巴特斯轰进了一粒35码的重炮。我还助攻罗比·福勒打进第二球，完成了我们二十一年来对曼联的首次联赛双杀。但高光时刻还不够，我想要更多。

当事关联赛夺冠与否时，我和香克利的想法一样。“如果你是第一，你就是第一；”香克利说，“如果你是第二，你什么都不是。”

在比尔·香克利百年诞辰之际，我们都满怀信念。丹尼尔·斯图里奇确认能健康出赛更让人信心倍增，尤其当天还是他的24岁生日。我们兼具速度和攻击性地冲向曼联，向曼联发起了猛烈攻击。开场才3分钟，我们就逼得一个角球。

我跑到右侧面对着安菲尔德路看台，看到我们的球迷就在角旗边，填满了球门后那片区域。曼联球迷阵营远远飘在我左边远端最高层的坐席上。我转过身站在球后，正好做个深呼吸。我走向前，检查一下皮球，稍作停顿。我能看见传球目标之一的斯图里奇在近门柱被两名曼联后卫盯住。在他身后禁的区边缘，丹尼尔·阿格站在空当里迫切地朝我招手。我举起了左臂。

我再度跑上前，用右脚瞄准发炮。皮球飞起划出一道清晰漂亮的弧线，无人盯防的阿格几乎没有受到费迪南德的干扰，用头完美地顶到皮球，皮球直蹿球网。背对球门的斯图里奇，用头轻轻后蹭，改变了球的方向。德赫亚已经完全失位，而远门柱的埃弗拉和汤姆·克莱维利都没能及时反应以阻止皮球从身边闪过。

1：0，斯图里奇。

小寿星飞奔起来，酸痛的大腿和赛前所有的疑虑都被进球抹去了。斯图里奇在周中对诺茨郡的两粒进球后都表演了一把他的“冲浪”舞。他站着双臂张开往两边像蛇一样扭动，看起来很酷。他想再跳一次，但大光头马丁·斯克特尔可一点兴趣都没有。斯克特尔开心地追着斯图里奇跑，一把抓住斯图里奇然后用他强壮有力的手臂钩住这位进球功臣的脖子。斯图里奇想要挣脱，但在斯克特尔面前无路可逃。我们凶悍的光头后卫用手夹着斯图里奇的头，沿边线一路小跑。那边半场的利物浦球员迅速加入他们挤作一团。

10秒后，我仔细观察终于重获自由的斯图里奇。他高举双臂仰望天堂如释重负，两根手指指向天空表达了感谢。他的信念起作用了。经历了种种苦恼，思忖着“我不对劲，我不对劲，我不对劲”，现在的他看起来跟往日一样快乐。

我扫了一眼替补席。布兰登·罗杰斯和医疗组面露喜色。我们的预感应验了——整整15分钟漫长的散步时间里，我苦苦哀求丹尼尔似乎都值了。他刚打进了在利物浦9场比赛中的第11球。

曼联方面鲁尼缺阵。他最终决定继续留在老特拉福德，接受了一笔30万镑周薪的新合同。但他在几天前的训练里划破了头部，缝了10针，错过了安菲尔德的比赛。再过几个月就将迎来40岁生日的吉格斯出场了，但面对一支踌躇不前的曼联，他也无计可施。

但我们发挥得也并非很出色。这是一场混乱的比赛，双方几乎没有机会或者值得留意的瞬间。斯克特尔顶替受伤的图雷回到阵中，阿格统治了整条防线，曼联踢得越来越泄气。就在半场结束前，斯克特尔似乎被范佩西的头顶到之后，便倒地不起。我瞬间冲了上去。范佩西和我发生了近距离冲突，互相对视互吐脏话，但随后我发现斯克特尔安然无恙。大马丁能照料好自己。

曼联在下半场全无威胁，我们非常舒服地耗过了剩余的比赛时间。我们已经连续第三场比赛以相同比分获胜：1：0，斯图里奇。丹尼尔在比赛中鲜有其他表现，但他手握最关键的进球。

数据专家研究显示，我们是英格兰顶级联赛历史上第三家以1：0、1：0、1：0赢下赛季前三场比赛的俱乐部。此情形以前只发生过两次，几乎是一百多年前的事了——曼城和哈德斯菲尔德相继在1912—1913赛季和1920—1921赛季完成此举。

让我更感兴趣的一组数据是我们正排在英超榜首，并且是唯一一家三场取得9分完美战绩的俱乐部。

更令人意外的是大卫·莫耶斯的反应。他肯定是想试试弗爵爷制造头条的老把戏，反复强调他对曼联表现的片面意见，但这并不管用。莫耶斯是个很好的人，而非一位暴躁的独裁者，曼联的表现也很糟糕。这位深受我喜爱的前埃弗顿主帅，听上去失落又困惑。“我本以为今晚我们是赢家，”他声称，“我觉得我们踢得真的不错。”

被问及是否为曼联在转会市场上碰壁而头疼，莫耶斯表示对他的阵容感到无比高兴：“看了今天的表现，我没什么好担心的。”

我准备前往参加国家队比赛，英格兰有两场世界杯预选赛等着我，很久没有感到这么开心，这么满怀希望了。曼联正身陷泥潭，而利物浦则回到了属于我们的位置。

一场意义更为重大的战斗还在继续。这仍是一场沉痛的斗争，但早在一年以前，2012年9月12日那个阴冷的早晨，人们的心绪突然有了变化。1989年4月15日，96名利物浦球迷在希尔斯堡球场，利物浦对阵诺丁汉森林的足总杯半决赛中不幸丧生。一年前，96名遇难者的勇敢的家人们聚集在利物浦的圣公会教堂。在过去二十三年里一再听到事实被扭曲，此刻得知有了新证据的他们终于获得了新的希望。

现在人尽皆知，此前遇难者家属不断抗议的是，曾有一起经过策划的活动将责任推卸在我们无助无辜的球迷身上。

2012年的报道最终揭开了那糟糕一天的真相。我至今还记得2009年4月，在希尔斯堡惨案20周年纪念仪式上，时任工党文化、媒体和体育国务部长的安迪·伯纳姆遭到了何等嘘声。伯纳姆是利物浦人也是一名球迷，埃弗顿球迷，他关心我们和这起惨剧，但他长时间以来的不作为使得遇难家属的愤怒井喷而出。他向遇难者致意时被指称是个伪君子——伯纳姆接受了他们的侮辱，将此视作震怒和痛苦的信号。希尔斯堡家属支援团所提出的一切问题被无视了二十年。

但最终，当局勒令展开新的调查。

距离独立调查小组召开调查结果公开听证会的那天过去刚好一年，仍有更多工作需要完成。当局已经保证在沃灵顿开展的新调查的开始时间不会晚于2014年3月31日。而在2013年9月12日周四早晨，前杜伦郡警察局局长琼·斯托达特表示："我们正在勘查各方责任，政府的和个人的。我们正在调查一起非法杀人案——谁该对死者负责。那96位平民前往希尔斯堡是去看球赛的。我们想知道发生了什么，事件的经过和原因，以及谁该对此负责。"

我的表哥琼保罗·吉尔胡利是96人中最年幼的一人，当时只有10岁。

我则刚进入青训学院，即利物浦卓越中心。再过几个月就是我的9岁生日了，我们都为同一件事着迷——我俩都痴迷利物浦。这是我们的俱乐部，这是我们的梦。

有时候我们会一起在家门口的艾恩赛德路上踢球，琼保罗会加入到我们一大群人狂热的比赛当中来。我一直记得琼保罗和我穿着我们的红色利物浦球衣。我们被足球和利物浦绑在了一起。

我的父母、我的哥哥保罗和我看着电视上的新闻播报。我们和诺丁汉森林的足总杯半决赛在第六分钟后就终止了。我们在无线电上收听了比赛的开场，但我不知道发生了什么。我在电视上看到的恐怖画面让我疑惑不安——人们在场上来回奔跑，担架上扛着利物浦球迷的尸体。当晚我无法入睡。

我们不知道琼保罗去了比赛现场。直到第二天早晨8点半，爷爷托尼敲响家门我们才得知家中的不幸。爷爷就住在对面，很明显发生了非常糟糕的事。

当我父母来到前厅，爷爷托尼已经控制不住了。“我有个坏消息。”他说，“琼保罗去看了比赛到现在还没回来。”

这叫人一时难以接受。琼保罗？这不是真的。

爷爷把他知道的一切都告诉我们了。不久前，琼保罗的妈妈婕姬告诉了儿子一个天大的好消息：琼保罗的舅舅布莱恩·吉尔胡利搞到了一张多余的球票，他问婕姬琼保罗想不想去希尔斯堡。我想象了一下要是我得到这个机会那该会有多么喜出望外。有机会去看利物浦的足总杯半决赛？听起来绝对棒呆了。

在8岁的年纪要接受这事实实在是太令人痛苦了。但这对我身边的大人们来说，是更大的打击。他们能想象到琼保罗在弥留之际的模样。我怎么都想不明白，1989年的春天琼保罗早上去看球赛，去看伟大的利物浦，然后就一去不回了。怎么搞的？为什么？为什么？

至少我们距离沉冤得雪又近了一步，否则2013年9月的这个早晨又会变得平淡无奇——距离那场让众多利物浦家庭伤心欲绝的灾难已经过去了四分之一个世纪。

我表哥的名字被刻在了安菲尔德球场香克利大门外的希尔斯堡纪念碑上。琼保罗·吉尔胡利，96人之一。每次走进安菲尔德，路过纪念碑时我都会想起他。

2013年初秋，新赛季缓缓进行着。国家队比赛日期间，英格兰在世界杯预选赛上高歌猛进。在坐镇温布利4：0战胜摩尔多瓦的比赛中，我打进了第一球，里基·兰伯特和独中两元的丹尼·维尔贝克完成了其余的进球。随后我们远赴基辅，在同H组最强对手乌克兰的比赛里确保拿到宝贵的1分。

每到英格兰比赛总会出些小问题。斯图里奇在我们战胜曼联的比赛中大腿伤势恶化，从而错过了两场英格兰比赛。他当选了8月英超最佳球员，所以有声音指责他让英格兰失望了。之所以会吵起来是因为在俱乐部官网的一次采访中，丹尼尔表示自己需要把注意力放在利物浦，然后他被指责冷落了他的祖国。

我不太喜欢推特，但是丹尼尔玩得很溜，在所有指责“奋勇而至”的时候，他发推陈清了事实："要是我在俱乐部表现优异，我就能为英格兰出战。要是我不在状态，我没法比赛。别把意思搞错了，英格兰才是第一位的。"

经过梅尔伍德的紧密疗程后，他将能够出战我们的下一场联赛比赛。9月16日，周一，我们开赴自由球场挑战斯旺西城——布兰登的老东家。这是一场疯狂的比赛，因为今夏离开利物浦的琼乔·谢尔维参与了4粒进球。谢尔维这位出色又诚实的职业球员，在这场有失误有补救也有进球。开场87秒他就为斯旺西打进一球，随后他就像是在跟老队友赔不是一样，紧接着一脚回传径直给到斯图里奇脚下。4分钟1：1。

半小时后，谢尔维双手掩面。他误将球传给了顶替阿斯帕斯首发的摩西，这位从切尔西租借而来的前锋为我们反超比分。随后谢尔维又是一连串流畅的移动，接着用头将一脚挑传做给米楚，帮助他在64分钟扳平比分。谢尔维以对卢卡斯的一记凶狠铲球得到黄牌来为自己这个狂乱的夜晚画上句号。比赛以2：2告终，赛后每个人都想采访琼乔。

痛失两分，但在周六我们0：1不敌南安普顿之后变成了5分。布兰登选择派出四名中卫，安排图雷在右后卫位置上取代受伤的格伦·约翰逊，将恩里克放在了板凳上。缺阵的还有库蒂尼奥，在斯旺西的比赛后他需要接受肩部手术。

毛里西奥·波切蒂诺率领的南安普顿是一支非常出色的球队，他们阵中有三名球员在赛季结束后被我们签下——德扬·洛夫伦、亚当·拉拉纳和里基·兰伯特。但我们表现糟糕，即便在防守端派上了所有中卫，我们还是在定位球当中被对手打进了一粒进球。图雷和斯克特尔的误会给了对方一粒角球，由拉拉纳主罚。洛夫伦避开阿格的防守，将球顶过了在近门柱试图防守的我。

毫无疑问，布兰登非常愤怒：

> 这么多防守球员在场上，先是丢失球权，然后丢球，这简直就是犯罪。我会想要一支更强的阵容，但现在我们只有手上这些人。今天唯一的好消息是苏亚雷斯的禁赛结束了。有他回到球队非常好，因为从技术上而言我们非常令人失望。我们不在状态，完全不在。我们正好赶上不巧的一天，很难过，但我对赛季余下比赛仍保持乐观。

路易斯·苏亚雷斯的剧本又一次呼之欲出了，他可没法接受被降格到一个不那么刺激的故事。于是不可避免地，路易斯解禁复出后的第一场比赛是在老特拉福德对阵曼联。我想这已经是不错的结果了。若是在冠军争夺战碰上切尔西而非一场联赛杯对阵，路易斯对上布拉尼斯拉夫·伊万诺维奇，这剧本那就更极端了。路易斯才因为咬了这位蓝军后卫而被禁赛10场。经过了早先另一次意外和禁赛之后，苏亚雷斯和曼联之间总是有一层恶劣的气息。

早在两年前，2011年10月15日，在安菲尔德一场典型的利物浦和曼联间刺刀见红的联赛争夺中，我前去主罚位于Kop看台前的一个角球。我的注意力全放在怎样开一脚绝妙好球，好让苏亚雷斯或者德克·库伊特将球送进曼联网窝。我万万没想到，那时苏亚雷斯和曼联后卫法国国脚帕特里斯·埃弗拉之间发生了口角。

路易斯后来表示，整场比赛都在对他犯规的埃弗拉，在角球发出前向他走了过去。埃弗拉问苏亚雷斯刚才为什么踢他。这是比赛里很常见的事——除了苏亚雷斯选择了用西班牙语，称埃弗拉为一名“黑鬼”。两人随后仍不断互相“问候”。比赛继续进行着，我对此一无所知。我毫不知情，直到在我们回到更衣室后，苏亚雷斯被当时的利物浦足球总监达米安·科莫利叫了出去。后者告诉苏亚雷斯他已被埃弗拉指控种族歧视。

球员们开始对此议论纷纷。但直到那天夜里，当我在电视上看到图像和所有人的反应时，我才明白为什么这件事闹得这么大。路易斯从来没和我谈过这件事。我显然想要作为队长和队友陪在路易斯身边，但我并不觉得他乐意谈论这件事。整件事让他心烦意乱，而这件事也有俱乐部其他的高层人物来处理。唯一被牵扯进去的球员只有德克·库伊特。比赛时他在路易斯的附近，察觉到路易斯和埃弗拉之间爆发了矛盾。在两人一同出席英足总听证会期间，德克站在了路易斯一边。

我试着让自己远离这起事件。我深信路易斯绝非种族主义者，我们的黑人队友格伦·约翰逊对他表达的支持就证明了这一点。但苏亚雷斯和埃弗拉的证词有出入这个问题也显而易见。两边各执一词互不退让。路易斯表示英语中的“黑鬼”是个非常令人反感的词，但这和西班牙语中的“黑人”（发音也不同）大相径庭。他甚至声称他的妻子有时也会叫他“黑鬼”，因为这个词在西班牙语里除了“黑色”以外别无他意，而她之所以称他为“小黑”是因为他乌黑的头发。

我不觉得利物浦或者路易斯本人在这件事上处理得很好，而我们当时的主帅肯尼·达格利什的处境也很困难。我知道很多中立球迷批评肯尼太过包庇路易斯。也许他确实如此，不过，身为队长，我能理解为何肯尼拒绝与路易斯对立。他信任路易斯，这点毫无疑问，但他也有和我们的最佳球员一拍两散的危险，那样一来路易斯就会要求转会离队。肯尼则会成为千夫所指。

更甚一切的是，肯尼会尽其所能捍卫他的球员。也许这样的忠实有时会显得欠考虑，但这正是我爱戴他的原因之一。他对俱乐部的爱、时刻准备为俱乐部付出一切的精神总是激励着我。对球员来说，知道他的教练能像这样支持自己是非常鼓舞人心的。

利物浦出于本能保护自家人的行为还有别的例子。2011年12月21日，一场周中对阵维冈的比赛前，佩佩·雷纳带领着其他几位球员，穿上了胸口印有路易斯头像、背后印着他号码的T恤。当时我受伤了所以我并不知道有这件事，直到我在电视上看到这一幕——就在苏亚雷斯被判种族歧视埃弗拉罪名成立24小时后，球员们在热身时穿起了争议T恤。

不少前黑人球员对此举进行了抨击，保罗·麦格里斯是其中之一。“如果我是格伦·约翰逊，”麦格里斯说，“我会直接把衣服扔在地上。”格伦很快做出了回应，在推特上他这么说道，用了很多感叹号，“我想什么时候支持谁就什么时候支持！！！我站在路易斯·苏亚雷斯这边的理由多得是！！！”

随后利物浦传奇阿兰·汉森也犯了错，他在《今日比赛》上谈论到了“有色”球员。他对此进行了道歉，但事情远未结束。

我说不清苏亚雷斯和埃弗拉之间究竟发生了什么。我想只有路易斯知道自己是否有罪。如果他有罪，就如很多人认为的那样，那我无法支持他。我绝不会接受任何形式的种族主义。但因为我并无法知晓绝对的是与非，所以我必须听从我的直觉，相信我的队友。

路易斯被禁赛8场，我们也得到了惩罚。我们不仅在场上缺少了他，而且这件事最后变成了俱乐部全员的一次失败公关行为。我们都因此受到了损失——即便苏亚雷斯和埃弗拉明显比任何人都更为痛苦。

然后，足球上帝来插了一手，就如同在享受这出盛大的肥皂剧一般。2012年2月11日，路易斯种族歧视案解禁复出后的首战，正是在老特拉福德对阵曼联。

更衣室里我问了问和路易斯关系很近的卢卡斯·雷瓦，问他知不知道等下我们和曼联球员赛前握手时会有什么情况。卢卡斯向我保证不会有任何问题，路易斯已经告诉他准备好和埃弗拉握手了。

然而，当我带领球队从曼联球员身前走过时，我们引发了更多争议。在我身后很远处，苏亚雷斯最终没有和埃弗拉握手。亚历克斯·弗格森称苏亚雷斯“不要脸的东西”，还表示他应该被禁止再代表利物浦披挂上阵。这根本就是无稽之谈。

整整十九个月过去了，2013年9月苏亚雷斯再次解禁复出，首战又是重回老特拉福德。弗格森退休和埃弗拉伤缺的事实使得局面有所降温，但曼联可比当年更为混乱。刚在上周末，曼联被曼城4：1重创。

路易斯是最后一位走出通道的利物浦球员，他被主场球迷一阵狂嘘。路易斯亲吻了右腕文身向他的家人致意。我们的球迷高喊着他的名字，他对球迷们竖起了大拇指。路易斯看起来很放松，等待握手时还不禁笑了起来。这次没有人漏打招呼了。最后每个人互相握手，我们又变回了那支由路易斯·苏亚雷斯领衔的球队。

韦恩·鲁尼同样伤愈复出。他的头上包裹了一块巨大的黑色保护带，以遮蔽之前导致他错过安菲尔德那场对决的伤口。上半场并无异样，但重新回到球场后不久鲁尼就帮助球队打破僵局。他主罚一粒角球，在我方后卫的层层防守中找到了哈维尔·埃尔南德斯，后者捅射破门。曼联这分拿得太轻松惬意了。

这是我们新赛季开始以来连续第六场无法在下半时取得进球。0：1不敌南安普顿的经历在老特拉福德再现——即便我们在最后25分钟时间里掌控了球权。苏亚雷斯距离进球最近，在起伏不定的开场之后他渐渐找到自己的节奏。70分钟时，他挤开强尼·埃文斯后的弧线射门恰好射偏。1分钟后，他的远距离任意球击中横梁，他拼尽全力奔跑。这点我从未怀疑过。我确信路易斯的状态会越来越好。撇开其他不谈，这个夜晚就这样太太平平地过去了。

终场哨响时，大卫·莫耶斯显然如释重负。他挥舞着拳头，和他的每一位球员握手，然后忘情地向斯特雷特福德看台的球迷致谢。我们在联赛杯首战出局，加上早已无缘欧战赛场，我们这赛季的目标已经缩减到只剩下英超和足总杯。我们已无法称自己被多线作战拖累。对于利物浦和我以及苏亚雷斯，现在是时候大干一场了。

第一个考验就在四天后，9月29日对阵桑德兰。联赛就这样不断进行着，除去一场失利和一次侥幸逃脱，一路来到了2013年圣诞。我们的胜利不只是例行公事，不仅仅是消磨对手偷得1：0打道回府，并不是这种感觉。虽然天气一天天变得寒冷潮湿，但我们的胜利让人觉得充满了光和热。

不出意外，我们压迫、跑动、继续施压，不惜体力，快速紧逼对手，迫使他们出现失误。我们耗尽他们的生命，然后用一针叫作“苏亚雷斯”的强力毒药吓死他们。他带来了令人眼花缭乱的法术，斯图里奇也一样，还有库蒂尼奥——我们的另一位小法师回归球队。斯特林散发着潜力和能量，很快便开始场场占据首发，而对手却对他一无所知。这孩子让他们猝不及防——一如他曾经用他的力量和技术让我们大吃一惊。亨德森真正给球队带来了活力。得到全队的信任后，他从头到脚都充满了自信。

我在运动战和定位球机会中不断制造进球、组织助攻，同时还进了不少球。这对我来说毫无新意，但仍备感新鲜。数不胜数刺激、振奋的瞬间，渐渐形成了某种更为牢固的东西。我们的打法兼具灵光一现和稳定可靠。

防守上仍有隐患。米尼奥莱出现了几次失误导致失球，但他也保持了一贯的高水平扑救。还有乌龙球、防守核心区域站位失误，但斯克特尔就像一名战士一样坚韧强硬，而阿格、约翰逊和其他人，尤其是琼·弗拉纳甘这个可爱的利物浦小孩，展现了我们的防守也可以做得和进攻一样好。像进攻中那样，以苏亚雷斯的技巧、执著和速度，还有他和斯图里奇的进球击溃和粉碎对手。

苏亚雷斯和斯图里奇定下了基调，其他人都在努力赶上他们。布兰登在教练岗位上也如出一辙。他的训练课是我所参加过的最棒的，而他的人员管理能力也非常优秀，富有人情味又别出心裁。我真心觉得就训练质量而论，路易斯被弃用而后回归的这段时间，是自拉法治下托雷斯时代以来最好的。训练的强度、一脚出球的质量可能更胜当初。有时候打5人制比赛，对手甚至连球皮都蹭不到，我们会摧毁对手。但稍有不对，同样的情形就会发生在我们身上，然后就这么在5人制球场上被打爆了。

高标准很快就在全队传播开来，不再有首发11人和边缘人或者替补的区别。布兰登机智地管理着队伍，每个人都觉得自己有机会首发。赛前赛中，球队的情绪总是充满动力积极向上。赛场以外，一股正能量支撑着球队。

当然了，周二或者周三晚上坐在家里看欧冠电视转播是件痛苦的事。但就英超联赛而言，这是完美的准备期。

利物浦的日常很明确。比赛前的第四天是力量日——所有训练都集中在强化四头肌和腿筋上。然后比赛日往前推三天是抗阻日，每组练习时间被拉长以练习你的耐力。比赛日往前两天重点是速度，所有内容都是围绕快速反应，让你为比赛做好准备。比赛前一天，你回到梅尔伍德基本上什么都不用做，准备好在比赛中上下翻飞即可。我们一周的准备工作不会因为欧战或是客场旅途而被打乱。这是积分榜上游任何对手都没有的优势。

所以比起在老特拉福德的杯赛失利，我更看重我们将如何在下一场联赛中做出回应。桑德兰刚刚解雇了他们的暴君主帅保罗·迪卡尼奥。当苏亚雷斯跃跃欲试地出现在光明球场上时，我很放心。桑德兰炒帅后并不会有新的开始，但我很清楚地知道他在训练中有多犀利，而且你根本不用担心在那么长时间的缺阵后，苏亚雷斯会需要四五场球才能重新融入球队。

赛前路易斯很安静，注意力死死地放在训练中。能看得出他确实卯足了劲儿。我想他一定是因为被禁赛无法帮助球队而非常自责，他决心为此做出补偿。训练一结束我就会打电话给队友和我老爸，跟他们说："苏亚雷斯燃了。我告诉你他刚来训练那时就跟着了魔一样。现在他又提升到新境界了。"

要是路易斯能在对阵桑德兰的比赛里拿到几次机会，我确定他必然会取得进球，斯图里奇也一样。只要不断给他喂球，他总会给你带来进球。向东北进发的路上我感到一片乐观。

在桑德兰阳光明媚的午后，我准备主罚上半场的一粒角球。图雷没能顶到皮球，但在远门柱埋伏的斯图里奇先下一城。这球更像是投机取巧的一戳，肩膀、胸部、脸和头都用上了，但球还是弹进了网窝。

接着在本方腹地，但有充足的移动空间和观察的时间。我开出一记我标志性的斜长传。这球不偏不倚落到了我想要的点，落到右侧35码开外的斯图里奇脚下。他冲向球门，闪转腾挪然后用外脚背在门前将球交到另一侧，苏亚雷斯铲射将球打入球门。2：0，斯图里奇、苏亚雷斯。

苏亚雷斯庆祝进球时掀起球衣以纪念两天前出生的儿子：欢迎来到这个世界，本贾，我爱你！

我第一个来到他身边，但我在球门后边滑倒了，差点把路易斯也带倒了。我立马起身来拥抱住他。除了叫我们滚蛋的怪号以外，桑德兰球迷一片死寂地看着我们。

被塞在客队看台的利物浦球迷们忘我地唱着："路易斯·苏亚雷斯……他想咬谁就咬谁……路易斯·苏亚雷斯……他想咬谁就咬谁……"

我们被对手反咬一口，米尼奥莱没能抱住寄诚庸一脚颇具威胁的远射。他直接将球打到了埃曼努埃尔·贾凯里尼的行进路线上。2：1，主队瞬间燃起了希望点亮了光明球场。

亚当·约翰逊为桑德兰主罚角球，比赛还剩最后两分钟。米尼奥莱做出调整，弃门出击，轻松地将球得到。西蒙嗅到了快攻机会，他呼叫我们前压然后直接将球扔给了中场线右侧附近的苏亚雷斯。桑德兰只有两名疯狂回追的后卫，他们面对的苏亚雷斯、卢卡斯、斯图里奇、斯特林4人攻击组径直冲向球门。苏亚雷斯控制皮球，卢卡斯继续前插等待传球。

苏亚雷斯将球转移给对面的斯图里奇。此时三名桑德兰后卫已经回到禁区，但苏亚雷斯正在对斯图里奇疯狂招手。他还想拿球，他还想进球。斯图里奇及时将球送到，回传禁区让苏亚雷斯可以直接起左脚轰门。3：1，路易斯再次掀起球衣欢迎本贾降生，亲吻他的手腕，迎着阳光在远处跳着。接着他转过身来答谢了斯图里奇的人情。

在返程大巴上我悄悄告诉克里斯·摩根："我觉得我们干得不错，不过先想办法跟着争冠部队，看看会发生什么。"我俩谁都没想到最后真的会有机会夺冠。更像是当时如果有的选，我们要个前四就很满足了。但要是剩10场比赛我们还有机会争冠的话，谁知道我们最后能走多远呢？我感到了一股自信，自信我们能和任何球队一战。

随后我们在安菲尔德3：1赢下水晶宫，苏亚雷斯、斯图里奇和我相继建功。我打进一粒点球，骗过了对手门将朱利安·斯佩罗尼。不同于路易斯和丹尼尔，我并没有庆祝。说实话，我只是完成了自己的工作，每次点球机会我都应该进球。不像苏亚雷斯掀起球衣亲吻手腕，或者斯图里奇的机器人冲浪舞，我只是擦了擦鼻子上的汗。没人跳到我身上，我想他们也知道，就进个简简单单的点球，我这把年纪玩不了这些了。我们继续前进，度过这个温暖的周六下午，我们仍高居联赛榜首。

未来一周温布利有两场关键的世界杯预选赛在等待着英格兰——对手分别是黑山和波兰。全部赢下就能确保我们在明年夏天的巴西世界杯上拥有一席之地。英格兰的比赛从来都伴随着压力、紧张、批评和变数。我的注意力已经开始转移到这个熟悉又棘手的挑战——担任队长为我的祖国征战。

10月才刚过第一周，我们也只是击败了桑德兰和水晶宫而已。我更愿意把庆祝留到合适的场合——等到英格兰的压力散去而利物浦力克劲敌的时候。漫长的道路在我面前展开，现在我还无法想象争夺联赛冠军或是征战巴西世界杯的场面。

第4章　资格和排名

有时在艾恩赛德路进个球，我庆祝起来就像刚为英格兰打进了世界杯决赛制胜球似的。我一般扮演加扎[1]，穿着背后印着他名字的英格兰球衣，先是一连串凌波微步盘过对手，然后将球送入由两只垃圾桶摆放成的球门之间。我也能当加里·莱因克尔，正准备在温布利球场主罚比赛最后时刻的一粒点球。球刚飞过两只铁皮桶之间，我便已经撒腿疯狂庆祝起来了。当我在艾恩赛德路上奔跑着，欢乐地呼喊着挥舞拳头的时候，我就是英格兰的英雄，是英格兰的冠军得主，浸淫在举国人民的爱慕之中。

我是为利物浦而疯狂，但1990年意大利之夏让我还对英格兰着了迷。那届世界杯属于保罗·加斯科因的天才表演和莱因克尔的进球，属于我们全家深夜在电视机前的尖叫，属于半决赛梦碎西德时加扎的眼泪。我在家看了那场比赛，那时候才刚满10岁。加扎得到黄牌后知道自己将错过世界杯决赛便哭了起来，看到这一幕的我也哽咽了。结果，斯图亚特·皮尔斯和克里斯·瓦德尔在千钧一发的点球大战中都未能命中，英格兰轰然倒下。这一刻的海顿甚至全英格兰，心都碎了。

回到大街上我幻想着皆大欢喜的结局。小史蒂文·杰拉德比他的英格兰英雄加扎更进一步，一路杀进世界杯决赛，在那里他打进了一球——就

[1] 前英格兰国脚保罗·加斯科因的昵称。

跟我刚送进艾恩赛德路上垃圾桶之间的进球一样漂亮。这个梦想就如同跟随利物浦夺得联赛冠军的幻想一样真实——只是它来得远大。

潮湿难耐的冬日午后抑或是闷热的夏夜，我都时常在海顿的街上为英格兰披挂上阵。我哥哥保罗的偶像就是加斯科因，因为他胖乎乎的脸，我管他叫加扎。我做白日梦的时候，都数不清自己看了多少遍那部录像带——《加斯科因的荣耀》。

布莱恩·罗布森是我早先最喜欢的英格兰球星。惊奇队长打的是中场，就跟我一样。当他穿上白色球衣，我就完全忘掉罗布森是个曼联球迷的事实。我恨曼联，但我爱罗布森。老爸有一天回来在街上看到我穿着英格兰球衣在街上踢球，背后印的是罗布森。

老爸叫我进门私下聊了聊。我在想什么？穿了件罗布森球衣——还是在海顿？邻居们会怎么想？关起门来老爸迁就我，容忍了这些，同样因为他也知道罗布森在英格兰是一位多棒的球员。但是去到外头我可得长脑子。我点了点头，换了身衣服穿着利物浦的红色回到了街上。但我还是幻想自己是罗布森，往后几年里，还会幻想自己是加扎那样的东北人或是莱斯特的莱因克尔，虽然他当过埃弗顿球员。

英格兰对我而言意味着太多太多。当我貌似有机会搬去丽乐索[1]的国家足球学校时，我觉得我大概是要上天堂了。詹米·卡拉格在我之前两年去了丽乐索，迈克尔·欧文已经在那儿了，詹米·卡西迪也是。同在那里的还有另一位利物浦年轻后卫托米·卡尔肖。我很确定我跟其他每一个英格兰未来之星一样，属于丽乐索。经过一场U15青年队试训之后，我觉得自己发挥得很棒，肯定会收到邀请函。我是利物浦青年队队长，而且正要成为丽乐索的足球学员，这简直是梦幻般的生活。

但打开邮箱来信的那一刹那，等待着我的却是心碎。他们告诉我说我是位出色的球员，但是他们在选择球员时，还要考虑到各种足球以外的因素。我完全没明白他们在说些什么，因为他们所说的一切就是——哦，我

[1] 英国国家体育中心所在地之一。

不该放弃，除去我落选了这项残酷的事实以外。这话真有用，我飞奔上楼一把扑倒在床上，把脸埋在枕头里抽泣了起来。

父亲非常努力地想安慰我。他提醒我我在试训时的表现有多出色。父亲说他们可能觉得我还只是需要再长高一点，或者再自信一点才能考虑带我离家在外两年。

我透过泪水望着父亲。最后等我能开口说话了，几个模模糊糊的词从我嘴里蹦了出来:“我没法继续了……”说着我又哭了起来，“我再也不想碰足球了。”

父亲让我冷静下来，然后慢慢地让我回心转意。他聊起了利物浦。利物浦热爱我，利物浦看好我。史蒂夫·海韦、戴夫·香农和休伊·麦考利这些教练关心我。他们对我深信不疑。足球还远没有结束，只要我还有利物浦，我就还有希望。

于是我继续踢了下去。七个月后，击败我而入选的丽乐索新星们来到梅尔伍德，跟我的利物浦青年队打比赛。他们穿着国家足球学校的外套鱼贯而入。我怒火中烧，一心要让他们和选秀官看看，当初拒绝我的时候都错过了什么。我等不及立马想要就开场比赛。

迈克尔·欧文、韦斯·布朗和迈克尔·波尔是他们的三位领军人物，但我想好好给他们一次下马威，我拼劲了全力。欧文当时已经是台进球机器，他的帽子戏法帮助球队4：3险胜。我们都知道如果欧文回到我们的利物浦青年队，抑或我被选入了丽乐索那边，我俩能一起翻江倒海。比赛结束后，丽乐索队员们都排队一一与我握手。我敬重他们的举动，和每个人握手时我都默默点头致意。但在丽乐索教练找到我之前，我就跑回了更衣室。我不想多听他们一句废话，或者看到他们任何一人。我还怀恨在心。

落选英格兰U15青年队在随后多年里都驱动着我。我知道我为何会如此伤心。我想为利物浦效力，也想为英格兰效力。当第二个梦想似乎破碎了的时候，我需要很长时间才能振作起来。我做到了。

2000年5月31日，在我20岁生日的后一天，我完成了自己的英格兰成年国家队首秀，在温布利对阵乌克兰。很难相信我竟然和托尼·亚当斯还有阿兰·希勒同处一间更衣室。我从1996年欧洲杯开始看他们踢球——那年才我16岁——作为东道主的英格兰在那年再次闯入半决赛，又再次点球大战倒在德国面前。那是个狂热的夏天，当巴蒂尔斯金纳搭档利物浦乐队闪电种子[1]合作发行专辑《三狮》后，似乎全英格兰都在唱“足球回家了”，还有《雷米特杯闪闪发光》和《三十年伤痛》。就是在这届杯赛上，加扎在对阵苏格兰的比赛中打进了一粒神级进球，而我们还真的赢下了一次点球大战——淘汰了西班牙，当时他们似乎是比英格兰更糟糕的大赛软脚虾。

我表现得非常安静腼腆，但突然被亚当斯照面吼了一声，就在老温布利更衣室里:“你准备好了吗？！”

我的身体已经冷下来，喉咙早就干了。好不容易用利物浦口音小声吐了一句:“上吧。”

比赛飞快地过去了。穿上印有自己名字的白色球衣感觉很神奇。能够对阵安德烈·舍甫琴科让我心怀敬畏，同样敬畏的是能够作为利物浦传奇凯文·基冈率领的英格兰队的一员以2：0赢下对手。

十二年后，2012年11月12日，在斯德哥尔摩，我获得了我的第100次英格兰出场机会。我们2：4不敌对手，兹拉坦·伊布拉希莫维奇打进了瑞典的所有进球，包括一记超神的倒钩射门——在30码开外攻入了乔哈特把守的大门。比赛开始前，当被问及给我的英格兰生涯从0到10打个分我会打多少，我打了“6分或者7分”。我是实话实说，而不是在玩低调。

除了1966年的世界杯冠军成员，还有哪位英格兰球员真的可以给自己打8分或者9分？也许博比·罗布森带进1990年意大利世界杯半决赛的那支队伍里，有人我能给到8分，但此外别无他人。

但我们备受吹捧的“超级球星”们让人大失所望，英格兰比任何人预

---

[1] Baddiel & Skinner, The Lightning Seeds. 巴蒂尔和斯金纳、闪电种子都是英国老牌音乐组合。

期的都早出局后，反过来受到的辱骂和批评都太过极端，球员瞬间变成了“一无是处”跟“彻底的垃圾”。然后又是老循环——在我十四年国脚生涯里唯一的变化就是批评变得越来越稳定。无论某段时间内，你在英格兰的表现有多出色，你都知道批评声就在不远处。这就是当英格兰球员时你的感受。即便你赢下一支所谓的“鱼腩”球队，如果没能5：0取胜的话也会有人批评你无能。

对我而言显而易见的是，危害着那么多英格兰球员的问题之一就是他们太快地被捧成英雄了。当今的媒体、社交网络，太热衷于在还未取得任何持久价值之前，就称某些孩子了不得。这对球员来说很不好。他们开始觉得自己是足坛大腕，而实际上他们的成就屈指可数。

还有些时候，在英格兰公众形象背后的私密时间里，球员们并非每时每刻都受到最好的照料。斯图尔特·皮尔斯在2012年教会了我这个残酷的现实。皮尔斯是我所崇敬的那支英格兰1990年意大利世界杯之队和1996欧洲杯之队的重要成员。他是位非常出色的边后卫，一位勤勤恳恳的球员，一位激情四射的英格兰人。

当年在都灵那个难以忘怀的夜晚，当他错失点球导致英格兰错过1990年世界杯决赛后，皮尔斯整个人都忧心忡忡。但这就是皮尔斯。六年后在另一场点球大战中——在温布利球场欧洲杯对阵西班牙的1/4决赛上，他坚持要主罚。皮尔斯罚进了，不顾一切地怒吼，而英格兰终于赢了一次点球大战。

所以我很敬重斯图尔特·皮尔斯，当然了后来他成为了英格兰U21国家队的主教练，并被任命为法比奥·卡佩罗麾下国家队的助理教练。英格兰的2010年南非世界杯之旅结束后，他给我打了电话。这意味着很多。在布隆方丹我们绝望地以1：4输给德国队后，当时作为队长的我随大部分队员一起在约翰内斯堡机场，等待回家的飞机。

皮尔斯完全没必要打这通电话，但他真的很好心。他告诉我我是少数可以昂首离开世界杯的英格兰球员之一。他还赞扬了我身为队长的以身作则。他说："我知道你会很沮丧很失望，就像我们每个人一样。但是你的行为、你在训练中所达到的水平以及你在比赛中的表现都是一等一的。你已经没有什么可以改变的了。你做得很好，所以你应该为自己的所作所为感到骄傲。"

这也是为什么在十八个月后，他对待我的方式显得那么令人吃惊和不悦。在卡佩罗2012年2月辞职之后，罗伊·霍奇森接手之前，皮尔斯被指派为临时主帅，带队出战在温布利迎战荷兰的友谊赛。我觉得皮尔斯想象着自己可能有机会竞争这份工作，即便他的执教履历没法和罗伊的庞大经验相提并论，同样也比不上哈里·雷德克纳普。他当时被媒体一致看好将成为英格兰的下一任主帅。

对荷兰比赛的前一个周日，利物浦刚赢下联赛杯决赛。我们通过点球大战战胜卡迪夫，所以我们比其他英格兰队员都晚到训练营酒店。我、格伦·约翰逊、安迪·卡罗尔和斯图尔特·唐宁一起走进了英格兰球队包房。皮尔斯走过来说："听着，伙计们，我知道你们打了一场艰苦的决赛，所以对阵荷兰的比赛你们只会出场45分钟。但还是要恭喜你们为利物浦又添一座奖杯。"

我觉得这可以理解，得知在英格兰的友谊赛只打半场我也没问题。关于皮尔斯帐下的队长人选传闻甚多，我觉得可能这时他应该站出来找我说"能出来跟我聊两句吗？"或者"能来我房里聊聊吗？"，因为看起来这时是告知我是否继续担任队长的完美时机。但是皮尔斯什么都没说。

隔天上午我正在进行恢复，就在其他队员离开去训练场的时候，皮尔斯把我拽进了酒店厕所里。他说："我只是希望能面对面告诉你，我会选斯科特·帕克担任这场比赛的场上队长。"

我没什么好多说的，因为我知道他已经做了错误的决定。斯科特·帕克是个好球员，他很诚恳，后来我在罗伊·霍奇森手下重任队长，在2012欧洲杯上我和他搭档很愉快。我对斯科特作为球员和他的为人都深表尊重。

但优先于我选斯科特·帕克担任英格兰队长？当时斯科特状态非常

好，表现也不错，他也是位合格的领袖，但是他在英格兰国家队资历很浅，从未有过任何担任国家队队长的经验。在西汉姆，凯文·诺兰是他的队长，而他们前一个赛季还在打英冠。我不知道这是针对利物浦还是什么私人恩怨，但我的总体感觉就是——皮尔斯就是对着厕所镜子秀了把肌肉。我估计设计这个决定的目的就是把注意力都集中到斯图尔特·皮尔斯的身上。这是他昭告“这就是我，现在我管事”的方式。他可能还觉得伦敦地方媒体会想要帕克戴上队长袖标。

当天稍晚，他接待媒体并讨论了他那时还密而未宣的队长任命。他大谈了一通他当年如何如何去到阿富汗给英国士兵讲叙领袖的价值。皮尔斯说：

> 去那里的路上我在想：好吧，这叫我怎么说呢？哪些关键因素是我觉得成为一名领袖的基石？而我想到的一个词就是“无私”。我一直想要一位领袖，他的队友深知这伙计来是为了大家的利益，而不是他自己的。我会试着去选一名队长，我深信其他队员对他有着这份尊重。托尼·亚当斯有，保罗·因斯有，阿兰·希勒、特里·布切尔、布莱恩·罗布森都有。对这些人来说，球队比自身来得重要得多得多。

几天后媒体似乎大吃一惊。他们以为皮尔斯说的是我。几个记者甚至提到皮尔斯的足总同僚们很意外他竟然选择了帕克而不是我。当然，他们里面没一个知道皮尔斯是选择在厕所里告诉了我这个消息。

对荷兰的比赛前，我们开了球队会议。会上皮尔斯跟我们谈了他为2012欧洲杯所做的准备。他努力给每个人留下好印象来竞争主帅的工作，但我认为他选择厕所里告诉我的这个决定，就是他之所以再也没能得到他梦寐以求的职位的原因之一。

我可能曾经对他作为教练的战术素养有所疑虑，但直到那一刻之前我都很尊重斯图尔特·皮尔斯。我只是觉得他对待我非常糟糕。这就是侮辱，这是错的，我觉得这很自私。这是一个政治决定，目的在于让所有人觉得他有种。

铁打的球队流水的队长，这事完全可以接受，但你得给人一个交代。里奥·费迪南德在2010世界杯前受伤，我接过了队长袖标。2011年3月，卡佩罗决定由约翰·特里重新担任队长。我对此毫无疑问。因为JT[1]是一位不言而喻的领袖、伟大的后卫，并且有着丰富的经验。但JT也有自己的问题。2012年2月，他因涉嫌种族歧视里奥的弟弟安东·费迪南德而上庭受审。卡佩罗希望特里保留队长职务，因此和足总闹得不可开交，意大利人随后辞职。皮尔斯继任成为临时顶班，但他在表示不想我当队长的10秒钟里连一个理由都说不出。

要是博比·罗布森或者凯文·基冈把他拽进英格兰老训练基地伯纳姆比奇斯的厕所里，告诉他未来队长不会给他，而是给一个国家队出场数比他少80次的人，斯图尔特·皮尔斯会怎么想?

英格兰不敌荷兰。然后，谢天谢地，罗伊·霍奇森被任命为2012年欧洲杯期间的主帅。

我会一直尊重球员时代的皮尔斯。但在厕所里的那天之后，我对这个人失去了很多尊重。

正当我们进入世界杯预选赛的拉锯阶段，在2013年10月，还剩下两场关键战，我希望自己还能最后一次参加国际大赛。我因伤错过了2002世界杯，因为我们没能通过预选赛而错过了2008欧洲杯。现在，在三届欧洲杯和两届世界杯之后，我的国家队荣誉还有最后一搏的机会。2014年世界杯将在巴西举办，对全球任何一支国家队的球员们来说，都是至高无上的舞台。我也渴望能随英格兰一同参赛。

罗伊·霍奇森是我们的主帅，他是位聪明的好人，我和他的关系非常亲近。我仍是英格兰的队长，而我们还有两个主场比赛坐镇温布利迎战黑

[1] 约翰·特里的简称。

山和波兰，来争夺我们的世界杯参赛资格。任何一场输球或者打平都会将我们逼入神经紧绷的附加赛，因为乌克兰紧紧跟在我们后面争夺小组唯一一个直接晋级巴西的席位。熟悉的压力又回来了，但我感觉很好。

英格兰早就来过这儿了，一次又一次。我也早就来过了，尤其是2007年11月那个不堪回首的温布利雨夜。小组赛最后一场对阵克罗地亚的比赛，我们只需要拿1分就能确保一张2008年欧洲杯门票。给斯文戈兰·埃里克森当了多年助教的史蒂夫·麦克拉伦成为了我们当时的主帅。我喜欢史蒂夫，也很享受他的训练和与他共事，所有球员都是。我们对他还有他的执教理念都颇有好感——但我们没有拿到所需要的成绩。

要是你没能带英格兰晋级大赛，那么你就有大麻烦了。你会被媒体和大多数球迷大卸八块。你和你队友将会被当作毫无用处的废物而遗忘——反正你们也不当回事。当然了，事实刚好相反，我们非常在乎——太在乎了以至于可能我们让自己被压力给毁了。

我依旧看好我们能击败克罗地亚晋级正赛。史蒂夫做了几个重大决定，但最后起到了非常事与愿违的效果。他刚入主国家队之时，将大卫·贝克汉姆剔除出了大名单——这又是一个新人想要树立标杆的例子。史蒂夫最终让贝克汉姆回到了球队当中——这做法相当聪明。但是在对克罗地亚的比赛中他让我们最富经验的球员坐在了板凳上。更灾难性的是，他决定在一场预选赛生死战中让一位年轻门将上演他的正式比赛首秀。

斯科特·卡森是我们在利物浦的门将，他刚满22岁还嫩得很。史蒂夫深知英格兰此前的1号国门保罗·罗宾逊最近流年不利，但弃用他仍是一个巨大的赌博。在这个阴雨绵绵事与愿违的夜晚，我对卡森和英格兰都深感同情。比赛刚开始8分钟卡森就犯下大错。尼科·克拉尼察在超远距离打出一脚，本该是个舒舒服服的扑救，但卡森让湿滑的皮球从自己的双手中穿过。6分钟后我们0：2进一步落后。一片寂静的温布利，伴随着卡森的低级失误，转而变成了愤怒的嘲讽。

弗兰克·兰帕德随后打入一粒点球。下半场刚开始贝克汉姆出场替下肖恩·赖特菲利普斯。当彼得·克劳奇用胸部卸下他的传中，一蹴而就扳平比分时，我们似乎得救了。那晚的克罗地亚确实技高一筹，他们又重整旗鼓——在比赛还剩13分钟时重新取得了领先。我们无可回应，加上史蒂夫打着把伞一脸可怜地站在边线上，我们渐渐消失在了大雨和雷鸣般的嘘声之中。

我们的表现乱无章法令人失望，比赛结果也令人震惊。大多数的嘲讽都堆积在可怜的老史蒂夫·麦克拉伦身上，这似乎有些残忍，他变成了“撑伞的笨蛋”。他在曼联的出色执教和在米德尔斯堡的优异成绩所积累的声望，在很长一段时间里都严重受损。

我觉得换个不同的环境，史蒂夫本可以成为一名出色的英格兰主帅，但如果你预选赛出局那么下课是在所难免的。我觉得自己对史蒂夫的命运也有一定的责任。我本该成为英格兰的大场面球员，在真正关键的时候我却没能挺身而出。我至今还为我在俄罗斯打偏的那球而懊恼。这球或许能提供我们所需要的生命线，让对阵克罗地亚的比赛不那么神经紧绷。

我们度过了温布利可怕的夜晚，并再次暴露在了残酷的现实下。在此级别的足坛竞争中，小细节能对你造成最大的杀伤。

六年后，避免悲剧再次上演显得格外重要。对阵黑山的比赛度过了一个焦虑、互无建树的上半场，但中场休息后我们打得很好。安德罗斯·汤森德这场发挥良好，在一场4：1的大胜中为鲁尼送上助攻，并且自己打进一球。我们还没有结束，我们还需要在四天后击败波兰，来确保我们的巴西世界杯之旅。

2013年10月15日，周二
温布利大球场

这就是那种我在艾恩赛德路上梦寐以求的夜晚。在一场无比重大的比赛前，我作为英格兰队长走出球员通道。场内的喧闹声难以置信，8.5万名球迷一起制造出宏大的音浪。他们点起烟花和爆竹来匹配我们主队球迷的热情助威。在灯光的照耀下，温布利看上去美轮美奂。草坪闪耀着光芒，红色和白色的旗帜、标语遍布全场。球迷们在一阵又一阵的激动和希望中歌颂着英格兰和波兰。

紧张的气氛让一切都变成了现实。我在海顿幻想为英格兰队效力的时候可从来没觉得紧张过。不过那时候我们在艾恩赛德路开球前可不会唱国歌，也没有像霍奇森这样的教头在替补席给我们加油打气。他的脸因为专注而皱成一团，让人看起来像是他要松一松领带才能让呼吸稍稍顺畅一些。罗伊和弟兄们太想拿下这场了。

在欧洲那头，我们已经得知争夺小组第一的对手正准备迎接一场进球盛宴。乌克兰的对手是圣马力诺，比赛的唯一悬念就是他们对阵一支几乎业余的球队能进多少球。要是我们没能击败波兰，那么乌克兰就将夺得小组第一直飞巴西。我们则会落进附加赛的大乐透。

波兰很有战斗力。就在一年前，我们曾和他们1：1战平。他们还拥有欧陆最强射手之一的莱万多夫斯基。他在比赛的前25分钟时间里就有过几次机会，但他都没能进球。主队球迷有些焦躁不安，而波兰人则继续吼叫着。消息在温布利散开，乌克兰已经3：0领先了。我意识到我们的球迷站到了边缘，充满信念的呼喊就快变成满心狐疑的咕哝。波兰决定后撤收紧阵型，控球迟迟无法转化为进球让我们有些泄气。

接着，中场休息过后4分钟，进球来了。雷顿·拜恩斯一脚绝佳的传中传入禁区，韦恩·鲁尼闪过一记头球顶进网窝。这就是那些让我觉得鲁尼非同凡响的时刻之一。大牌球员在关键比赛显山露水，在关键时刻进球。这对英格兰来说是无比关键的一刻。

比赛还远没有结束。我们必须熬过整个半场，而波兰打得非常有想法。在那么多远道而来进入温布利的球迷们面前，他们想要阻止我们取胜。随着比赛慢慢过去，1：0的领先看起来愈发摇摇欲坠。我深知，即便一场平局也会让人觉得几乎跟2007年输给克罗地亚一样是场灾难。比赛还剩15分钟，詹姆斯·米尔纳换下汤森德——因为我们的中场需要更多的硬度和活力；然后弗兰克·兰帕德上场换下迈克尔·卡里克，他能给我们带来更多经验；加上另一名中场杰克·威尔希尔出场换下了前锋丹尼尔·斯图里奇。剩下的时间不到10分钟，波兰仍然不懈奔跑，组织进攻。

汗水从我的脸上滑落，就像球迷的不安从看台上滑落，在球场上蔓延开来。我逼着自己榨干最后一分力，因为如果我们只想着保住领先，我们很可能被对手绝杀。波兰顶得很凶，他们的中卫再次将球冲吊到前场。不过米尔纳在中场线上将球截下，他抬头一看然后朝我的方向轻轻吊出一脚颇有威胁的传球。

突然之间我嗅到了机会。我无人盯防，最近的波兰球员已经被拖在了身后。我将球控在脚下，迈开长腿横穿球场。我内切进来，辗转穿过最先回追的后卫和刚补防过来的后卫。我仍被三名红球衣的队员团团围住。最后一位红衣人，门将沃依切赫·什琴斯尼快速向我紧逼上来。但这一刻我已经深陷其中，没有什么能阻止我。

就在我被自己冲刺带倒的同时，我伸出了右脚。我的脚先碰到皮球，将其捅过什琴斯尼。皮球坠入了空门。

我起身之迅速，连我自己都有点无法相信。我开始拔腿飞奔，我跑得如此之快，没人能追上我。我仰着头，张着嘴，张开双臂疯狂庆祝。我朝角旗的方向跑去，我能看到那边的球迷已经疯狂了。我跑过去的时候，他们蹦啊叫啊。我把双臂张得更开，像是我就要飞进起立欢呼的英格兰球迷中去了似的，跑向他们的时候我没法控制自己。

我做了个长长的滑跪，滑过潮湿光鲜的草皮，再次张开双臂就像是要拥抱他们每一个人一样。然后我站了起来，笑嘻嘻地向上挥动着右拳。

这个庆祝甚至比我那些年在艾恩赛德路上做的还要更有激情，更无拘无束。正因为这样才显得愈发甜蜜。这份快乐的深沉和激烈远超我的想象。这是充满意义的极乐和狂喜，我知道这意味着什么。我们不只是在第88分钟2：0领先，我们更是告别了疑问和烦恼。至少暂时是的，我们正走在去往巴西的路上。

最后鲁尼和维尔贝克逮住了我。他们跳到我身上还压倒了角旗。米尔纳、威尔希尔、兰帕德和其他人跳到他们身上。我被埋在了一堆白球衣下面，甚至连呼吸都不用了，因为我已经乐疯了。他们最后一个个爬了下去，我躺在地上还能听到场内的喧嚣。温布利像疯人院似的炸开了锅，我太高兴了。这感觉太棒了。

韦恩逗趣地拍打着我的脸然后将我举了起来。我转向球迷，像个疯子一样挥舞着拳头大叫："好极了！"

我已经33岁了，刚打进了一粒可能把我们带进世界杯决赛圈的进球。拜恩斯拥抱了我，菲尔·贾吉尔卡也是。两位埃弗顿球员整晚都在全心全力地比赛。我走回中场线，一个人低着头，但我的脸上仍然洋溢着幸福。只有足球能让我感到这般激昂地活着，只有足球能释放出这样的快乐。

足球就像个熊坑[1]。外界的噪音震耳欲聋，想要屏蔽那些胡说八道的声音和刻薄的批评并不容易。但在英格兰成功晋级之后，我期待着和利物浦一起度过一段安静而又全神贯注的时光。

波兰那场球之后的那个周六，我又进球了。对手是纽卡斯尔，我主罚的点球钻进了蒂姆·克鲁尔的右侧网底。这球毫无悬念，所以我罚完转身就走。我连笑都没笑，但是当亨德森、约翰逊和苏亚雷斯向我跑来的时

---

[1] 动物园中饲养熊的地方，供游客围观。

候，我张开了双臂——来一次低调庆祝也不错。这是我的第100粒英超进球，而我们此前正0：1落后。

在又一次混乱的防守让纽卡斯尔进球后，我们不得不再次奋起直追。苏亚雷斯和摩西在左路做了一次配合，后路易斯将球端到门前，斯图里奇头球点射破门。一场2：2的平局。我环视更衣室，看到客场丢分后更衣室充满了失望，这让我备受鼓舞。我们正在进步，我们正变得雄心勃勃。

但是当熊坑再次传出噪音时，我却略感受伤和意外。这次是一头老熊——亚历克斯·弗格森发出了一阵咆哮，所以我停下来听个究竟。九年前的2004年，弗格森曾称我是“英格兰最具影响力的球员，无人可及”，并且称“任何人都会想要杰拉德加入他们的球队”。即便在那之前，在2000年当我才20岁时，在我们同曼联的比赛前，他说：“杰拉德在身体上和技术上都很早熟，很好的中场发动机，惊人的活力，能阅读比赛，传球很快。一想到利物浦有人像罗伊·基恩一样出色我就很不爽。”

我当时看到弗格森的话时都惊呆了。

想到当时的敌对背景让这番话显得更有冲击力。在2000年12月那个天寒地冻的下午，曼联球迷在老特拉福德外砸了我们的大巴。他们唱道：“滚回去，人渣，我们要宰了你们，就在你们的利物浦贫民窟里！”

那天我们凭借丹尼·墨菲的直接任意球得分战胜了曼联。

赛后罗伊·基恩跟我握手并说道：“干得不错。”在主场失利后他并不必说这些，所以来自基恩和弗格森的称赞对我而言意味着很多。

不过，十三年后，在2013年10月22日发布自传时，弗格森在书中坚称他是少数几个从不觉得我是个“顶尖球员”的人之一。他说我在对阵曼联的比赛中“鲜有发挥”，另外我和弗兰克·兰帕德之所以在英格兰国家队比迈克尔·卡里克多打了那么多比赛，仅仅是因为我们“声名在外”。

我不会因为他的评论而睡不好觉，但是在当年我还未达巅峰的时候他就对我大加赞赏，所以他的话还是让我略微有些吃惊。我的经纪人斯特鲁恩·马绍尔还告诉我，弗爵爷还在带曼联的时候，曾经很认真地考虑要尝试签下我。加里·内维尔在英格兰集训营有时会来敲我的门。他会进来聊一会儿，告诉我曼联有多想让我为他们效力。加里告诉我是爵爷派他来的。

而十多年后的今天，我远离了足坛，弗格森却贬低了我一番。谁知道他是不是真的这么觉得。曼联和利物浦之间的隔阂永远都无法填补，某种程度上我们仍是死敌。我敢肯定我过去说过的一些关于曼联的事会惹怒弗格森。

这成了当天媒体圈里的大新闻，我的手机也被短信挤爆了。唯一真正重要的一点是我真的很尊敬弗格森。但我很好奇，要是我和保罗·斯科尔斯或者罗伊·基恩其中一人对调，他觉得这两人还能举起几座奖杯呢？在一支和基恩搭档中路，贝克汉姆在右，瑞恩·吉格斯在左，加上鲁德·范尼斯特鲁伊顶在锋线的曼联，我也可以做出一番成绩。在那支球队我应该会干得不错。

无论如何，弗爵爷对于“顶尖球员”的定义到底是什么？如果他是指齐内丁·齐达内或者安德雷斯·伊涅斯塔又或者哈维，那么当然了，他说的没错，我可比不上他们。但我也和大多豪门当家球星同场竞技过，我表现从来也不差，无论对手是谁我也能保住颜面。但确实有时候我的利物浦相较于亚历克斯·弗格森的几支曼联和其他欧陆豪强都处在下风——这使我难以下咽。

说到迈克尔·卡里克，我很喜欢他以及他在曼联的打法，他干得非常棒。我和卡里克的风格大相径庭，他是位天生的后腰。要是你看看我和卡里克的数据，就知道两者完全不同。所以你不能从进球能力的角度来比较卡里克和我或者兰帕德。同样，你也不能拿我和兰帕德跟卡里克的防守能力相提并论，因为我们在中场职责不同。也许弗格森为卡里克没能得到应有的称赞而打抱不平，我觉得他可能也没错。

这都只是个人看法——就像齐达内有次很大方地称我为世界上最好的

球员。看到这些我很开心，但是我也明白，这只是历史上的某一天齐达内发表的一项看法而已。弗格森则选择了在另一天发表了他对我的评价。

然而，我更关心的是他书里的另一段话。弗格森说了一段奇怪的评论，暗示利物浦花2000万镑从桑德兰签下乔丹·亨德森是当了冤大头。他不喜欢乔丹的“跑步姿势”。弗格森称乔丹“挺着个背用他的膝盖在跑步”，还说他到了职业生涯末期会饱受伤病困扰。

乔丹是我最关心的利物浦球员之一。我一直都深深感觉到他会成为俱乐部和国家队的关键球员。我很喜欢他，我能在他身上看到很多自己当年的影子。他踢球卖力，有团队精神，一心想要赢球，成长背景也和我相似。还记得有段时间他过得很不如意——这对年轻人来说很正常。那时他妈妈把我拉到一边，我能看到她脸上写满了担忧，她为儿子操碎了心。亨德森离开桑德兰初入利物浦，他有点迷茫，起初这次变动对他来说太大了。

我跟他妈妈聊了聊。我告诉她：“你完全不用担心。我会尽自己所能帮助他，无论如何，我知道他会没事的。”他在训练里的表现我都看在眼里，喜在心头。我早就了解他的为人，我满怀信心他能在利物浦立足。

最近有人告诉我乔丹以前在墙上挂了一幅我的海报。就这妥妥地让我觉得自己年事已高，而他现在已经长大成人，能自己照料自己了。乔丹·亨德森在利物浦的逆袭，我并没有任何功劳，我所做的就只有让他妈妈放心而已。这是当队长最棒的工作之一——消除别人的担忧。我能看着乔丹的母亲对她说：“相信我，他会好起来的。”

这是一份责任，去了解队员们的家人，倾听他们的焦虑和疑问，以此来将球队团结在一起。现在我已经把这份职责交给了乔丹本人，我会看着他，期待这位俱乐部的新任队长，传承这份幕后工作，维持住一支快乐的球队。

当弗格森新书里的消息传开后，我在训练结束后把乔丹拉到一边。我说：“别在意那些，那不是事实。你踢得很好，你只会变得越来越好。这不过是弗格森对利物浦妄下结论，我们会接受这些，继续过下去。”

乔丹点点头说道:“好的。”但我能从他的脸上看出他很受伤。他无法理解为何弗格森要针对他。以弗格森的地位而言这种做法很低劣。

乔丹随后打出了一个风生水起的赛季。这是他对弗格森给出的最强有力的回应。

我希望有朝一日亚历克斯爵士和我能再有机会相遇。说不定我能征求一下他的意见，看看他到底是怎么看待我的。

我又一次迷失在了足球中。一周到头，又一个阳光明媚的周六，我们主场迎战西布朗，将他们打成了筛子。我们4：1赢下比赛，路易斯·苏亚雷斯完成帽子戏法。他的第一个进球是一个长途奔袭，最后穿裆过掉防守队员破门得分。第二球更棒，一记禁区外围石破天惊的头球，将阿利·西索科的传中转化成利物浦的赛季最佳进球之一。

然后我通过任意球输送炮弹，帮助路易斯打进第三球。这又是一粒精彩的头球，他高兴地向我跑来，手指不停点着我像是在说“你……你……就是你！”这球确实来自我的助攻，但我俩之间有一份更深的默契。我的理解是路易斯在感谢我出手相助将他留在安菲尔德。我们跳起来抱在一起，就像两个兴奋的小男孩。

丹尼尔·斯图里奇一记漂亮的射门击中门柱。随后他打进了第四球。在这个充斥着世界波的下午，他可以自豪地表示这是最漂亮的一个。西布朗半场中间地带，皮球弹到斯图里奇和我之间。他把球控下来，我飞奔到他前方等待直塞。但斯图里奇有个更好的主意，他继续带球前进抬头看了一眼，然后又看了一眼确认了一下，接着就是一脚拉风的挑射。博阿斯·麦希尔只离开了门线一码远，但这足够斯图里奇尝试他残暴的技术，更别说他正高速前进还受到了西布朗后卫的干扰。皮球越过麦希尔的头顶快速下沉，不偏不倚地落在网底。这真是技惊四座了。这是令人瞠目结舌的一刻。

利物浦的锋线上正顶着两位魔术师，看起来他们能随心所欲，为所欲为。所有人都在讨论SAS组合——苏亚雷斯和斯图里奇。布兰登·罗杰斯特意在新闻发布会上好好庆祝了一番。他说我在SAS的烟火表演身后，踢出了指挥官级的表现，还忍不住拿弗爵开了把玩笑，他大笑起来说："史蒂文是一位顶、顶、顶、顶、顶尖的球员。"

随后我们在酋长球场和阿森纳进行了一场榜首大战。因为4000万+1镑报价事件，两家俱乐部之间的气氛仍有些紧张，而我们也渴望能从温格的球队身上带走1分。但这是个让人幻灭的下午，阿森纳压制了我们，凭桑蒂·卡索拉和阿隆·拉姆塞的两记好球2：0战胜了我们。10轮过后阿森纳以5分优势领跑，切尔西和利物浦分列二、三名，同积20分。

面对阿森纳，苏亚雷斯和斯图里奇没能擦出火花。每个人都盯着那球，路易斯没有将球传给斯图里奇而错失进球良机。丹尼尔出奇愤怒地举起双手，而即使是局外人，肯定也能清楚地看出他和路易斯关系一般。

SAS可不是约翰·托沙克和凯文·基冈[1]那种类型的搭档。苏亚雷斯和斯图里奇是各具天赋、独自为战。布兰登经常提到，实际上他俩更像是互相竞争的两匹独狼，而不是一对配合默契的双子星。

他们在训练中也不太交流，但是他们的技术和视野仍能在球场上产生心电感应。在他们身后，踢球就像做梦一样。一个人拉近，另一个就会拉开，突然间我的传球有了两个锋线选择，不像当年只有托雷斯一人单兵突前。这打法运行得非常漂亮。其中一人进球，另一个也会很高兴。尽管，很可惜，对阵阿森纳时并非如此。但我看不到他们有克里斯蒂亚诺·罗纳尔多的那种自私，他是非得唱主角不可。

虽然从来没闹出过麻烦，但他们两人之间还是有些针锋相对的时候。可能有些比赛，路易斯对丹尼尔有些太严厉了。我们一直都很关注这事，但斯图里奇和苏亚雷斯相处不来根本无关紧要。如果他们一赛季能攻进50球，我毫不关心他们互相说不说话。

重回安菲尔德后，苏亚雷斯又斩获两球，帮助球队4：0痛扁富勒姆。

[1] 托沙克和基冈曾是利物浦的黄金搭档，曾帮助球队三次夺得顶级联赛冠军。

我拿到了三次助攻，加上一粒乌龙球，另一个进球由斯克特尔接到我开出的角球顶进了一记大力头球。但我们不是唯一一支打得风生水起的利物浦球队。我们的下一个对手埃弗顿，在新帅罗伯托·马丁内斯的带领下也取得了辉煌的开局。

就在2012年夏初，利物浦的新帅似乎将在罗杰斯和马丁内斯两人之间产生。当时这很激动人心，但我还是真心为肯尼·达格利什在利物浦的执教生涯末期没能得到更多时间而感到难过。2011—2012赛季，我们的联赛排名不太理想，肯尼会是第一个对此表示赞同的人，但他带队进入了两项杯赛决赛，这也很不容易。他还是我父亲的英雄。他象征了太多，这对利物浦来说很特别。我希望在肯尼手下打了更多比赛，而不是只有区区的三十几场——当时我受到了严重的伤病困扰。

安迪·卡罗尔、乔丹·亨德森和斯图尔特·唐宁都被看作失败的引援，肯尼因此遭受了诸多指责。媒体和球迷声称肯尼和体育总监达米安·科莫利浪费了1亿英镑。卡罗尔和唐宁都成为了过去，但看看现在的亨德森就知道，肯尼做了不少出色的工作——苏亚雷斯就是他签下的，只用了2270万英镑。

老板在考虑罗杰斯和马丁内斯时，有消息就会告诉我。我也和CEO伊恩·艾尔谈过几次，以了解高层更倾向于谁。我并没有任何偏好，因为那时我还没见过其中任何一位。我知道他们的年龄、喜好的足球风格都很相似。他们都曾执教斯旺西并取得了不错的成绩，随后马丁内斯加盟了维冈并夺得足总杯。我觉得两人都很适合利物浦但还是需要老板大胆任用其中一位——而我认为布兰登是个正确的选择。我至今仍相信他会在这里取得成功，但是就像我们所熟知的，足坛局势千变万化。

库蒂尼奥近距离的射门，和苏亚雷斯的弧线任意球，两次帮助我们在古迪逊公园取得领先，但每次都被埃弗顿扳成平手。先是凯文·米拉拉斯，随后是罗梅鲁·卢卡库。我们给后者留下了太多空间，又被他一记大力头球将比分改写成3：2。但我们齐心协力奋起反击，并在第89分钟打进了一粒戏剧性的绝杀进球。我主罚任意球，斯图里奇头球完美地一蹭，一场经典的默西塞德德比打成3：3平手。

进入12月，我们在积分榜上暂列第二落后阿森纳。进球不断攀升，我也送出大把助攻，但我却感觉异常不安。很难用语言形容，但因为对自己的不满，我感到一阵挥之不去的疼痛。在训练或者比赛后，我会满腹困扰地走下球场。似乎没人注意到这些，我在球队会议和发布会上也备受好评。但我能感觉到异样，在过去几场比赛里我知道自己并没有充满过去那种影响力。

我一直都对自己很严厉，这份自我批评和对进步的渴求造就了巅峰时期的我。即便是在训练中，顶着30多岁的高龄，我仍不断尽最大努力成为球场上的最佳球员。但我能分得清自己并不处在一贯水准上。这事已经到了我开始觉得“我需要帮助”的地步。

我总是以一种特殊的方式在踢球，尝试很多球员连碰都不会碰的事。我想要做些真正的贡献，创造伟大的瞬间帮助球队赢下比赛。我可以在比赛大部分时间里都待在舒适区拿住球，保持控球直到简简单单送出一脚5码、10码的传球。但我宁愿只有80%的传球准确率然后助攻一球，也不愿空有96%的准确率却对比赛毫无建树。做四平八稳的工作很容易，甚至有些时候我也必须这么做——当我被撞伤或者出状况又必须咬牙坚持的时候。但只要我状态正佳，我就会试着大胆发挥。结果就是我的场上表现总是会犯些小失误。

即使在某场赛后，媒体给我打出9分或者甚至完美10分，一般来说我也会有一两次尝试一些动作结果却错得离谱——但那也是因为我在寻找神来之笔。

我不知道还有多少球员自觉有能力承认，有时候他们需要帮助来改善场上表现。有人或许会觉得很难说出口，但我向来都知道何时应该找教练寻求帮助。我觉得布兰登平易近人，因为他不仅仅是一位出色的年轻教练，他还是个非常好的人。我和他从来都没有说过任何令人不悦的话。

在布兰登接手利物浦之前，我就注意到了他的智慧和战术应变能力。我们曾在安菲尔德同斯旺西交手，他们传球的方式和罗杰斯的排兵布阵都让我印象深刻。我能看出他试着在我们两名中场附近建立人数优势，他让我这个下午过得很不好受。我记得那时在想，做客安菲尔德不落下风又能打出战术灵活性和想象力，同时还压制住我们的英超中下游球队，可谓少之又少。

于是我在2013年11月底去找了布兰登。我说："我觉得自己打攻击型中场的角色并没有脚感火热，我觉得有点跟不上。"我感觉自己只有6分或者7分的状态——但我需要达到8分或者更高才行。

刚开始他有些震惊，布兰登觉得我踢得很不错。但是当我开口时他听得很仔细："你能查查我的比赛和数据，看看我身体表现如何吗？能不能顺带看看我的身体位置和体型？能不能也跟数据分析那边还有体能那边的人谈谈？我想听听别人对我内心感受的看法，因为我对自己的发挥不太满意。"

摆在面前的是一长串请求，和一份真诚的恳求，布兰登的反应就跟我想的一样。他向我保证他会对这件事给予充分注意，并且我们会一起把这事调查清楚。紧接着那天他就说到做到了。

训练结束后，布兰登把我叫去他的办公室。他拿出一张非常详细的电脑报表，上面列出了过去几场比赛中我的所有加分项和减分项。他告诉我的第一件事是我的感觉没错。他很惊讶，但我的直觉和详细分析相吻合。更重要的是，布兰登完全说中了为什么我没能进入状态。

他转而拿出了录像分析，一切都很明了了。我们观察我比赛中的减分项时，很明显能看到我的头部动作[1]不对劲。我没能移动到合适位置或者快速拉开接应角度。结果就是我的比赛节奏变慢了。这里更多的是技术问题而非身体问题，因为数据显示我在速度和体能两方面依旧拿出了不错的

[1] 原文为head movement。足球比赛中，运动员通过转动头部频繁观察局势，以寻找空当和接应角度。

数据。这里更多的是我缺少头部动作，以及我的身体角度和接应角度出了问题。

我对数据资料从来都不着迷。我尊重数据也运用数据，因为我知道它们很重要，但是数据从来都只告诉我们片面信息。这就是个清晰的例子。我的数据很坚挺但是头部动作减少了。这个环节太重要了，作为中场如果你想在英超立足，你可得眼观六路耳听八方。比起我刚开始踢球的时候，现在这一点显得更为重要。因为中路非常拥挤，处理球的时间比以前少得多。当我观察顶级中场球员时，发现他们都有着非常棒的头部动作。他们总是在拿球前先观察两侧的情况，而在球到脚下之前他们也都知道下一步球要去到哪里。要是你发现有中场总是被断球或者传起球来非常吃力，他们的头部动作不对劲一定是原因之一。

布兰登发起了讨论。当他刚到利物浦时，他提到能想象到我最后打到一个更为靠后的位置，几乎打到后腰位置。但不同的是我仍能用我的视野和传球距离掌控比赛。

他立刻吸引了我的注意力。要是我继续打我习惯的突前位置，那会让我们明显稍有欠缺。布兰登喜欢打快节奏，而我的感觉是如果用我打到进攻位置上，我们太慢了。我们需要一名在那个位置能拿住球，并且在空当之间的移动比我快得多的球员。同时我还感到我处理球的时间太短了。有斯图里奇和苏亚雷斯顶在前面，我对于后撤拿球这件事跃跃欲试。我知道我从深部传球所需要的正是他们的无球跑动——于是我可以助推他们造成更大杀伤力。

我和布兰登谈到了一位我交手过多次的意大利中场大师安德雷·皮尔洛，还有他经久不衰的左右比赛结果的能力。我绝对不会拿自己跟皮尔洛作比较，因为我也是他的超级球迷。我看过也踢过很多由皮尔洛一手控制的比赛。在我能想到的各个方面，他都是集大成者，无论是头部动作、身体位置，还是接应角度。我从皮尔洛身上学到了太多，和他一同被提到还真让我有点受宠若惊。

在过去的十五年里，皮尔洛定义了“中场”这个位置。我有过几场出任相同的位置，但这对我来说是种新的体验。我从来没有连续几场比赛打皮尔洛的场上位置——我知道从纯后腰角度而言他的打法非常特别。

我仍需要做更多的抢断、破坏、拼抢和头球，然后才能开始试着一点一点像皮尔洛那样踢球，像他那样拥有深远的视野和精妙的传球。有SAS顶在锋线，这能行得通，因为球队并不缺进球火力。当我出任10号位，充当前锋和中场之间的中间人时，我的身前就只有费尔南多・托雷斯一人。那时候我总是觉得我得送出助攻，要么就得自己抓进球。

我们对皮尔洛位置的改造有些不同。我的首要任务是尽力阻断对手进攻，防止对手进球。这几乎完全颠倒了10号位的职责。我一旦得球，同时路易斯、丹尼尔和拉希姆都在我身前跑开的话，我就有时间和空间找其中一人传球过去。我会同时担任创造型中场和后腰的职责。

这个想法让我很兴奋。布兰登和我同意先推敲几周深入讨论一下，然后等到时机成熟，我就试着打到这个更靠后的位置去。我走出办公室时如释重负。不仅仅因为我找到了自己比赛中所缺少的要素，更因为现在摆在我眼前的这种新打法。这是个新鲜又刺激的挑战。

12月1日我们开赴胡尔城。斯图里奇因伤缺阵，所以我踢到惯常的进攻型中场位置。对手折射破门取得领先后，我通过任意球扳平比分。这球打得很漂亮，从人墙的缝隙中穿过，进球后我也稍作庆祝。然后维克托・摩西错过了一次进球良机，但是我们的防守非常散乱。科洛・图雷受到背伤影响，发挥不佳，胡尔城再度将比分超出。他们踢得是不错，但这球进得很侥幸。科洛则倒在地上扶着背。

随后更加混乱的防线和斯克特尔的乌龙球让胡尔城取得3：1的领先，此时球员们都双手掩面。这是胡尔城第一次战胜利物浦。

球队会议上布兰登径直点名了我。他告诉球队我如何去寻求了他的帮助。他说我为所有人树立了榜样。他手指着我的方向：“他已经拿过欧冠了，他为这家俱乐部出场超过600次，还为英格兰出场了100多次。史蒂文·杰拉德已经33岁，但他还来找我帮忙以成为更出色的球员。”

布兰登让大家消化了一下他所说的话。虽然感到不太自在，但我知道他正在慢慢揭示他的真正意图。“与此相反的是，我们还有一些年轻球员不断在训练中迟到。这挺差劲的。你们太多人都还待在自己的舒适区里。”

教练推动了一段必要的反省期。这很符合此时更衣室外的情绪。我们的球迷感到很沮丧，加上媒体的煽风点火，断言我们又将漫无目标地飘荡一个赛季。

当然，路易斯·苏亚雷斯可不是这么想的。胡尔城惨剧后的周二，我们对阵诺维奇，开场15分钟我断下了对方门将约翰·鲁迪的解围。我的头球飞向了路易斯。他刚进入诺维奇那边半场，他让球弹了一下、两下，然后跟进以他精妙绝伦的技术抡起右脚。他40码开外的吊射高飞过鲁迪的头顶，诺维奇门将倒在地上就像是被狙击枪打中了一样。苏亚雷斯就是如此致命。

没多久他又接到库蒂尼奥的角球破门得分，并在35分钟就完成了帽子戏法。随后他闪转腾挪挑球同自己完成配合，用一脚炸裂的半凌空射门让安菲尔德陷入狂欢。路易斯看上去连自己都有点不敢相信。他遮住了笑脸，就像是快因为自己的光彩而失明了一样。当我们在诺维奇禁区外10码处拿到一个任意球机会时，看着苏亚雷斯情绪如此高涨，我除了闪到一边还有其他选择吗？他没让人失望，一记快速下旋球，他将球绕过对方5人人墙送入网窝。4：0，苏亚雷斯、苏亚雷斯、苏亚雷斯、苏亚雷斯。他的表演就如同信手拈来一般，10分的满分表现。

Kop看台充满了歌声，挑战他们内心的乐队模式，用《就是不满足》的曲调歌颂着路易斯·苏亚雷斯。4粒进球足够让他们高唱：“哒哒哒哒哒哒 / 我就是不满足 / 我就是不满足 / 他的名字叫路易斯·苏亚雷斯 / 他穿着著名的红球衣 / 我就是不满足 / 我就是不满足 / 当他打进一记凌空 / 当他顶进一粒头球 / 我就是不满足 / 我就是不满足 / 他打进一球让Kop疯

狂了 / 而我却好像还不满足 / 苏亚雷斯 / 哒哒哒哒哒哒。”

诺维奇扳回一城后，库蒂尼奥用他的桑巴舞步穿过整个诺维奇半场然后挑传给我。我背对着球门所以只好半转身用左脚射门，一记别扭的倒钩射门，都没有倒地动作，这球打在了立柱上。接着苏亚雷斯助攻斯特林打进了我们的最后一球。5：1。

苏亚雷斯那晚的射门简直神乎其技。其实比起他的远距离吊射我更喜欢他那个半凌空，因为这球蕴含的技巧和时机把握很好地概括了他的绝妙演出。

三天后世界杯分组抽签出炉。英格兰被分在D组，同组对手有意大利、哥斯达黎加以及不可避免的乌拉圭和路易斯·苏亚雷斯。

路易斯在随后一场比赛中独中两元帮助我们4：1战胜西汉姆，感觉就像是给我们提了个小醒一样，让我们看到了他会对英格兰造成的威胁以及他能给利物浦带来的动力。这场比赛对我而言可就没这么高兴了，我在第56分钟腿筋撕裂一瘸一拐地离场，未来数周都将因伤缺席。

12月15日周日，我去了白鹿巷——不过是担任天空体育的解说嘉宾，搭档詹米·卡拉格。做客白鹿巷的这场，也许本该是我能在新的拖后位置首发的机会。结果，卢卡斯取代了我在中场的位置，苏亚雷斯顶替我担任队长。他从咬人禁赛以来的重生已经彻底完成。

那个冬天的下午，我见证了利物浦一场恢宏的表演。热刺被彻底打败了。他们的主帅安德雷·维拉斯·博阿斯在球队被0：5羞辱之后遭到解雇——这是我印象中最糟糕的一支托特纳姆。但利物浦这场也是心狠手辣、毫不留情。苏亚雷斯打进两球，亨德森、弗拉纳甘（他用一记美妙的射门取得了他生涯的第一粒进球）和斯特林为这场表演拉下帷幕。这是一场极具魅力的表演，充满了速度、力量和精准的技术。

这是我第一次站在外部观察球队。我不禁想：上帝啊，我们真的这么强?

布兰登称这场比赛是一道“分水岭”。他认为我们还有能力进更多球——有三脚射门打在了门框上——而且利物浦有信心维持住争冠势头。

当天晚上我和卡拉一同搭车返回利物浦。如同回到了旧时光，客场比赛后我和卡拉一起坐车回去，除了我们是坐在他的车上而不是球队大巴。和往常一样，一路上我们都在聊利物浦和足球。我们都察觉到了一股势头，正在不断上升。卡拉开玩笑说我可能回不到阵容里了。

斯图里奇和我一样因伤缺阵。但是如果我们能让他恢复健康，让他出场搭档苏亚雷斯，我们就势不可挡了。当卡拉和我终于敢谈论利物浦夺冠时，我能听出我们声音里那股兴奋劲儿。

“也许就是这次了……”卡拉说道。

一时间我们陷入了沉寂，迷失在这场利物浦旧梦中，一路驱车穿越黑暗。

在这个寒冷的冬夜我凝视着窗外。“是的，”我静静地说道，最后终于让自己相信了我的新希望，“说不定我们能夺冠……”

第5章　有力事实

圣诞节当天，利物浦排名联赛榜首。2008年12月25日我们也排到过相同位置。2013年执掌球队的布兰登·罗杰斯和我们五年前的主教练拉法·贝尼特斯，在性格、思想和执教风格上都散发出了非常有趣的对比。

经常有人让我回忆一下前任主帅们。一般来说，我会面带微笑，几乎每一位主帅都让我感觉很好，对他们有太多快乐的回忆。我同样也有不愉快的回忆，但是当了17年的职业球员，这也是无法避免的事。让人觉得特别的是，除了一位前任主帅外，其他人我都可以拿起电话打过去找他们聊聊。

唯一的例外就是拉法。我的其他所有主帅都会有求必应。我信得过他们，能和他们讨论生活中的方方面面，无论是场上还是场下。

拉法和布兰登截然相反，后者是个温暖热情的人。但是如果单一维度地去看待他们俩，把拉法看作是冰冷的战术家，而把布兰登看作非常人性的管理者，也是不对的。就像每一位成功的主教练和球员一样，他们远比给人的第一印象要复杂得多。

刚开始布兰登给人的印象是好好先生，老好人，并且立即理解了俱乐部的传统，对所有利物浦相关人员都展现了极大的尊重，从退役球员到柯克比青训学院的工作人员。不过如果没有一点强硬、甚至无情的手段，你是当不了利物浦这种巨型俱乐部的主教练的。你必须做好准备去做一些或许会伤害别人的艰难抉择。

2012年6月1日，在他驾临俱乐部的第一天，布兰登就清楚地表明不会继续留用史蒂夫·克拉克，后者是肯尼·达格利什身边的助理教练。也许按理新任主教练会亲自挑选二把手，但实际情况很复杂。当年两人同在切尔西共事时，史蒂夫曾经帮过布兰登一把。作为若泽·穆里尼奥的助教，显然是史蒂夫为布兰登打开了进入切尔西青训营工作的机会，随后又提拔他进入预备队——作为一名年轻教练他也是从那时起受到了更广泛的关注。

我本以为布兰登会因为在切尔西的交情而留任史蒂夫，但我对他们当初工作关系的情况一无所知。这个例子很好地说明了，当一名职业球员有多奇怪。早上你还在和助教史蒂夫·克拉克一起工作，他是个好人喜欢自己带队训练，然后下午你就收到他的短信说他正准备走人。

我和史蒂夫一起经历过很多杯赛决赛和联赛征程，对他非常熟悉——然后突然间他就这么走了。当一段关系这样戛然而止，让人难免有些悲伤。

球员必须迅速适应变化，但这可不容易。我记得2004年5月热拉德·霍利尔走人时，有时候我在家会想：为别人效力和现在一样吗？我不想他离开。热拉德给了我生涯的起点，在2003年他要求我从萨米·海皮亚手中接过队长袖标。我们的感情太好了，他的离开让我非常痛苦。

我不得不提醒自己，我绝不能带着“我今天是为主教练而战”的想法上场比赛。我永远在为我的俱乐部、我的国家而战。所以，最后是谁掌权并不重要。我只是喜欢能和主教练密切联系，互相尊重。这些才是首要的。

但一切都物是人非了。热拉德，我的第一任主教练，对我而言就像父亲一样。这么多年过去了，我在利物浦的最后一任主教练，都差不多跟我是同辈了。

利物浦主教练的职位比足坛大多数工作而言，肩上的担子都要更重。在利物浦青训营，我曾接受过史蒂夫·海韦的训练。他曾经是香克利那支伟大球队的一员。史蒂夫深深沉浸于香克利之道，他是构筑利物浦的重要一员，连球迷都有一句著名的唱词给他——“安菲尔德路的田野”。我通过历任主帅和教练对利物浦的历史变迁有着深刻的了解——从香克利到海韦，从贝尼特斯到罗杰斯。

我觉得这也是为何我能得到球迷们的尊重。从第一天起我就心知肚明要进入利物浦一线队有多难。我心知肚明想要留在这里，不断进步又有多难。即便我发挥不佳他们也能看到我拼尽全力。对教练来说也是一样。他必须为工作奉献一切，因为相比俱乐部的漫长历史，我们每个人在这儿都不过是片刻。他可以为利物浦踢球，或是成为主教练，但是这都只是一时功名。俱乐部会一直伫立在那里，顶尖球员和顶级教练一直都会有。一路上会有高潮和低谷，但你只会在你的位置上待那么一段时间。当你还在的时候，一定要对其最大化利用。但有些球员却做不到。

多年来我的历任有着形形色色的个性，有着自己的做事风格，但他们都会传递同一条讯息。他们会要求你拿出职业态度，认真踢球，为团队而战。他们每个人都认同这三重价值。

就一个普通人来说我更喜欢讨人喜欢的教练，比如热拉德或者布兰登，但是就足球本身来说，我真的不介意和冷酷一些的人共事。与拉法·贝尼特斯和法比奥·卡佩罗这样的教练之间冷漠、疏远的关系有时能带来更多的成功。要是我以后有机会当教练，我肯定不会是这种风格——我会试着把拉法战术思维的精华和布兰登的人员管理技巧融合到一起——但是我从贝尼特斯身上学到，和你的队员保持亲密关系并不重要，有时候对立反而能帮助提升表现。

我觉得拉法不太喜欢我这个人。我不太确定为什么，但这就是他带给我的感觉。这感觉可能在他跟我交流之前就有，就在他跟我母亲会面时。拉法在2004年6月被任命为利物浦主教练，那年夏天我正随英格兰出征葡萄牙欧洲杯。即便已经被拉法所取代，热拉德还是深爱着利物浦，并且跟我保持着亲近的关系。他和我母亲一同飞到葡萄牙来看我打英格兰同克罗地亚的比赛，然后碰巧遇到了贝尼特斯。

热拉德向我母亲介绍了拉法。拉法跟她握手打了招呼，然后立马问了她一个非常直接的问题：“史蒂文喜欢钱吗？”

除了一句标准的“你好……很高兴见到你”的自我介绍以外，这就是拉法对我母亲说的第一句话。我和母亲的关系太亲密了，所以甚至在我的利物浦新教练要打车来见我之前，我就已经听说这整件事。我想：这算是哪门子问题？但我对拉法在瓦伦西亚的工作成绩太佩服了，所以我还是很渴望见他。我甚至推断他可能是在寻找激励我的方法。

我们的工作关系极端职业，但他的冷酷驱使我成为了更好的球员。我渴望得到他的称赞，同时还有一份渴望想要让他知道他真的需要我这样的球员。当时我正一步步走上职业生涯巅峰，我状态很好，我把我生涯中最好的几年给了他。或许他能让我打出这状态正是因为他对我的冰冷无情。也许如果他热情慷慨一点，我就不会有那种想要证明他错了的动力，或是想方设法得到他的尊重。

我们在一起就像冰与火。我的内心热情洋溢，而拉法则是位战略思想家。我们之间的距离意味着我绝不会损失我那熊熊燃烧的火苗，而拉法冰澈的洞察力也丝毫不会融化。

我曾以为他偏爱我们队里的西语系球员。他尤其钟爱南美球员，这没什么问题，这不会引起我们之间任何的矛盾。新闻发布会上他会对其他球员直呼其名，但对我总会是“杰拉德”。在更衣室里也是一样。他会用昵称来公布球队名单。但是，每每轮到我，就只是“杰拉德”而已。我并不介意他怎么称呼我，就算他突然跟我称兄道弟叫我“史蒂文”，我也不会因此就踢得更好。我只是一心想要赢下下一场比赛，而我深知拉法有能力，一如既往地，帮助我们赢下比赛。

拉法是我在利物浦和英格兰共事过的最有战术造诣的教练。提到排兵布阵，构建让人感觉稳健强力的场上体系，他是我眼中的佼佼者。虽然若泽·穆里尼奥比他更胜一筹，但拉法可以率领看起来略逊一筹的球队，并找到赢球的办法——尤其是在欧战赛场上的两回合比赛中。

唯一让我失望的是，他是我现在唯一无法依靠的主教练。我们再也没有任何联系。这挺可惜的，因为我们也许一起度过了互相职业生涯中最重要的一个夜晚，即便我们俩之间还是没有任何情谊。但就他在训练场上的能力和作为主教练的职业素养而言，我对拉法唯有称赞。

如果日后还有机会在比赛场上，或者机场不期而遇的话，我们之间不会有任何不愉快，但也许会有那么一天，到时候我们真的可以好好深入友好地聊一聊，回忆一下我们在利物浦的时候所一同经历的一切。我们有很多难忘的经历和回忆能将我们联系在一起。

伊斯坦布尔的欧冠荣耀是毋庸置疑的高光时刻，但2008—2009赛季我们夺得英超圣诞冠军的成绩也历历在目。那个赛季充满了激动人心的逆转、难以忘怀的胜利、奇怪的事故和忧愁烦恼。五年之后，当我们再次向那座触不可及的联赛冠军发起冲击时，那个赛季的情景又在我的脑海中回荡。

2013年12月，我们状态太好了。我因为腿筋受伤缺席几周之后，重新回到球队，暂停，然后很顺其自然地想起了五年之前我们也同样打得风生水起——直到麻烦和冲突突然出现。2008年12月底和2009年1月的艰难岁月提醒我们不要过度自信、自鸣得意。生活和足球，不如意事十之八九。那段时间里我得知了很多难以接受的事实。我想拉法·贝尼特斯也是一样。

2008年12月28日周日，我们去客场打纽卡斯尔。利物浦在节礼日3：0赢了博尔顿，罗比·基恩打进2球，阿尔伯特·列拉进了1球。但是切尔西也赢球了，所以为了保持甚至拉大1分的领先优势，延续我们的火热状态就显得至关重要。我们认为自己的阵容非常强大，大有机会赢得联赛冠军。加之战术层面上，在拉法的领军下，我们打得很聪明。我很在状态，身边还站着我很乐于搭档的队友们：托雷斯、库伊特、阿隆索、马斯切拉诺、海皮亚、卡拉和雷纳。

我们还掌握了最后时刻进球的本领。就从那个赛季的第一场比赛起，托雷斯在比赛第83分钟打破场上僵局，帮助我们从桑德兰客场带走3分。队里怀着一股精神力，即便时常落后一两球，我们也不会偏离正轨。桑德兰的比赛一周后是主场对阵米德尔斯堡的比赛，卡拉在比赛还剩4分钟时挺身而出扳平比分。他的射门产生了折射，让对手门将鞭长莫及。然后在第90分钟，我以一记爆射攻入制胜进球。这球直窜球门，打得球网翩翩起舞。

我转身飞奔开来，双臂指向两边，感觉我马上就要起飞上天了。前不久我的腹股沟刚动过手术，我的季前准备也因此受到了影响。新赛季才刚开始就打进一粒制胜球，及时提升了我的精气神。

逆转源源不断地到来。开场被卡洛斯·特维斯破门而陷入落后，我们在安菲尔德2：1逆转曼联。2008年10月5日，在曼城被阿布扎比财主收购仅仅五周后，我们凭借托雷斯的梅开二度和库伊特的补时绝杀，在0：2落后的不利境地下反败为胜。这是面对这家英超新巨头一场重要的胜利。一周后对阵维冈我们再度陷入落后，最后以3：2相同的比分赢下比赛。这次库伊特的制胜球，出现在比赛第85分钟。

随后在12月13日，我们开场才22分钟就主场0：2落后胡尔城。10分钟后比分变成了2：2，两球都由我打进。但我们仍在一场主场平局里错失两分，我知道这个比赛结果代价高昂。曼联当月远赴日本参加国际足联世俱杯，圣诞节当日他们落后我们7分，但这颇具欺骗性，因为他们少赛两场。我们在纽卡斯尔的比赛不容有任何闪失。

前一个赛季托雷斯打进33球，状态火热。后来他还在2008年欧洲杯决赛上打入制胜进球，帮助西班牙1：0战胜德国，他们也因此夺得了历史上第一次大赛冠军。费尔南多跟我谈过他的进球帮助西班牙打破长年的冠军荒，是如何激励了他想要在利物浦再现神迹帮助球队在19年的真空后带回冠军奖杯。就在纽卡斯尔的比赛几周前，他刚刚在国际足联世界足球先生的评选中捧得第三。排在他前面的是罗纳尔多和梅西。

但他在利物浦的第二个赛季遭到了伤病的严重影响。他在联赛第3场对阵阿斯顿维拉的比赛中腿筋撕裂，在尝试回归的过程中不幸两次伤势复发。在联赛进行到圣诞节期间，他出场太少只打进了5球，那时我已经打进6球。我深信只要能让他完全恢复健康，我们就能夺得联赛冠军。

托雷斯这周仍因伤缺阵，贝尼特斯在对阵纽卡斯尔的比赛中再度弃用罗比·基恩让所有人都大吃一惊。罗比刚在我们此前的两场比赛中打进3球。

我们签下罗比的时候，我起初非常高兴，因为他在托特纳姆搭档迪米塔尔·贝尔巴托夫的表现太出色了。但是他想要在利物浦打10号位。我觉得我们不需要他出现在那个位置，因为这个角色我打得很好。他是对阵容的很好加强，但是我担心位置争夺会成为一个问题，无论是对他还是我来说。但是拉法更多地用我来打10号位。拉法的球队里没有空间让罗比和我共存。

我能明白为何拉法对于使用罗比存在疑虑。他完全没有托雷斯的速度，但罗比的优势很大程度上在于深入后撤，聪明地利用空间来助攻或者进球得分。不过很明显的是他和拉法的关系派不上用场。相反，为了让罗比继续当他签下的那位球员，拉法尝试对他进行改造。他让罗比尝试了很多明显会让他感到不舒服的跑动路线。在大多数我在利物浦效力时的主教练手下，罗比都会取得成功。但是拉法让这件事变成了私人问题。我不明白为何拉法硬要去改变一位顶级球员，让他打出自己的风格，这才是我们签下他的原因。

十周之前，在凯文·基冈的帅位被乔·金尼尔取代之后，纽卡斯尔就爆发了一场别样的战争。这在是圣詹姆斯公园里，纽卡斯尔的狂热球迷和俱乐部老板麦克·阿什利的内战。阿什利已经宣布要将球队挂牌出售，但是就在我们比赛当天上午，他改变了主意。俱乐部将不会被出售，他向纽卡斯尔承诺了一个成功的新时代。

我无心搭理任何事，唯一想的就只有利物浦下午的一场大战。30分钟牢牢掌控局势后，卡拉、马斯切拉诺和尤希·贝纳永在右路打出配合，皮球横跨禁区传到我的脚下。我有大把时间调整，一脚射门穿过了谢伊·吉文，皮球砸在门柱内沿后弹入网窝。

萨米·海皮亚顶进我开出的角球，将领先优势扩大到两球。卢卡斯和我打出二过一配合，随后他一脚精妙的传球为我打开空当，之后我们取得3：1的领先。一段长途奔袭后，我挑射越过吉文打进我本场第二球，也是利物浦的第四粒进球。我双手做出一个剪刀动作，就像在说我们已经置对手于死地，比赛已经结束了。事实并非如此，随后拉法将我换下——报纸上说这么做的目的是能让我接受全场的起立欢呼。我很感激纽卡斯尔球迷的好意，但我好奇这是不是拉法从执教角度在提醒我们要保持饥渴。接着瑞恩·巴贝尔赢得一粒点球。这本可以是我在利物浦的第一个帽子戏法，但阿隆索点球一蹴而就，而我只能坐在板凳上面带微笑地看着。

乔·金尼尔虽然饱受嘲笑，但他的发言听起来还挺豁达明理："利物浦确实技高一筹。我们打得很古板，但是他们踢出了非常引人入胜的足球。杰拉德也很了不起。这是我长时间以来见过的最棒的个人表演。"

我完全没必要因为自己的表现而得意忘形。更重要的是利物浦5：1赢球，我们以4分优势领跑积分榜。我们还踢出了精气神——完全抹杀了纽卡斯尔。在我的赛后采访中，我一笔带过了我的贡献，着重指出了我相信自己可能正在效力我职业生涯中最强大的一支利物浦。

为了控制球迷的预期，我翻了些路人皆知的足球上的陈词滥调。我承诺我们会"保持低调，脚踏实地继续努力工作"。

经过如此一场大胜、一个令人神清气爽的圣诞节，拉法给了我们两天休息时间。我准备好晚上要出去玩玩。即便不去城里，起码也要去绍斯波特[1]转转。

第二天一大早我坐在了警局班房里，这只是23小时漫长监禁的开始而已。当保安来给我送晨报的时候，我还记得暗自纳闷到底是怎么进去的。我看着我的脸和大名横扫整个头版和尾页。体育版里我正在庆祝昨天下午的两粒进球和对阵纽卡斯尔的全能表现。头版上的内容就不容乐观了，上面把我大肆渲染成一个卷入酒吧斗殴的坏小子。

[1] 利物浦附近的一座滨海城市。

我的内心感到羞愧难当，同时我也很受伤。我被卷入了一起意外事件，这种事情放在世界上任何一座繁忙城市的酒吧里每天都会发生。如果我是个普通老百姓，那么我绝对不会被关押23个小时。所以警方处理我的逮捕事宜的方式让我很失望。但捅出这种篓子我只能怪自己。

这事的起因毫无罪过可言。在从纽卡斯尔回家的大巴上，我一边兴冲冲地谈论对纽卡斯尔的大胜，一边给好兄弟们发短信。我几乎很少有机会跟他们晚上出去混，这次感觉是个千载难逢出去找找乐子的机会。他们每个人都准备好要好好庆祝一把。我们一共有8人，唯一的问题就是我们要上哪儿见面。

大家都知道我没法去利物浦市中心，过去的旧时光已经一去不复返了。我已经28岁，虽然还很年轻，但略感可惜的是我再也没法去到家乡的市中心感受夜生活了。一旦你在利物浦出名了，你的生活就不得不有所改变。即便在白天想要在市中心走走过些日常生活都非常困难——比如和阿莱克斯去购物或者喝杯咖啡。我好几年没法做这些了。

利物浦球迷无处不在。我理解他们为什么想要过来打招呼或者在赢球后来说声“干得好”。大多数时间人们都对我很客气，但是我在城市蓝色的那一半就没那么受欢迎了。埃弗顿球迷有时候可以来找我——没问题，他们大多都很有礼貌也很好，但是少数人让我难以踏足这座城市。我时不时还是能去市里走走，但必须得躲躲闪闪，大多数时间都待在我的车里。很多年前，在我成为一线队主力之前，我能一大早9点进城待到下午5点都没关系。这会儿我完全不知道城里何处有我容身之处。这就是球员的生活，去哪里你必须得谨慎挑选。

到了晚上情况就更糟了，早上起码大多数人都还清醒，喝酒让人神志不清，有些人还会变得极具攻击性。一个你完全不认识的人突然冲你大吼大叫还挺奇怪的。你能做的只有接受事实，站在我的位置，你必须放弃去利物浦的权利。但是只要你数一数所有的牺牲，再算一算相应的丰厚回报，你就没道理再抱怨了。我们的报酬高得奢侈，高得让人都不好意思了，我们还深受爱戴满载荣耀。侮辱和批评是另一面，顶级职业体育明星圈子里就是没有那么多社交生活。过上如此尊贵的生活，如今想来也是非常走运。

但有时候，当你还年轻时，你只是想跟兄弟们去夜店玩玩。你需要放松。那就是我在2008年12月28日周日晚上的心情。于是乎我犯了个老生常谈的问题，发现自己在错误的时间出现在了错误的地点。第二天早上坐在监狱里，我思忖着：我为什么不回去乖乖待在家里呢？

有时候晚上你能出去玩玩不遭人打扰，相安无事。这能给你带来好处，无论是作为球员还是普通人，偶尔有机会放松一下释放一下自己都是好事。但是如果碰巧出了意外，无论事大事小，你肯定要悔得肠子都青了。

跟大多数人一样，我并非圣贤。我没犯过太多大错误，但每次我都从中吸取了教训。我11岁时有次跟我的小伙伴一起想当一把小混混——我们打算从伍利斯[1]偷几件文具出来。我上学需要用到这些，爸妈也都给我钱了。但是我们自有打算：我们要拿这钱去麦当劳买可乐和汉堡。当然了，我们是群毫无前途的扒手，就在我往口袋里装笔，往大衣里塞纸的时候，伍利斯的保安将我们逮个正着。他要我们把名字给他，告诉他我们念哪所学校还有我们的住址。我太害怕老爸知道这事，于是我撒了个谎把婶婶家的地址给了他。

我从伍尔沃斯一路飞奔到了林恩婶婶家。我告诉了她我都做了什么。我求她去找我老爸，先跟他解释一下怎么回事。我希望他知道我现在有多害怕。

一切都为时已晚。伍利斯已经在去学校的路上，而且还给老爸打了电话。他气炸了。我感觉从没见过他如此生气。我这是在干什么——打劫商店？老妈就在附近待着，因为她不会允许老爸对我处罚太过严厉。尽管我都是咎由自取，不过她还是希望我能明白自己的行为是多么错误。当老爸警告我我可能会因此被利物浦青训学院开除的时候，我知道他说得没错。老爸说，要是史蒂夫·海韦知道这事，他可能直接将我走地出门。我那时

[1] 连锁超市伍尔沃斯（Woolworths）的昵称。

非常担心。

我宁可像我兄弟那样挨他老爸的揍。屁股上挨一下很快就不疼了，但如果我毁了在利物浦的一切？这感觉就像是我整个人生都完了。

我接受了我的惩罚：被好好教训了一顿外加禁足三天。我花了一段时间才克服了我的内疚，但起码我不会再去做那种蠢事了。

职业生涯刚刚起步的时候我还犯了另一个错误，那时候刚在热拉德·霍利尔手下效力不久，我因为酒精测试不合格被吊销了驾驶执照。我并没有超标很多，但热拉德真的很生气——有点像我老爸。在他冷静下来之后，他表达了看法。“要是你朋友想去夜店，随他们去。等你职业生涯结束之后，你自己买家夜店都行。”

当初我感到非常后悔。随着时间的推移，我发现拒绝诱惑也变得越来越简单。严于律己对我而言并不难，因为足球对我来说意味着太多。我深知如果我闭门在家早早睡觉而不是跟朋友去开派对，我会成为更好的球员。我还懂得了，我每年能出去几次好好玩一玩，没必要喝醉。能和铁哥们一起出去已经很满足了，这点小新鲜对我而言足够了。

所以，在纽卡斯尔那场球之后我带着非常好的心情待在休闲酒店，绍斯波特的一家高端酒吧，突然之间莫名其妙地，就这么出状况了。我被卷进一起争端，互相推搡了起来。这么多年来这事已经被人们编成了段子，说是我揍了那家伙，因为他是个DJ而他不肯播菲尔·柯林斯的曲子。

简直一派胡言。争论根本不是因为菲尔·柯林斯而起，那家伙也不是DJ。只不过大家觉得我因为一个DJ没有播我想听的曲子而上去揍他很好玩。事实并非如此，这只是个来泡吧的人，我们因为一点小事太过激动了。

在23小时的警局监禁之后，我被指控故意伤人和扰乱公共秩序。我们一行大多数人都遭到了指控。事情看起来很不妙，尤其当报纸上像往常一样，开始歇斯底里地加以揣度，说要是被判有罪我可能要入狱五年。这也是无稽之谈，我完全相信自己会在法庭上重获清白。我准备好了当着陪审团的面告诉每一个人到底发生了什么。我深信如果我在12位中立市民面前坦白真相，他们会明白酒吧里的这起事端是如何慢慢升级的。

对我来说更重要的是我的状态并没有因此受到影响。而实际上，我觉得那个赛季剩下的比赛我反而比之前踢得更好。当我在训练或者比赛的时候，我就把这事高高挂起摆到一边。整个事件的从始至终，俱乐部都支持着我。拉法很务实也很体谅。他没有跟我大打纪律牌，反而帮着处理事端。拉法聘请了一位名叫欧文·布朗的人作为我的非正式私人助理，负责带我往返法院。我还有一位主出庭律师约翰·凯尔西弗莱为我辩护。有如此级别的专业援助，我自信我的案子会得到很好的辩护，我会清白无罪，所以我对结果并不太担心。即便有时候偶遇不顺，足球还是能让我得到慰藉。在球场上我感到自由自在，即便开庭的事情拖了很久。

最后到了次年夏天，2009年7月我们上庭时，陪审团一致通过宣告我遭到的全部指控罪名都不成立。在此之前我和对方各自就当晚的事件给出了供词。在被告席上我表示对发生的一切感到抱歉，并承认出于自卫攻击了对方，但我有跟他理论避免使用武力。我解释说早就习惯应付麻烦了，就连等红绿灯时都会碰到。

“什么麻烦？”我被问道。

“因为我是职业球员。”我回答，“我会碰到球迷过来找我，利物浦球迷或者埃弗顿或者曼联球迷。有时候他们说的话会很下流或者无礼。于是我试着以最好的方式来处理这些。我试着和他们说说话蒙混过去。”

我再次解释称当时我过去只是想平息我们的争吵——搞清楚这人为什么好像跟我有些过不去。

在我被法庭宣判无罪后，法官亨利·格洛布在法庭上告诉我：

本判决基于本案的全部事实做出，真实有效，被告离开本庭后其声誉仍完好无损。你并没有引发暴力……而且每时每刻你都在强调你始终做出自己坚信是合理自卫的举动，即便你错误地认为对方意图攻击你，这也情有可原。第一时间就一般旁观者角度

看起来似乎你非法使用暴力证据确凿，实际上在仔细分析相关证据后，与证据确凿相距千里。

即便现在，我仍认为这对我的声誉有所玷污，谈起这事仍让我难过。即便脱了冤屈，我并没有手舞足蹈地走出法院。我没有为自己感到自豪或者光荣，走出法院时我为自己当初被牵扯进去而感到丢人。我仍为此而后悔，我还很后悔把对方也牵连进来。但现在一切都是过眼云烟。一切都结束了，我没有什么好过意不去的。我很高兴没人因此而身受重伤，我们各自都能继续过自己的生活。

后面一年里，我晚上再没有去过任何闹市区，我认为待在家里更明智一些。我尤其对阿莱克斯和我的父母感到抱歉。我真心希望能让阿莱克斯远离这一整个意外。但是，毫无疑问，我必须告诉她。从警局给她打电话告知她情况时我觉得太丢人了。她对我表示了理解和支持。她还必须时刻保持警惕。阿莱克斯喜欢晚上出去玩，有些地方她完全可以去的，但不幸的是，我们那时候有一小拨人正等着找麻烦然后挖丑闻。

这让我明白了身处我们的位置你必须非常、非常谨慎。当我刚进利物浦一线队的时候，如果你晚上出去，你必须要避开媒体和相机。总会有那么一两个奸险的人端着相机在草丛或者车里准备攻其不备。但现如今任何有智能手机的人都能当狗仔队，拍一些让人不愉快或是混淆是非的照片。所以夜里出去玩再也没有什么乐趣可言。很有可能在你到家之前你就已经被登上推特或者Instagram了，然后第二天早晨见诸报端。

现在很多年轻球员慢慢从经验中吸取教训。我也年轻过，我也犯过错。但我们都只是普通人，碰巧擅长踢足球而已。为什么我们会不想隔三岔五也出去找找乐子？在我们这样的高压职业里，开心一下能帮助你在球场上更好地表现。我不抽烟，也不吸毒，我反对任何负面的事物，但偶尔晚上出去玩一次却把我送上了法庭。全国上下的酒吧里每个周末都会有人打架，基本上到了第二天早晨就全被忘得一干二净了。2009年我却必须要到高等法院去洗脱罪名。我确信之所以会这样只是因为我是个知名球星。

2008年12月30日，我在牢房里的一夜被人在网络上和媒体上大书特书。现在看来叫人难以置信的是，整整十天之后，在2009年1月9日，拉法·贝尼特斯也遭遇了自己的大灾难。我们上一场联赛比赛是5：1大胜纽卡斯尔那场，随后我们只踢了一场比赛，在足总杯第三轮2：0拿下普雷斯顿。费尔南多·托雷斯在那场比赛中回归还取得了进球，然后那个周末我们要到客场对阵斯托克城，一切看起来似乎就是例行公事。

那个周末的英超重头戏是曼联坐镇老特拉福德迎战切尔西。至少我们的两大争夺对手之一是要掉分了。我至今仍没想明白拉法是中了什么邪，但他选择在对阵斯托克的赛前新闻发布会上发表了他针对亚历克斯·弗格森的那段臭名昭著的“事实”挑衅。

那天周五午饭时间，我从梅尔伍德回到家里打开电视——一般在媒体日我都会这么做，看看主教练都说了些什么。拉法带着他一如既往的笑容坐下，一切看上去就像是一场普通的新闻发布会，但随后他把手伸进口袋掏出了一张纸。他把纸摊在桌上然后开始一条一条读起了“事实”。拉法不断在说“事实……事实……事实……”我简直无法相信自己听到了什么。我紧紧地抓住椅沙发，手指都快陷进把手里了，我为拉法而感到尴尬。

拉法一开始说曼联可能“非常紧张因为我们现在正排在榜首”。我立马抬头看着电视想：啊噢，出什么事了？一上来就这么激动地发言一点都不像拉法的风格，你能看到他内心的愤怒。

“我想谈些事实。”拉法说，“我想说清楚，我并不想太早开始打心理战，尽管他们好像想要开战。但是我发现了一些事实。”

拉法开始一路大谈曼联和“弗格森先生”如何如何在多起不当行为后没有遭到相应的制裁。他列举了意外和发生的日期，总结称“弗格森先生是联赛里唯一一位在这些事上能逃过处罚的主教练。”

接着他又对赛程大吐苦水，称比赛日程被歪曲到了有利曼联的一面。拉法充满了混乱、尖酸和被害妄想。看在拉法的分上我真想跳到沙发后面遮住耳朵。他正在给自己抹黑，我完全不明白他这一连串“事实”争辩是意欲何为。

如果他想谈赛程的话这里还有个意见，那就是弗格森先生在办公室安排好赛程之后再发给我们，这样大家都知道了而且还不能抱怨。就那么简单。每次去老特拉福德我们都知道发生了什么。曼联教练组总是会一对一找裁判，尤其是中场休息他们靠近裁判的时候他们会不停地聊啊聊。所有教练都需要知道这些事实。只有弗格森先生可以若无其事地谈赛程，谈裁判。我们必须明白我在说的都是事实。

拉法开始大声提出质疑：

> 他们有压力吗？可能他们没想到1月份的时候我们会排在榜首。但是我们就是排到了，所以他们紧张了。我不是在告知有关当局要做什么。但是我来到这里已经五年了，知道究竟发生了些什么。我会看着曼联打切尔西的比赛。

他这还没完。拉法正走上一条不归路：

> 我们之前和其他主教练还有足总在曼彻斯特就尊重运动开过讨论会。我的意思很清楚，忘了这次运动吧，因为弗格森先生正在杀死裁判、杀死阿特金森、杀死哈克特先生。但他并没有受到惩罚。你怎么能一边谈尊重运动，一边周而复始地批评裁判呢？你可以分析一下这些事实然后得出你自己的结论和想法。

这就是个灾难。拉法的“事实”演说被拿去和凯文·基冈当年的大爆发相提并论。1996年时基冈似乎在电视镜头前失去了理智，对曼联和弗格森说道：“我老实告诉你，要是能战胜他们我会很开心的，爱死了。”那个赛季行将结束时基冈被情绪冲昏了头脑，而纽卡斯尔原先以12分领跑积分榜，却眼睁睁看着他们的冲冠之旅在曼联面前停下，败下阵来。

我没法理解拉法是怎么考虑的会想要跟弗格森硬碰硬，他可是心理战大师，而我们新年伊始正稳稳地坐在积分榜首。他在时机和口气上都搞错了。当我去英格兰国家队报到时，所有曼联球员都告诉我爵爷只是对拉法大笑而过，说：“他中招了。他中招了。”

新闻发布会上拉法一般绝不会透露任何消息。他会一拍子打回很多问题——尤其是在大赛前夕。对他来说很重要的一点就是不给球队增加任何压力。这次他直接掉进了弗格森的手掌心，弗格森就爱玩这一套。为什么要插一脚？别去谈论亚历克斯·弗格森和曼联，坐等客场和斯托克的恶战不是更好吗？让他们去处理自己的事。

就我看来，拉法暗自在心里为自己做了很多决定。他想要权力和控制。我不太喜欢这样，因为和董事会、其他教练以及媒体斗争并不是利物浦的作风。拉法同老板汤姆·希克斯和乔治·吉列爆发矛盾。我们都开始质疑他们，但拉法和媒体谈起了他的续约问题。

拉法破坏了球队的注意力。我们每次面对媒体的时候都会被问：“那都是想干什么啊？他为什么要那么干？”我们从未找到答案，因为拉法对我们只字未提。我想他也为此感到尴尬因为他知道此事适得其反了。那个周末曼联3：0重创切尔西，我们则在客场和斯托克0：0战平。我在比赛临近结束前击中了门柱，拉法后来表示要是那球我打进了，那么我们后来也就不会丧失势头了。

他错了，有些更深层的东西已经不见了。我们在1月和2月的7场英超比赛中仅仅拿到10分。同期的曼联拿下了全部8场比赛，一口气狂揽24分。就是在那段时期我们十分怀念拉法的前助教帕科·阿耶斯塔兰在场边稳定军心。这是一个关键因素。

拉法2007年和帕科分道扬镳后，我们损失很大。我们都热爱帕科的训练和他的想法。有帕科带着打比赛，我总是感觉充满了精气神，他还很好地将我们和主教练联系在了一起。拉法太冷漠了，而帕科对我们而言就是和拉法之间的桥梁和缓冲器。他是个有趣的人，会跟球员解释为何他有可能要坐板凳，或者为什么有时候为了身体状态考虑有必要停训一天。阿耶斯塔兰在的时候沟通很顺畅，在他走后则每况愈下。我感觉拉法变了，我对他的新教练组毫无信心。

拉法对他失去了信任，说帕科在他背后捣鬼。但我至今仍和帕科有联络。他是个好人，目前正在特拉维夫马卡比执教。2015年5月他们赢得了以色列足球历史上第一次三冠王。所以他干得真是不错，但对我来说，他是个完美的二把手。

拉法请来了萨米·李，但是实际上他把更多责任赋予了另一位叫帕科·德米格尔的西班牙人。他个子很小，就我们所看到的而言，他就是拉法的跟屁虫。球员们对他毫无尊重可言，他的训练也是一团糟。我们努力保留很多帕科·阿耶斯塔兰的训练方法，但是一切都变味了。这个新帕科什么都不是，没有任何个性可言。阿耶斯塔兰走后还有其他西班牙工作人员留在队里。他们都是非常好的人，但如果帕科·阿耶斯塔兰还在队内的话我们的成绩会更好。

不过拉法这人非常顽固，与此同时他又很出色。他让托雷斯发挥出了极大的潜力因为他不断地激励着托雷斯，这情况和我相似。拉法对费尔南多的要求更高。事实上我们不知道拉法怎样看待我们，反而是我们想要让他刮目相看，为他而战。无论如何我就是这样的。其他球员就受不了他了。

个别时刻我们看起来仍然颇有争冠球队的气势。我们在欧冠联赛1/16决赛中坐镇安菲尔德4：0摧毁皇家马德里，以总比分5：0晋级下一轮。就在同一个周末，我们客赴老特拉福德。开场23分钟后我们就比分落后，克里斯蒂亚诺·罗纳尔多打进一粒点球。

曼联拥有一众世界级球员，埃德温·范德萨、费迪南德、内马尼亚·维迪奇、罗纳尔多、鲁尼和特维斯。但他们打起比赛来就如同一盘散沙。5分钟后托雷斯扳平比分，随后我们让曼联大吃一惊。维迪奇犯下错误，托雷斯惩罚了他。维迪奇是一位非常出色的球员但托雷斯和我让他备感恐惧。他就是没法搞得定我俩，而托雷斯时常让他如坠噩梦。在半场将将要结束前，埃弗拉放倒我被裁判吹罚点球，我帮助球队2：1反超比分，

攻破范德萨球门的瞬间我就跑向底线，当着曼联球迷的面挥动手指示意我的队友们离我远一点。我没有事先准备好庆祝动作，完全即兴发挥。首先，我亲吻了队徽，因为我们和曼联之间的敌对。然后我径直跑向角旗附近电视摄像机，对着镜头猛扇了一巴掌，然后噘着嘴亲吻镜头向全世界数百万收看直播的球迷们问好。这场比赛，这粒进球，对我而言就是那么意义非凡。

利物浦打得非常棒，拉法的排兵布阵就如同打欧战一样。那天他完全比弗格森技高一筹，将其冰冷的战术发挥到极致，他为托雷斯和我创造了一套战术体系，加上那天下午马斯切拉诺、卢卡斯和库伊特都充满了干劲想要摧毁曼联。拉法非常老谋深算，就像是冷静镇定的国际象棋大师，而托雷斯与我带着力量和火焰在比赛。那天我们感到不可战胜，尤其我们的后防线为我们的反击提供了无比坚实的基础。

我们先吸收对手的压迫，然后一次又一次通过反击杀死他们。维迪奇完全敌不过托雷斯的速度、身体和力量。他最终在比赛第76分钟因为从背后拉拽我而被罚下。随后我们又打进两球将他们置于死地，这场做客老特拉福德4：1赢球是我们对阵曼联最甜蜜的胜利之一。

但胜利仍带有一丝酸楚，因为我们在1、2月份的糟糕状态意味着曼联仍少赛一场领先我们4分。一周后我们的球迷又重获梦想，因为我获得了效力利物浦以来的第一个英超帽子戏法。我们在安菲尔德5：0击败维拉。对于争冠仍抱有幻想，但是最后主场过多的平局让我们付出了代价。我们一整个赛季只输了两场比赛，但最终曼联再度夺得冠军。我们排名第二，相距4分之遥。

罗纳尔多就是两队之间的差距。我总共打进24球，我作为中场的最好

成绩，而伤愈归来的托雷斯总计打进17球。罗纳尔多打进26球，但他将联赛下游球队一一消灭。我们就没能做到这点。我们主场面对斯托克、富勒姆、西汉姆和胡尔城都丢分了。在一个被一场法院判决和一段离奇的事实演说所笼罩的赛季里，这8分毁掉了我们的夺冠希望。

我始终觉得在拉法·贝尼特斯的率领下，那支球队应该夺得联赛冠军。这是我职业生涯两次绝佳机会中的第一次——我们搞砸了。

2008年圣诞节后赛程，我们在场外的表现令人担忧。而2013年我们所面临的仅仅只有来自场上的考验。我们要在客场背靠背对阵曼城和切尔西，我们咬得最紧的两位争冠对手。我因为刚从腿伤中康复所以错过了两场比赛，但我跟随球队一同出征目睹了我们在节礼日当天很不走运地1：2不敌曼城。拉希姆·斯特林遭到越位误判，他漂亮的进球被判无效。从板凳上观看比赛，我觉得我们踢得非常不错。当比分仍是1：1时库蒂尼奥还错过了一次绝佳机会——之前也是我们的巴西魔术师帮助我们取得领先。随后阿尔瓦罗·内格雷多攻击了制胜球，那球西蒙·米尼奥莱本该救下才对。斯特林接到苏亚雷斯的传球后还鬼使神差地错过了最后时刻扳平比分的机会。那场比赛我们本该至少拿到1分。

接下来跟切尔西的比赛也是相同的剧本。我们凭借斯克特尔的进球先声夺人，但仍旧因为米尼奥莱的又一次失误而1：2输球。我们在比赛最后阶段同样有机会，而萨科的头球击中了横梁。两场比赛我们的表现都很好但却一分未得，米尼奥莱开始意识到在利物浦踢比赛和桑德兰时期有着天壤之别。很多球员都会有这样的当头棒喝，突然想到：天啊，这可是家非常、非常大的俱乐部。压力就这样袭向他们，而他们就在这应接不暇间犯下许多错误。

我很高兴在随后的比赛里重回球队远赴客场挑战斯托克。斯图里奇也回到了球队大名单，刚开始他需要从板凳出发，而每个人都因此士气大振。布兰登和我决定现在是时候公布我们的新计划，让我打到更为后撤的位置上去。自我们第一次讨论这个可行的变化已经过去了六周，我终于有机会尝试换位了。

6岁的我

与前利物浦青年队主教练戴夫·香农的合影。我们都穿着相同的利物浦针织套衫！

12岁的我

和利物浦学院的孩子们一起。我站在中间，绿衣服孩子下面的那个就是我。

16岁，与青训营学员在梅尔伍德。第一排右数第三个是我，我左边第二个是迈克尔·欧文。

在那时，迈克尔就已经是一个金童。那时他离他参加的第一届世界杯比赛不远了。

在梅尔伍德青训营做了七年的对手后，我们成为了利物浦队友，共同举起联赛冠军奖杯。

GERRARD
28

18岁，这是我在利物浦的首秀，作为一个迟上场的替补队员，对抗布莱克本流浪者。

2000年，我从凯文·基冈那里得到了第一项英格兰队帽子。

当我还是一个孩子时，我就敬畏麦克马纳曼。如今我的美梦成真了，先是和他成为了利物浦队友，后来又和他成为了英格兰队友。这是在对阵乌克兰的友谊赛上，我在等候我的国家队首秀开场。

为我的国家效力一直是我一生中最伟大的荣誉之一。

2010年，温布利球场，英格兰对阵匈牙利友谊赛。

左：2014世界杯资格赛。

右：2004年，欧洲杯，我与大卫·贝克汉姆在对阵瑞士的比赛中庆祝第三粒进球。

作为前英格兰队长，大卫转会到了美国洛杉矶银河队。他总是能给我有力的支持和建议。

斯托克对利物浦来说一直都是块难啃的骨头。没错，这是我们在拉法的“事实”大溃败之后的第一场比赛。但是更令人担心的是，英超联赛历史上我们从未在那里赢过球。我们需要一些改变来打破这个魔咒。人们看到卢卡斯出现在我身前的位置时都大吃一惊，而我就坐镇后防线四人身前的位置。我正在慢慢找感觉，我记得在这场快节奏、流畅的比赛中我做出了很多抢断。斯托克一般都保持紧凑有序的打法，但这场他们很有进攻的决心，全场比赛总共产生了8个进球。

我发现有三人一同坐镇中场，想要打得更具创造力一些就容易许多。有卢卡斯和亨德森前插，加上库蒂尼奥、斯特林和苏亚雷斯在前场四下穿插，我就不用太压上进攻了。我们凭借一粒乌龙球和苏亚雷斯的进球取得2：0的领先，然后我们松散的防线又让我们回到原点，两位前队友克劳奇和亚当先后破门。我的点球将比分改写成3：2，随后斯图里奇替补登场助攻苏亚雷斯破门。他们从未有过像这次一样热烈的庆祝。

沃尔特斯帮助斯托克扳回一城，为这场比赛再添疯狂。随后，就在比赛将要结束前，SAS组合角色互换，这次苏亚雷斯为斯图里奇送上助攻。斯图里奇做了他的冲浪舞庆祝，在他缺席七周的时间里我们都无缘看到他的庆祝，与此同时我的心中又燃起了新的希望。我们5：3赢下比赛，而在我的后撤位置上，我能感觉到有些激动人心的事正在发生。我们的防线还是一盘散沙，但在进攻端上威胁一目了然。既然我们能在斯托克城的主场打进5球，那我们理所当然是冠军的有力争夺者。我下定决心不会重蹈五年前的覆辙。

第6章　大风大浪

伯恩茅斯一个平淡无奇的下午，那天我的阴茎被开口又缝合，让足总杯的魔法鲜血淋漓。我们小心翼翼地避免发生传统的第四轮大冷门——就在整整一年前，我们在这项赛事的同一阶段被奥尔德汉姆竞技淘汰出局。但在2014年1月25日那个阳光明媚的周六下午，唯一令人意外的是在我私处一场令人痛不欲生的割伤。之前我决定让它成为我和医疗组以及我那些乐坏了的队友们之间的秘密。这小故事就是放到周日小报上，都有些太血腥暴力、不堪入目。

当时伯恩茅斯仍处在英冠联赛下游，但在一位出色的年轻英格兰教头艾迪·豪的带领下，他们正处在球队的上升期，距升入英超仅有18个月。他们踢出了风格鲜明、极富吸引力的足球，所以我们派出了一支强大的阵容远赴迪恩球场。尽管和默西塞德德比就在三天之后，但布兰登还是带上了苏亚雷斯、斯图里奇、亨德森、库蒂尼奥、我以及一条经验丰富的后防线。我们都渴望出场。

26分钟时我们就取得领先，维克托·摩西破门。但伯恩茅斯保持着出色的发挥，我们也不得不卖力比赛。下半场开场，我在新的后撤位置上紧逼对手边锋。我伸腿去阻挡他的传中，但我的私处却感到一阵刺痛。我想：糟糕，这下情况不妙。当时我是滑铲防守，所以我不知道是坐到了自己的鞋钉

上还是对方摆腿时候球鞋带到了我。我只知道我的老二疼得不行。

比赛结束后我在录像带上回看了那起意外。我看到对方的鞋钉绝对擦到我了。他传中的时候鞋钉狠狠地从我的心肝宝贝儿上划过。很明显，我没法查看下面的情况，但比赛继续进行时我还是能感觉到。我因此脸色非常难看，当我低头看的时候发现手上有血。我努力继续集中精神比赛，但我忍不住想：噢，完了。

确认无误，转播镜头聚焦到远处之后，我稍微看了一下。我把短裤微微拉开偷偷看了一眼。

我的内裤沾满了血迹。

我把球裤穿好，就像是迅速关上了装满珍贵宝贝的抽屉。我的脑袋要炸了，不仅仅是因为我想到明天的报纸头条的记者们会感觉“捡到宝”了，我更担心的是情况可能很糟糕。

我小心翼翼地拉开我的内裤和球裤来仔细看看。

我阴茎上的豁口看起来很不妙，就在正中间，血流如注。

我跑去边线，直接找到布兰登。我还叫了克里斯·摩根和安迪·马赛过来，马赛刚刚才给马丁·斯克特尔头上绑完绷带。现在担任利物浦首席队医的安迪，那时候还是青年队队医，这是他第一次参加成年队比赛。我们的常任队医扎夫·伊克巴尔因为孩子生病而留在了家中。

比赛暂停了一会，另有一位伯恩茅斯球员也需要接受治疗。对医疗组的伙计们来说这可是个忙碌的下午。在一次意外碰撞中，斯克特尔的大光头破得很严重。队医不得不用书钉处理他的头部伤势，才能让他继续比赛。

我对布兰登说：“听着，我这儿出了点问题……”我低下头指着我的私处。

布兰登看上去一脸茫然。

“划了很大一条口子……正在流血。”我说道。

克里斯立马采取了行动。他叫过来几个制服组围成一个小圈，于是当我拉开裤子的时候其他任何人都看不到我们在做什么。布兰登望向下方，一脸痛苦地摇了摇头。任何试图想明白到底发生了什么的人，可能会好奇是不是布兰登不太愿意调整到菱形中场站位。

我瞥了瞥克里斯。作为首席理疗师，他在职业生涯中见过很多糟糕的伤口和恐怖的伤情。

“情况还好吧，克里斯？”我问道，“我能继续比赛吗？”

从克里斯的表情看不出任何端倪。他说：“嗯，你会没事的……”

我对这句话的理解是，那玩意儿还不会掉下来。于是我继续上场比赛。痛感并不是很剧烈——就是那种当你的皮肤刚被割开之后的破口感觉，先是一阵剧痛然后就是钝痛。我更担心的是感染。2010—2011赛季那时候，我的踝关节和腹股沟有过几次非常糟糕的感染，我很担心草皮和泥会引发感染。不过如果有感染的危险，克里斯一定会立马知道。所以我默认要是他让我继续比赛我肯定会安然无恙。我一直坚持到了比赛结束，我们2：0取胜，苏亚雷斯助攻斯图里奇打进了第二球。

赛后布兰登看起来非常满意，但当他谈论比赛的时候他显然没有想到我和我的伤势：“下半场打得比上半场要更舒服一些。伯恩茅斯是一支很不错的球队，向他们致敬。但我的球队也表现了优异的品质。一年前在这样的比赛里我们输球了。下半场咬牙跟上节奏的精神非常棒。”

我自觉布兰登还悄悄称赞了我浴血奋战的精神。

与此同时我正和安迪·马赛在一起。所有队友都笑成一团了。只要身体器官发生异常或者出现尴尬的情况，足球运动员就是这德性。我们赢球了，队里的气氛很好。他们也都觉得这太好笑了。我一脸惨白，静静地坐在那儿琢磨到底发生了什么时，兄弟们没有一个人对我有一丝同情。

安迪很清楚地表明这个需要做缝合处理。

“缝几针，医生？”我问。

“4针吧，我觉得。”

兄弟们这会儿已经基本乐翻天了。你能想象到各种段子，长短啦、缝针啦、尺寸啦，还有我未来和阿莱克斯在家里的发挥。我可能笑了笑，但我本可以掐死这帮人。一帮球员是你最不想跟他们一起讨论阴茎伤情的人。

队医和我一起去找个安静点的地方，他好准备针线，而我可以闭上双眼想想利物浦、英格兰和漫长足球生涯中的种种牺牲。但伯恩茅斯的医疗设施可不像安菲尔德那样应有尽有。我们不得不去他们的理疗室，那是个很繁忙的地方，不断有人出入。我坐在椅子上，一脸害羞。这时有几个伯恩茅斯的孩子过来跟我握手。他们肯定觉得我这人很安静很害羞，因为我除了咕哝出一句“伙计怎么样啊？”以外什么都说不出来。

“我觉得我们继续手术吧，史蒂文。”队医建议道，但是当着这么多观众的面我不可能掏出家伙来。

马赛医生跟几个人说了一下，屋子清空了。我脱掉球裤和内裤最后看了一眼。我靠。我盼望我这不是在跟老朋友做最后道别。

我先用手指碰了碰，然后小心翼翼地不去看他正在做什么，我和医生稍微聊了聊——就像你在这种情况下也会这么做，因为我看得出他的感觉也不太好。他刚给斯克特尔的头打了书钉，现在又在修理我的阴茎。马赛医生一定盼望自己当初能留在利物浦照料青年队孩子们的小伤小病。

但我也没说很多话，我希望他能充分集中精神。他干得很好。他缝针的时候我没有感到疼痛——跟他预估的一样，4针。我重新走回更衣室。

老笑话来得更猛烈了。缝针的时候我有没有硬？医生知不知道你是不应该起生理反应的？

这次我笑得更开心了。最糟糕的事已经过去，医生保证我肯定会恢复如初——无论是场上还是场下。

医生告诉我伤无大碍，并给我上完绷带以预防任何可能的感染之后，我问了他那个显而易见的问题。

“医生，周二对埃弗顿的比赛我能上吗？”

“我们先看看接下来几天里你的康复情况吧。”他说。

我肯定自己能带着缝了针的老二上场，还一样能击败埃弗顿。“医生，别担心，”我说道，“我肯定能恢复过来。”

我渴望出场对阵埃弗顿的理由非比寻常。每次默西塞德德比总能燃起我心中的恐惧。我所指的并不是紧张或者大家都会有的那种胃里难受发慌的感觉。我害怕输给埃弗顿，尤其是在主场。在安菲尔德再次输球是无法接受的。我之前输过一次，在1999年。那场失利让我在身体上产生了撕心裂肺的痛苦。更糟糕的一点是，那场比赛我还被罚下了。

愚蠢的是，我还预订了位置打算那晚出去吃饭——想着我们会赢下比赛，我可以庆祝一番。我没法取消其他人的计划，于是我蹒跚来到阿尔伯特码头[1]一晚上都闷闷不乐。那时我才19岁，还是个情绪多变的孩子。上厕所的时候我撞见了凯文·坎贝尔，他是那天打进制胜球的埃弗顿前锋。凯文吐了口痰然后向我展示了我留在他大腿上的鞋印。他壮得就像是重量级拳击手。我所能做的只有告诉他自己为那记抢断感到非常抱歉，然后握了握他的手。

那场是我们在默西塞德德比中的最后一次主场失利，我很清楚赛季进行到这个阶段，当我们正在巩固联赛前四位置的时候，我们无法接受又一场失利。埃弗顿打得非常不错，加上阿森纳、热刺、我们以及一支步履蹒跚的曼联，埃弗顿显得很有希望晋级到下赛季的欧冠联赛。曼城和切尔西则稳稳地坐在榜首位置。

当时正临近希尔斯堡惨案25周年纪念日，并且距离新一轮的调查取证开始只剩下一个月。很明显真相终于将要大白于天下。正当他们漫长而又痛苦的追求真相的斗争进行到如此关键的时刻，我想要给希尔斯堡家属支援团加一把力。

我决定在德比前向支援团捐助9.6万镑。埃弗顿在过去25年里所做出的贡献也值得强调，因为不同于其他任何俱乐部，他们一直都支持着我们。当被问到这笔捐助时我告诉记者：

因为我自己的家人也牵连到希尔斯堡惨案当中，这件事我一

[1] 利物浦市地名。

直以来都很想做。我认为现在是时候再次发出讯息告诉世人我们有多么渴望正义。除了我的行为以外，我和其余每一位利物浦球迷对于埃弗顿人所提供的帮助唯有感谢。我这么说并不是想要讨好任何埃弗顿球迷，因为我知道我个人同他们之间的恩怨。但是大家都看得见，他们给予我们的帮助真的非常感人肺腑。

在希尔斯堡的问题上，要我推心置腹地说出对埃弗顿的感谢之情很容易，他们的同情也都是情真意切。悲伤和对正义的渴望将我们团结在了一起。希尔斯堡惨案，以及每一个逝世球迷家庭，永远都比德比战来得更重要。埃弗顿球迷们的支持非常了不起，俱乐部本身也尽其所能来帮助我们。任何时候只要这座城市有悲剧、或者任何不好的事情发生，足球场上的恩怨都会被放到一边。这让人感到很不可思议，因为两边球迷都非常狂热。他们基本都是为俱乐部而生——无论他们属于红色还是蓝色。对大多数球迷而言，足球就是他们的生命。但当一起惨剧撕裂了这座城市的心脏，我们走到了一起。

瑞斯·琼斯惨遭杀害时我们也感受到了这份团结。瑞斯是一位年仅11岁的埃弗顿死忠球迷，他和他的父亲以及哥哥一样都是古迪逊公园的季票持有者。在2007年8月的一天，瑞斯训练结束后，离开坐落在克罗克斯泰斯公园的冷杉树足球俱乐部，当天他遭遇枪击身亡——在一场毫无意义的帮派火并中背部中枪。他被紧急送往阿尔德丘儿童医院救治，但不久后便不治身亡。他的父母发动了一项活动——以瑞斯的名义请枪支滚出街头。对此埃弗顿、利物浦和城市里的每个人都给予了支持。就是在这些可怕的时刻，你能感觉到一份患难与共的心情将我们团结在一起。所以我想要捐助这笔钱，并且联系到埃弗顿所做出的贡献，为了我自己的家人，也为了这座城市里每一个在希尔斯堡失去亲人的家庭。

我充分肯定老二上的一点小伤不会影响我参加比赛——尽管我更希望

能将这起意外的消息保密。要是他们得知了德比战几天前发生了什么，我能想象到要是埃弗顿球迷会编出什么样的歌来。

有传闻称埃弗顿的自家球星也是我的英格兰队友，年仅20岁的中场罗斯·巴克利可能因伤缺席比赛。但我知道事实并非如此，我的金融顾问不留神给我了暗示：巴克利没事。我会在新的后撤位置和他直接对话。

布兰登在比赛前期报道时大大吹嘘了我一番，告诉记者我在后撤位置上能达到安德雷·皮尔洛和哈维尔·萨内蒂的高度，能像他们一样去影响比赛进程。皮尔洛似乎一直以来都很老练，但是目前效力尤文图斯的他也不过只有34岁。萨内蒂40岁高龄仍在国际米兰发挥余热。不过这座城市里的大多数人更倾向于拿我和巴克利对比。我已经是老人了，而他被捧作是默西塞德未来国王。这给了我额外的动力。

我的感觉一定没错，因为在英格兰国家队共事让我了解到巴克利的特点。我见识过他的能力和力量。他可是个好家伙。

巴克利来找我寻求建议的时候我很高兴能和他交流。这座城市水火不容的两队球迷或许会觉得奇怪，利物浦队长会劝诫埃弗顿的顶尖新秀对俱乐部保持忠诚——但这就是我告诉罗斯的。我觉得他最好集中精力为了埃弗顿而变得越来越好，这是他的家乡俱乐部，有许许多多的人关心着他。埃弗顿正在全力冲击欧战，所以对他来说转会去别处并无意义。即便我向来希望利物浦的排名能压过埃弗顿，但给他任何别的意见也是不妥当的。

除了我和巴克利的对抗之外，我还拭目以待苏亚雷斯搭档斯图里奇对埃弗顿防线翻江倒海。他们的双中卫是菲尔·贾吉尔卡和安托林·阿尔卡拉斯。就我看来，这就像是你在英超赛场上能看到的差距最悬殊的对位。菲尔为人非常实诚，阅历非富，和我是英格兰队友。他也是位好球员，但在加盟埃弗顿之前，他一直都在英冠联赛打拼。菲尔干得很好，加上加里·卡希尔这样的球员在身边，在英格兰我很信任他。但是，在我看来，阿尔卡拉斯并不是英超球员，我不觉得他在维冈的时候有达到英超水准，所以我不太理解为什么罗伯托·马丁内斯要将他带到埃弗顿。对上苏亚雷斯和斯图里奇，他便毫无机会。

埃弗顿一战的开局对我可谓梦幻。我踢得真的很不错，我能感受到全身上下翻腾的能量，我感觉太棒了。比赛第21分钟我们逼得一个角球。一般角球都是我来看，但是我们赛前观察了他们的定位球战术后有所改变。卢卡库一般看管禁区中央地带，和大多数前锋一样，他时不时会走神。我一直都觉得，在定位球防守中，你绝对不能依赖前锋。我希望我的后卫站住最关键的位置。于是我们认为，我有机会悄悄溜到卢卡库身前。

苏亚雷斯主罚角球，卢卡库不知身在何处。阿尔卡拉斯试图跟防我，但是要将他甩在身后顶进头球太容易了。我跑向路易斯，向两边挥舞着双臂，张大了嘴呼喊他，但是在安菲尔德你能听见的只有轰鸣的噪音。我一头跳进路易斯的怀里，我们被拉到了人群当中。当我摆脱人群后，我振臂一挥向他们致意。1：0，杰拉德，德比战破门。

这还没算完。12分钟后亨德森喂球给库蒂尼奥，他送出一记精美的直塞球，斯图里奇随后插上冷静的挑射，越过蒂姆·霍华德将球打进。斯图里奇就站在那儿不停地点头，好像是在告诉我们：是的，肯定咯，进球这事儿一直都是必需的。上半场结束前他又故技重施，接到来自图雷的长传，斯图里奇送出一记完美的吊射。斯图里奇这次没跳冲浪舞。他只是一动不动地站在那儿，而所有人都一拥而上跳到他身上。斯克特尔是跳得最高的一个，头缠黑色绷带看起来活像个斗士。走出更衣室，没人知道我在一个非常不同的部位也缠着绷带。

记分牌上怎么能缺少路易斯呢？下半场刚一打响他就断下埃弗顿的传球，他以迅雷不及掩耳之势越过半场不断向前。球就在他的脚下，随后一脚无比冷静的射门终结了埃弗顿的痛苦。Kop看台欢声雷动："哒哒哒哒哒哒 / 我就是不满足 / 我就是不满足 / 他的名字叫路易斯·苏亚雷斯 / 他穿着著名的红球衣 / 我就是不满足 / 我就是不满足……"

倾盆大雨中，斯特林被霍华德带倒赢得点球。我想让丹尼尔完成帽子戏法，所以把点球机会让给了他。他向我表达感谢，但接着一脚射飞，满怀期待第五球的Kop们一阵呻吟。4：0仍让人感觉非常甜蜜，但当我们回到更衣室后，我和丹尼尔悄悄聊了聊他的点球。“点球并没有看上去那么容易，是不是？”说这番话时，我带着一个多年以来罚失过不少点球的人才有的苦笑。

2014年2月8日，周六
安菲尔德

这是一切真正开始的一天。正是在这场比赛中我们发现了自己能踢得多么漂亮，正是在这天我们不断增长的信念扎下了根。

阿森纳的状态非比寻常。他们正高居联赛榜首，领先切尔西和曼城两分。我们排在第四，落后阿森纳8分。我们因为圣诞节至新年间的几场连败而葬送原先榜首的排名。我们还在平局中丢分，2：2主场被维拉逼平，1：1客场战平西布朗。利物浦仍然缺乏冠军球队所需的稳定。

就在痛扁埃弗顿十天前，我们还一度在主场0：2落后维拉。斯图里奇在上半场补时阶段扳回一城。随后比赛进行到第53分钟时，我传出一脚招牌式的斜长传。皮球落到苏亚雷斯脚下，他向球门内切时遭到对方犯规。我点球得手帮助我们挣得1分。

德比战后我们远赴山楂球场。斯图里奇帮助球队取得领先，但下半场进行到一半时，图雷一次低级失误传球直穿本方大门，被西布朗抓住机会扳平比分。我们牢牢把握着的主动比赛，除了那次可怕的失误让图雷自己也绝望地抱住头。我们本应轻松赢下比赛。是时候将我们的统治力转化成稳定的连胜了！西布朗一战成了我们的赛季转折点。

那场球下半场开场前，布兰登把我拽到一边。他仅仅需要说一个词——“完美”——来确认我的直觉告诉了我什么。感觉就像我刚打出了完美无瑕的上半时45分钟。

西布朗一战几天后，布兰登把我叫到他的办公室，他向我展示几张我在后撤位置表现的图片。他看起来很高兴，说道："看看这些变化，史蒂文。这就是我们想要的啊。"当初我们讨论去年秋天我的比赛哪里出了问题时，我们的分析正中要害。我的头部动作又回来了，我调整了我接球的身体位置。我的踢法变得节奏更快，除了创造机会和得分，我还极富侵略性并且能在适当的时机进行压迫。

两个月前完败给阿森纳的比赛还记忆犹新。我欣赏阿尔塞纳·温格和他对足球打法以及球队内部构建的远见卓识。这不仅仅是花上几亿空降几个超级巨星那么简单。他亲手培养球员，在忠实于自己的足球哲学上，他也和佩普·瓜迪奥拉如出一辙。若要他放弃自己的核心理念，他宁愿离开阿森纳。我还很明白当他抱怨"经济毒品"如何破坏英超联赛平衡时他的用意。

一般来说，利物浦很难打乱阿森纳的传接球和长时间控球。在纯粹足球的对抗中你真的很难同阿森纳相抗衡。就像其他大部分英超球队一样，我们发现如果你改变自身上去跟阿森纳硬碰硬，那还真的有机会战胜他们。我们没法同那支不败之师硬碰硬——那时阿森纳有一干硬汉，索尔·坎贝尔、马丁·基翁和吉尔伯托·席尔瓦都在队内。帕特里克·维埃拉是另一个巨大的存在。即便是他们最凶残的技术型球员丹尼斯·博格坎普和蒂埃里·亨利，也知道怎么照料好自己。要是有人招惹他们的话，他们会变得十分暴躁。

那天为了适应电视转播，开球时间定在了12点45分。当我们在安菲尔德的球员通道内列队时，我感到分外有信心。我们会很好斗而坚韧。我们不仅是要上场跟阿森纳硬碰硬，比这些更为重要的是，布兰登强调了我们需要打出快节奏和高质量。我们掌握了残酷无情的权利，因为我们有此实力。

阿森纳即将进入他们赛季的艰难时期。在同我们的比赛之后，他们随后的8场比赛里的对手包括：曼联、客场斯托克、客场热刺、客场切尔西、曼城，以及客场埃弗顿。在这一阵残暴的赛程中间，他们还要和我们在足总杯相遇，而此刻距离他们在欧冠16强淘汰赛上客战拜仁也仅有一周之隔。在这种情况下，你要么巧妙化解困境，要么土崩瓦解。阿森纳则即将崩盘。

赛季结束后，默特萨克将跟随德国队一起在世界杯上拿到冠军奖牌。我尊重默特萨克，但我能预见他对上斯图里奇和苏亚雷斯会要有大麻烦。没有任何中卫喜欢对上速度飞快的对手。两名前锋向你迎面冲来，还能互相喂球是非常可怕的。我知道丹尼尔和路易斯感觉都很棒，自从在对阵斯托克的比赛里互相助攻之后，他们的关系有了进展。在对西布朗的比赛里，当苏亚雷斯传球助攻斯图里奇推空门得手后，丹尼尔开怀大笑，指着路易斯向他跑了过去。SAS组合和整支利物浦正要给温格和阿森纳一场彻彻底底的噩梦。

我们决定从一开始就扼住阿森纳的咽喉。我们准备好打出令人窒息的足球。

“大屠杀”在开场仅仅53秒就开始了。我们在阿森纳防线左路拿到一个任意球。我主动请缨主罚。阿森纳禁区里红色和黄色球衣挤作一团，斯克特尔在这群人的远端。我静待斯克特尔开始移动，当我开出球的时候他正处在禁区正中。这球是我开得恰到好处的定位球，带着弧度快速下坠。奥利维尔·吉鲁没有顶到球，米凯尔·阿尔特塔伸腿够球但球划出一道弧线从他身边掠过。斯克特尔用膝盖撞回一分。

斯克特尔举起手臂开始庆祝，与此同时下意识地望向助理裁判看看他有没有被判越位。边裁手中的旗没有举起，斯克特尔向我对面看台的球迷飞奔过去。他已经疯了，就像他们一样。他做出一记滑跪将自己送到球迷当中。球迷们都在摸着他的光头，欢呼雀跃就像疯了一样。这才开场不到1分钟。

9分钟后我们在我助攻第一球的同一侧逼得一个角球。我瞄准斯克特尔光秃的头顶，他高高跃起力压科斯切尔尼一记势大力沉的头球破门得分。这粒怪物般的头球在开场10分钟后将比分改写成2：0。斯克特尔用球衣遮住他的头再次疯狂庆祝。

很快我又断下厄齐尔的传球，他看起来魂飞魄散。我把球顺给库蒂尼奥，他斜长传找到苏亚雷斯，苏亚雷斯凌空将球垫到斯图里奇的行进路线上。这本该是我们的第三球，但斯图里奇试图挑射越过出击的沃依切赫·什琴斯尼时，将球打偏。苏亚雷斯看起来失望极了，他知道这球要是进了会有多漂亮。

接着苏亚雷斯险些打进了赛季最佳进球。又是一次角球进攻，我打出大力低平球给到站在禁区边缘的他。他垫了一下，让球弹起然后转身抽出一脚半凌空直窜球门。这球砸在球门上，直直弹到科洛·图雷面前，但他没能控制住皮球。阿森纳糊里糊涂地又逃过一劫。

但他们仍无法阻止这场暴风雨。16分钟后我们取得3：0的领先。亨德森在中线处骚扰厄齐尔并从他脚下断球，把这位阿森纳的破纪录引援抛在身后手足无措。亨德森快速向前，大步流星深入阿森纳腹地。他将球分给在右侧的苏亚雷斯，苏亚雷斯快速将球传入禁区，斯特林和斯图里奇已恭候多时。斯特林先一步到位，将球打入球门。这球看起来简单得荒唐，但这就是充满了野蛮纯粹和速度的足球。

随后安菲尔德更进一步变成了梦幻乐园，厄齐尔给威尔希尔的传球再次被断，这次是库蒂尼奥刷了他的抢断数据。就在阿森纳半场开外一点，库蒂尼奥一脚扫传，斯图里奇将球扫进阿森纳网窝。他有大把时间确定自己这是又能上演“冲浪”表演了。阿森纳被如此巧妙地打开空当，在我们冲上去将斯图里奇围在红色海洋中之前，他有足足5秒钟时间摆手跳舞。20分钟，4：0。这是我印象中所有英超比赛中最具毁灭性的开局。

我们稍有放松，到比赛第52分钟都没有再进球，直到斯特林后上拿到图雷的一记好球，在绝望的什琴斯尼挡出他的第一次射门后，又接反弹推射破门将比分改写成5：0。唯一的意外是第六球是由被彻底摧毁的阿森纳所攻入的。在我绊倒亚历克斯·奥克斯拉德·张伯伦后，阿尔特塔点球得手，将最终比分定格在5：1。

“也许我直接回家少说两句会比较好。”温格在赛后低声说道。他和他的球队看上去糟糕透了。我们把他们这赛季的希望轰成了碎片——即便在25场过后他们仍领先我们5分。我不觉得那天下午任何一位离开安菲尔德的人会认为到赛季结束我们还会屈居阿森纳之下。六周以后他们在斯坦福桥0：6落败。我们在那25分钟里重创他们的夺冠梦想，让阿森纳士气大伤。他们仍没缓过劲来。

这是阿森纳50年来在安菲尔德最惨痛的失利。1964年4月，比尔·香克利的球队曾5：0大胜枪手。一个月后，利物浦赢得了香克利执教后三座奖杯中的第一座。我们的球迷将此看作是一个征兆。我只是更细致地观察着我们目前的阵容。

我们有整个联赛最好的两位前锋在同队效力。我们还有斯特林，他凭借他娇小却很强壮硬朗的身躯正一步步变成一名怪物级球员。亨德森正在成长成熟。库蒂尼奥浑身上下充满了魔力。我们的防线也许摇摆不定，但斯克特尔是一位领袖，还有能力在定位球机会里给对手造成杀伤。以及，身为队长的我打在拖后位置感觉身体状况棒极了。我们正踏着一波大浪，如同斯图里奇想象中的那样。我们瞬间感到状态爆表，充满了力量。我希望这一切能延续下去。

高低起伏在所难免，我们也经受了考验。随后的周三我们奔赴伦敦挑战富勒姆，开局形同灾难。第8分钟图雷打进一粒乌龙，不慎倒地将球踢进自家大门，如果这球的受害者不是他本人和我们的话本该非常喜感。几分钟后，图雷意外地上前找到裁判菲尔·多德对他顶牛。我觉得出了这事裁判肯定不会送我们点球了。

半场即将结束前，我让双方重回同一起跑线。阿利·西索科破坏富勒姆一次攻势，皮球落到处在中圈的我脚下。因为位置靠后，我有时间和空间快速向前，随后用我的右脚外脚背送出一记弧线长传，穿越四名富勒姆后卫中间的空当。这球很漂亮，正好落在了斯图里奇的跑动路线上。他推射中柱弹入球门得分，然后又登上了他的冲浪板。这是一脚世界级射门。

此后我们被迫再次追赶比分。比赛还剩18分钟时，库蒂尼奥将比分扳成2：2平。平局还不够，我们大举压上。最后时刻我们时来运转，斯图里奇在禁区内被铲倒。

点球！菲尔·多德原谅了科洛·图雷。

走向点球点时我的内心紧张得上蹿下跳。“别搞砸了。”我无视自己脑海中的声音，仔细将球摆好转身走开。我知道要是我没打进，那么对阿森纳那场比赛里我们所建立的一切就都毁了。“别搞砸了。”

在等待裁判的信号时，我双手放在屁股上。最终我朝多德望去，就像在说，“快啊，哥们儿，快开始啊……”

多德吹响口哨。我向前跨出一步然后加快速度，一、二、嘣。

我打得很干脆，射向他们替补门将大卫·斯托克戴尔的右侧。他扑对了方向，但是毫无机会。

球进了！3：2，我赢下了比赛。

我一路跑向角旗，带着一股极度的兴奋——就是那种球员在打进绝杀进球后不知要如何表达我们的狂喜和解脱的兴奋。于是我们又是跑又是叫，就像小男孩了昏了头。但这次，我突然想到要做什么了。“脱了！”我想到。我抓住球衣从一头一把掀掉。我穿了件红色的打底背心，跑起来看着一定像是乐疯了。队友们在身后追逐我，我将球衣举过头顶甩动，就好像伦敦二月大冬天的夜晚有个牛仔正准备把球衣当作套索用一样。

利物浦球迷坐在克拉文农庄球场角落一隅。他们边蹦边吼，边吼边蹦。快步靠近他们时我高高跃起，手中仍挥舞着我的球衣当作我们胜利的纪念品，直到我被一拥而上的队友们吞没。他们都冲着我大吼大叫，我一个字都听不见，但我知道他们想说什么。我们做到了，我们赢了。我们现在落后曼城1分，落后阿森纳3分，距离切尔西也只有4分之差，还剩12场比赛来打倒他们。

在赛后采访中，布兰登·罗杰斯称我是“举世无双”。他本还可以说我“发神经了”。

这是一场拉锯战，对阵一支正拼命保级的球队，我们有些紧张。我们犯了错险些输掉比赛。但我们不甘于平局，我们力争取胜并且做到了。所有的激情，所有错综复杂的情感，在我身上一涌而出。我们距离梦想又近了一步。

那天晚上回利物浦的车上，响起了切斯和斯塔德斯组合的《活着》。克里斯·摩根和我看着对方，“我感到如此活力焕发”的歌词一遍又一遍地回荡在车厢。我们在公路上飞驰而过，离开伦敦回到北方。克里斯在替补席上激动得无以复加，他看起来也筋疲力尽了，但一整晚我们还是感到如此充满了活力。我对克里斯说：“伙计，我也累了。”那会儿已经快半夜了。

“这也难怪。”克里斯微笑着说道。

“是啊，”我说，“但你知道吗？我真希望每年都像这样。我真想每个赛季都能这样地投入。”

如果你效力联赛前四的球队，这就是你每年的感受。我感到一阵懊悔，懊悔的并不是我决定把整个职业生涯献给利物浦，只是希望我能更熟悉这份紧张感和争冠大戏。

那个周日我在伦敦又打进了一粒点球，但我没有庆祝。我们在足总杯上0：2落后阿森纳，在惨败我们并在欧冠联赛杯拜仁淘汰出局之后，他们正在努力挽救这个支离破碎的赛季。我的进球发生在比赛进行到1个小时后，但这是本场最后一球，我们就此告别足总杯。我很失望，不过随着时间不断推移，加上我们只专注于联赛战线，优势显而易见。

连胜之旅开启，胜利一场一场接踵而至，其中也有过山车一般的比赛。在同富勒姆和阿森纳的比赛后，我们在主场对阵斯旺西的比赛平稳进行。2：0领先，来自斯图里奇和亨德森的进球。但20分钟后，我们看起来马上要发生一场阿森纳式的大崩盘了。

谢尔维先为斯旺西扳回一城，斯克特尔的乌龙球让比赛回到起点。我心中又泛起了一股熟悉的恐惧感，但我带着放松的心态和坚定的信念继续比赛。全队上下都是如此。

约翰逊、弗拉纳甘、亨德森和库蒂尼奥之间一连串复杂的配合将球交到苏亚雷斯脚下，后者传中助攻斯图里奇头球破门，3：2。斯克特尔犯规送给对方一粒点球，威尔弗雷德·博尼一蹴而就，3：3。该死的，为啥就不能每个礼拜都像5：1阿森纳那场比赛一样呢？

弗拉纳甘和我在本方半场来回倒脚，我有足够空间找到30码开外背对球门的苏亚雷斯。他用胸部将球控下，转身一脚抽射。皮球被对方挡出，但亨德森后插上干净利落的一脚射门。弗尔姆做出扑救，但这球就像弹珠一样又回到了亨德森脚下。嘣！第二脚反弹球毫无差错。我们4：3险胜对手。

客场对阵南安普顿的比赛就没这么复杂了，3：0。来自苏亚雷斯、斯特林和我的点球。联赛连续第四场胜利意味着我们暂列积分榜第二，落后切尔西1分，后者还少赛一场。阿森纳排在第三，与我们同分但是净胜球处于劣势。曼城落后2分紧随其后，但是手中握有两场比赛。榜首之争非常接近。

利物浦球迷蓄势待发要给我们大大地加一把劲。我们做客去到老特拉福德，球迷们铺开一张巨大的横幅——赐我梦想。布兰登也深知如何以他的方式来激励我们。随着我们的连胜不断加速，他开始在每场比赛前阅读一封来自某位球员家庭的来信。这是一个简单、具有亲和力又极具能量的举动。在我们出场对阵老对手曼联之前，他大声朗读了一封我母亲写给我的信，这招很有效。我整个人激动万分，感觉比以往任何时候都更强大，更为坚定。

我们的球迷还很清楚对我而言击败曼联有多么重要，他们一遍又一遍地高唱着我的名字，我的歌曲回荡在整个老特拉福德。

史蒂文·杰拉德，杰拉德 / 他会一脚传出40码 / 他很魁梧他还很硬朗 / 史蒂文·杰拉德，杰拉德……

伴随着他们对我的赞歌声，在比赛第34分钟时，斯图里奇的传中找到苏亚雷斯，禁区内拉斐尔手球犯规。利物浦获得点球。

我的对面，大卫·德赫亚纹丝不动地站在曼联大门内。他是位出色的门将，没有任何花招，比如跳来跳去或者挥舞手臂来干扰我。他知道，面对着斯特雷特福德看台，已经有成千上万曼联球迷试图扰乱我的思绪了，他们毫无希望。我的脑袋可能就像是被装进冰块里一样，我绝不可能罚丢。德赫亚扑向他的右侧，而我将球射向了左边，1：0。我以不庆祝来发表观点，如同在告诉所有那些红魔球迷，我们才刚刚开始而已。

下半场刚开始，主裁判马克·克拉滕伯格又给了我一次站上点球点的机会。这是一次正确的判罚，菲尔·琼斯在禁区内撞倒了乔·阿伦。德赫亚猜对了方向扑向左边，但是他没能挡出我的点球。皮球飞进球门下角，2：0。

这次我庆祝了，以滑跪的方式。我甚至还复刻了2009年亲吻摄像机的一幕——当时我们4：1击败曼联。球迷们、像我一样的利物浦死忠们彻底疯狂了。我的颂歌再度响起。

维迪奇被罚离场。五年前那场大破坏再度上演，一如2009年托雷斯将他玩弄于股掌之间那样。这次是斯图里奇把维迪奇整了个底朝天，迫使其做出犯规动作。红牌，维迪奇；第三次点球。这是我在老特拉福德上演帽子戏法的黄金机会。

德赫亚吃准了我会再次射向右边。他扑向右边，但我踢了左路。我击中了门柱，感觉太糟糕了。德赫亚冲着我大吼起来但我转头不予理睬。

后来苏亚雷斯又被德赫亚拒之门外，一次精彩的扑救，但我们仍锁定了一场压倒性的胜利。第84分钟，斯图里奇助攻苏亚雷斯将比分扩大为3：0。苏亚雷斯欣喜若狂，看起来他并不介意自己的庆祝最后以他的头被卡在斯克特尔双腿之间来告终。

处在胜利的狂喜中，我并没有太过张扬。我大爱击败曼联的感觉，当韦恩·鲁尼说这是他身披曼联球衣所经历的最糟糕的一天时，我并不为所动。我知道韦恩能撑得住，但我对莫耶斯备感同情。他是个好人，我认为他是位好教练。无论你名叫大卫·莫耶斯或者佩普·瓜迪奥拉又或是路易·范加尔，任何接替亚历克斯·弗格森的人都会经历一段坎坷。

莫耶斯对上的还是一支充满了自信心的利物浦。我不是队内唯一一名本土球员，弗拉纳甘跟我一样“根正苗红”。在这段争冠大长征中弗拉诺[1]是绝对不可或缺的一员。对阵曼联的比赛开场还不到10分钟，他先后抢断了鲁尼、范佩西和胡安·马塔。弗拉诺将自己的能力发挥到了极致。他有强大的神经，非常勇敢。一年后，当他因伤错过赛季大部分比赛时，我为他感到难受极了。但2013年3月，弗拉诺正处于一生中的最佳状态。他是最先登上球队大名单的几人之一，因为布兰登非常喜欢他。他为球队贡献了一份力，让人高兴的是他也因此很享受。我知道这一切对于他和他的家人来说意味着什么。他是个很不错的小伙子，是那种一支成功的球队所需要的球员。弗拉诺的技术能力也许不会得到广泛称赞，但他总是能为你而战。利物浦称他为“红军卡福[2]”可不是白叫的。在更衣室里他还被称为“迷你卡拉”，因为他和卡拉格有着那么多的相似之处。

比赛和进球源源不断地到来。我们以一场网球比赛般的比分6：3战胜卡迪夫，比赛中后防线一盘散沙，前场犀利无比。但我们曾两度落后，凭借着苏亚雷斯的帽子戏法、斯克特尔的梅开二度和斯图里奇的进球才在最后取得一场舒服的胜利。

四天后，对桑德兰的进球让我非常享受。一次直接任意球破门，我将球旋过人墙，打进球门左上角。斯图里奇在下半场开场阶段以一记震撼的进球将比分改写为2：0。桑德兰末尾时刻的进球在比赛最后15分钟测试了

[1] 弗拉纳甘的昵称，Flano。

[2] 卡福，前巴西国家队右后卫也是队长，AC米兰传奇球星。

我们的神经。“这时候就更需要强调冷静。”布兰登在赛后说，“我们控制住了比赛局面，但当比分变成2：1，情况就会变得很危险。但重要的是，球员们在重压之下仍能冷静思考。现在压力都在曼城一边，考虑到他们的阵容和转会投入——还有切尔西。我们的压力是与生俱来的，因为我们是利物浦，我们想要成为赢家。我们正走在那条路上。”

切尔西排到了榜首，31战积69分。同赛31场的情况下，我们比切尔西少1分。曼城积66分排在第三，仍有两场比赛在手。主动权仍掌握在曼城手中，但是他们下一场要到客场挑战阿森纳，以及做客安菲尔德——和切尔西一样。

2014年3月29日周六，冠军争夺的天平突然转向了我们一边。一天之后我们要在安菲尔德迎战热刺，安排在天空体育的周日下午4点场次，我从电视上了得知了令人大跌眼镜的消息。一场传统的周六3点场比赛，切尔西对阵水晶宫，后者正在托尼·普利斯的带领下上演保级绝地大逃亡。切尔西以0：1落败。约翰·特里的乌龙球让我们信心暴增。霍普街酒店，我们在赛前下榻的酒店里收看了酋长球场一战，曼城早早取得领先却痛失好局。阿森纳1，曼城1。

我注视着联赛积分榜，眨了眨眼以确认我没看错什么。切尔西32战69分；利物浦31战68分；曼城30战67分。

事实苍白而美丽。如果我们赢下剩余7场比赛，没人能阻止我们成为联赛冠军。而我们已经赢下之前7场，如果我们能重复一遍，冠军就是我们的了。

利物浦那热情得不可思议的球迷也接收到了消息，紧接着第二天他们就向我们展示了他们的感受。周日刚过中午，球队大巴在从霍普街酒店出发前往安菲尔德的路上慢慢降低了速度。我探头伸出窗外看着不可思议的景象——第一次看到此情此景是在对阵桑德兰比赛当晚。面前开阔的街道和我们的四周都变成了一片红色的海洋。我看不见安菲尔德路，面前只有人海和旗帜、标语和焰火。红色的烟雾在空气中盘旋。那条象征着希望的讯息再度飘扬在最大的标语之上：赐我梦想。

我站起来好看得更清楚。大多数球员随我一起站了起来。球迷们一看见我们注视着他们，噪声更加响亮了。窗外的歌声和球迷们用手敲打大巴鼓励我们所发出的撞击声相映成趣。大巴上的撞击声、高唱利物浦的歌声，当然还有献给我和路易斯的歌声，围绕在左右。我们一寸又一寸地慢慢驶过前往球场的最后500码。

我转向队友们，说了简单的一句："看看这对他们多重要……"

一切都心照不宣，我们不能让球迷们失望。只要击败热刺我们就能再度登上联赛榜首，如果我们能再接再厉赢下随后6场比赛我们就是冠军了。

更衣室里我们播了那个赛季的常规曲目——克里斯・马林查克的《So Good to Me》。有个小子调高了音量。距离布兰登的最后发言还剩5分钟，我四下环视了一圈，伙计们正准备起立，步入安菲尔德五彩斑斓的世界中去。他们看上去很冷静，甚至略显高兴。我们曾经客场5：0大胜过热刺，那是很久很久以前某个12月的冬夜。我很肯定我们能再次取胜。歌声渐渐淡去，我做了几次深呼吸。我对布兰登点点头。没什么好多说的，我们准备好了。

比赛开始。库蒂尼奥将球横传到右路交给斯特林，斯特林送到后插上的约翰逊脚下。约翰逊低平球传中找斯图里奇。尤尼斯・卡布尔先一步抢到前点，但他脚下一个踉跄，不慎脚后跟将球打入自家大门。开场两分钟1：0领先。

25分钟时我破坏热刺一次进攻机会，一脚长传解围。迈克尔・道森本应将这球断下，但是皮球弹开到苏亚雷斯脚下。他在远端快速突破卡布尔，在小角度射门越过雨果・略里打入我们的第二球。弗拉纳甘和库蒂尼奥一个超炫的配合打进第三球，随后亨德森一脚远距离任意球破门完成了这场4：0的血洗。

我们以4分优势领跑积分榜，还剩6场比赛。曼城少赛两场，将在两周之后做客来到安菲尔德。

下一个考验是西汉姆。不巧的是在我们去厄普顿公园球场的路上遭遇堵车更是平添麻烦。司机不得不停下让我们下车步行前往，感觉我们还有很长一段路要走。当我们抵达球场开始更衣时，客队更衣室感觉就像间桑拿房。赛后我半开玩笑地评价道西汉姆主教练山姆·阿勒代斯。“大山姆能用的招数都用了。”我说道。大山姆对此不太高兴，对我稍稍反唇相讥。这都无所谓，我们早已在球场上搞定了一切。

路易斯开场的任意球就险些敲开对方大门。第29分钟，他的挑射打得对方门将阿德里安毫无反应，但不幸击中横梁。随后丹尼尔·斯图里奇错失破门良机，紧张的气氛又再度提升一个台阶。接着就在半场结束前，第44分钟，在本方后场深处萨科传球给我。我能看到苏亚雷斯正埋伏在前场，于是我送出一记55码的斜长传。他将球控制住，然后就在他试图内切到禁区内时，皮球弹起蹭到了西汉姆后卫詹姆斯·汤姆金斯的手上。路易斯立即要求判罚点球，裁判安东尼·泰勒表示赞成，指向了点球点。

这是我生涯中最重要的点球之一。在欧洲杯和世界杯的点球大战中我罚进过也罚丢过点球，但这粒点球是货真价实的压力巨大。但我感到充满了勇气和信心。

阿德里安在门线上跳跃着挥舞着双臂，我视而不见。哨声一响，阿德里安扑向右侧，我美美地将球射向了他的左边。我如释重负地笑了。

但一分钟后领先优势就出现了松动。半场行将结束，西汉姆拿到一次角球机会。西蒙·米尼奥莱起跳没收皮球，但在他抓住球后，门将的头部遭到了我们前队友安迪·卡罗尔的撞击。这是一个明显的犯规动作，米尼奥莱失去了对皮球的控制。皮球弹到地上，盖·德梅尔捅射破门扳平比分。我们围住裁判强烈抗议了很久，尤其是西蒙，而裁判也询问了助理裁判的意见。但进球有效。

回到更衣室，我们在工作人员的iPad上回看了那次意外。裁判犯了个严重的错误。往往在这种时候你会想：今天运气不在我们这边。

布兰登很坚韧。他让我们重新回到球场，决心甩掉这番厄运。卢卡斯一个乖巧的小直塞给到弗拉纳甘，后者直冲西汉姆禁区。阿德里安弃门出击，放倒了弗拉诺。这次轮到西汉姆抗议了，但裁判做出了正确的判罚：点球。

阿德里安指指他的左边试图迷惑我，但我选择了右边。跟他一样，我的点球有充足的速度、力量和高度直奔网窝。

我跑向了球门后方的球迷。我们的球迷被围在了客队看台上，但依旧充满了狂喜。

事后我才得知，我在利物浦历史总射手榜上已经超越了父亲的英雄肯尼·达格利什。这是我的第173粒进球，也是我在那个赛季第10次点球命中。另外，自我在1月对阵斯托克的比赛中改打拖后位置之后，我已经在13场英超比赛中打进了9球。压力是很大，但我发挥得很好。

截止2014年4月6日周日，让人更眼前一亮的是球队数据。自新年元旦那天起我们总共打了14场比赛，在英超联赛至今一场未败。更重要的是，这是我们联赛第9场连胜。9场搞定，还剩5场，我们正高歌猛进。

处在职业生涯的第16个赛季我已是一名经验丰富的球员，但在联赛冠军争夺中我感觉我像个菜鸟。我很兴奋，每天早晨驾车去训练时都感到很快乐——我又向自己向往已久的梦想迈进了一步。但每到晚上，我又会感到筋疲力尽。我无法逃避令人着迷的争冠话题，在梅尔伍德这些言论比比皆是，互相催促着，提醒着我们自己距离足球天堂有多么接近。球迷们爬到墙上，向我们呐喊加油，梅尔伍德外的马路上满是等着在我们驾车离开时祝我们好运的人群。

一般来说，我会停车给孩子们签几个名握握手。加油鼓劲的话语一遍又一遍地重复着：“接着干，史蒂文伙计，为我们赢下去……你能做到的！”

回家路上，但凡我在红绿灯前停下车，人们就鸣喇叭、招手并喊一些有关争冠的话。这感觉让人消耗殆尽。我渴望赢得冠军，因为我与俱乐部同呼吸共命运；身边的兄弟们也跟我一样为利物浦而狂热，所以我跟他们一起出门的时候我们只谈一件事——冠军争夺。

现在回想起来，我能看得出其实我应该试着更多地屏蔽这些，有时间就该看看电影或者陪女儿们玩玩。阿莱克斯和孩子们对足球毫无兴趣，虽然她们都希望我能工作顺利有个好心情。看上去似乎她们是唯一不会去研究利物浦、曼城和切尔西赛程表的人，也不会为安菲尔德即将到来的恶战而备受煎熬。所以我有条件也应该更多地远离争冠，试着让自己沉浸在家庭当中，听姑娘们谈谈在学校里练体操、学跳舞的事。但我无法不去想足球，我自己把自己搞疯了。

即便我试着看电视放松自己，有关利物浦和我们争冠的消息也会出现在新闻中，要不然就是我的手机突然一震——又是一条祝我好运的讯息。待到夜深人静，连入眠都变得困难。我的思绪总会游荡在此前的比赛和决定性的战役中，直到我渐渐失去意识。

比赛也无法让人有所释放。我们太接近了，冠军触手可及，即便在比赛时我们都感到焦躁不安。奇怪的是，尽管如此，我的状态依然很棒。我的发挥很出色，并且自从1月份同斯托克的比赛后，我度过了在布兰登麾下发挥最稳定的一段时期。也许比赛中任何一点点小差错都会让我感到害怕，但我不让这些影响到我。我顶着压力比赛，保持坚强和勇敢。

第7章　步步逼近

我们和往常一样从霍普街酒店出发去安菲尔德，等待着我们的是又一个周日下午早场，天空体育转播场次。但这不同于任何一场比赛。球场四周的街道被成千上万的球迷围得里三层外三层。他们的标语和旗帜似乎比以往任何时候都更巨大，在球队大巴上的敲击声也比往常更响亮。焰火将天空染成一片烟红，缓慢开往球场的路上助威声和歌声震耳欲聋。正前方一波波球迷后退，让大巴缓缓通过水泄不通的安菲尔德路的场面，看起来就像是摩西分离红海。

我见证过足总杯决赛后游行的壮观场面，尤其还有当我们从伊斯坦布尔凯旋，在市中心对75万人高举欧冠奖杯的场面。但那些难忘的瞬间都只是一次性的场面。那是在所有的紧张和反转化为解脱和幸福之后的狂欢。这次可不一样，希望和期待破窗而入。我们惊奇地注视着我们的球迷和他们的梦想。

所有的这些让人更感欣喜的是，作为一家俱乐部，我们自食其力走出了深陷的泥潭。四年、五年甚至六年前，那些街道同样被成千上万的球迷所包围。从2008年开始，他们对抗两位老板汤姆·希克斯和乔治·吉列的漫长起义，与其说希望，不如更像是被愤怒所驱使。这标志着我的职业生涯中利物浦最艰难时期的开端——一段足球远不如董事会的勾心斗角来得重要的时期。利物浦球迷对希克斯和吉列的仇恨之深，使得2010年在高级法院战胜他们的迫切似乎比联赛冠军更为重要。虽然那时冠军似乎比任何时候都更遥不可及。

与2014年春天安菲尔德四下一片乐观向上形成鲜明对比的是，希克斯和吉列带来的是一个玩世不恭、暴怒以及充满冲突的寒冬，一切看起来似乎永无止境。我至今还记得2008和2009年时，抗议球迷挥舞着巨大横幅写着“汤姆和乔治：这里不欢迎你们”。一年后，随着危机逐步升级，他们的讯息变得更为强硬——“汤姆和乔治：哪里都不欢迎你们”。

从那段黑暗时期到现在的转变看起来有些不可思议，当时俱乐部背负着美国人经营下不断累积的债务重压，处在可能被行政托管的威胁之下。现在每个人都在谈论联赛冠军而不是法律诉讼，谈论苏亚雷斯和斯图里奇而不是两个商人。这是我所盼望的——把热情放在我们球队的冠军争夺上，而不是放在几个西装革履长期占据利物浦报纸头条的人身上。

我对现代足球的商业一面从来都不感兴趣。所有权、合作赞助商和比赛所能产生的收入、一掷千金甚至巧取豪夺，从不曾让我感兴趣。跟大多数球迷一样，我宁可多想想和谈谈我的球队，或是一场戏剧性的比赛或者刚目睹的一粒世界杯进球，而不是股份、贷款、杠杆收购和行政托管。

但金钱改变了足球。多年来，我被迫承认这项美丽的运动已经变成了又一个盈利行业。切尔西和曼城都被改造了，经过平淡的几年后，已然成为了足坛豪门。作为那些收购的结果，我跟随利物浦一同赢得联赛的机会也被大大削减。我被迫开始关心谁拥有哪家俱乐部，因为这些生意对利物浦有着直接的影响。

我对俱乐部前任老板，来自默西塞德的摩尔家族的敬重之情向来都溢于言表。往后几年里，我只是希望利物浦能找到一位有能力缩小我们和切尔西、曼城以及曼联之间财政差距的老板。我们需要钱来购买新球员以保持和竞争对手处在有效打击范围内。但我对俱乐部所有权和收购的兴趣也就到此为止了。我们老板能否让我们在球场上成为更好的球队，同时尊重俱乐部传统?

作为俱乐部队长，在这些方面上，在2007年2月，我很乐意随当时的首席执行官里克·帕里一起跟希克斯和吉列谈谈。詹米·卡拉格作为服役时间最长的一线队成员，并且是个凡事都把利物浦的利益放在心头首位的人，加入了我们。就在英格兰同西班牙在老特拉福德开打友谊赛的前几天，我们在曼彻斯特的罗瑞酒店进行了会面。希克斯和吉列当时接近以4.35亿英镑的价格完成对利物浦的收购。我浑然不知他们会需要从苏格兰皇家银行借款1.85亿英镑来完成这笔交易。

我更感兴趣的是他们对俱乐部表面上的计划。在同我和詹米的会面上，他俩显然将自己推销得头头是道。希克斯和吉列说他们希望在我们2005年欧冠联赛成功的基础上，将利物浦打造成欧洲的支配力量，他们承诺了资金和新援，计划新建俱乐部谈论已久的新球场。几天后，在公开场合下，吉列确认了之前告诉我们的内容——“60天内一定开始动工”。

他们让一切听起来都振奋人心，切合实际。我和詹米离开会谈时感觉真的很乐观向上。但是对任何工作来说，最简单的事莫过于开空头支票。若论夸夸其谈我们都是专家内行，最困难的是以实际行动证明你能做得到。

最初，他们确实试了。他们对球队进行了投资。五个月后，作为当年夏天最大头的转会交易之一，希克斯和吉列批准了从马德里竞技以2650万镑收购费尔南多·托雷斯。俱乐部还敲定了瑞恩·巴贝尔和尤希·贝纳永两笔上千万的交易。

托雷斯的第一个赛季光芒四射，但到2007年11月，拉法·贝尼特斯已经和老板在引援目标上意见不合。经过最初的蜜月期之后，拉法不断地向我批评希克斯和吉列。

事态变得棘手起来。希克斯和吉列嘴里冒出来的很多话给我留下了糟糕的印象。希克斯在2008年1月同尤尔根·克林斯曼会面讨论了他出任我们主帅的可能性。

但拉法留了下来，口角持续不断，而我们在2008—2009赛季再接再厉对冠军发起了冲击。球场上所取得的成功掩盖了董事会真正发生的事故。事情变得一团糟，因为希克斯和吉列两人之间也爆发了矛盾。他们按计划拿到了建设新球场的施工许可证，但是没有项目所需的3亿英镑资金。新球场是从头到尾一点儿工都没动过。2009年夏天，新球场计划遭到摒弃，克里斯蒂安·帕斯洛来到俱乐部出任总经理。他此行的目的是募集1亿镑资金，因为结果表明，根据希克斯和吉列的贷款计划，至少需要这个数目才足够偿还俱乐部的债权人。

我知道很多球迷觉得詹米和我都应该发声音反对希克斯和吉列。他们可能想象我们拥有很大权力，而事实上，我们并没有。我们还处在一个非常复杂的境地。我们都不认为自己有能力抨击雇用了我们的俱乐部老板。这让人感到很沮丧，因为我们也想要公开发声。但我们知道如果我们在公开场合谈论个人意见，对任何人都没有好处。

我认为身为球员，我没有资格介入一场同我在利物浦的上级之间的争论。以我队长的身份而言，我认为主教练是唯一一名我应该直接对话的人物。他管理球队，我们一同共事。任何超越这个层级的事，董事层的事，与我无关。

作为一名球迷，同时又是球员，我总是希望老板能尽其所能，兑现他们所承诺过的事。但我从未要求过同希克斯和吉列会面，是他们提出要见我。他们告诉我："这些是我们的目标，这个我们计划要做的。"我接受了他们的表面文章相信了他们。而当一切开始土崩瓦解时，我没有权利公开指责他们或者开始谈论苏格兰皇家银行的事。我自己的活干得已经漏洞百出了，所以我只是远远地关注着整出闹剧，跟其他所有球迷一样，因为事态一步步变得畸形而感到担忧。

希克斯和吉列以团队的姿态进驻俱乐部，当他们开始互相争吵时，我担心这道裂痕永远都无法填补，而事实也正是如此。我理解球迷的愤怒。他们在经过整整一周的工作后，来到安菲尔德支持他们的球队，他们希望由正确的人执掌大权。他们有资格抗议。我们都感到愤怒和失望。

2009年年底，对抗俱乐部老板的抗议正全面打响，而我们在球场上举步维艰甚至还发生了肮脏甚至恶毒的攻击事件。吉列声称他的家人收到了死亡威胁，而希克斯的儿子，即担任利物浦董事的小汤姆，陷入了一场网络骂战。对方是一位来自抗议领导组织——香克利之魂球迷会的利物浦球迷。小汤姆先是在邮件中称这位球迷是“白痴”，随后在2010年1月又向其发送了另一封邮件:“傻缺，去死吧，见你就恶心。”就是这样的人在管理我们的俱乐部。香克利若是知道，怕是要从棺材里爬出来了。

一笔来自苏格兰皇家银行的2.37亿英镑再融资贷款意味着希克斯和吉列的利物浦控股公司每周必须强制支付250万镑的罚金。我们得知如果俱乐部无法在2010年10月6日之前被出售，那么累计将会达到额外的6000万英镑。财政负担已经极为严重，我们进入政府托管的危险真的非常大。这样会直接导致我们损失9分英超联赛积分。

希克斯和吉列尽管仍未互相有过交谈，在2010年4月双双确认俱乐部被挂牌出售。他们本想在利物浦大展拳脚，但经过他们灾难般的经营，只得坐等有人付这笔离奇天价——据希克斯称，这笔金额要在6亿到荒唐的10亿英镑之间。

苏格兰皇家银行介入进来，任命不列颠航空董事长马丁·布劳顿来帮忙寻求一笔更切实际的出售。场内场外麻烦仍持续不断。2009—2010赛季我们排名联赛第七，拉法遭到解雇，由罗伊·霍奇森取而代之。

真正的战争还是上演在董事会内而非足球场上——后者也让利物浦和霍奇森步履艰难。苏格兰皇家银行将俱乐部的贷款列入了不良资产行列。除了希克斯和吉列以外的利物浦董事会其余成员，接到了各种各样收购俱乐部的报价。

2010年10月6日他们宣布同意将利物浦出售给来自波士顿的新英格兰体育创投，一家属于另一位美国人约翰·W·亨利的公司。亨利还拥有波士顿红袜，他明显是一位声誉良好的商人，有着可靠的行业背景。

在高等法院于2010年10月13日裁定俱乐部可以以3亿英镑的价格出售

时，希克斯和吉列试图阻止这笔交易。希克斯向达拉斯法院申请禁令以阻挠这笔被他称为“史诗级诈骗”的交易。但是希克斯和吉列最终败下阵来——亨利继续进行并完成了收购，亨利公司的大名渐为人知。芬威体育集团，成为了利物浦的新主人。

安宁和团结重新回到了俱乐部。芬威低调高效的行事风格让我感觉舒服多了，这同在希克斯和吉列时期我们所经历的嘈杂和混乱形成了鲜明的对比。

在这个2014年4月的下午，当我们最终抵达安菲尔德时，我感到如释重负。围绕着我们的标语和旗帜满是对球队的鼓舞，“赐我梦想”可要比“希克斯和吉列滚蛋！”振奋人心得多。4万名慢慢前往球场的球迷被希望团结在一起，我们已经摆脱了纠缠不清的肮脏交易，又一次沉浸在了这项简单刺激的运动中。

2014年4月13日，周日
安菲尔德

曾经的旧时光在身边回荡。五十年前，在1963—1964赛季末，比尔·香克利的第一支冠军球队有两位代表人物——罗杰·亨特和伊恩·圣约翰，两人在那个赛季双双打进了20球以上。我们成为了第一支能和他们的成就相媲美的利物浦阵容——路易斯·苏亚雷斯已经攻入29球，而丹尼尔·斯图里奇也打破了20球大关。

香克利的球队在五十年前所做的和我们如出一辙。他们同样以主场1：0、客场3：0的比分战胜曼联。1964年3月30日，他们击败热刺登顶联赛榜首——就跟我们在一模一样的日子对阵热刺时一样。香克利精神从未离开过这家俱乐部。

在这个艳阳高照的日子，我带领利物浦走进安菲尔德的喧嚣和缤纷。伴随着充满热忱的《永不独行》歌声响起，比尔·香克利坚毅的脸庞在巨大的红色旗帜上凝视球场。

寂静瞬间降临在了安菲尔德。再过两天就是希尔斯堡惨案25周年纪念日。一幅红黄色马赛克拼图在Kop看台上展开，以纪念在1989年4月15日不幸丧生的人们。对于在如此漫长的时间里所有离我们而去的球迷们，这是一条简单有力的讯息：96——25年。

曼城球员身穿传统天蓝色球衣，背朝马赛克单膝跪地，满怀尊重。我们面朝着Kop看台，我刻意抬头看着这条讯息，回忆起我们作为一家足球俱乐部、作为海顿的一个家庭所经历的一切。我站在利物浦队伍的正中间。我站在了路易斯·苏亚雷斯和乔丹·亨德森的中间似乎恰如其分，他们一位是我合作过的利物浦最好的球员，另一位是当我离开利物浦后最终接过我队长袖标的人。路易斯拦腰将我钩住，而乔丹抓住了我的肩膀。我站得笔直，内心很难过但更多的是骄傲。

哨声响起，1分钟默哀结束，安菲尔德爆发出一阵狂吼。我们一排红色队列散开，我走上前去，把思绪拉回到比赛中来。在我周围的队友们鼓掌致意，乔丹已经颇具领袖风范，高喊着给全队加油打气。

布兰登·罗杰斯的首发，11人跟一周前击败西汉姆的阵容一致。值得我们高兴的是曼城的夺冠功臣——前锋塞尔吉奥·阿圭罗伤愈后状态不佳，本场只得打替补。但曼城的阵容依然很强大，有哈特、帕布罗·萨巴莱塔、文森特·孔帕尼、亚亚·图雷和大卫·席尔瓦坐镇。亚亚的兄长科洛，坐在我们的板凳上。

感觉好像我们马上要打的是一场争夺冠军的杯赛决赛，昨晚我都没睡好。每场比赛前我们都会拿到一本小册子，里面的分析帮助我们准备比赛。我坐在酒店床上，研究每一个定位球，进攻的和防守的。那晚我一遍又一遍地分析所有内容，最终踏上球场时感觉就像一种解脱。

安菲尔德令人熟悉的噪音让我冷静下来。我环顾四周，我们准备好了。

乔·哈特开出门球被斯克特尔头球解围。皮球飞向库蒂尼奥，被他垫给了亨德森。赫苏斯·纳瓦斯上前紧逼亨德森，但他同时伸脚将皮球捅向自家大门和埋伏依旧的苏亚雷斯。曼城的小辫子中卫马丁·德米凯利斯在身后推搡着苏亚雷斯，但被苏亚雷斯转身避开。盖尔·克里希朝他追了过去，但苏亚雷斯一把将其顶开，面前一片开阔。只一瞬间，苏亚雷斯就凭借他的才华和力量杀出一条血路。

三位曼城球员向他冲了过去，但斯特林早已对苏亚雷斯心领神会。他快速冲到空位，苏亚雷斯将球顺了过去，刚好进入到曼城禁区。斯特林展现了无与伦比的冷静和技术。他抬头观察一下，内切闪过孔帕尼，然后正当这位曼城中卫准备补位时，斯特林再次走到外线，一记推射越过哈特。这球进得太漂亮了！斯特林跑向苏亚雷斯，他太激动了甚至都没有做他用手捂住脸的招牌庆祝动作。开场6分钟1：0领先。

斯特林这场打到了中路位置，因为我们知道曼城的中场会实施高位压迫。亚亚·图雷是一位伟大的球员，当他暴力推进时威胁非常大，但布兰登强调，在反击当中我们可以抓住他不在位置的空隙。计划就是让斯特林抓住这些瞬间的空隙，在对方防线的中心地带翻江倒海。

第19分钟，图雷在一次远射之后拉伤腹股沟，在他踉跄离场被哈维·加西亚换下后，曼城看起来实力大减。斯特林无可阻挡，他为斯图里奇创造机会，后者的射门擦着门柱出了底线。

25分钟过去了，我们得到一次角球机会。我让库蒂尼奥上前主罚，由我接应他完美的传递。我大力头球顶向球门，哈特飞身扑救将球击出横梁。又是角球。这次换我主罚，我瞄准了近门柱的斯克特尔。最近几个月我的传球都恰到好处，这球我也很有感觉。我做的定位球功课没白费。孔帕尼没能跟住人，斯克特尔旱地拔葱，脖子快速一甩，皮球从他的大光头上飞过了哈特的十指关。就这么简单，就这么可怕！

安菲尔德沸腾了。我和斯克特尔在角旗旁庆祝起来，扑倒了对方满地打滚，就像两个乐得无药可救的孩子。与此同时4.4万名观众中的4万人已经彻底疯了。蓝色的客队看台则一动不动。当整个球场都在欢欣地咆哮尖叫时，客队看台毫无动静。2：0，感觉就像我们正对冠军步步逼近，一股不可阻挡的红色力量。

我们踢得很舒服，我们踢得很放松。

球场另一端米尼奥莱出击没收一粒角球。但这标志了曼城的企图心。慢慢地，他们开始踢得更有章法。我们后场看起来仍然很稳固。即便萨米尔·纳斯里的又一次角球尝试被孔帕尼顶向大门，我们力保城门不失。小小的拉希姆·斯特林，小身材有大威力，在门线上头球解围。皮球从地上弹起，勇敢如同狮子一般的约翰逊再次将球顶出。在一片乱战中，米尼奥莱双手将球揽入怀中。

曼城还有时间再组织一次攻势。上半场最后时刻，纳瓦斯从右边路起球传中。费尔南蒂尼奥飞身半凌空射门，米尼奥莱舒展身体将球击出。我们需要重整旗鼓，调整一下呼吸。曼城在开场半小时内四面楚歌，被利物浦的快节奏、压迫和几次高水准进攻打得有些蒙，现在他们已经在比赛中站稳了脚跟。我很清楚比赛还远没有结束。

当中场休息结束回到球场之后，曼城的反扑势头变得更为强劲。但我们踢得很冷静也很简洁，直到他们做出一次重要换人。第55分钟，詹姆斯·米尔纳的出场意味着曼城的打法变得更为直接而有目的性。我们加倍拼命地抵挡蓝色的攻势，与此同时还通过苏亚雷斯、尤其是状态大火的斯特林来给他们制造麻烦。苏亚雷斯一次轻易的倒地——假摔，曼城疯狂地申请裁判对他出示第二张黄牌。裁判马克·克拉滕伯格无视了他们的要求，我们长出一口气。早些时候，他告知我跟路易斯稍微谈一谈。苏亚雷斯游走在边缘地带，我必须确保他不会做出越线行为。

我们的麻烦越来越大。埃丁·哲科在左边路拿球交给内侧的费尔南蒂尼奥，后者拿球快速通过半场，进入我方禁区腹地，随后传球找到了在右路飞速套上的米尔纳。曼城正在扯动我们的防线。我的英格兰国家队队友米尔纳和费尔南蒂尼奥一个快速二过一打到门前，将球交给席尔瓦，后者倒地同时打开身体，左脚打出一道小弧线飞越米尼奥莱。曼城在比赛第52分钟扳回一城。

席尔瓦散发着恐怖的气息。他送出一记威胁球被哲科稍稍打偏，让我们惊出一身冷汗。这太令人担心了，比赛甚至都还没有进行到1个小时。最早的30分钟一切似乎出人意料地简单，随后比赛变成了一场拉锯战，你来我往，一轮又一轮。除了席尔瓦技艺高超的穿针引线，米尔纳也给曼城在球场上带去了更多的宽度。曼城一次次撕破我们的防线，我们军心动摇。

第62分钟曼城打出一次精妙配合。克里希给纳斯里，再回给从左路后插上的克里希，皮球回做交给米尔纳再给到他们的魔术师席尔瓦。西班牙人想要将球捅给在球门另一侧等候的哲科。但皮球打到约翰逊的脚上弹起飞进了本方大门。

乌龙球，2：2平。我感到脑袋一沉。米尼奥莱一屁股坐下，双手搭在膝盖上，不断地摇头。安菲尔德一小块蓝色的区域嘈杂了起来，球场内其他区域变成了一片墓地。

我努力推动球队前进，但感觉我们并没有什么余力了，在漫长的连胜势头之后我们似乎已经枯竭了。我现在比以往更为担心，我知道这场是曼城在联赛中最后一场硬仗。要是他们能带着平局离开，最后几场赛程看起来很容易应付。我们必须拿下这场球。

阿圭罗替补登场，接下来的比赛麻烦更大。加西亚的传球找到阿圭罗，阿根廷前锋沿左路推进。我刚到本方半场但是以最快速度冲刺回追。危险警报可怕地拉响了。阿圭罗闪过斯克特尔，我们防线洞开。我和萨科竭尽全力想要及时回位但毫无作用。阿圭罗直塞交给席尔瓦，后者伸脚捅射。席尔瓦的射门就差了那么几毫米。我们鬼使神差地逃过一劫。席尔瓦爬起来双手掩面，他知道自己应该置我们于死地。

我又开始大声训话。我正在给球队指引方向和鼓舞士气。这场我们本以为赢下了然后又以为输掉了的比赛，现在我们仍有希望。利物浦还有时间。

约翰逊在曼城角旗附近掷出边线球。克里希头球解围，皮球弹向孔帕尼。曼城队长、英超最佳后卫之一的孔帕尼，向球移动过去。他的名字也是过去几个赛季里，我选择我的最佳阵容时最早写下的几个名字之一。在他周围没有利物浦球员。孔帕尼想要将球解围，但是皮球从他的脚面滑过飞向库蒂尼奥。

菲利普·库蒂尼奥脚起刀落。嘣！皮球直飞曼城网窝。哈特扑向左侧，但这脚无解的射门让他鞭长莫及。

球进了！库蒂尼奥、库蒂尼奥、库蒂尼奥！菲利普你这个小美人！

我们一边追逐、抓住并拥抱库蒂尼奥。另一边布兰登·罗杰斯冲上球场，他挥舞着小拳像是马上要去参加重量级拳赛一样。巨人曼城倒下了。

利物浦3，曼城2。

孔帕尼看起来崩溃了。幸运女神眷顾了我们。球从他的脚面滑过，运气滑到了我们手中。

还剩12分钟，痛苦的12分钟，还剩12分钟就能拿到我职业生涯最重要的3分。

维克托·摩西出场替下库蒂尼奥，他对曼城防线发起了冲击。这次，孔帕尼稳如泰山。他抢断摩西，皮球弹到开阔地。亨德森和纳斯里冲上去争球。亨德森奔跑惯性太大，不慎将纳斯里撞翻在地。

克拉滕伯格将手伸进上衣口袋，掏出一张牌。红牌，亨德森被罚下场，没有人对这个判罚表达异议。在那一刻还没人意识到亨德森的红牌将会造成多么大的影响。苦涩的结局会让他学到很多。

这时候我只知道我们要挺住。曼城再次倾巢而出，德米凯利斯最后一次大脚吊向前场。

这不重要了。裁判吹响了口哨，尽管皮球仍在往我方半场飞行。一切都结束了。我们拿下10连胜，我们击败了曼彻斯特城。

此时感觉冠军近在眼前，我几欲流泪。米尼奥莱、萨科和弗拉纳甘拥抱了我。我整个人激动万分。他们抱住我的时候我仰头望着天空，我无法眨眨眼睛忍住眼泪。解脱的感觉压倒了一切。

我用右臂擦了擦眼泪。路易斯·苏亚雷斯加入了我们的庆祝。他和其他人一起抓住我。

安菲尔德注视着我们。我们的球迷甚至没有唱歌。他们只是高兴地拍手，几乎不敢相信眼前发生的一切。也许他们跟我一样，哽咽了，唱不出声。在持续不断的掌声中，曼城球员踏着沉重的脚步走向球员通道。

我挣脱了队友。再一次，我用手臂挡住脸，就像是要掩饰我的哭泣一样。接着斯克特尔和约翰逊也围住了我。我被一群队友们团团围住。斯特林跑过来跳到了弗拉诺的背上。乔·阿伦挤到人堆里来。我现在希望更多更多的队友们围上来。我在中圈将他们紧紧地围成一团。我全然不知天空体育的摄像机正在跟拍我。我以为没有一个人注意到我，除了我的利物浦队友们，他们正在兴奋地你一句我一句。

我必须和他们说几句。我必须告诉他们，虽然我流泪了，但一切尚未结束。

这是我们最好的夺冠机会，是利物浦在过去漫长的24年里最好的机会。球员们在庆祝，我也在庆祝。但我不想现在就松手。我的演讲并没有事先准备过。我只知道我必须将消息传达出去："听着，我们又经历了一场惊心动魄的比赛，我们赢下了一场你死我活的争夺。让我们控制住自己，准备从头再来一次。"直到很晚我看到这一段，我才意识到自己当时情绪有多么激动。我只是渴望抓住球员们，让他们明白在下一场比赛前的这一周里我们需要做些什么。

我能感觉到他们牢牢地围着我，低着头仔细听着。我的嗓音沙哑破碎，我的利物浦口音在人群中回荡："这次冠军不会溜走了！这次不会溜走了！听着、听着。这场完了。我们去诺维奇。我们要去干的事一模一样。我们再干一场。加油！"

球员们大吼一声回应我，人群就此散开。我转向Kop看台，将手举过头顶以示感谢。他们现在正充满了把握和信念在高唱："现在你得相信我们，现在你得相信我们，现在你得相信我们……我们要拿联赛冠军了……我们要拿联赛冠军了……！"

我离开球场时这首老歌在安菲尔德内回荡，我突然感到用尽力气、筋疲力竭。我刚踢完了一生中最漫长的一场比赛。

两天后我们又回到了这里。这是一个比上周更美妙的下午。利物浦的天空清澈透亮。在希尔斯堡惨案25周年纪念仪式上，阳光布满了整个安菲尔德。2.4万人来到了球场，填满了Kop看台，还有球迷坐在了主看台和围场里，坐在安菲尔德路看台下层和千年看台下层。

96个座位虚席以待，每个座位上都放着一条围巾，以纪念每一位离我们而去的球迷。因为新一轮的调查展开，一切仍让人感觉记忆犹新。至今已有6天过去了，那些生还的人们接受了残酷的庭审，谈了那些死去的人们。

坐在Kop看台上向下注视球场，草皮看起来很绿。我的目光被拉回到了中圈。

数字96几乎占满了整个中圈。9和6都是由数百条足球围巾组成，包含了所有你所见过的球队的颜色。它们躺在地上，但看起来绝不像是散落一地。每一条围巾都被仔细地折叠好，和其他围巾放置在一起，使得整个数字的轮廓清晰可见。

稍远一点的地方是一只圆形纪念物，用显眼的红色装点，中心部位同样是数字96。在其四周也有围巾环绕，上面写着：

不曾遗忘

96

25年

1989年4月15日的希尔斯堡也是春光明媚的一天——直到黑暗突然降

临。随之而来的是25年黑暗的哀伤和悲痛。

在最初几年里，每年的希尔斯堡纪念活动感觉都像是一场葬礼。感觉仿佛我们又重新埋葬了那96具尸体一次。但是，随着时间流逝，纪念仪式的性质和气氛改变了。20周年纪念改变了一切。Kop们的愤怒在那一天喷薄而出，对正义的要求取代了对葬礼的无声接受。五年后，人群的情绪再次产生了变化。悲伤还在，缅怀还在，但现在还有了希望和尊严。

足球可以是一桩贪婪肮脏的买卖，可以变得粗暴而残酷；但亦有时，由那些热爱足球的人们所展现出来的这项运动单纯的美丽和高贵，让我们再一次成为她的信徒。

今天就是这样的一天。即便没有一颗皮球在安菲尔德的草坪上滚动，今天仍令人备感特别。在今天，足球让人感觉纯粹而美好——她是希望的象征。虽然希尔斯堡的不幸和谎言让利物浦多年以来伤痕累累，但在今天，为了一件更加意义重大的事，我们把所有微不足道的敌对和狂热的野心都抛到一边。

这份情绪埃弗顿主教练、西班牙人罗伯托·马丁内斯也有所体会，他表达了对利物浦的同情和支持：

> 1989年4月我只有15岁，我是一户足球狂热家庭里一个为足球而疯狂的孩子——就跟今天到场的很多人一样。当我们得知希尔斯堡的消息时，我们一家人并不能领会到他们那份痛苦和惊恐——那些得知他们所爱的人在球赛结束后无法回家的消息的人。
>
> 观看自己喜欢的运动怎么会丧命呢？这不对，这不公平。随后发生的一切也是既不公平也不正确。被迫去斗争来为自己失去的人正名，这让人为之震惊。

埃弗顿主教练将希尔斯堡家属支援团的工作描述为：

> 非比寻常。25年来你们获得的尊重不仅来自足球和这座城市，更是超越了这两者。我想我不用告诉你们埃弗顿与你们同在，对此你们很清楚。今天我们在古迪逊公园支持着你们，球迷们和高层、工作人员以及球员们聚集到一起，因为他们希望将他们的祷告，跨越斯坦利公园，传递给你们。

安菲尔德内掌声经久不息。我们使劲为埃弗顿鼓掌，为了欠他们的人情和对他们的感激。我们在那个下午忘记了彼此间足球场上的针锋相对。

罗伯托和布兰登·罗杰斯都生于1973年。他们只比我大7岁。我很好奇比起跟那些小队友之间，我的年龄是不是离罗伯托和布兰登更近一些。全体队员一起坐在Kop看台上，穿戴俱乐部的西装领带。我就坐在肯尼·达格利什身后，他是布兰登的前任也是希尔斯堡惨案发生时利物浦的主教练。他比俱乐部里的任何人都更能感受到罹难家庭的那份伤痛。

接下来发言的是我们的主帅。布兰登向罗伯托致谢，还致敬了几位利物浦最伟大的球员以及比尔·香克利和肯尼·达格利什:

> 我每天走进梅尔伍德训练场的时候都会路过比尔·香克利的雕像和欧洲冠军奖杯。所以当利物浦主教练你不用担心自己缺乏灵感激励。但毫无疑问，对我来说最大的激励来源就是在安菲尔德的每一个比赛日——每当我达到这片场地看见希尔斯堡纪念碑和上面的96个名字。那些我们失去的人，以及你们之中为了他们、为了生还者孜孜不倦地斗争着、不断发起行动的人，你们是我们真正的灵感来源。

就在3点刚过6分钟时，逝世者的姓名被一一朗读出来。与此同时整个默西塞德，教堂的钟声敲响了96下。安菲尔德内一片静谧，打破寂静的唯有每个名字的回声。听着96个名字按字母顺序从头读到尾——从杰克·安德森到格拉汉姆·约翰·华特，我很清楚这一切花了多久，以及听到这些名字有多么悲伤。

五年前饱受嘲弄的幕后英雄卫生部长安迪·伯纳姆，接受了人群的起立欢呼，正是他的努力推动了新一轮的调查。他表示2009年那天，当他还是文化、媒体和体育国务部长时，人们向他展示的愤怒，帮助他去找到政治上采取作为的勇气：

> 五年后事情有了变化，不仅仅是因为我，还因为你们所有人。之所以会改变是因为你们让自己的声音被听到，感谢上帝你们这么做了。你们的声音将Kop看台带去了这片大陆上每家每户，送到了当权者们的心中。我深知你们是对的，错的是他们。

安迪·伯纳姆还说他询问了母亲他应该说些什么，她给了他一条简单的建议——伯纳姆直直地看着我和全体利物浦球员——“她告诉我要祝你们在联赛里一切顺利，跟你们说要是正好能在今年夺冠的话，那该有多合适。”

安菲尔德爆发了，爆发出助威歌声。“我们要拿联赛冠军了……我们要拿联赛冠军了！”

他随后回忆起2009年时他的演讲是如何被打断的。是一位质疑者向他喊出了一个生硬的单词——“正义”：

> 这是大坝崩溃的一瞬间。你们正在对我们的国家和政府运作询问了一个最深刻的问题。一整座城市呼唤了正义，20年却无人理睬是怎么回事？面前的路仍然充满了不确定，但是现在国家与你们同在。因为你们，遇难家庭会收获正义。你们让这座城市变得更强大，你们将会让我们的国家变得更公正。我们给全世界的人民带去了希望。你们五年前的呼吁就是我今天的要求——还96人以正义！

人群准备在杰瑞·马斯登的带领下高唱《永不独行》。杰瑞将这首由罗杰斯和汉默斯坦创作的曲子带上了60年代早期流行榜单的头名。

“来吧，杰瑞！”Kop看台后方有人喊道。

“可以唱了？”杰瑞应声道。安菲尔德传出一阵大笑。

“当你穿行在风暴之中，”杰瑞和安菲尔德轻轻地、缓缓地唱了起来，“请高昂你的头，不要惧怕黑暗……”

场面感人几乎难以自控——尤其当我们伴随着喝彩声唱到“走下去，走下去……心中带着希望”时，球场中央96只红色气球放飞升天。气球在我们的歌声中飘上蓝天。

我的目光跟随一只气球飞上天空，想到了琼保罗。我也想起了刚才玛格丽特·阿斯皮诺尔所说的话——她在希尔斯堡失去18岁的儿子詹姆斯。

这位充满勇气的希尔斯堡家属支援团领袖转向布兰登、我和利物浦全队。她说，当我们追逐所有人渴望的联赛冠军时，我们可以从罹难家庭汲取灵感。“压力能带来很大的困难，”玛格丽特说，“但压力也有积极的一面。它让你去斗争，而我知道这是你们争夺冠军时所要做的。”

安菲尔德全场响起一阵巨大的咆哮。玛格丽特笑了笑。“我希望没有给球员们太大压力……”

面对压力的不只我们而已。整座利物浦城都在劳心劳力，坚强斗争，只为追求正义和足球场上的一份欢愉。随着《永不独行》的歌声渐渐淡去，安菲尔德爆发出一阵经久不衰的吟唱：“还96人以……正义……还96人以……正义……还96人以……正义！”

掌声再次响起，长久而响亮。球员们绕场一周时我们听到“我们爱你利物浦，真的爱你，我们爱你利物浦，真的爱你……”

突然间，几乎就像是魔法一般，激昂的吟唱和掌声又变成了铿锵有力的足球老歌。

洒满阳光的周二下午，我们从球迷面前走过，心中充满了希望和爱。我听着安菲尔德同声齐唱：“现在你得相信我们，现在你得相信我

们，现在你得相信我们……我们要拿联赛冠军了……我们要拿联赛冠军了……！”

我们做客去往诺维奇时联赛积分榜形势一片大好。利物浦在34场比赛后积77分，切尔西35战积75分。我们战胜曼城一战后，两场事关争冠的比赛都朝着有利我们的方向发展。曼城在4月16日主场对阵桑德兰的比赛中同对手2：2战平，损失两分。2014年4月19日，就在我们同诺维奇比赛前一天，切尔西爆冷输球，主场0：1不敌桑德兰。

我准备好让利物浦听候桑德兰全队和主教练古斯·波耶特的差遣，后者正在全力争取保级。三天内桑德兰从我们最大争冠对手手中拿走5分。外界的一切似乎都倒向了我们一边。

但我们自身仍存在问题。乔丹·亨德森在对阵曼城时吃到红牌被禁赛3场。我知道这会令我们很受伤。乔丹是这台红色机器里的一枚大齿轮，我们会想念他的活力和他给球队带来的凝聚力。布兰登要求乔丹随队一同开赴东英吉利，并且即便无法出场比赛也要坐在替补席上的事实，清楚地证明了乔丹对我们的重要性。他的精神和他的领袖气质能帮助我和布兰登。

丹尼尔·斯图里奇因为腿筋拉伤同样无法出战诺维奇，但我们还有路易斯·苏亚雷斯。诺维奇就是路易斯的小玩偶。我毫不怀疑路易斯能在卡罗路球场再度破门——即便我的预感错了，我们还有其他有能力带我们向冠军再进一步的队友。

很明显那就是菲利普·库蒂尼奥和拉希姆·斯特林，两名球员在对阵曼城的比赛中都攻入关键进球，已经双双成为利物浦的重要成员。库蒂尼奥一加盟便光芒四射。2013年1月，22岁的他从国际米兰转会加盟我们，随后他月复一月不断地成长。有时在训练中看到他脚下控球能做些什么，让人大开眼界，目瞪口呆。菲利普是球队里脚下最快的球员，他是训练当中我很小心不要在紧张局面下离得太近的球员。库蒂尼奥能耍得你团团转。他就是那么强，我相信他正一步步成为利物浦的当家球星、世界足坛的顶级巨星。我们拭目以待。

库蒂尼奥是实至名归的天才10号。我们说他“充满了魔力”，但我觉得布兰登是第一个应称他为“魔术师”的人——这个名字就这么定下了。没有比这更好的词汇来形容状态上佳的库蒂尼奥了。他还是个很棒的小伙子。我太喜欢他了，喜欢他的生活态度和对待足球的态度。菲利普在默西塞德的生活很安静也很开心。到了球场上，在这片真正重要的地方，能和他并肩作战就像做梦一样。库蒂尼奥从不闪躲，他总是想要拿球。当然了，他也有脚风不顺的比赛，那时他就像整个人都消失了一样。但他还很年轻，我知道他有着出类拔萃的天赋，在我们打硬仗的时候他会散发出光芒。

另一点很有帮助的是，作为南美人，菲利普很爱戴路易斯。他每天都能看到路易斯在工作中的不懈投入和对进步的渴望——这让他成为了世界上最好的球员之一。菲利普深受启发，此外路易斯和卢卡斯·雷瓦是所有西语系球员和南美球员的老大，这些球员之间意气相投的友谊也为库蒂尼奥助了一臂之力。

卢卡斯是队内效力时间最长的球员之一。他之前也许是一名巴西球员，但现在他全身上下都流淌着利物浦的血液。卢卡斯是位好朋友，一位好球员，一块我们可以倚靠的岩石。他从不会让我们失望。库蒂尼奥在每个环节都得到了卢卡斯的帮助和勉励。

就此意义而言，拉希姆·斯特林则完全不同了。他15岁那年从伦敦来到这家俱乐部，是利物浦青训学院的成员。他第一次加入成年队的时候就能明显很看出他有潜力成为一名非常出色的球员。我只是期待他能比实际发生的更晚一些——在利物浦和英格兰的舞台上爆发。拉希姆刚开始一言不发，但每次训练都会有所成长，慢慢地他变得开朗了起来。

看着拉希姆你会想：孩子，你个子太小了。但拉希姆让你大吃一惊的地方就在于你看着他时觉得“噢耶，这身板也就是十六七岁的样子”，然后发现他的强壮和力量实际上跟成年人一样，甚至比普通人更强壮。斯特林可以和马丁·斯克特尔这样的壮汉同场竞技，毫无问题。斯特林可以扛起斯克特尔。我有见过他在1对1情况下，孤身一人顶在前场对上马马杜·萨科和科洛·图雷这样的大汉。他能跟6尺4寸[1]的巨人直面对话，看起来还轻松自如。这都是与生俱来的力量，因为我从来没见他去过健身房或者练力量。他就是有力量，他既强壮又有天赋。

拉希姆在精神上也比许多人想象的要坚强得多。我觉得他的这份顽强是天生的，但在青训营里又被加强了。他身边都是粗犷的利物浦孩子，他很快学到了利物浦精神并且明白球迷们期待着什么。他还必须习惯被要求跟詹米·卡拉格或者我这样的人并肩作战。我们会一直盯着他。我和卡拉从来不会真的因为犯错而批评别人，但要是任何人工作散漫或者手下留情，我们肯定会上去痛批一顿。拉希姆的比赛风格本就不缺乏残酷无情，但他还使其变得更加锐利。

训练中和比赛中他会为你付出一切。无论你安排他对上谁，拉希姆都绝对绝对不会退缩。他不会让你失望——这对边锋而言非常罕见。就我的经验而论，边锋要么踢得美妙绝伦、要么就让人失望透顶。他们能让你恨不得把头发都拔下来。但如果拉希姆一场比赛发挥不佳，那绝不会是因为他不够卖力或是缺少欲望。

所以我们不乏好球员，但我们也不乏紧张和压力。痴迷于赢得联赛是我的过错，我可能太想夺冠了所以我很担心在击败曼城这样的高潮之后，队里有些球员可能会想：噢，后面不过是诺维奇而已，我们轻松就能赢下他们。

带着这种心情去踢这场局面复杂的比赛是错误的，那边主队正在拼命保级，而你正在追逐冠军。于是我把诺维奇一战的重要性拿来跟伊斯坦布尔的欧冠决赛相比较。我就是以这种方式再三强调这条讯息：“听着，现在让我们保持头脑冷静准备诺维奇的比赛。要是这场我们搞砸了，那我们就全搞砸了。”我希望在赢下曼城之后，球员们可以马上把心思放在诺维奇的比赛上。

[1] 约合1.9米。

回看从前，现在我能看到那可能是个错误。这样的紧张感有时会起到反效果，尤其是对年轻球员们。他们会变得有些急躁，有些害怕，然而你却希望他们更能带着自信的感觉，尽可能放松地去应对这样的大场面。现在我知道自己在围圈的时候，在准备诺维奇一战的过程中表现得太过激动。但当我如此渴望冠军时，想要不这么做很难。

布兰登的准备工作做得很好，让我们每周都能从第一分钟起就全力以赴。在他的帮助下，4月20日我们走上卡罗路球场准备进行另一场周日正午场次时，紧张的气氛被转化成了一些更为积极的内容。卢卡斯和乔·阿伦回到球队以顶替亨德森和斯图里奇。依靠着又一次良好的开局，我们很快就进入了自己的节奏。

阿伦、弗拉纳甘和库蒂尼奥互相传递，直到巴西人将球顺给斯特林。他在球门20码开外，但是斯特林没有丝毫犹豫，猛抽一脚。他的射门突然下坠越过约翰·鲁迪飞进了诺维奇球门。斯特林一路跑向边线，拥抱了布兰登。他们很快就被上蹿下跳的红色球衣包围住。我赛前的紧张感到此烟消云散。开场4分钟我们就取得1球领先。

7分钟后苏亚雷斯将比分扩大为2：0。弗拉纳甘在左路一路小跑推进，将球传给斯特林。这次，斯特林没有展现他可怕的力量，而是用他清晰的视野在禁区里找到了苏亚雷斯。斯特林的传球太精准了，苏亚雷斯可以直接用脚弓将球推进球门。看路易斯是如何朝拉希姆冲了过去，开心地用手指指着他的队友，这充分告诉了我们这位小将在这粒进球上有多少功劳。苏亚雷斯刚打进了自己第30粒进球，但他看起来准备要和斯特林一同分享。

我们的活力没多久就下降了。没有亨德森推动球队前进，而我又处在后撤位置，上半场剩余时间内我们都无力向前推进。感觉上就像是我们降了一档。我和布兰登都发现了危险的信号。半场休息时他做出了战术调整，才让我松了口气。

我们排出了菱形中场阵型，诺维奇也是一样。在开场两粒进球之后他们适应了我们的打法。我们由5人组成菱形，对方也是。布兰登的战术打法是建立在创造人数优势的基础上的。如果他们排出3中场，那么我们很有可能会排出4人。他们用4人的话，我们就用5人。所以，中场休息时，布兰登决定让库蒂尼奥打到菱形中间来。

这招走得很妙，我们看起来控制力更强了。但就像曼城那场比赛一样，当诺维奇在比赛还剩半小时之际将比分扳成2：1时，我还是感到一阵凉意。面对一次略有威胁的高球传中，米尼奥莱选择出击。他没能没收来球。球反弹到地上，胡珀大力射门将球打进。我不太确定要是诺维奇鬼使神差再扳回一分追平到2：2的话，我们还能不能熬得过这个考验。

苏亚雷斯在诺维奇半场的搅局的确有所帮助。他一度险些破门，然后就在比赛刚进行到60分钟时，斯特林神来之笔无中生有打进一球。布拉德利·约翰逊在诺维奇中场一脚懒散的传球被斯特林在本方半场截下。他带球高速前进，苏亚雷斯同样高速插上，三位诺维奇后卫在努力搞明白到底谁的威胁更大——斯特林还是苏亚雷斯。他们对苏亚雷斯已经是惊弓之鸟，尤其是想到这赛季早先苏亚雷斯对他们那次残暴的帽子戏法，于是他们在斯特林面前踌躇不前。斯特林不断前进，与此同时后卫和苏亚雷斯都在等待着传球，但这球永远都等不到了。斯特林抹过第一名后卫冲入禁区。他的射门击中回追的约翰逊产生折射。鲁迪只能望球兴叹。

罗伯特·斯诺德格拉斯让比赛最后13分钟变得惊心动魄，他的头球越过米尼奥莱将双发的比分差距再次缩小为1分。诺维奇拼死想要拿到1分，他们顽强作战。替补登场的里奇·范沃尔夫斯温克尔给了他们最后一次机会，他在无人看防的情况下头球攻门。米尼奥莱飞身扑救将球救出。我们总算赢了，连续第二场3：2。

我们下赛季的欧冠联赛席位已经确保。我的思绪又回到了不愉快的休赛季，想到那时苏亚雷斯被停训驱逐，决心离开利物浦，还有那天晚上我太难受了甚至没法吃阿莱克斯给我准备的晚餐，因为当时对苏亚雷斯来说，晋级欧冠似乎毫无可能。如果那时候他走了，我们可能一落千丈成为中游球队。我很高兴我们拼命将他留了下来。

生活和足球，瞬息万变。我休赛期的梦想和我们全队的目标都已经实现了。我们回到了欧洲豪强的行列。但九个月来我们走到今天这一步，这点成就还不够。我们必须以英格兰冠军的身份重回欧洲。我们还剩三场比赛来确保我们的命运。其中最为艰难的一场——对阵切尔西，就在下一场，只剩下七天时间。

第8章　滑倒

2014年4月25日，周五
默西塞德，福姆比

临近午夜时分，屋子里很安静，阿莱克斯和姑娘们都睡了。我距离职业生涯最重要的联赛一战还有40个小时，我的头和背都已经没有感觉了。我在沙发上伸了个懒腰，屋里光线微弱，我的手机在昏暗中闪着。我又吃了一粒止痛药再看了看时间。很晚了。

当职业球员的一大危险在于，我们完全没有感觉像是万夫莫敌的运动员，反而感觉有些伤痕累累。我们有背伤、膝盖疼痛、脚踝阵痛。我们折断骨头、拉伤肌肉、绷断韧带、扭伤肌腱以及——好吧，至少我有这情况——划破阴茎。很少有比赛，尤其是在年过三旬之后，我是能够在不经历一点小伤小痛的情况下出战的。我们习惯了带伤上阵，但这次的情况要糟糕得多。

如果我们要打的是在足总杯上跟奥尔德汉姆竞技的比赛，而不是跟切尔西的争冠关键战役，那么我会做出这个决定——我会选择这场比赛不出场。在过去的三天里，我一直都受到背部发炎肿痛的困扰。接着，突然之间，痛感变得非常剧烈，我感觉没法弯腰甚至不能移动。在那几个小时后，我仍在原地动弹不得，疼痛不堪。我甚至没法起身爬回床上。

在过去几年里，我都不得不对我的背部格外小心。为了缓解背部僵硬，我经常远赴米尔顿凯恩斯找一位注射药剂方面的专家帮忙。最近我全身心扑在了冠军争夺上，状态也很好，以至于过去几个月里我几乎都将背伤的事抛诸脑后。但身体不饶人，我的低位脊椎疼得直发抖。

在周三和周四的训练里我都很煎熬，但跟我今天早些时候的情况无法相提并论——在我们周五的训练课上，我们对阵切尔西之前的最后一次高强度训练。医疗组在下午花了几个小时的时间处理我的伤势。利物浦队医扎夫·伊克巴尔给我注射了限度内最大剂量的止痛药，并建议我在家尽最大可能多休息。

毫无作用。布洛芬起不到任何帮助，扶他林药效太弱，即便是安定[1]——一种用以缓解肌肉痉挛同时还可用作镇静剂的药，都收效甚微。疼痛越发深入。

我的脑袋里还是只有切尔西。看起来似乎有些残忍，在我们告别曼城之后，紧接着在安菲尔德的比赛里必须要面对切尔西。多年来我和切尔西爆发过多次激烈冲突。此前似乎很长一段时间里让人感觉，几乎每年我们都要在欧冠跟他们上演一场史诗般的大战。加上其他许许多多的联赛和杯赛对阵，我们有赢有输。

在2005年，我差一点就要离开利物浦加盟切尔西了。最后我留下的原因是利物浦无论作为一家俱乐部还是一座城市对于我而言都太重要了。切尔西和伦敦并不代表任何东西。在那些让人苦恼的日子里，在为是去还是留而饱受折磨时，我心里从来没有想过“我想为切尔西踢球而不是利物浦”。我几乎转头离去是因为我太想为若泽·穆里尼奥踢球了。我很肯定，在若泽手下，我会赢得所有渴望已久的奖杯。

[1] 布洛芬、扶他林和安定都是有止痛效果的药物。

作为教练，穆里尼奥具有所应有的一切。他是位伟大的战术家和激励者。他很会执教，也很会买人。他为自己的球队努力拼搏，他帮助他的球员进步。而切尔西那富得无法想象的老板一直都以金钱和权力给他支持。

让我意乱情迷的是若泽·穆里尼奥而不是切尔西。我认为他能让我发挥出作为球员的更大价值，我知道他会为我带来成功。但如果2005年我去了斯坦福桥，天知道我的职业生涯会转向什么方向。穆里尼奥离开蓝军去了国际米兰和皇马，但我们都知道他总有一天会重回西伦敦。

2005年7月至次年5月间，切尔西赢得了欧冠联赛、2次英超冠军、4次足总杯、1次欧联杯和2次联赛杯。这是10座沉甸甸的奖杯。同时期在利物浦，我赢得了1次足总杯和1次联赛杯。切尔西10：2利物浦。这就是2014年的联赛的冠军争夺让我如此沉迷的原因。我想为利物浦拿下这座巨大的冠军，是的，同样也想为我的坚定做个盖棺定论——哪怕时至今日，我当初所做的决定也是正确的。

这个决定归根到底就是个简单的选择。我想跟随切尔西摘金夺银，还是我对利物浦保持忠诚。如果能赢得这么多冠军的感觉会很棒，特别是在穆里尼奥手下，这会是段美好的经历，但这会让我失去利物浦球迷的爱戴和尊敬。对我来说哪个更重要？是奖牌和冠军还是爱戴和尊敬？

切尔西球迷跟我不是一类人。经过这么多年我们都能看明白，我属于利物浦。这也是为什么我认定，如果能和他们一起赢得2座、3座甚至4座冠军会显得更有意义。这些胜利会伴随我一生。

穆里尼奥理解我的理由，但他每次来找我的时候都非常有说服力。我喜欢他跟我说话的方式，我能看出来为何他手下多数球员都准备为他战死沙场。他率领国际米兰夺得欧冠后离去时队员们崩溃的样子，我记忆犹新。这些就写在他们脸上。我明白他们的感受，毕竟他们刚一同分享了职业生涯中如此重大的时刻。我和拉法·贝尼特斯之间从未有过这种感觉。我若效力若泽·穆里尼奥的话会有。

很明显，战术上他能布置球队去赢得任何足球比赛。他能破坏，他能作战，他能做你所需要的一切，因为他是彻彻底底的赢家。但更重要的是，他和每一支执教过的球队之间都建立起一条特殊的纽带。从他的球员谈论他的方式里能听得到，在他们为他而战的模样里能看得出。

对我而言，最理想的局面显然就是由穆里尼奥来执教利物浦。多次有消息传出说他可能会入主安菲尔德，但从未最终实现。我知道我所言片面，但我觉得这会是一对天作之合。利物浦球迷会很喜欢他，而他会很清楚如何把这份爱戴转化成崇拜。他也会很热爱执教利物浦，他经常跟我谈起他对我们球迷深深的敬意。若泽会在这里度过一段美妙的时光，为利物浦带来极大的成功。

然而现实与之相反。在利物浦和我遥遥无期的联赛冠军的征途上，他挡住了我们的去路。英超联赛或许也是全欧洲范围内最难以战胜的主教练，就在我们对面。我太熟悉穆里尼奥了，可以想见他是我们本赛季最大的考验。切尔西的注意力或许已经转换到了欧冠联赛，但他们仍有可能赢得联赛，我完全确定穆里尼奥会阴谋要超越我们。以他的自尊心，不可能不想将我们击毙在安菲尔德。

他或许喜欢并且尊重布兰登·罗杰斯，这位曾经在切尔西和他一同共事过的徒弟，但这位师父可不会乐意看到徒弟在他身上终结夺冠悬念。想到穆里尼奥和他为我们所准备的一切，我感到紧张不已。

只有我的背疼能够分散我对穆里尼奥和切尔西的注意力。周五晚上疼痛太严重了，我感觉坐立不安，屋子里其他人都寂静一片陷入了沉睡。我拿起手机看看，夜已深。我知道如果我的短信突然闪现在他的手机上，克里斯·摩根会体谅我。

“嗨哥们儿。对不起，我知道很晚了，你还醒着吗？”

克里斯立马回复了我：“嗯。你感觉如何？背感觉怎么样？”

我对克里斯向来开诚布公：“头都麻了，感觉不能更糟。刚又吃了点布洛芬和扶他林。（悲伤）”

克里斯一直留着我们的信息，所以现在我能看到，在每一条直白的短信后，我都会加上一个悲伤的表情。我在大半夜里求助于手机表情。

克里斯已经习惯了我的悲伤表情，他试着用他的回复来给我打气："既然这事能突然之间急转直下，那么它同样也能突然间就感觉好起来。别担心。我们明天会解决这事。换个舒服的姿势，放松自己。别反复去测试，想办法睡一会儿。"

我没有感到一丝好转。我又发去一条短信："今天我做了三个小时的治疗，去了水疗池，也休息了。我用了消炎药、布洛芬、安定，感觉还是糟得不行。我一点信心都没有。噩梦。（悲伤）（悲伤）"

0点已过15分钟，我的脸色就跟我的短信一样痛苦。

七个小时后，比赛日当天早上7点15分准时，克里斯又给我发来一条讯息："感觉如何？"

"不好。（悲伤）（悲伤）"

我们相约9点在梅尔伍德见。克里斯提前15分钟找到了我，我正在吃早餐。很明显我的状况很差。我必须要在长椅上滑动整个身体然后才能勉强站起身来。当时他并没有说，但事后他告诉我当时他在想：噢不，我们有麻烦了。

在水疗池治疗感觉稍好一些。当时医疗组对我的背部采取了很多措施，扎夫·伊克巴尔用扶他林给我做了全身消炎注射。他把我绑起来好让我的背部得到支撑。扎夫很清楚我决心要出赛跟切尔西的比赛，他让我上训练场参加一些非常轻量的训练。

扎夫向布兰登汇报了坏消息。他告诉布兰登我们真的有麻烦了——但他们得看看我在训练中的表现如何。

在梅尔伍德的球场上，我感觉不好。"我的背感觉比我想象中的好，"后来我告诉克里斯，"但我没法带着这样的伤踢球。"

我们又回到水疗池。我泡在水里的时候扎夫和克里斯在窃窃私语。我朝他们移动过去，贴到水池边上。

“扎夫……克里斯……”我说，“你们能帮我撑过这场比赛吗？”

“是的，”克里斯说道，扎夫也很乐观，“我们会找到最好的办法……”

队医把克里斯拉出去谈话。我在水池里伸展身体，摸索痛感，等待着他们的决定。我仍痛苦不堪。

他们俩一同回到池边。“好的，史蒂文。”扎夫说，“我们可以在关节上扎一针。”

我点头同意。我准备接受注射以消除疼痛让我参加比赛。

扎夫跪在池边，他向我解释将要在椎骨关节面做可的松[1]注射。关节面注射可以麻痹关节，缓解炎症并且阻塞痛觉。可的松能将我从疼痛中释放出来，让我上场比赛。

克斯里为我争取了这次注射，因为他知道为了上场，我愿意接受任何医疗上可行的治疗。他们曾经对丹尼尔·阿格做过相同的尝试，并且奏效了。这不是一个常规的决定，但是现在距离和切尔西的比赛还有30小时，除此以外别无他法。

“我们来吧。”我说。我想要尝试这个疗法，不在乎可能发生的后果。我必须上场对阵切尔西。

扎夫安排了一位圣海伦斯医院的背伤专家来实施注射。我们在差不多下午1点的时候走进诊疗室。我迫不及待想要把事办了。

这次注射瞬间就缓解了疼痛，跟医疗组预测的一样，我完全可以一路小跑回我的车里。我突然对恢复如初充满了信心。

周六晚上，利物浦全队照常住在了霍普街酒店。我的背感觉很好，头的感觉也好多了。但我的脑海里仍想着切尔西，经过理疗和检查以确保我完全健康可以出场后，我琢磨起了一连串怪诞的巧合。这太奇怪了，我们的联赛命运可能就在这场比赛中发生转折。在过去的九年里，对阵的教练和俱乐部都对我的人生产生了很大的影响，但我和切尔西之间，我们和他

[1] 可的松，一种用以治疗关节炎症，缓解肿胀的激素。

们之间，还有许多不愉快的、痛苦的联系。

这场比赛给人感觉就像一场杯赛决赛。而上一次我和切尔西在杯赛决赛中相遇，最后以一场灾难收场。2005年2月，在加的夫千年球场举行的联赛杯决赛上，我们凭借约翰·阿尔内·里瑟的凌空射门得分取得了不可思议的美妙开局。那时比赛才开始45秒。那是我第一次在杯赛决赛中出任利物浦队长，而那个下午大部分时间里我看起来正走在捧杯的道路上。

这本该是利物浦的一次解脱，因为直到那一刻，那依然是一个艰难的赛季。利物浦在联赛里不温不火，而我在赛季结束决定在我们确定进入联赛前四之前不同球队续约。有传闻称切尔西正准备天价求购我。

我们一直保持着领先，直到第79分钟灾难降临。我高高跃起想要解围保罗·费雷拉主罚的任意球。我试图将球顶出底线形成角球，但取而代之的是，我将球折射进了自家大门。

ITV的解说深刻总结了很多利物浦和切尔西球迷对我这个个人灾难的观点："很多朋友认为，史蒂文·杰拉德刚刚打进了他切尔西生涯许多进球中的第一个，而且他是作为利物浦球员在杯赛决赛中打进的。"

乌龙球之后我整个人崩溃了。比赛进入加时切尔西最终3：2获胜。

穆里尼奥故意嘘声要求利物浦球迷安静，因此被罚离场——当他徘徊在边线时将手指抵在了嘴唇上。终场哨响后他安慰了我们的球员。我们消沉地坐在地上，他向我们表达尊重的做法很有风度——不过当然了，这件事被夸大了，而且焦点几乎单单集中在了他安慰我的照片上。这被看作是切尔西争取杰拉德的新阶段。

那时我唯一在意的就是我们输了——感觉一切都要怪我。我觉得自己让所有人失望了。

随后事态愈发糟糕。我父亲打电话给我，向我表达一贯的支持。他对我说："别低头，忘了这事。"之后我收到了一条更令人担心的消息。那是在我们坐球队大巴返回利物浦的路上，我的死党巴沃打电话给我说我母亲现在非常不安。他建议我在给她打电话之前先给她一点时间。我给母亲发去了短信，告诉她什么时候觉得合适了都可以给我打电话。我很好奇为什么她本人如此在意这场失利。

她打电话过来的时候我整个人都凉了。母亲告诉我，我进乌龙之后，在她和阿莱克斯身边的利物浦球迷开始恶毒地侮辱我。“这鸟人是故意这么干的！”他们叫道，“他想去给切尔西踢球。他想要钱。他和他该死的老婆只想去伦敦赚钱。杰拉德是个该死的叛徒。”

我能应付得了这些，但当我母亲告诉我这群穿着利物浦球衣戴着利物浦围巾的人——我不会称他们为利物浦球迷——在那说阿莱克斯是个荡妇、人渣、是一坨屎的时候，让我真的很受伤。他们全然不知自己跟我的妻子和母亲坐得这么近。

我们从中缓过神来，我们让自己更加坚强。八周之后，利物浦在那场幽灵进球半决赛上将切尔西淘汰出欧冠联赛，但所有这些纠缠的回忆都提醒着我们，利物浦和切尔西之间的比赛能释放多么黑暗和不安的情绪。

更诡异的是，在2013年4月21日，上一次我们在安菲尔德对阵切尔西时，路易斯·苏亚雷斯对布拉尼斯拉夫·伊万诺维奇狠狠咬了一口。接着就是他的10场禁赛处罚，以及所有随之而来的转会传闻。

那天让苏亚雷斯的行为显得更糟糕的是，在开球之前，我们还见了安妮·威廉姆斯。安妮此前为所有的希尔斯堡遇难家庭发起了活动。安妮的儿子是惨案的受害者之一，她在领导反对掩藏真相的斗争中所展现的勇气和坚持被致以1分钟的掌声表扬。安菲尔德齐声鼓掌的动人声音也是我们对一周之前在波士顿马拉松爆炸袭击中丧生者们的致意。我们的老板，芬威集团，总部就坐落在波士顿，所以赛前安菲尔德内回荡着悲伤的情绪。

这场你来我往的2：2平局中，路易斯在第95分钟扳平比分本该让我们一阵狂喜。或者他之前大公无私地将球挑过球门助攻斯图里奇打进第一球也值得让我们高兴。就算是他的手球让我们不住摇头，这比赛的结果也能够接受——他在胡安·马塔发出角球后手球犯规，给了切尔西一粒毫无必要的点球。

路易斯在这次犯错之后的懊恼释放了他心中的恶魔。在他咬向伊万诺维奇的时候他已经超过了爆发点。随之而来的愤怒和漫长禁赛在所难免。

成千上万的人在完全不了解路易斯为人的情况下，自作主张对他妄加评论。但在乌拉圭情况则不太一样。与其他国家不同的是，路易斯在家乡很快就得到了谅解。路易斯可能并不明白，在英格兰，人们对他的评判标准和西班牙或者乌拉圭是不同的。

我只能作为一位朋友和队友来评判他。我知道他有很多缺点，但是我发现，他作为一名年轻人、一位聚光灯下的明星，你很难去批评他。人都会犯错，我们都一样。我显然也犯过错，尽管我从来没咬过人。

路易斯明白，在一时冲动之下，他会做出很糟糕的举动。他的妻子，这个世界上他最爱的人，也因此批评过他。但面对一位有着如此可怕的求胜欲望的人——他的渴望和斗士精神，你要如何从他身上完全去除这些呢？路易斯之所以成为世界上最好的球员之一，正是因为他那份凶残的态度。跟路易斯天赋齐平的球员，鲜有不曾在职业生涯中因冲动铸下大错的人。我见过齐达内在世界杯决赛顶人；我见过鲁尼的暴脾气和他在欧洲杯的红牌；我也有过疯狂的时刻。虽然这些都发生在局面火热、头脑不清的状况下，但随后你会为此懊恼几个月甚至几年。

我只是很高兴能有路易斯和我同在利物浦。以及，除了跟伊万诺维奇在安菲尔德尴尬冲锋，我很开心路易斯能在对阵切尔西的决定性战役上，出现在主场的出场阵容当中。

此外还有一个小插曲。费尔南多·托雷斯重回安菲尔德。他会被我们的球迷大卸八块，但我对费尔南多充满了感情。我们曾在那么多重大比赛里并肩作战，我怎能对他没有感情?

命运女神自有她对待足球的方式。如果你从利物浦的角度来想象这出剧本，托雷斯离开后的一切就像是不可能的事。但真的就发生了。2011年2月6日，托雷斯作为切尔西5000万先生的首秀在斯坦福桥上演，对手正是利物浦。我们的客队球迷一整个下午都对他爆发狂怒，托雷斯则一反常态地低迷。我好奇他是不是被利物浦看台的巨幅标语吓丢了魂：背叛之人将永世独行。

肯尼·达格利什，我们老谋深算的主教练，当时还只是接替下课的罗伊·霍奇森充当球队的看守教练，在比赛中智取了穆里尼奥[1]。我们1：0赢球，进球来自于切赫和伊万诺维奇的配合失误，让劳尔·梅雷莱斯在后点将我的传中捅进球门。托雷斯只坚持了66分钟就被萨洛蒙·卡卢替换下场。从那以后他的切尔西生涯再也没有重回正轨，而利物浦最死心塌地的球迷们将此看作是对他们眼中背叛行为的甜蜜复仇。

那天下午苏亚雷斯只是坐在替补席上，他在十二天前刚刚加盟利物浦。三年后，到了2014年4月，苏亚雷斯的幸运和托雷斯的困境之间鲜明的对比将在安菲尔德再次得到检验——尽管这次我深刻怀疑，坐在板凳上的人会是费尔南多。

过去整整一周穆里尼奥都在大发雷霆。切尔西被迫在他们欧冠半决赛的前三天对阵利物浦。要是切尔西对我们派出替补阵容的话我会很开心，但我觉得他会派出最强阵容之一。我知道穆里尼奥会跟我们大战一场。

我担心的是我们打算怎么对付切尔西。此前我从来都没有当众提过，但我非常担心的一点是我们觉得自己能轻松击败切尔西。从布兰登的球队谈话中我感觉到一股自满情绪。他认为我们可以大举压上进攻切尔西，就像我们对阵曼城和诺维奇时所做的一样。

我们落入了穆里尼奥的陷阱。当时我就很害怕，现在确认了我的恐惧。我们本该以更为紧凑严密的阵型来应对比赛。我们本该让自己立于不败之地，打乱比赛节奏，打得丑陋一点，就像他们那样。也许那样的话当时我们就能拿到平局，甚至拿到我们想要的胜利。

作为球员，在“不介意丑陋地赢球”这点上我和穆里尼奥更像。我生

[1] 此处应为原文有误，当时切尔西的主教练是意大利人卡尔洛·安切洛蒂。

涯中很多最为重要的奖牌都是通过“打砸抢”的方式赢得的。有时我们并不是场上表现更好的一边，但是我们找到了取胜之道。你需要拿出这种心态来面对穆里尼奥这样的常胜将军。我们能轻松拿下阿森纳和埃弗顿，因为他们的后卫没法应付我们持续的压力和快节奏。但是我觉得我们应该以非常不同的方式来应对同切尔西的比赛。一场拉法式的0：0平局对我们就很有利。

那天晚上我没睡好。我肯定穆里尼奥在战术上必有诡计来阻挠和伤害我们。如果我们想用带我们一路走到这里的大开大合的攻势足球打法，那我们就有大麻烦了。但与此同时，我没有资格去敲响布兰登办公室的门和他讨论战术。如果我这么做了，他完全有资格让我滚一边去。

比赛让我焦虑万分。我该和布兰登说点什么吗？战术由他来决定。

我把自己整疯了。我的背很太平，但我的脑袋却乱成一锅粥。我把想法藏在心里，辗转反侧，希望到时一切都会没问题。在霍普街上，我时刻感受到令人不安的疑虑。

2014年4月27日，周日
安菲尔德

穆里尼奥让所有人吃了一惊，他有一个非常出人意料的决定。他派出了一支主力阵容，但他把加里·卡希尔安排在了板凳上，用托马什·卡拉斯顶替他的位置。卡拉斯是一位20岁的捷克后卫，整个赛季只有过两次一线队出场记录，两次都是在89分钟替补登场。就在两周前，卡拉斯还在推特上调侃称：“我就是为训练而生的球员。要是他们需要摆个桩，他们就把我放在那儿。”

在训练场上当桩用的孩子对上路易斯·苏亚雷斯一定毫无胜算。在约翰·特里缺阵的情况下，伊万诺维奇被移动到中路和卡拉斯搭档，客串出任中卫。但我心里的石头没有落下，我知道穆里尼奥早已安排好计划。同上周不敌桑德兰的队伍相比，他对阵容做出了五处变化：阿什利·科尔、弗兰克·兰帕德、约翰·奥比·米克尔、安德雷·许尔勒和登巴·巴都回到了首发当中。

我们的出场阵容同我们战胜诺维奇的比赛一样——仍然处于腿筋伤势恢复阶段的丹尼尔·斯图里奇，坐在了板凳上。

摆在面前的又是一场周日下午早场，又是一个阳光明媚的春日，又是撕心裂肺的90分钟紧张局面。

正如我所料。我最讨厌的裁判，老熟人马丁·阿特金森执法本场比赛。

不用猜都能想到穆里尼奥手下切尔西的策略，开场几分钟后一切就很明了了。在这个苦涩的下午的最后时刻，布兰登·罗杰斯仅此一次让愤怒掩盖了他的风度和尊严。他谈到切尔西一味防守的心态：

> 今天大概停了两辆大巴，而不是一辆。从第一分钟开始他们就有10人站后面。这让比赛很困难，因为他们从一开始就排出6人防线。他们有4名后卫，2名翼卫，然后在他们前面的还有3名中场。教练光往你禁区里放10名球员这有什么难度？我们才是那支带着体育精神想要赢下比赛的球队。

这是一场大师级防守教学，既有纪律又非常功利，但是布兰登对切尔西的浪费时间勃然大怒。我也是。早在比赛第6分钟，琼·弗拉纳甘和我就和穆里尼奥拉扯争夺皮球。我们想要发动快速界外球，但这只老狐狸不让我们得逞。他把球放在身后，等到我们上去抢球的时候，他将球一把抛走。又是几秒钟过去了。我们已经感到泄气，一头银发、满面胡渣的穆里尼奥站在边线上耸耸肩。他知道自己在做什么。

切尔西就是来砸场子的。每次球门球之前，他们的门将马克·施瓦泽都要从禁区一边换到另一边。而当他手持球的时候，他都要比所需时间多拿4、5秒。切尔西尽其所能破坏比赛，在每次进攻机会中打乱我们的节奏。

我们最初的几次角球都无功而返。然后在第11分钟，我们在右边路又逼得一个角球，苏亚雷斯来主罚。我埋伏在禁区里，希望我们能早早进个球，稳定军心。卡拉斯跟防我，贴得很紧。我抢到他身前几乎就要碰到球了，但皮球从面前快速闪过，卢卡斯将球弹向切尔西大门。科尔在门线上将球解围踢向角旗方向。萨科拿到球权，再次将球吊进禁区。苏亚雷斯一脚凌空，又径直将球踢回给了萨科。一切发生得太快了，萨科爆射高飞过横梁。

遭到切尔西的全面限制，我们整个半场都再也没拿到一次像样的机会。有人或许会说这是反足球，但这致命地高效，而且非常难以与之抗衡。我们平时的快速和毒辣荡然无存。即便是苏亚雷斯看上去都黯然失色，他唯一的一次射门毫无威胁地飞过球门。这台蓝色机器不断地扼杀我们的生命力。卡拉斯踢得就像是位后防线冷静从容的老将，身边的伊万诺维奇也坚如磐石。

科尔在切尔西寥寥无几的机会中最接近进球，而穆罕默德·萨拉赫的射门打在弗拉诺手上之后，他们也激烈要求裁判判罚点球。这绝对不是一粒点球，但切尔西还是提出了抗议。

上半场渐渐过去，阿特金森给予几分钟的补时。我们还在争取打开空当。弗拉纳甘找到乔·阿伦，后者又传给库蒂尼奥。巴西人带球越过中线。他面前的每一名利物浦球员都受到了严密盯防，于是库蒂尼奥转身将球回传给本方半场的萨科。我们三个人站成一条线——萨科、我和斯克特尔。我们离最近的切尔西球员巴和米克尔还有很长一段距离。

这是平淡无奇的一刻，毫无生机的半场比赛快结束前漫无目的的补时。萨科望向我，似乎他打算安全地将球处理给我。巴斜向向我这边移动过来，以限制我的出球点。

萨科用左脚将球传向我的方向，这球毫不突然也没有一点冒险，只不过是一次常规的、家常便饭的、普普通通的、显而易见的横传转移。在我身披利物浦战袍的25年里，我接过几千几万次这样的传球。皮球向我滚来，四平八稳。我准备向球移动过去，回头观察了一下登巴·巴。我仍然处在大片空当，没有任何危险。

我上前停球但它从我右脚下方滑过。我的注意力更多地放在巴的身上而非球上。我转身调整身位然后一切就发生了。

我滑倒了，我摔倒在地。

我在一生中经常滑倒。我在下楼时滑倒过。我在我们的厨房地板上滑倒过。我在足球场上滑倒过很多、很多次，但从未像这次一样不走运，从未让我们丢球并且损失关键的3分。

巴眼看球滚了出去，迅速冲向中圈。他的面前有半场大空当。

我用双手和膝盖在地上爬，最后我一用力让自己重新站了起来。我看到巴模糊的蓝色光晕从我面前一闪而过。他的右脚将球从我面前踢走。

巴现在一鼓作气。他的大长腿助他一路推进，而我在身后狂追。

这都不能算是一场赛跑。我孤立无援，我知道根本追不上他，即便如此我还是拼了命追。我有多快跑多快。但巴领先太多了。当西蒙·米尼奥莱出击封锁射门角度时，他需要的只是再触球两次。

我能告诉自己的只有："帮我一把啊，西蒙。帮我一把。"

巴在禁区边缘冷静地送出一脚射门，从米尼奥莱的双腿之间滚进了空门。

我突然大脑一片空白，我继续无意识地跑向空荡荡的球门，心里感觉甚至比球门还空。巴转身开始庆祝，跑开的时候差点和斯克特尔撞个满怀。

球门里，我弯腰将球捡起。脑海里一片茫然。

巴仍是只身一人。现在轮到他把双手和膝盖放在地上，他正在亲吻球场。我夹着球慢慢走向中圈，双眼紧闭，我感觉自己没法继续下去了。

切尔西球员来到了巴的身边，一阵蓝浪将他压在身下。我把球扔到一边继续蹒跚地走向中线，痛苦地将手放到头上。

切尔西在他们之前拖延时间所形成的补时阶段，进球了，因为我的滑倒。我感到一阵恶心。

没多久中场哨声就响了。我能听到Kop看台团结一致在唱我的一首歌："史蒂文·杰拉德是我们的队长，史蒂文·杰拉德是个红血人；史蒂文·杰拉德为利物浦而战，地地道道的利物浦人。"

我仍感到空虚无助，筋疲力尽。

更衣室里我颓废不堪。我坐在木凳上，在我平时坐的角落里，一句话都说不出。我在座位对面的镜子里看到自己的模样，我看上去面无血色、仓皇失措。

几分钟后主教练走了进来。"好了，都已经发生了，"他说，"我们1：0落后，但还有时间。我们发挥得不是很好但我们需要放松一点。我们要保持冷静。我们踢得太拼了。"

布兰登说得没错。我整个半场都束手束脚想要改变局面，路易斯也是。切尔西只是不断地让我们碰壁。然后我滑倒了。

更衣室一片寂静。"听着。"布兰登说，恳求其他球员，"如果有任何人值得被大家拯救，那就是他。"

他的手指着我。"你们的队长需要你们每个人回报他。他将这家俱乐部拉出泥潭的次数、他改变不可能的局面的次数和他帮助队友们摆脱困境的次数，简直就是传奇。现在是你们报答他的时候了。你们还有45分钟来做这些。"

布兰登看着我。"史蒂文，忘了它吧，"他说，"都已经发生了。让我们一起上场把比赛赢下来。我们能行的。"

我仍然神志不清，也感到毫无信心。这真是一场支离破碎的比赛，而切尔西又如此难以瓦解。我不确定我们还有信心再去创造一次魔法，那个一次又一次点亮我们赛季的魔法。

我们都在努力尝试。斯特林冲向球门，刚进入切尔西禁区就遭到卡拉斯的阻挡，斯特林倒地。我希望能判个点球，安菲尔德尖叫着索要点球。马丁·阿特金森摇了摇他的头。

下半场刚开始时，球迷相对安静，但他们也在卖力鼓励我们。他们制造出一些喧闹声。这不是平日里的安菲尔德吼声，但他们努力地推动我们前进。

我冲上前去争顶角球，但是没能碰到球。皮球从斯特林的头上划过到了约翰逊的脚下。他的传中被对方解围，但落到了禁区弧内的乔·阿伦脚下。他的射门吃得很准，但施瓦泽扑向左侧将球救下。

米尼奥莱很快还以颜色，送出一次漂亮的助攻——同样是全力扑向左侧挡住了许尔勒的射门。

我前插得太频繁，试着从各种不可能的角度射门，只想挽回滑倒造成的损失。后撤位置可不是为英雄壮举而打造的。也许打10号位我还有能力为此做出补救，但现在我是在病急乱投医。我绝望地想要弥补我的失误。

比赛还剩下4分钟。斯特林又向我传来一个简单的传球。我轻松将球拿下，传给了库蒂尼奥。我们试着保持耐心，寻求拯救。库蒂尼奥和约翰逊互相传递几脚之后把球交给了内侧的我。我找到了左侧边路的斯特林。他将球顺给苏亚雷斯，后者又将球交到我脚下。我起球打进禁区，但是我的传中高出了底线。

阿特金森弄错了，他给了我们一个角球，他欠我的。我开出短角球，传给了斯特林，他的落叶球被施瓦泽击出。球弹到苏亚雷斯面前，他打出了个人整个下午最棒的一脚射门。施瓦泽将球托出横梁，带来了本场最后一次角球进攻。

替补出场的阿斯帕斯罚了一个奇差的角球。他直接将球传给了威廉——这就是在赛季开始时我发短信给他，试图说服他签约利物浦的那个威廉。他带球飞速离去。库蒂尼奥被迫飞身出去做出一次不顾一切的抢断。皮球来回弹了几下后，被内曼雅·马蒂奇截走并再次传给了威廉。我们的后防完全暴露了。弗拉纳甘[1]是后场唯一一名红衣队员，威廉和托雷斯正朝他迎面扑来。

威廉将球传过弗拉纳甘，托雷斯带球长驱直入，威廉紧跟在他身后。他们跑过整个半场没有一位红衣队员在身边阻挠。一切全完了。

托雷斯将球带入禁区，在米尼奥莱扑向他脚下的同时，我的老队友将球分给了威廉，威廉将球带进球门。2：0。

穆里尼奥腾空跃起。随后他沿着边线一路小跑，拍打着胸口。他停下了脚步但仍不住地拍打着切尔西队徽。他一直大叫“呀呀呀呀呀呀！”

我扭头望去，Kop看台爆发出炙热的歌声：“走下去，走下去……”我感到我们所有的希望都破灭了。

比赛结束后我走向马丁·阿特金森，我伸出手去。

我和所有切尔西球员握了手。安菲尔德又在高唱我的名字。我低着头，我不配。

我们的11场连胜纪录戛然而止，撞上了一辆蓝色大巴。自从2013年12月28日起，我们全年保持不败，上一次输球还是16场比赛之前在斯坦福桥对阵切尔西。切尔西又一次战胜了我们，在安菲尔德，在我们最需要一场胜利的时候。

我们仍然排在榜首，但联赛冠军的命运已然不再掌握在我们手中了。曼城掌握了控制权。只要他们拿下剩余3场比赛，他们就将再度夺冠。我们会是亚军，而亚军什么都不是。

我一路走下球员通道。《永不独行》回荡在安菲尔德。我只想淹没在球场里，想消失在地洞中。

一个小时后我坐在汽车后座泪流满面。虽然老朋友保罗·麦克格拉滕在一边鼓励我“还有几场比赛要打呢……”我知道曼城不会自毁前程，这

[1] 此处原文有误，弗拉纳甘在比赛第81分钟被换下。视频资料显示这名队员似乎是杰拉德本人。下文中的弗拉纳甘也同为原文错误。

次不会再有逆转了。

那么久以来我一直想和利物浦一起夺得联赛冠军，现在一切都一去不复返了，我没法控制自己的情绪，眼泪不住地往下掉。

最后我跟阿莱克斯说，我不想姑娘们看到我现在这副模样。我想找个我们能单独待着的地方，空无一人远离利物浦的地方。

“哪里？”阿莱克斯问道。

“我不知道，”我说，“跟斯特鲁恩说。”

我听到阿莱克斯跟我多年来的经纪人斯特鲁恩・马绍尔交谈。我擦了擦眼睛，感到一阵眩晕。汽车开始提速，利物浦在一片模糊中飞驰而去。

阿莱克斯的电话不停在响。斯特鲁恩的助理正在想办法安排航班。迈克尔・欧文认识一个有私人飞机的朋友，他们能帮我一把。我们只需要决定，在我这么一团糟的时候，世上有哪个地方是我可以去的。

突然间，一个名字出现在我乱七八糟的脑海里。我去过一次。我对那个地方唯一的印象就是它给人感觉有多么空旷。

“比如摩纳哥？”我耸耸肩。

摩纳哥确实给人感觉像一座鬼城。而我觉得自己过去48个小时大多数时间里都处在噩梦之中，我们跑去那里躲了起来。我没有自杀倾向，我知道我还有阿莱克斯和姑娘们让我坚持走下去。我有我的家人，但我能想象那些有自杀倾向的人感觉应该和我当时差不多。我情绪如此低落，我所能做的最糟糕的事情就是独自面对一切。

我需要阿莱克斯在我身边。我们还让格拉迪飞过来找我们。我现在最最需要的是我的妻子，陪在我身边，还有我最亲近的朋友。我就是这种人。我不知道自己能不能独自处理这事，我真的不知道因为我从未感到如此低落。

我的电话关机了，但我时不时会去再打开查看一下。收到了很多消息，大家都在关心我。史蒂夫・彼得斯，在这次彻头彻尾的噩梦之前曾帮我摆脱职业生涯最低潮时期的心理医生，在比赛结束几个小时后给我发来短信，说我应该给他去个电话。

当时我没法给他打电话，因为我没法开口说话。我无话可说。

那晚我吃了一粒安眠药。这是唯一能让我停下来不去想滑倒和输球的办法。

第二天一早醒来，我仍然被束缚在噩梦当中。我知道这是真的，我知道我必须继续前进。我会麻木好几天，但最终我必须重新坚强起来。

不知怎么的，那天下午我给史蒂夫打了电话。要是有人能帮助我，我知道那会是他。史蒂夫很聪明，先倒退一步把所有事情前前后后梳理了一遍。那时我已经得知曼城在周日晚场比赛中2：0客场战胜水晶宫。他们距离我们只差3分但少赛一场，净胜球要比我们好得多。但史蒂夫坚称争冠还没有结束。他鼓励我让这个赛季剩下的比赛顺其自然就好。随后我们把话题转移到了使我绝望的核心问题。

史蒂夫帮我推敲了滑倒的前因后果。他知道当我在场上犯了错，或者比赛踢得很糟，我总是很会开诚布公地承认。从一开始我就是这样。所以他让我为滑倒承担全部责任，承认这次滑倒对比赛产生了重大影响。

但史蒂夫帮我问了一个严肃的问题：如果就足球层面而言最坏的事发生了，我们没能赢得联赛冠军，我的滑倒会不会是我们挫败的唯一原因？我必须面对事实——可能并不是。我们在我没有出场的比赛里输球了，其他球员也犯过错，有时还不止一次。同样还有时候，我在最后时刻进球。对阵富勒姆和西汉姆的点球也就是几周之前的事，正是我为球队全取3分。史蒂夫提到，如果没有我一整个赛季的出色发挥，也许利物浦甚至都不会一度排到联赛榜首。

这无法阻止我折磨自己，但史蒂夫确实帮到了我。他提醒我，即便作为职业球员，我们也有人性的七情六欲。但就像其他任何人一样，我们的脑海里还有个小恶魔在释放着所有的消极情绪。这个小恶魔在我们最低潮的时候喋喋不休，向我们发问：“但要是你没有那么做会怎样呢？要是你没滑倒呢？你为什么就不能再小心一点呢？这都是你的错，不是吗？”

我的小恶魔让我在车里泣不成声；我的小恶魔让我感到几乎生无可恋。

就像史蒂夫提醒我的那样，小恶魔以负面情绪为食。我必须再听听我人性的一面。我感谢了史蒂夫，告诉他等我一到家就会再找他谈谈。

在死气沉沉的摩纳哥，黑暗降临在那个静谧的周一夜晚——这是那可怕的一天后的第一个夜晚，我让自己沉浸在更深刻的反思当中，不再仅仅执著于滑倒一事。我茅塞顿开，看到我的整个职业生涯在面前展开。

我想起了对奥林匹亚科斯和AC米兰的进球，我想起了伊斯坦布尔奇迹——我自己起到了作用，但那个夜晚运气也在我们这边。米兰比我们更加强大，但我的进球点亮了三球落后的大逆转。那晚我举起了硕大的欧冠联赛奖杯，那是我职业生涯中最伟大的一刻。

是的，我在对切尔西的比赛中滑倒了。是的，我也许永远也拿不到联赛冠军。但我当过一晚上的欧洲足球之王，我永远拥有伊斯坦布尔之夜。

命运，和运气，也曾经照耀过我的技巧和苦干。我曾对西汉姆打进过一记令人尖叫的远射。那是在2006年的足总杯决赛，当时利物浦看起来已经束手就擒了。那场也许是我在利物浦最为出彩的一场比赛。现在有人把这场称作史蒂文·杰拉德决赛。除了斯坦利·马修斯[1]以外还有谁，能有一场以他的名字命名的决赛？我该是有多幸运？

我想起了所有的德比大战，还有我在两年前，即2012年3月对埃弗顿完成的帽子戏法。就是那个夜晚，我和路易斯感到无人可挡。

能和苏亚雷斯，和托雷斯，和阿隆索，和鲁尼并肩作战的我是有多幸运？一路从艾恩赛德路走来，从艰苦的老海顿走到了巴西和那年夏天的世界杯，我该是有多幸运？

光明和黑暗，喜悦和悲伤，相辅相成密不可分。是的，我感觉很糟，但至少我也品尝过荣耀的滋味。大多数人并没有那么走运，他们终其一生都穿梭在更不起眼的经历之中。大多数人并没有我那么幸运，我应该满怀

[1] 英格兰足坛传奇人物，他在1953年的足总杯决赛上送出四次助攻帮助布莱克浦4：3逆转博尔顿夺冠，该场决赛也被后世称为“马修斯决赛”。

感激，而不是哭哭啼啼。

过去这赛季充满了失落与欢欣。我记得路易斯和利物浦之间的对峙，和我在解决事端里所承担的角色。我记得苏亚雷斯对诺维奇完成大四喜时，Kop看台那么疯疯癫癫地唱道："我就是没法满足。"

我记得我在温布利大球场英格兰对阵波兰那场比赛的进球，锁定了我们的巴西世界杯参赛资格。

我记得5：1大胜阿森纳，4：0德比大胜埃弗顿，3：0重创曼联。

我记得每一次从伦敦凯旋的旅途，感到疲惫不堪却又满怀希望。我记得从富勒姆坐车穿越黑暗，之前我才脱掉球衣疯狂了一把因为我打进了制胜球。还有《I feel so alive》在球队大巴内缓缓响起。

我记得为希尔斯堡全体遇难者举行的25周年纪念仪式。我记得格瑞・马斯登和Kop看台一起温柔地、深情地唱起"当你穿行，在风暴之中，请高昂你的头，不要惧怕黑暗……"

但我仍对滑倒记得比任何事都更清楚。即便我让自己重回正轨，大多数时间我还是和阿莱克斯待在酒店房间里。我们出去走过一会儿，在水池边坐了一个小时。第二天晚上我们出去找了家空无一人的餐厅吃饭。但我胃口全无，我还是麻木不仁。

至少我了解了每件事的上下文。我没有自命不凡。实际上正相反，我可能太过严厉和自责了。但我也有足够头脑去拆解和分析事物，得出正确的答案。在摩纳哥，正当我们准备启程返回利物浦时，我又重新意识到了一个简单的事实：我已经尽全力了。这当然会帮助我疗伤。我觉得也许要花上几年，但到最后，在阿莱克斯、孩子们、我的父母、我的朋友和亲人的帮助下，我知道我会忘却对切尔西犯下的错误。

周二回到利物浦之后，我最早收到的几条短信之一是克里斯・摩根发来的。切尔西将在4月30日周三，也就是明天晚上和马德里竞技展开欧冠半决赛第二回合的交锋。我在摩纳哥期间，克里斯一直和我保持着联系，以确保我平安无事。在我和阿莱克斯刚回到家和孩子们团聚之后，他发来一条简单的讯息："明天想来看个比赛吃点哈瑞宝[1]吗？"

克里斯显然觉得来点哈瑞宝有助于缓解看切尔西比赛的苦涩。

"OK。看他们被痛扁应该挺爽的。你方便的话可以来我们这儿，因为我最近都没怎么见孩子们。"

我跟克里斯的友谊是基于我们之间的职业关系。我们在工作场合见面，在梅尔伍德和安菲尔德还有一起旅行去打客场比赛，我们一般不会去对方家中拜访。但现在是非常时期，我很重视来自一位可靠同事的支持。克里斯早早就来了，带着哈瑞宝，孩子们很喜欢。然后我和他便坐下看比赛了。托雷斯将要面对他的母队，因为穆里尼奥选择由他担任首发。但我支持马竞赢球。切尔西给我们带来了那么多痛苦，能看他们吃点苦头我们会很高兴。

马竞一次又一次地重创了切尔西。他们的反击好得叫人目瞪口呆。半场快要结束时，阿德里安扳平了比分。然后，接近60分钟时，一个月后将成为切尔西一员的迭戈・科斯塔，帮助马竞2：1取得领先。切尔西必须要打进两球才能取得晋级。我们看得不亦乐乎，把孩子们留给我们的哈瑞宝吃了个精光。

克里斯终于能问问我情况到底如何，我内心的情况。我做了个鬼脸。我好多了，但仍在挣扎。

"你知道那到底是什么吗？"克里斯提起了滑倒，"只是鞋钉不好，草有点问题，球场有些滑。你无法为这些承担责任。巴还是需要带球跑过半场。他必须跑在两名对手身前。他必须要将球射过米尼奥莱。当时你在中线上，史蒂文。你并不是在小禁区里滑倒。"

"嗯，我知道，"我说，"不过……"

我们又乐了。阿尔达・图兰进球了。切尔西1，马竞3。再见切尔西。

---

[1] 一种软糖。

回到梅尔伍德的时候我感觉好多了。我们将在周一晚上客场对阵水晶宫，而曼城要去到埃弗顿。曼城在古迪逊的战绩非常糟糕。也许，只是也许，埃弗顿能给我们帮个大忙。

我们又恢复了刻苦的训练，兄弟们对我都很好。我觉得他们知道我仍有些惊魂未定。但我正在准备着在对水晶宫的比赛中奉献优异表现。没人跟我提切尔西，或是滑倒的事，但我看得出那场比赛的下半场他们有多努力。我知道他们付出了额外的努力只为帮我挽回颜面，因为布兰登中场休息时所说的那番话，我对此非常感动。你知道兄弟们在这种情况是何种反应，而他们对我都很够意思。

很多队友都格外有动力想要帮我赢得冠军，报答我为俱乐部那么长时间的效力，但我也想为他们夺冠。我们仍一起走在争冠之路上。我们希望奇迹能再次发生。

曼城和埃弗顿的比赛安排在周六晚间早场。我忍受不了亲眼看比赛，但我在手机上关注着比分。开场11分钟后埃弗顿1：0取得领先，罗斯·巴克利。哈喽，奇迹真的要发生了?

我的幸福只延续了11分钟。阿圭罗为曼城破门得分。

平局也可以，平局很不错。平局意味着争冠主动权又掌握在我们手中了。

半场结束前两分钟又来了条进球提示。我低头看看。哲科。埃弗顿1，曼城2。

埃弗顿需要一场胜利来保留他们晋级欧冠联赛的微弱希望。但是下半场开场不久，哲科就将比分扩大为3：1。卢卡库为埃弗顿打进一球，但曼城迈过了这道坎。他们登顶了联赛积分榜，以净胜球优势排在我们前面。我们两队都还有两场比赛要打。曼城两场都是主场作战，对阵维拉和西汉姆——两支无欲无求并且已经把心思放在暑假上了的球队。感觉我们最后的一点希望也破灭了。

我们3：0领先水晶宫，比赛还剩11分钟。熟悉的“我们要拿联赛冠军了……我们要拿联赛冠军了……”的助威声再度响起，伴随着利物浦死忠粉们一条更直白的讯息：进攻、进攻、进攻！我们的净胜球为53球，曼城则是59球。我们还差得很远，但我们要认真搏一搏。

比赛的第一球发生在第18分钟。我主罚角球，乔·阿伦这位身材矮小的球员在远门柱将球顶进。然后下半场开场不久，我送出一记40码开外的招牌斜长传。球落到斯图里奇脚下，他停得很稳，内切一脚射门。但他的射门打在后卫身上折射穿过了水晶宫门将，乌龙。斯特林和苏亚雷斯在第55分钟打出一次配合，苏亚雷斯随即打进一个漂亮的进球。他拿起球冲回中场线。我们兴致勃勃准备再刷更多进球。

比赛又给了我们3粒进球——全部都归水晶宫，这些都在令人晕头转向、恶心作呕的9分钟时间内完成。

一记折射开启了崩盘之旅，两分钟后，斯克特尔在左翼将球传入水晶宫禁区。球被对手解围开远，水晶宫打出快速反击。斯克特尔不在中卫位置后，扬尼克·博拉西耶电光石火般的单兵突进，助攻德怀特·盖尔破门。我们全队失去了平衡。紧接着格伦·穆雷又再次扯开我们的防线，盖尔攻破米尼奥莱的十指关。3∶3。

终场哨响，我一屁股瘫坐在地上。路易斯·苏亚雷斯正在无助地哭泣，拉起他的球衣遮住了脸。电视转播镜头和摄影师将我和路易斯团团围住，想要捕捉我们当下痛苦万分的瞬间。我将他们推开。我走向水晶宫球员，跟他们一一握手然后去找到了路易斯。我试着安慰他，然后科洛·图雷，那晚坐在替补席上，也过来提供帮助。

“我来了，大个子。”科洛说道。他总是叫我“大个子”。科洛带着路易斯走下球场。我们蹒跚地跟在后面，留下喜出望外的水晶宫球迷尽情享受他们的派对。

利物浦为我们安排了从伦敦飞回利物浦的私人客机。全队在飞机上鸦雀无声。大多数球员在玩他们的iPad，听音乐或是看电影。我坐在克里斯和格伦·德里斯科尔旁边。我们平静地在聊天，因为我们仍旧无法接受事实。这是我职业生涯中最离奇的夜晚之一。

“我们正在屠杀他们。”我带着怀疑的口气跟克里斯和格伦说，“我真以为我们要6：0赢球了！”

我耸耸肩。也许这样也不会对局面产生任何影响。

这是我踢球以来经历过的最糟糕的八天。切尔西、摩纳哥和水晶宫。我最美好的梦想——和利物浦一同赢得联赛冠军，幻灭了。我感觉差极了。

我看着窗外，没有任何东西可看。我们遭遇一阵乱流，飞机稍有些晃动，几个伙计抬头看了看。

我转向克里斯。“兄弟，”我说，“现在我想要的就是让这架飞机从空中坠落。”

克里斯看着我。

“要是坠机了，”我说，“我都不会做防撞击姿势[1]。”

我是认真的。我准备好交出性命了。要是我们坠机了，好的，去他的，我受够了。

飞机恢复了平衡，每个人又拿起了iPad。航班余下的时间里我都保持安静，陷入沉思当中，与此同时我们飞进了黑夜之中。

---

[1] 飞机遇险时乘客所做的用以保护自己的姿势。

第9章　英格兰：希望

一小组科学家团队来到英格兰位于葡萄牙阿尔加夫的世界杯训练营，以帮助我们熟悉“不舒服很舒服”的艺术。这个奇怪的命题下自有其逻辑所在。这个项目由拉夫堡大学的一个团队所设计，旨在帮助我们适应在巴西所要面对的极度炎热和潮湿的天气。法鲁[1]常年高温闷热，但在2014年5月的葡萄牙烈日下，我们还被要求在训练中穿上三层衣物。这是帮助我们适应不适的方法之一，以应对该届赛事小组赛第一场与意大利的比赛。比赛地点在亚马逊雨林深处的玛瑙斯。

计划运用了科学方法。我们身体的三处不同部位被贴上了芯片，让科学家们能观察我们的排汗等级以及我们为保持场上表现所需要的水分和电解质的确切分量。在信息收集完毕之后，他们会制作符合每一位运动员个体所需的特制恢复饮料。

英格兰显然着眼于一条更为复杂巧妙的道路，相比我十四年前首秀时所遇到的可谓大相径庭。当时是2000年5月底，托尼・亚当斯考验我是否为比赛做好了准备，冲着我当面喊了那个难以忘怀的问题：“你准备好了吗？！”

阿兰・希勒是那晚的队长，而我正要领导英格兰出征我的第三届世界

[1]　葡萄牙东南角的城市。

杯——这是我作为队长的第二届。即便不去测量排汗量或者电解质摄入，我也知道为英格兰比赛，你时常感觉自己是在不舒服的环境下寻求适应。我仍深爱着国家队比赛，除了失望的时刻之外，我还有很多美好的回忆，但每每大赛之前围绕着英格兰国家的媒体闹剧和令人窒息的气氛很难让人舒服得起来。这是一段很考验人的经历。

为英格兰出战仍让我满怀热情，我也仍旧渴望戴上队长袖标。但我一直觉得当英格兰队长最大的困难就在于例行新闻发布会。你不在自己的舒适地带，有一堆问题冲着你而来。一直以来给人的感觉是每一个问题都藏着阴谋，或是他们正等着你说错一个字、一句话然后可以抓你把柄。我顶过了在英格兰好几次棘手场面下的新闻发布会。很明显，最困难的局面发生在你在大赛里被早早淘汰出局之后。这时候问题来得最为猛烈，而你又处在最弱势的地位。

依据我在此职位的多年经历，我发现最好的策略还是对媒体说实话。当然了，我还是得小心应对。要是有队友遇到麻烦，我绝不会泄露他的信息。我还会避免点名批评任何一名队友。甚至有时候我为了保全球队必须说一些套话——这样主教练才能在重要比赛前让球员们处在最好的精神状态中。

但百分之九十九的时间里我还是话由心生。我觉得如果我无法如实回应，没有任何必要去和三四十位记者对话。这比试着去摆一副媒体化的套路要简单多了，那样最后你听起来就像是个扭曲事实的政治家，被抓住把柄、或是卷入是非在所难免。这也是为什么我只是试着简单、诚恳地发言。

要是有记者把一段诚实的发言拿去编故事，或者断章取义，你也必须有足够的担当去承受后果。我就中过招，不过各行各业总有人在那编造事实、弄虚作假。总体而言，体育记者对于我作为英格兰球员的批评都很公平而有建设性。即便有时一些记者不按常理出牌，我对此还是谨慎对待——就像有时候有一两名记者对于我的称赞有些过头了一样。

大多数跑新闻的都知道游戏规则，他们认可作为一名球员，有时候你必须守口如瓶。处在大赛前夕或者重要比赛之前，面对他们的问题你只能一棒子打回去。但我还是觉得，更多时间里，我很尊重英格兰的跟队记者。因为他们知道，无论球队表现是好是坏，我都会尽可能诚实公开地回答问题，危难关头我从不躲躲闪闪。

在法鲁的时候则有所不同。2014年5月24日在法鲁召开的一场新闻发布会上，我其实说谎了。当时情况很困难，因为似乎媒体根本都不想讨论世界杯的事。第一个问题就奠定了基调。他们只想知道我的精神状况，想听听在利物浦度过了这痛苦的一个月后我有何感想。

距离英超联赛结束至今还不到两周时间。我们在最后一场比赛里坐镇安菲尔德2：1击败了纽卡斯尔，但这是一场尴尬又令人泄气的比赛。我有了首新歌，演唱这首歌的是纽卡斯尔球迷而非利物浦球迷："史蒂文·杰拉德，杰拉德 / 他滑倒摔了一屁股 / 他把球给了登巴·巴 / 史蒂文·杰拉德，杰拉德……"

喜鹊球迷唱得很高兴，唱了一遍又一遍。别想歪了——他们也没什么别的可唱。我很清楚每次当我穿上利物浦球衣在英格兰比赛，我都会听到这首歌。我们每个联赛对手或者任何国内杯赛对手的客队球迷，都会把这首歌加入歌单里面。我会习惯的。

半场0：1落后纽卡斯尔让局面愈发艰难，马丁·斯克特尔的乌龙球和利物浦无精打采的表现让对手取得了领先。我们需要曼城在主场输给西汉姆才能让夺冠美梦起死回生，但曼城正稳稳当当地1：0领先。

好在下半场我们打得更有动力和目的。我在两次相似的死球局面下助攻了两粒进球。两次定位球都由我来主罚，而阿格和斯图里奇的进球意味着我们击败纽卡斯尔，以第二名完成了联赛征程。

曼城以86分夺冠。我们最终获得了84分，而切尔西以82分排第三。阿森纳第四，落后我们5分。

发布会上记者提醒我说，如果利物浦赢下了我滑倒的那场对切尔西的比赛，那么我们就会举起对我来说意义非凡的奖杯。我还对此感到不快吗?

我的情绪不算糟，但如果我老实地回答“是的，当然了”就会有人编故事，说“那一滑”给我留下了如何如何的伤痕。我很肯定等英格兰打完几场热身赛去往巴西之后我就会没事。那时候我不会再想利物浦的事。但他们提问的时间点很特殊。他们想知道我是不是全身心翻篇了，还是说我仍被糟糕的情绪所困扰。

事实真相差不多介于两者之间。我是可以说：“有时候就OK，但有时候感觉一坨屎。我还是感觉很糟。我还没能完全从我一生中最糟糕的挫折中恢复过来，所以有些时候心情还是很差。不然你觉得我还能感觉如何呢？”

如果那样就会引起一阵轩然大波。相反地，我撒谎了。我说我的情绪“好极了”，注意力全都集中在世界杯上。同样我还面对现实，承认所发生的一切，努力把一些非常负面的情绪转化为一股更为积极的能量。我对媒体的回应在主旨上有很大一部分也是事实。当我说我很感激能把注意力转移到世界杯上时，我是认真的。我甚至还微微一笑。

“不然的话我就躺在太阳椅上回想之前的三四场比赛，一遍又一遍地想到底哪里出错了，不断问自己为什么，把自己逼疯了。”我说，“我必须把滑倒的事从我的脑海里挪开，暂时忘了这事，因为紧接着我就有重大比赛要打。”

我承认自己很受伤——但我努力向媒体强调上个赛季“美妙的”积极面：

> 我不喜欢犯错，犯大错，在关键时刻。我整个职业生涯犯过不少错。作为一名经验丰富的球员，随着你越来越强，处理这些问题的能力也越强——不过，是的，这让我很受伤。不仅仅是滑倒，更重要的是在最后与冠军失之交臂，因为我们曾一度如此接近，这个赛季也打得非常好。但经验使你能在看到消极面的同时

也会发现积极面。在世界上最难打的联赛里排名第二并且个人层面打出我这么一个赛季，同时看到像拉希姆·斯特林这样的球员成长起来以及看到球队表现这么出色，都太棒了。

我内心的诚实之声仍然需要被人们听到，我承认道：

我一直对自己说，如何又为何？根本没有答案，因为那就是一次滑倒。考虑到发生的时机，这确实很残酷。只剩下3场比赛，我们还排在榜首。毫无疑问这很残酷，很不公平，但那就是足球，那就是生活。我并不为自己感到抱歉。

那时候毫无必要告诉全世界，在切尔西赛后回家的路上我曾在汽车后座痛哭。相反我只是说：

我不想有任何人觉得我是个年轻、天真、缺乏安全感的人，会回家到卧室里大哭一场。我已经33岁，入选国家队出场100多次，为利物浦出场600余场。我足够成熟和勇敢来直面失败。滑倒和其所造成的损失由我来承担责任。这不是我第一次犯错。我犯过很多错，我都一一克服了，我会在这次世界杯上向所有人证明我很健康，充满活力并准备好大展身手。

摆出一副若无其事的样子很重要。我也确实相信我们正准备迎接我们职业生涯最重要的一届世界杯。巴西必将会是一个空前绝后的舞台，充满了惊奇因子，所以我也很兴奋，很乐观。事实上，我又喜又悲。我想我们所有人都会经历这种矛盾心情，但是在我们这个媒体时代里，在推特主宰的世界里，想要用简洁的话语或是140个字符来表达这么复杂的情绪并不容易。所以，就这一回，我选择了“好极了”。我的状况“好极了”。

一个善意的谎言，在这个黑白分明的世界里，比起在英超赛季结束后巴西世界杯开始之前笼罩着我的那片五味杂陈的灰色地带，要来得更安全一些。我已经和英格兰一同经历了五届大赛。我已经学会避免产生任何爆炸新闻才是最好的处理方式。

我对过去参加过的世界杯和欧洲杯还记忆犹新。我热爱那些比赛，即便我从来都不喜欢训练营。我一直都害怕训练营，我讨厌和阿莱克斯还有姑娘们分开那么久。但这一切都是值得的，那些无聊时光和每天例行公事。我知道为什么当我们距离大赛第一场比赛还剩下几天的时候会感觉那么特别。正是这时候你的心头泛起了希望的涟漪。这时，为英格兰而战，让人觉得不可思议。

四年前，2010年南非世界杯，在我们小组赛第一场同美国队的比赛前我兴奋不已。我还是英格兰的队长——即便我是在默认情况下得到队长一职，因为约翰·特里争议缠身，而里奥·费迪南德因伤缺席。法比奥·卡佩罗是当时的英格兰主帅，不过即便他的个性和拉法·贝尼特斯一样冷漠无情，我仍感受到了他对我的重视。

卡佩罗有一套奇怪的方式来表达他同自己最好的球员们站在同一阵线。他从不用语言沟通。相反他会走过来跟我撞一下肩。碰肩是卡佩罗用来表达他欣赏你这名球员的方式。我早就知道他欣赏我，因为他总是把我挑到他那边[1]。但我不确定他认为我是一位领袖——像特里或者费迪南德那样的强力领袖。

他的看法可能受到了弗兰科·巴尔迪尼的影响——他的助教，在卡佩罗担任英格兰主帅期间的许多决定上他都起到了重要作用。我从巴尔迪尼那里感觉到他觉得我有点缺乏自信。我想他认为我当英格兰队长的话有些太过腼腆内向了。他认可我是名好球员，因为他曾很多次特地跑来告诉我。我几乎每周都在为利物浦进球，打出顶级表现。他们非常希望看到我

[1] 训练中分组对抗时，教练一般只会挑出一边进行指导。

在英格兰也能有此表现，但那里的一套完全不同的体系、一个完全不同的组织。我渴望能达到他们的希望，但我在他们的英格兰体制之下肯定不如我在利物浦那样如鱼得水。

我还是全力以赴，在卡佩罗和巴尔迪尼手下也有过出色表现。但当他们任命我为队长时，得知他们并不真的认为我是领导之才让我深受影响。我认为他们在处理约翰·特里的决定上做得没错，无论是在我任职之前还是之后任命特里为队长都没错。JT是个带头老大，在训练营里也是大名鼎鼎。他入选了南非世界杯大名单，但因为他和韦恩·布里奇之间的个人恩怨[1]，JT失去了队长职务。得知主教练可能更希望JT来当队长但是遭到了足总的反对，这对我作为球队新任领袖的自信心产生了一些小影响。但我并没有想太多，我只是继续以自己的方式在英格兰踢球和带队。

队长们领导的方式各有不同。JT有他的方式，但我是那种更为低调不张扬的队长，试着用以身作则的方式来领导。我很享受在卡佩罗手下工作，即便我知道很多英格兰球员并不喜欢他，但我准备好忍受在他管束下的无聊生活和团队制度。因为我认为这可以为英格兰带来成功。

起码卡佩罗有一个可以建设自己球队的平台。我们在过去两届世界杯上都打进了1/4决赛。我因伤错过了2002世界杯，当时英格兰在日本1：2输给了巴西，迈克尔·欧文开场阶段的漂亮进球无济于事。2006年我们兵败葡萄牙，又是在同一阶段。我参加了那场在盖尔森基兴进行的比赛，比赛60分钟双方0：0战平。克里斯蒂亚诺·罗纳尔多在他的曼联队友韦恩·鲁尼被罚下后眨了眨眼，这场比赛也将因此而被永远铭记。我们在点球大战中败北。鲁尼被罚出场、罗纳尔多的眨眼和残酷的点球大战激怒了远在英伦的每一个人。

葡萄牙后卫们一整场都在侵犯我们的最佳球员鲁尼。他们运用功利的战术来限制他，他们全体一致激怒和挑衅鲁尼以令他发怒。第62分钟，当时

[1] 特里和布里奇的妻子有染，是英超著名的“友妻门”事件，他因而被国家队革职。

效力切尔西的里卡多·卡瓦略上前防守。鲁尼原地站住身位而卡瓦略应声倒地，搞得好像有生命危险一样。鲁尼踩到了卡瓦略腿上——他发誓这是个意外——葡萄牙球员团团围住裁判，要求其将鲁尼罚下。他们说这是踩踏。

当裁判伸手去掏红牌的时候，我真心以为是哪个葡萄牙球员因为刚才所说的话要被罚下了，但当我看到鲁尼走下球场时整个人都惊呆了。这时罗纳尔多朝主教练路易斯·费利佩·斯科拉里和葡萄牙替补席眨了眨眼，就像在说“任务完成”。

点球大战失利后我们每个人都支离破碎。在离开球场返程的大巴上韦恩跟我谈了会儿，他问我对罗纳尔多的眨眼有什么想法。我非常生气，我告诉韦恩要是我俱乐部里有人对我做出相同的事，我绝不会再和他说一句话。就算是哈维·阿隆索也不例外——我知道以哈维的风格绝做不出这种事——我不可能原谅得了他。

他听得很仔细，但韦恩打内心里发现他比我要更大度。他原谅了罗纳尔多，主动修复这段看似在那晚破坏殆尽的关系。这就成了英格兰大赛失利惨痛历史上的又一件小意外。

太多太多的心痛时刻和输球都和点球密不可分。作为球迷，我亲眼目睹英格兰在1990年世界杯半决赛上点球输给西德，以及1998年的法国世界杯在1/4决赛上输给阿根廷——就是那场大卫·贝克汉姆被罚下的比赛。

作为球员我曾两次在1/4决赛中点球大战输给葡萄牙。2004年欧洲杯，糟糕的水泡和严重抽筋意味着在常规时间还剩9分钟时，我不得不一瘸一拐地离开球场。我又成了场边的看客，而我们非常可惜地输掉了点球。两年后在德国世界杯上，我却罚失了对葡萄牙的点球。我是第三个上去踢的，弗兰克·兰帕德罚丢了我们的第一个，而欧文·哈格里夫斯打进了第二个。要是我罚进了就能在三轮过后帮助我们以2：1取得领先。

从安全区走到罚球点有40码远，在那里我和队友们排成一排，互相挽着肩膀。这段路却让人感觉有40英里远。此情此景下，想到明白整个国家都在仰仗着你，全世界十几亿人正在看着你，压力将我完全吞噬了。

罚点球在2004年对我来说还算是一种全新的体验。那时候我还没有为利物浦主罚过很多点球，也从未有机会为英格兰主罚。这种毫无经验的情形在八年之后有了很大改观，远比之前更习惯面对压力，我在2012年欧洲杯对意大利的点球大战中轻松将球打进。

2004年那会儿我只在训练场上练过点球。我在训练当中精准无比，于是我试着在世界杯点球大战的可怕时刻也保持住这份坚定。我让自己保持冷静，我脑海里想得很清楚我要打右路。我记得在训练场上的所有点球得手。我深呼吸一口准备帮助我们夺取领先。

但主裁判迟迟不吹哨。我朝他看了4秒钟，心想：快啊裁判，能给个哨吗？直到他最终发出了信号。那几秒钟太关键了。我的心思从脆弱的坚定倾斜到了焦虑不安。我走上前去主罚点球。就在踢到球的那一刻我就知道离目标差了一尺。这球没有飞向死角，距离门将太近了，而他将球扑出。走回队友身边的时候我感到一阵绝望和无助。

卡拉总是会自告奋勇主罚点球。他主罚我们的第四粒点球，当时比分是2：1葡萄牙领先。卡拉助跑上前，二话不多将球轰进球门。我的绝望变成了喜悦——然后又变成了绝望。裁判还没有吹哨，他要求卡拉重罚点球，这在突然死亡制的点球大战里算是一个小小的死刑宣判了。里卡多扑出了卡拉随后的射门，然后不可避免地，罗纳尔多进球将比分改写为3：1。我们被彻底消灭。我们原定五名点球手之一的阿什利·科尔甚至都没能出场，我们就告别世界杯了。

当我从悲伤当中恢复过来之后，很明显地感觉到你应该只挑选那些经验丰富的点球手去参加点球大战。除非你已经练就了在点球点上的抗压能力，否则在如此极端的环境下你很有可能会一败涂地。

卡佩罗也表示对英格兰的心理脆弱程度感到吃惊。我们不是唯一在大赛阶段和点球大战里神经紧张的国家，所以我不确定这是否只是英格兰足球的弱点。我的感觉是，在我们的欧洲劲敌当中，只有意大利和德国年复一年地证明了他们过硬的心理素质。我希望卡佩罗能将那种缜密和心理素质多少带一些给英格兰。

他在许多方面都和贝尼特斯很相似。他们在排兵布阵上的阵型都非常紧凑，他们都很有组织也很有纪律。许多英格兰球员都惧怕卡佩罗并且痛恨他严格的规定。我其实对这些并不在乎，因为我感到同这个人联系在了一起。这是一种相互尊重。他的教练组都是意大利人，除了巴尔迪尼之外他们的英语都不太好，但他们同样表现出很重视我，和他们的老大一样。他们很明确地表达了即便我不是他们理想的队长人选，但我在队内永远会是重要的一员。

卡佩罗跟球员保持距离，但我每天走上训练场时都坚信自己能从他那里学到新的东西。他在这项运动中取得了那么多的成就，有一份如此不可思议的简历。意大利作风向来都非常职业，非常严格。所以如果你若缺乏丝毫的职业素养，那么你在卡佩罗手下就待不久，他肯定不会睁一只眼闭一只眼。所以我们一拍即合，在他为英格兰所注入的苦干和纪律让我茁壮成长。卡佩罗唯一真正的消极面就是他从不对球队展现他任何的爱。穆里尼奥是个中大师，能让整支球队感到被人爱戴。卡佩罗对此一窍不通，但在意大利这对他毫无损害。

2010年世界杯的时候我们在南非的日子有时给人感觉真的像是在做苦役。我的态度是，如果这能帮助我们赢下比赛，那么我准备好要接受这套规定，毕竟我们的训练营所在地勒斯滕堡周边一片荒凉并没有什么好转悠的，这是一项挑战。勒斯滕堡无聊乏味，我们不训练的时候没什么事可做。但我不觉得有任何值得抱怨的。我们来南非为的是踢球。酒店条件足够好，营地的训练设施也足够好。但当比赛成绩不尽如人意而球员们开始想念家人之后，一切变得更为困难起来。

如果你不断赢球，那么你在漫长大赛期间所忍受的无聊乏味几乎无关紧要。问题只会在比赛结果不佳的时候浮出水面，让人感觉主教练对球队并没有表现出足够的尊重。这给了球员们借口，他们会开始责怪无聊的环境或者入选名单。而实际上，这全都取决于球场上所发生的事以及你作为个人和一支球队表现得有多出色。英格兰，多年以来尤其是在2010年，表现得都不够稳定。

训练营期间我极少参与到与足球无关的活动中去，我也避免参与任何勾心斗角，因为我喜欢让自己进入到一种训练、休息和备战比赛的环境和节奏里。国际大赛对我而非常重要，我希望在参赛期间能够充分利用好我的机会。

因此，身为2010年的队长，当我听到部分球员的抱怨时我甚至不太敢相信。他们大倒苦水、小家子气，而最糟糕的是，让我记忆特别深刻的是，有些球员来找我抱怨说他们去做理疗必须要走上40多米。有几个伙计习惯了在酒店房间里做理疗，还有一些球员希望在英格兰也能照这规矩来。2010年那支球队里有些球员自视甚高，而他们时不时表现得就跟小孩子一样。

球员们对所有事情都有怨言。对此我自己也难辞其咎，我们来自利物浦的球员们在不少场合也有过抱怨，这很正常。但勒斯滕堡的训练营里有些喋喋不休的事简直不可思议。有些球员找到我，要求我作为队长向卡佩罗提出抗议，这让我大开眼界。我听完了他们的意见一句话也没说，但在心里想：五天之内我们就有一场重头戏要打，你们竟然在不爽走40多米去做理疗?

我本可以教育他们一顿，但我有意识要避免和球员之间产生嫌隙。于是我允许他们做一些小小的抱怨然后视而不见。我绝对不会去找教练谈这种无聊的事，我不会给自己丢人。自然地这事渐渐被淡忘，然后我们的心思回到了比赛上。但这让你洞察到，在一支英格兰国家队里你能发现大家性格迥异。

勒斯滕堡首秀，我们对阵美国队的比赛开局良好。我在第4分钟就取得了进球，我迎向埃米尔·赫斯基的传球，外脚背射门穿越蒂姆·霍华德。这是一个完美的世界杯开局，我们看起来在舒适自在地掌控着比赛，直到上半场结束前5分钟。克林特·邓普西距离球门25码开外，他的射门没有任何真正威胁或者飘忽不定。我等着罗伯·格林轻松将球拿下。结果，他经历了所有门将都唯恐避之不及的灾难时刻。他让球从身下漏过，丢了个最不应该丢的球。那一刻，格里尼[1]整个人都支离破碎了。他是个好门将，后来他花了很长时间才克服了这次个人灾难。

比赛最后以1：1平局收场。我们应该拿下这场球，而我所能做的一切就是试着去安慰和支持罗伯。我告诉他把这事抛诸脑后，只专注于他是一位非常出色的门将的事实就行了。但我知道他完了。在世界杯上犯下此等失误你怎么可能马上恢复呢？你不能。这次失误彻底杀死了他。我真的很同情罗伯，即使我一直认为卡佩罗选择他优先于大卫·詹姆斯和乔·哈特出任首发门将是个勇敢的决定。卡佩罗的决定错了。但再想想，要是格里尼平平淡淡地拿下这球，他可能就能全场不失球，那么这看起来就是个正确的选择。

随后卡佩罗主动来试探我当队长的能耐。他过来找我说："我在考虑让乔·哈特打首发。"这是他用来审视我是不是能保守秘密的方式，我对任何人都只字不提。幸亏如此，因为后来他选择大卫·詹姆斯首发。主教练确实会时不时地考验他们的队长，而我认为这次是卡佩罗在测试我的谨慎和忠诚。

很快，另一个问题来了。在开普敦我们表现糟糕，同阿尔及利亚0：0打平之后全队飞回了勒斯滕堡。参加了这场比赛的JT，在第二天下午接受媒体采访时大谈他的想法。他大致表示卡佩罗挑选了错误的队员。我和JT之间没有矛盾，我一直都很仰慕他的直截了当。后来他真的来找我说他绝不是想要暗中算计我。我也没觉得被暗算了，所以就我而言没什么问题。我只是希望

[1] 格林的昵称，Greeny。

我能和JT一起坐下来问问他会选哪些球员来替代卡佩罗选出的首发。

唯一显而易见的那名球员是乔·科尔。当时是我在打左路，所以如果他的意思是让科尔首发，我不知道他是不是觉得我应该取代中路的加雷斯·巴里。对我而言这真的不算什么问题，因为我有我的工作要做，而选择球员的永远都是卡佩罗。JT是想要声援他的兄弟，乔·科尔是切尔西球员。乔在世界杯上有拿到过机会替补登场，但他对比赛并没有什么影响。不过无论这是不是JT脑子里打的算盘，我不认为卡佩罗的排兵布阵毁了我们的世界杯之旅。

JT可能挺失落的——无论是对于我们场上成绩不佳还是对于失去队长职务。但就个人而言，面对面的时候JT一直都对我尊重至极。我对他也是一样，因为对于他这名球员我是非常崇拜的。我们俩之间从来就没有任何问题。

然而媒体开始将我们描述成两个分裂的阵营。很明显，一部分球员在阿尔及利亚的比赛后在开普敦的酒店见了面，媒体将其描绘成JT试图领导的一场开普敦政变。事实完全不是那样，尽管我确实感觉到一股潜在的冲突，JT以及部分球员站在一边，卡佩罗和巴尔迪尼站在另一边。在世界杯备战过程中，这对意大利人和足总也产生了一些矛盾。风平浪静的表象之下实则暗流涌动。

我不觉得巴尔迪尼帮忙缓解了局势，因为我们得知他正非公开地向媒体透露消息，本该保密的消息被走漏到媒体那里。球员们也不蠢，我们很快就弄明白发生什么事了。对巴尔迪尼选择代表他的老大做那些私人新闻发布会，我有些不满。

卡佩罗对英语掌握得不太好，这点让我们挺痛苦的。做战术简报的时候倒还好，因为他会用可视资料来帮你清晰地理解你需要做些什么，但在比赛当中情况就要困难许多。当卡佩罗想要发出新指令时，他的英语让他失望了。在训练中也是一样。大多数训练由一位更老一些的意大利人伊塔洛·加尔比亚蒂来负责，他的英语很差。于是训练当中问题重重，进展很慢。

但语言障碍、走漏风声和球员的抱怨只是边边角角。2010年世界杯上我们真正的问题是英格兰还不够出色。我们缺乏德国队那种信念、稳定和水准，在八强争夺中，他们4：1击败了我们。

2：1落后时，弗兰克·兰帕德有一粒好球被判了无效。球已经越过了门线，但裁判犯了错。如果这球将比分扳平了的话，这场比赛会是另一番故事也说不定。但更可能的结果还是我们输球，因为那场比赛的大部分时间内，德国都比我们技高一等。我不觉得这场比赛像人们现在所说的，或者像4：1的比分所显示的那么耻辱，但他们要比我们更强，毫无疑问。

我仍不确定托马斯·穆勒是不是真的能称得上是一名伟大的球员，但那天他展现了，并且从那以后无数次地展示了他是一名顶级得分手。对英格兰的比赛中他进了两球，但当时更让我们头疼的是梅苏特·厄齐尔。你不得不称赞穆勒是世界上最好的得分手之一。他似乎总是在大赛和关键时刻进球，这是世界级球员的特征之一。对此我从无争议，但无论何时我看穆勒比赛，或者和他同场竞技，我从来都看不出他能做出任何像梅西或者罗纳尔多那样的华丽动作。

但在2010年的布隆方丹，他对英格兰造成了极大的杀伤。穆勒并不是唯一的一个。德国一直以来的强项就是在每个位置都有顶级球员坐镇。即便有时哪位球员受伤了，他的替补也会是差不多水平。英格兰就很少能这么有底气——这就是为什么我们的南非世界杯之旅会以如此大失所望的方式收场。

2014年世界杯前夕，英格兰队内的气氛要比四年之前好得多得多。球队的情绪很放松很和谐，我们的训练营组织有序、井井有条。球队似乎比之前更为团结一致，而这都是因为一个人：罗伊·霍奇森。我对罗伊有着极高的敬意。他为人非常好，里里外外透露着诚恳。对球队更有助益的是他热爱着足球。

罗伊有一份出色的简历和丰富的阅历。他还和队员之间有一份非常成熟的关系，因为他像对待成年人一样对待我们。罗伊明白漫长的大赛期间，大多数球员在不训练的时候都不想被关在房间里。如果球员们在训练当中能不遗余力，在训练营内也能保持职业态度，那么罗伊很高兴让他们去找点乐子，稍微看一看真实的世界。而巴西确实很好玩。我觉得这是个可爱的地方，跟报道当中人们极力营造的危险地带相去甚远。如果你去对了地方一切就都没问题，不会有一点点的麻烦。至少我是稍微看了看这个非常美丽的国家。

我们都做好准备要好好表现，罗伊又做出了另一个精明之举，他将加里・内维尔带到了英格兰教练组当中。加里对罗伊和英格兰而言都很重要。他证明了自己是一位非常出色的决策咨询人，是一条球员和罗伊之间的完美纽带。过去几年里通过观看和收听他在天空体育所做的比赛分析，我们都知道关于这项运动他有着深厚的知识。他证明了自己在战术方面也很机敏。

加里非常主动地想办法，让球员们参与到后卫组、中场组合进攻组的“小组”会议中去。他希望球员们在这些环节上能大胆发言，但球队里有很多年轻人并且其中有一些不敢发表意见，于是大部分时间都是弗兰克・兰帕德和我在说话。我和他们很有共鸣，因为当我第一次入选英格兰队的时候我也非常安静甚至有些怯场。我身边都是些令人敬畏的角色，比如亚当斯和希勒。你需要时间来建立在国家队内的信心。但加里在让所有人参与到比赛分析上这方面做得很棒。

当然了，并非每件事都完美无缺，训练中有些方面就不尽如人意——这让我想起了罗伊在短暂的利物浦主教练任期内所经历的困难时期。罗伊手执俱乐部教鞭只有六个月。他在2010年7月1日接替了拉法・贝尼特斯，然后他在2011年1月8日“双方协商一致”离开利物浦。

我所处的地位非常尴尬，因为我希望帮助罗伊，但我必须也得尊重球迷们的愿望。我觉得无论是谁接替拉法都不重要，无论是霍奇森、卡佩罗、路易·范加尔还是布兰登·罗杰斯都一样。事实上球迷高呼肯尼·达格利什上台几乎已经让其他人出任主教练的任务成为不可能。罗伊还因为费尔南多·托雷斯撂挑子而遭受了损失。托雷斯当时已经声称要走人，但在罗伊手下事态更为恶化。他显然不喜欢罗伊的方式、方法和训练技巧，他上面有人给他吹耳旁风让他转会切尔西。于是托雷斯无论是在训练中还是在比赛中都没有为霍奇森付出太多。

我走下场的时候会想：今天费尔南多没跟我们站在一条线上。他在场上动都不动。很难知道他到底是担心再受伤还是脑海里在盘算转会的事，或者他只不过是不喜欢我们的新教练——也许是这三者的结合，而罗伊·霍奇森为此买了单。

罗伊担任利物浦主帅期间做了几笔糟糕的买卖。他从尤文图斯买来了克里斯蒂安·波尔森——照理应该是用来顶替哈维尔·马斯切拉诺这位伟大的球员，后者正要加盟巴塞罗那。但波尔森无论在机动力还是敏捷性上都不足以成为利物浦的中前卫。他是一名经验丰富的球员，一位丹麦国脚，但波尔森踢球总是保险起见。他的风格也许适合欧洲其他国家的俱乐部，但他永远都无法成为在英超联赛上为利物浦征战的球员。

保罗·孔切斯基是罗伊另一笔在安菲尔德永远都行不通的引援。孔切斯基是个好伙计，在他从富勒姆加盟我们之前我就认识他了。他是个相当好的球员，但他永远都不可能接班约翰·阿尔内·里瑟。球迷们都爱生姜头，也就是我们所说的里瑟，他的发挥非常稳定。但他在欧冠联赛里犯了一个天大的错误，在那之后他经历了一段低谷。拉法将他扫地出门，并买来安德雷·多塞纳顶替里瑟。

多年之后的事实证明拉法在转会市场上犯了一个比罗伊更大的错误。多塞纳的水平距离为利物浦效力还差得远。他是个不错的人，很有职业态度，但是他要进我的预备队恐怕都有困难。孔切斯基情况好些，但残酷的事实是他的实力没法胜任利物浦左后卫的位置。球迷们把大部分的嘲笑都留给了波尔森。他们嘘他嘲弄他，他的信心瞬间就被击毙了。于是罗伊也一起背了黑锅。

我尽了全力去说服几名好球员加入我们，因为我想要尽我所能去帮助罗伊，但不幸都失之交臂。不过事事似乎都在与他作对。罗伊接手球队不到几个月就赶上了我们同希克斯和吉列闹上法庭的大事。芬威接盘成为新老板，我想他们很快就意识到大多数球迷在罗伊上任之前都想要肯尼出任主帅。所以罗伊恰好与球迷的愿望相反，而一旦我们几场比赛成绩出现波动，压力就开始累积。再加上你的明星射手基本上撒手不干坐等转会的事实，罗伊真的麻烦大了。

罗伊真的非常努力，因为在利物浦踢球是他梦寐以求的工作。我认为如果俱乐部更稳定一些的话他是会取得成功的。不过他当时完全暴露在枪口之下。事态甚至发展到了罗伊想办法围绕费尔南多来量身定做他的训练环节。我记得我们一连好几天都在做球队阵型演练，这种训练中球队基本上处于无对抗状态，随便穿穿球衣来找找整体配合的节奏和打法就好。这是在给托雷斯找找门前的自信。那时候罗伊还浑然不知托雷斯已经放手不干了，他只是觉得托雷斯缺少一些信念和敏锐性。但无论罗伊安排了怎样的训练都无济于事，托雷斯对霍奇森极不信任，他渴望的只有远走高飞。

我努力带动全队有所表现，来为罗伊争取多一点时间。但当一名教练在利物浦饱受压力而球迷又对他大举反旗，那他就再也没有挽回的余地了。球迷在这家俱乐部的权力非常大，如果他们想要别人执教，尤其如果还是肯尼·达格利什这样的利物浦传奇，那么你就无力回天了。

我至今仍对罗伊充满了好评和尊重。我很高兴的是他随后在西布朗打出一段好成绩之后就被任命为英格兰主教练了。罗伊在2012年5月1日接过了卡佩罗的帅印。虽然准备时间少得可怜，但他在那年夏天的欧洲杯上带领英格兰交出了一份不错的答卷：我们战平法国，击败瑞典和乌克兰拿到了小组第一。

等待着我们的又是耳熟能详的剧情，因为我们在1/4决赛上点球不敌意大利。但这是我作为英格兰球员打过的最好的一届大赛。比起之前任何一任英格兰主帅，罗伊激发出了我更多的潜能。所以我很期待我们在巴西能度过一届不错的世界杯。我对英格兰夺冠不抱任何幻想，但我期待我们能从小组出线，即便是与意大利、乌拉圭和哥斯达黎加同在一组，形势艰难。

抽签结果公布之后，足总主席格雷格·戴克在电视上被拍到做了一个割喉的手势。罗伊笑了笑但他明白这组将会非常难打。意大利，是我们最艰巨的挑战，也是我们的第一个对手。我对我们的训练水准稍有些不满，我觉得我们的日常训练缺乏强度、锐度并且不够激进，有些训练环节太慢太慢了。可能是因为天气炎热或者漫长赛季之后的疲惫和长途跋涉。但在世界杯上没有任何找借口的余地。

与意大利的比赛前，好几次回到酒店的时候我都不是非常开心。训练标准如此缓慢又老套乏味，情况看起来不太好。我不确定谁该为此负责，因为我认为有时候创造节奏、速度和侵略性是球员们的责任。刚开始的训练几乎一直都快速紧凑，但随着首发11人渐渐浮出水面后，那些被排除在阵容外的球员变得垂头丧气起来。整支球队很快也受到了影响。我认为这在巴西的个别日子里，情况就是这样。

在英格兰和意大利的玛瑙斯大战的前一天，我感觉非常好。我感到充满力量、状态良好。我清楚地知道我们正要面临一场棘手的比赛，因为在世界杯比赛上意大利永远都会是一支难对付的球队——但我知道罗伊希望我们打得更有侵略性，节奏也更快，而不是我们在2012欧洲杯那场0：0平局里发挥的那样。他做了个大胆的决定：将年轻有才华的两名进攻球员丹尼尔·斯图里奇和拉希姆·斯特林排进了首发当中。这会是一场实力对半开的比赛，但我们已经准备就绪。

欧洲杯上，我们同意大利在基辅的1/4决赛上，我觉得我们对安德雷·皮尔洛太客气了。他毫无疑问是一位伟大的球员——每个人都在鼓吹他的表现以及意大利控制了球权的事实。在玛瑙斯一战的准备过程中，我们越来越不爽听到有人提起两年前在基辅的比赛中意大利掌握了75%的控球权的说法。有人告诉我们，皮尔洛独立完成的传球数要比我和另外三名英格兰中场加在一起的还多。但我并不这么看。

那场比赛皮尔洛其实并没有什么真正神奇的表现。他罚了个勺子点球确实很神奇，但在120分钟的比赛时间里他没给我们造成什么伤害。皮尔洛触球次数很多，四处传了不少漂亮的传球，但他没有真正造成任何巨大破坏。丹尼尔·德罗西有一脚超远距离射门击中了门柱，但总体上基辅一战我们一直都没有掉队。技术上意大利看起来更占上风，但如果我们能经受住考验赢下点球，我们就能进入2012欧洲杯半决赛了。而那场4：2的点球大战只有韦恩·鲁尼和我进了球。在此等级上的小细节太关键了。你距离成为英雄只差一场点球大战。

自那以后意大利便停滞不前，而我觉得我们队伍有着很好的活力和速度。我们还有能力打出更为流畅的体系，能更好地控制住皮球。我知道加里对利物浦的打法和节奏印象深刻，而罗伊在我们争冠过程中看了很多利物浦的比赛——当时由我出任球队的单后腰。英格兰教练组之一的雷·莱文顿之前就跟我谈过，在巴西也好几次提到关于由我来打单后腰位置的建议。我对这个位置已经轻车熟路，要是我们能沿着这条路走下去我会很高兴。

但在与意大利一战的前几天，战术发生了变化。罗伊决定我们将会派出两名拖后中场，由乔丹·亨德森跟我一起承担防守职责。我觉得这是对乔丹最大优势的浪费，因为他的打法基于充沛的活力和前插进攻，他很乐于在两边禁区之间往返。让他打到一个拖后位置我觉得他会被迫限制住手脚。我更倾向于打开乔丹的枷锁让他向前冲击，而由我作为单后腰来控制阵型紧凑。

我认为罗伊担心的是那个周六夜晚的高温和亚马逊丛林致乏的湿度。国际足联规定比赛中将会有“降温休息”——三分钟的暂停时间以让球员们补充身体所需的水分，但只有在气温超过32℃时使用。我们可能会在限界的边缘上比赛。

“当事情的发展不顺利，对球员来说最简单的解决方法就是找个借口。”我在我的最后一次新闻发布会上如是说道。南非的记忆在我脑海里还清晰可见，我希望能发出一条强有力的讯息：

> 你看着别人，对别人指指点点怪罪说：“好吧，那里不对，这里不对。”但是，对我而言，我参加过的每一届大赛上足总会都已经让球员们没有任何借口可找了。他们尽了最大努力，而这次他们已将一切安排妥当。他们已经做了可能做的每一件事以便球员好好表现。
>
> 和意大利的比赛哨声一响，你就要靠自己了。你和你的球队站在一起，必须要坚定信念。我认为我们的状况很好。球队非常有天赋，有一批在大赛上非常有经验的、有着出色的职业生涯的球员，以及令人兴奋不已的青年才俊。这对我们来说是一场完美的揭幕战。如果我们能打出理想的结果，我们从这场比赛中会得到极大的信心和信念。

在我们的世界杯之旅终于将要拉开前，我真诚地表达了我的最终观点：

> 率领这批球员出场对阵意大利我会备感自豪。我信任我的队友们，但如果我们能高昂着头颅从世界杯回家，深知我们在球场上为家乡人民倾尽了我们的所有，我会更加感到自豪。而且，看着弟兄们和他们待在一起，我感觉到他们准备好要倾尽全力。世界杯就在眼前了。我们翻山越岭跋山涉水来到这里，如火如荼的准备工作我们都已经完成了。现在没有任何借口了，现在是时候要拿出真本事来了。

第10章　英格兰：结局

2014年6月14日，周六
玛瑙斯，亚马逊竞技场

我从艾恩赛德路冰冷坚硬的水泥路上开始踢足球，结果我去到了潮湿闷热的亚马逊雨林。玛瑙斯是一座只能坐飞机或者坐船前往的城市，能把我带去那里的只能是足球。在巴西一个燥热的周六夜晚，我很高兴自己身处丛林深处。

无论是巴塞罗那还是马德里、米兰、都灵、多特蒙德或慕尼黑，能在所有的欧洲足球城里打过比赛，我实在太幸运了。但与其相伴的世界之旅显得更是梦幻：从海顿到伊斯坦布尔，从盖尔森基辛到布隆方丹，从基辅到玛瑙斯。当在亚马逊竞技场的更衣室里换上我们的英格兰队服时，我又再一次觉得幸运之至。

天气炎热潮湿，但并非无法忍受。天气预报员报得很准，预测到下午6点开球前气温30℃湿度58%。汗水从队友们的脸上滚落，我更愿意相信这是因为我们的热身环节而不是因为紧张过度。我更希望他们感到兴奋而不是紧张。

比赛的前一天晚上，世界杯迎来高潮，荷兰在萨尔瓦多将西班牙杀得片甲不留。这是一场5：1的压倒性胜利，几粒值得记忆的进球更是点缀了比赛——看到拥有哈维、伊涅斯塔和阿隆索等一批出色球员的卫冕冠军惨遭屠杀也让人大跌眼镜。荷兰也有一批杰出的球员，罗宾·范佩西和阿扬·罗本都打进了两球，但这是一个振奋人心的信号。也许乏味的足坛旧秩序会在巴西被打破。

2012年在基辅对阵意大利时，我们的表现饱受批评。媒体认定皮尔洛是艺术大师，而我们是人畜无害笨手笨脚的傻瓜，但意大利那晚还是没能在运动战中击败我们。而在玛瑙斯，我们球队的速度比之前要快得多。赛季结束后我想英格兰球迷对我们有一些小意见，因为英格兰的首发11人中有5位利物浦球员——格伦、乔丹、拉希姆、丹尼尔和我。

罗伊和加里的计划是让我们从比赛一开始就积极进攻意大利。我们选择采用4—2—3—1阵型，用斯特林跑动覆盖中路，在他身前的是斯图里奇。斯特林有突然加速的能力和迷惑性的力量，被赋予了完全的战术自由度以试图扯动意大利防线，他同样还需要对位皮尔洛。鲁尼被安排在左路。韦恩一如既往地同意了，没有任何怨言，牺牲自己来到左路做脏活累活，而斯特林出任他俩都喜欢打的10号位。我和韦恩共事已久，他理解变通的重要性也懂得接受新的位置来帮助球队——他在曼联也经常如此。

我唯一担心的是韦恩就战术层面而言要比拉希姆敏锐得多——对比他们不同的经验等级这毫不意外。面对着皮尔洛和德罗西，我对斯特林阅读比赛的能力有些担心。但我知道斯特林会毫不畏惧地向前冲击，这是罗伊一次大胆的战略尝试。我敢肯定等到今晚比赛结束，没有人会指责我们缺乏勇气和进攻欲望。

如果我们对自身防守多一些自信的话，本有可能将亨德森放到更加靠前一点的位置上。格伦·约翰逊、加里·卡希尔、菲尔·贾吉尔卡和雷顿·拜恩斯都是好球员，我和他们每个人都相处得很好。但对我而言显而易见的是，英格兰最出色的后卫，我们唯一真正的世界级后卫在约翰·特里退出国家队之后，没有入选远征巴西的大名单。

在我看来阿什利·科尔的落选似乎是一次严重决策失误。我和他走得并不是非常近，但我确定他应该去巴西并且应该在玛瑙斯的意大利一战中首发。过去每一届大赛我都和阿什利并肩作战，他之前可以说是英格兰表现最出色的球员。

科尔33岁，跟我同龄，他在过去的五届大赛里都有着杰出的表现。2014年5月罗伊决定放弃为国家队出场107次的科尔，带上雷顿和18岁的卢克·肖作为我们的左后卫。雷顿跟我在福姆比是好邻居，他很聪明招人喜欢，是埃弗顿的英超顶级后卫，但他和科尔之间还是有差距的——我知道多年来他们都在争夺国家队的同一个位置。阿什利·科尔是世界级的，就和约翰·特里一样，他是那种英格兰在世界杯上需要的球员。而对我来说，肖还没做好准备。

如果科尔和特里走上玛瑙斯的草皮，我很确定意大利人会更为头疼如何破解我们的防线。在联赛里表现突出是一回事，就像拜恩斯一直以来都有稳定发挥一样，但在世界杯上出场面对地球上最强的攻击手们时，完全是另一回事。

罗伊认为比起年迈的科尔，拜恩斯在向前进攻上能为球队提供更多帮助，而他在策略上更强调利用速度冲击意大利而不是防守和控球。这是个勇敢又振奋人心的策略，但我很警惕意大利人的狡诈和经验。我们队内只有3名球员有过世界杯首发经历：鲁尼、约翰逊和我。意大利的首发11人当中有3人握有世界杯冠军奖牌——安德雷·巴尔扎利、德罗和皮尔洛，他们在2006年的决赛中击败了法国。

他们的中场非常强大——皮尔洛、德罗西、马尔科·维拉蒂和克劳迪奥·马尔基西奥，个个特点鲜明。球场另一边的意大利的实力则有些难以估测。布冯，世界上最伟大的门将之一，2006年世界杯冠军成员，因为比赛当天早晨脚踝受伤而被迫坐上板凳，由巴黎圣日耳曼门神萨尔瓦托雷·西里古顶替他出任首发。缺少了布冯带来的冷静和指挥若定，意大利的实力有所削弱。谁知道天赋异禀但乱无章法的马里奥·巴洛特利在锋线上会对比赛产生多大的影响?

意大利主教练切萨雷·普兰德利是只狡猾的老狐狸。那周早先他开了个玩笑，普兰德利说他做了个梦，梦里他的球队在7场比赛使用了7种阵型之后赢得了世界杯。我想这是他在提醒我们，曾经四夺世界杯的意大利在战术上要比英格兰老练得多。

我们的球队以青年军为主，强调速度，而意大利是更为老练、流畅的战术家，两者之间的对比更增添了世界杯无穷的吸引力。我知道全世界都会收看这场比赛，但我的思绪更多地放在家乡的球迷身上。周六晚上11点前，英格兰大街小巷的酒吧里一定人头攒动。比赛的画面从热带雨林被带到大屏幕上，每个人都在为我们尖叫呐喊。我感觉到2014年大家都现实了很多，不再像1966年我们唯一一次世界杯冠军之后那样——每届世界杯都会给这个国家带来猛烈的希望。因为大多数人都知道我们并没有足以赢得世界杯的球员阵容。

整个英格兰都在火热的夏夜为我们而疯狂，球员们也知道打好比赛从小组出线然后尽可能走得更远对我们有多重要，在更衣室里我没必要说太多。罗伊·霍奇森也不是那种在比赛前哗众取宠的空谈家。他让我来做赛前最后陈词，队友们围在了我的身边。我有一条很简单的讯息。

“让我们今晚走下球场的时候不要有任何的遗憾。”我对球员们说道。我提醒他们需要倾尽全力、努力发挥，保持聪明的头脑和比赛纪律——还有好好享受比赛。但最重要的是，想到我过去在英格兰的不如意，在我们即将离开更衣室时我又说了一遍:“没有遗憾。”

在通道内，我和皮尔洛站在各自球队的最前列。他看起来就像个满面胡须的老战士。皮尔洛也来到了职业生涯末期，但上帝啊，多好的一位球员。他是欧洲足球至高无上的巨人之一。所有人都说他不跑动，但他仍拥有锐利的视野和全面的传球能力。我们是老对手了，我对他充满了爱戴。

对我来说，路易斯·苏亚雷斯在我们这一代的足球运动员中真的很突出。

哈维·阿隆索永远都是我做梦都想搭档的队友。他是我最喜欢的四个足球运动员之一。

韦恩·鲁尼，从前的竞争对手，现在的英格兰队友，一位顶级的球员。

费尔南多·托雷斯是另一名我非常钦佩和尊敬的前利物浦队友。

夺得了2005年的联赛冠军后，我们在一片红色的海洋里庆祝。

2006年，在我为利物浦打了有生以来最好的一场比赛后，我举起了足总杯的冠军奖杯。

2012年，温布利，我们夺得了联赛杯的最终胜利。

2014年，我在对阵埃弗顿的比赛上庆祝进球。

肯尼·达格利什——利物浦传奇球员，是我爸爸最喜欢的球员，也是我2011到2012年间优秀的主教练。

2010年，庆祝我们在英超赛场上战胜埃弗顿。

从高点……

……到低点。当我们在为联赛冠军而战时，我滑倒了，切尔西进球了，一切都完了。

想到上赛季下半程我都在为利物浦打一个类似皮尔洛类型的位置感觉还挺怪的。不过这只是皮尔洛位置的一个变种，因为我们仍是两类不同的球员。

他就像是典型的意大利人，而我全身上下流淌着英格兰足球所有的特点（和缺点）。我全身心地投入比赛，我会比皮尔洛跑得更多、抢得更多。他的球风更为细腻，但过去多年以来我证明了我也一样能阅读比赛并且送出漂亮的长传。我期待与这位一代宗师再来一场史诗般的对决。

这些年来，命运对我们两人既残忍又仁慈。2005年和2007年，我们两次在欧冠决赛中狭路相逢，胜负各半。皮尔洛在经历了“伊斯坦布尔之辱”后表示他曾经几乎想要放弃足球。米兰葬送3：0领先对他所造成的伤害就像对阵切尔西的滑倒对我的伤害一样。两年后，皮尔洛和米兰在雅典的决赛中完成了对我和利物浦的复仇。回忆那场2：1失利，几乎让我无法忍受。皮波·因扎吉那晚的两粒进球中的第一球，就是皮尔洛的任意球击中他之后意外发生折射飞入球网。因扎吉对这球浑然不知，他满怀感激地拥抱了皮尔洛。那个夜晚属于米兰，属于因扎吉和皮尔洛。

即便是欧洲足球之巅如此的重头戏，摆在巴西世界杯的面前也突然显得微不足道。我们都知道这将会是我们的最后一届世界杯。几周前的5月30日我刚满34岁，皮尔洛在11天前度过了他的35岁生日。这是我们对国家队荣誉的最后一搏。

我们似乎在通道里等了很久很久。通道里感觉非常热，站在我身后的乔·哈特用脖子上挂着的毛巾擦拭着脸上的汗水。现在我知道为什么要用特制材料来制造球场内的座椅，这是为了防止它们因为高温而变形。我努力让自己看起来冷静，直直地注视着前方，但这并不容易。我顺着通道扫了一眼，皮尔洛和我会意地交换了眼神。我向他伸出手去，他略带苦笑地握住我的手，点了点头。我也点了点头，充满了深深的敬意。

意大利人太酷了，他们在蓝色的球衣外面还能穿上白色的运动上衣，好像是在等着打一场在米兰凉爽秋夜里的比赛一样。我们已经脱得只剩下白衣、白裤、白袜的比赛装束了，然而在丛林的酷热中我们还是大汗淋漓。

乔再次擦了擦额头，活动活动脖子并且在我的耳边不断地嚼着口香糖。身着红衣的第四官员站在我们中间挡住去路。我们能听到英格兰球迷的歌声和意大利球迷的呼喊。

终于，我们接到信号。时候到了。荷兰裁判——恰好三周之前刚刚执法了马德里双雄欧冠决赛的裁判比容·凯珀斯带着我们走进球场。他稍作停留从通道外不远处的台座上取走比赛用球。就在呼喊声向我们袭来的一刹那，一切感觉如此真实。我希望我的年轻队友们在那种心跳加速的场面下不会畏首畏尾。

等候国歌奏响的时候，我转头看了看身后我的球队。他们看起来还不错，在最远端的斯图里奇把水喷了一脸。

音乐响起。我对着口形唱出了《天佑女王》，但我想的只有快点开始比赛。至少当意大利国歌响起的时候我又能喘口气了，摄像机镜头大多都集中在了皮尔洛身上。他们的国歌听起来像首雄壮欢快的军队进行曲，皮尔洛会是这支军队的带头勇士。

意大利球员大声唱出了歌词。他们都走音了，但他们为战斗做好了准备。意大利向来都将热情融入技术当中，这也解释了为何他们如此难以击败。国歌刚一唱罢我就听到了意大利球员们的大喊和掌声。

握手时间到了。我们原地不动等待着意大利人走过我们那一条白线。皮尔洛伸手抓住我的手，我又笑了笑握住他的手并向这位宿敌点了点头。蓝衣军团其余的队员一一跟上。我听到我们的手互相拍打的声音，一次又一次，每一次都像一记雷声响彻在体育场上空。意大利和英格兰球迷开始了助威。

很快，皮尔洛和我在中圈更为正式地互相握手致意，我们还交换了队旗以做纪念。裁判抛起硬币，结果我赢了，然后我们同裁判组一一握手。我们头顶的天空一片暗紫色。球场里非常热。

我朝着我年轻的队伍大吼了几个激励的字眼，再次拍拍手给他们加油鼓劲。

巴洛特利和马尔基西奥站在中圈球前，等候开场哨。终于来了，我们的世界杯开始了。巴洛特利将球敲给马尔基西奥，后者回传给了皮尔洛。他转身将球传给我的“老队友”加布里埃尔·帕莱塔——尽管帕莱塔作为拉法·贝尼特斯一笔比较灾难的引援，在为利物浦效力了没几场之后就转会去到了博卡青年。这是帕莱塔从阿根廷国籍转为意大利国籍之后的第一场正式比赛。球被大脚开到前场，找巴洛特利。卡希尔上前阻截将球解围出去。

3分钟后皮尔洛接球，斯特林不确定到底应该紧逼他还是德罗西，只得后撤。皮尔洛很轻松地将球扫到右路。我们给安东尼奥·坎德雷瓦的空间太大了，他能沉稳地将球喂给马特奥·达米安，这位边后卫沿右路勇猛突破抽出一脚传中——这只是达米安第二次入选意大利国家队。贾吉尔卡将球解围，但一个不详征兆已经出现。受到皮尔洛的启发，坎德雷瓦和达米安找到了绕过雷顿·拜恩斯的好办法。

我们的青年军很勇猛。斯图里奇第4分钟拿到卡希尔的解围球并在意大利半场附近找到斯特林。斯特林决定带球突破，好像他正在代表利物浦出战胡尔城而不是在英格兰和意大利的世界杯比赛上。他仍有股初生牛犊不怕虎的气势，蓝衣军团被迫后退。斯特林在25码开外起脚射门。皮球飞向球门，一阵吼声响彻了英格兰看台。部分英格兰球迷以为斯特林这球进了，但他只是击中了边网。不过这第一脚射门打得很不错。意大利猛然发现斯特林和英格兰毫不畏惧。

乔丹·亨德森几分钟后的射门迫使西里古做出一次左侧下地扑救才将球挡出。虽然意大利控制了球权，但我们看起来充满了威胁。我们最大的问题在左路。不断套上的意大利菜鸟，现在已经在曼联效力的达米安在坎德雷瓦的帮助下不断抓住拜恩斯的漏洞，边路形成了二打一局面。

哈特面对坎德雷瓦的射门做出一次精彩扑救，但第21分钟时利物浦中轴接管了比赛。我向前直塞解放斯特林前插，后者带球左晃右带来到球门正前方。丹尼·维尔贝克只要用脚将球捅进球门就能帮助我们取得领先，但是他错过了机会。局面鼓舞人心，几分钟之后角色发生了互换。维尔贝克给斯图里奇的助攻，意大利防线拼死才力保城门不失。

达米安不断威胁拜恩斯迫使鲁尼回撤。第32分钟他传中找到巴洛特利，但他的头球攻门软绵无力。这是意大利的一次大好机会。高温和潮湿压迫在我们身上，但我们的打法还是充满了令人窒息的速度。

意大利逼得一粒角球，还是在我们麻烦不断的左路。坎德雷瓦快速开出，短传交给维拉蒂，然后他往皮尔洛的方向一脚斜传。意大利人摆出架势起脚射门，斯图里奇上前跟防。但随后，皮尔洛只是稍稍发挥了一下他的大师风范，给斯图里奇送上一记让人惊呆的假动作——他跨过皮球将球漏给马尔基西奥。他的身边没有任何一名英格兰队员，于是马尔基西奥有大把时间将球挺稳然后脚底踩球向前一拨。他的射门像步枪子弹一样直飞球门右下角。面对如此力量和精度，哈特只能望球兴叹。1：0落后，比赛开场25分钟。

马尔基西奥跑向他们的替补席，招呼队友跟着他一起。我看着他跑过，心里感到一阵空虚。没多久意大利人就在边线上跳到各自背上累成一堆，他们蓝色的球衣被汗水染成了黑色。他们迷失在了幸福之中。

我们悄无声息。我们所有的努力和汗水，还是落后了。

我走到队员们身边，尤其是那些年轻球员再次给予他们鼓励。我们零星地打出好球，但我们能做得更好。此刻我们不能退缩，我们必须重整旗鼓。得了吧，意大利也没那么特别，上半场结束前我们能扳回一城。

意大利开始到处传球，12、13、14脚连续传递。但球在我们半场遭到解围，落到了斯特林脚下——他正处在中圈位置。斯特林起速，深入意大利的领地。他把球交给左边路的鲁尼。鲁尼展现了一名伟大球员的应有水准。他沿左路勇猛推进，然后送出一脚绝对漂亮的传中。皮球越过试图防守的后卫，找到了远门柱的斯图里奇。斯图里奇只需要一个简单的半凌空就能将球射入。

1：1，一粒漂亮的进球，充满了速度、移动、视野和我们最顶尖的技术。斯图里奇也心知肚明，而他又踏上了他的冲浪板，让意大利人和巴西人民见识一下我们在默西郡耳熟能详的风景线。冲浪了，他的手臂在身体两侧上下波动。能在亚马逊逮着这么一个大浪，斯图里奇乐坏了。

在边线上的疯狂庆祝中，英格兰理疗师加里·勒温像中枪似的突然倒地。很快他就因为脚踝脱臼而不得不被担架抬离球场。只有足球能释放这样的疯狂。

我知道我们需要冷静下来，上半场还剩7分钟结束。我只希望我们能回到更衣室，然后我们可以解决各种战术问题，尤其是左路的问题。亨多[1]也表示同意。在我跟拜恩斯交谈的时候，他急切地同鲁尼说这话。我们必须遏制达米安和坎德雷瓦不断加剧的威胁。

比赛重新开始我们成功控制了1分钟球权，皮球清脆地传递起来，但意大利很快就开始寻求另一颗进球。蓝色球衣朝我们扑上来，我们努力压迫对手。达米安在我们左路再次打开缺口，他的射门将将擦着横梁飞出底线。更大的惊吓发生在伤停补时第2分钟。意大利发起快速反击，我的传球遭到阻截。皮尔洛在我们的禁区边缘将球交给巴洛特利。哈特快速出击，但在球门和巴洛特利之间被逮个正着。意大利人尝试挑射越过哈特头顶，但贾吉尔卡出色的回追将球解围出去。意大利再度获得球权，几脚快速的来回传递之后，坎德雷瓦的射门击中了门柱。

我们需要中场休息，我们需要喘息机会。我们成功了，半场1：1结束。

回到更衣室我们还需要解开战术乱局。斯特林在进攻端表现很好，但意大利很聪明。当他们从后场发起快攻，我觉得斯特林这时候有些左右为难。他不确定到底要跟防皮尔洛还是德罗西。我感到我们急需两名10号位球员——由鲁尼和斯特林来压迫他们的后腰群——或者采取菱形中场。我认为加里和罗伊找准了路子。他们将勤勉的维尔贝克移到左路，鲁尼往中

[1] 亨德森的昵称，Hendo。

路移动来到更得心应手的位置和斯特林搭档。但我们需要确保边后卫打得更坚决一些。有时候他们看起来不敢上前压迫，是因为对上达米安和坎德雷瓦他们感到毫无保护。

下半场我们开场很有侵略性，我对此感到不悦。我没资格和主教练争论，他要求我们积极向前力求保持住上半场45分钟的势头，而我的直觉正相反。这不是一场英超联赛。这是我们的世界杯小组赛揭幕战。一套"我们必须拿下意大利"的心态就我看来并不合理。这恰好体现了我们球队的经验不足。

我们为什么不偃旗息鼓保一场平局呢？这跟安菲尔德那场比赛很相似，我们对切尔西拼得太凶，失误丢了一球然后慌了手脚。我们对阵意大利表现很好迅速就还以颜色。我觉得下半场我们打得有些莽撞而没有体现出耐心和专注。球场上我试图将信息传达给全队，一场1：1的平局会是个很棒的结果。现在我很确定如果我们能从意大利手上拿到1分，那么我们就能小组出线了

但我们大举压上，英格兰球迷咆哮着怂恿我们进攻，而当意大利取得球权时我们的防守很糟糕。下半场开场5分钟，就在我们应该最小心翼翼保持纪律的时候，我们麻痹大意了。拜恩斯没法紧逼坎德雷瓦，意大利人闪开防守内切中路。他行动太自如了，当他抬头观察时发现卡希尔后身的巴洛特利聪明地摆脱了防守。在毫无压力的情况下，坎德雷瓦的传中很漂亮，巴洛特利在远门柱有大片空间让他以一记头槌攻门得分，这么近的距离他毫无可能打偏。意大利这球进得太轻松了，几乎像是训练场的日常演习。

下半场剩余时间里我们努力扳平比分，斯特林、鲁尼、维尔贝克和替补登场的罗斯·巴克利各自有闪光时刻。但守住领先优势对意大利来说得心应手，并且在伤停补时结束前他们险些再进一球。皮尔洛30码开外的任意球敲得横梁直颤。比赛结束，英格兰1，意大利2。

一场1：1平局本该是个很好的结局，所以巴洛特利的制胜球让人感觉像是蒙头一棍。我们感到精疲力竭、失望不已。比赛中我们一直都保持着

出色的发挥，部分时间里我们压制了意大利，但我们太想争胜了。我们在世界杯上陷入了可怕的压力之中——又一次。

几天后，在里约热内卢的球队酒店里，罗伊和加里要我和队员们谈谈。我们正处在绝望的困境中。再输一场我们的世界杯之旅就要结束了。没能在玛瑙斯带走1分似乎让人失望得无以复加，但我知道我必须提升球队的士气并向他们解释周四在圣保罗的比赛上等待着我们的是怎样的危险，对手是乌拉圭——和苏亚雷斯。

跟随英格兰打世界杯总让人觉得是一部充满戏剧性的小说，而似乎这把你死我活的赌局注定少不了苏亚雷斯的参与。

乌拉圭的筹码同样被抬高了。他们在揭幕战中1：3不敌哥斯达黎加。苏亚雷斯坐在替补席上，他还没有从膝盖微创手术中完全恢复。关于苏亚雷斯能否出战同英格兰的比赛，外界议论纷纷。我知道他会出场，毫无疑问，苏亚雷斯迫不及待地想要出战英格兰。

加里·内维尔不断问我在我们来到巴西之后我有没有和苏亚雷斯通过信。我解释说我们有短信交流，但我从来没问过他伤势如何，能不能出战英格兰。这么做毫无必要，我早就了解到利物浦有派出理疗师检查路易斯的伤情。我得到消息说他康复进度超前。出于对路易斯的尊重，我没有向他确认他是否会在同我们的比赛中首发。字里行间已经写得很清楚了，路易斯肯定会出战我们。

路易斯有很多事急需证明。他以一大堆奖杯结束了上赛季的英超联赛征程。他被评为职业球员工会年度最佳球员和足球记者协会年度最佳球员。路易斯可能觉得他已经恢复了在英格兰的名声。但他对英格兰媒体还是怀恨在心，他还是觉得遭到了恶劣的对待。路易斯还因为足总在他和埃弗拉的丑闻上的处理方式而对他们怀揣怨恨。然后，就在我们输给意大利一天之后，罗伊表示他不认为路易斯能够被视为一名世界级球员。我显然并不同意。

我什么都没和罗伊说，但当我听到这句话的时候我觉得“啊噢”。在如此一场重头戏前挖苦路易斯·苏亚雷斯，罗伊这招可不聪明。他是位非常聪明、有教养又博学的人，但罗伊并没有我那么了解苏亚雷斯。表面上看来，罗伊的发言是经过精心计算的。罗伊首先称赞了苏亚雷斯，表示“他很有潜力，是位非常出色的球员。”但随后他提到，“你能在联赛里成为一名出色的球员，但想让全世界承认你是历史最佳之一，你必须在世界杯上有所发挥才行。如果你真的打算把他和马拉多纳、贝利、贝肯鲍尔、克鲁伊夫，还有皮尔洛相提并论的话，这是你必须证明自己的舞台。”

这是个很合理的观点，但说出来就是个错误。我知道路易斯会把这看作是挑衅和无礼。我知道他会将此作为额外动力，让我们在圣保罗的比赛变成他给英格兰所有批评和质疑他的人的终极答案。

首先，在我们和苏亚雷斯兵刃相见前我希望向球队传达一条更重要的信息。我说得很简洁。看了看四周，我说如果周四对乌拉圭我们搞砸了，那么在我们每个人面前的就是一个可怕的夏天。这会是漫长又失落的一个月，所有人各自在家，我们会一遍又一遍地、不断地琢磨所有出问题的点。我解释了过去我是受了怎样的折磨，以及当你比预期更早地出局大赛之后，每一个英格兰球员都受了怎样的折磨。我们可以去任何喜欢的地方度假，但走到哪里你都无处藏身。

我不是在唬人。我们阵中有很多年轻球员，让他们明白乌拉圭一战的重要性至关重要。我们需要每个人集中注意力，全身心投入到比赛中，无论是个人还是集体。如果我们能发挥出我所知的极限，我们周五就能带着3分从睡梦中醒来，感觉幸福到了极点。

接着我把话题转向了苏亚雷斯。我极力强调，一方面他是个梦幻般的队友，另一方面他也是个非常狡猾的对手，我们一分钟都不能对他掉以轻心。我们必须确保整场比赛都有几名球员的注意力放在他的身上。“准备好对付他。”我说，“因为只要你给他一点点空间，他就能要你的命。”

我站起来走向战术板，因为现在是时候让我严肃地把事情说明白。我写下了苏亚雷斯所有的强项和他个别几个弱点。我反复重申我们都知道的一点——他可能上足了发条只待爆发时刻的到来——但是我觉得重点应该放在那些能够钝化他的技战术上。我对全队说：“当球向他的方向滚去你必须让他面对自家大门。他最想做的就是转过身来面对你。他想带着球朝你带过来过掉你。他会试着朝你冲上来因为他想要找碰撞，想找身体接触。所以不要贴得他太紧。”

所有人都点点头。我还说忘了他受伤的事，他不是普通球员，他不需用一两场比赛来找节奏。我预测他从比赛的一开场就会爆发。我还有一点要提的：“另外，永远不要觉得没事了，你已经把他搞定了。面对他一刻都松懈不得。苏亚雷斯会一次又一次卷土重来。”

2014年6月19日，周四
圣保罗，圣保罗竞技场

圣保罗的下午细雨绵绵，天气凉爽，热带雨林的炎热消失不见。我们就像是回到了安菲尔德——上次英格兰同乌拉圭的比赛就是在这座球场中进行的。那场友谊赛是在让我万分怀念的2006年，那时因为新温布利还在建造中，于是英格兰会在全国各地打比赛，其中很多是在北边打的。我们2：1赢下了那场比赛，而那支英格兰队至今还留队内的只有我和韦恩·鲁尼。

八年后韦恩打回中路成为我们的10号球员，而斯特林将首发出任左中场。球队其他位置跟上一场惜败意大利的阵容保持不变。与此同时，路易斯·苏亚雷斯意料之中的回归让乌拉圭增色不少。他是我最不想面对的球员，但让我感到宽慰的事实是，除了路易斯和埃丁森·卡瓦尼之外，乌拉圭看起来不过是支“蓝领球队”而已。

比赛的前30分钟我们顺风顺水。我们没能打出绚烂夺目的足球，但我们看住了苏亚雷斯和卡瓦尼。苏亚雷斯看起来并不如平时那么犀利，这让我感到很有信心。当然他也不是盖的，他的角球直接攻门让乔·哈特惊出一身冷汗。哈特不得不用双手才将角球射门击出。但我们更接近打破僵局。我在左侧边路开出任意球，找到了高高跃起的鲁尼——但他距离球门几码开外的头球砸在了横梁上。

随后第39分钟，一点点幸运的垂青打开了魔法的黑匣子。运气这次跟我作了对，而首先由卡瓦尼然后更多地由苏亚雷斯施展的黑魔法让我感到凄凉绝望。洛代罗和我在中线附近争夺皮球，球打在我的身上弹开。球弹到我方半场，卡瓦尼迅速持球强突英格兰右路走廊。我能看到苏亚雷斯溜进了禁区。贾吉尔卡试图跟住他，但就在卡瓦尼起脚准备传中的时候，苏亚雷斯溜走了。突然之间，他原本所在的位置空得让人害怕。当球从他的左侧飞来时，苏亚雷斯已经跃到空中扭动身体。哈特已经意识到了危险，但抢在他做出任何补救之前，苏亚雷斯头球一垫，一记兼具力量和精度的吊射越过哈特飞入球网。这是一粒令人难以置信的好球。

在苏亚雷斯那个万夫莫敌的赛季里，我和他一同庆祝了他为利物浦攻入的31粒进球中的每一粒。这次我只能在一旁看着他快乐地叫着喊着跑向了边线。他受到了队友们的拥抱，但他更专注地在找乌拉圭的理疗师以向他表达自己的谢意。苏亚雷斯重获了他所需要的健康体魄来惩罚他的旧敌，以及像我一样的朋友和他的利物浦队友们。

希望还是有的。至少我们和乌拉圭的实力在伯仲之间，而我们掌控了球权。我仍觉得我们能赢下比赛。中场休息时我说我们撤得有点太深了，对乌拉圭踢得也太客气了。我们必须更加严密看防苏亚雷斯，但除此之外我们没什么好怕的。我们的问题之一是当鲁尼距离球门40码开外的时候我们就想把球给他。我们需要让鲁尼在禁区边缘拿球，那里才是他能真正对对手造成伤害的地方。

下半场开场乌拉圭拿到了几次机会，但我们都顶了过去。我们在同意大利的比赛中所显示出的能量和快节奏都不见了，当时的天气条件还更耗费体能。白衣队员当中除了鲁尼之外，没有一人看起来准备好要掌控比赛。但我们不断在尝试，最后在比赛还剩15分钟时，我们取得了突破。斯图里奇找到了右边路套上的约翰逊，高速插上的约翰逊展示了优秀的控球技术，他内切过掉一名防守队友大力横传穿过门前。这是一脚致命的传递，距离球门只有5码的鲁尼用左脚将球推过乌拉圭门将。我们欢呼雀跃。鲁尼的第一粒世界杯进球——1：1。

感觉是时候保住到手的1分了。我们打得很舒服，打平乌拉圭再赢下我们最后一场对哥斯达黎加的比赛，几乎就能确保我们晋级淘汰赛。大部分的控球权在我们这边，62%，我们只须留意乌拉圭的快攻和反击就行了。一如跟意大利的比赛，当比分同样是1：1的时候，我希望我们能打得更精明些狡猾些。但英格兰的莽撞基因避无可避，球队想要赢下比赛。我们开始穷追猛打。

我们有那么多球员冲在前面，想着进球当英雄，于是每次攻防转换的时候我们感觉都在以少打多。每次突然由攻转守时我们的防守都是一盘散沙。苏亚雷斯正在等待机会。我希望我们能耐心组织进攻，全队统一行动。也许最后10分钟我们只能创造一次机会，但那可能就是我们所需要的一切。相反，我们每次拿球看起来都像是非得创造一次机会似的。

比赛第85分钟乌拉圭门将费尔南多·穆斯莱拉稳稳将球拿住。随后他一个大脚将球开到中场。我在本方半场迎着球开始向后倒退。我在等身后的中卫喊“我的”——对一位注意力集中面向球上来的中后卫来说这就是个常规解围。我的身后没有一点声音，于是卡瓦尼跳起来准备头球摆渡，我也起跳和他争顶。不过在后退过程中你很难跳到足够高度。皮球从我头顶蹭过，我错过了飞行轨迹。

贾吉尔卡和卡希尔都不在位置，皮球快速弹过他们。苏亚雷斯已经预见到将会发生什么了。球刚从我头上蹭过，他便转身冲向英格兰大门。苏亚雷斯又一次以恐怖的速度和野兽般的架势冲了过来。

这跟我滑倒那次登巴·巴的长途奔袭完全不是一回事，那时候我还指望西蒙·米尼奥莱能拉我一把，或者巴的射门打偏。但换作苏亚雷斯，我知道可能的结果只有一个。我和他一起踢球两年半了。我知道面对这样的机会苏亚雷斯会做些什么。他会吞噬这些机会，一如他将会吞噬我们，和我们的世界杯美梦。

苏亚雷斯让球弹了几下才控制住球，然后立马又是一脚。苏亚雷斯爆射打穿哈特，打进个人第二粒杀手级进球。乌拉圭2，英格兰1，比赛还剩下5分钟。

终场哨响起时，我又被那股熟悉的空虚感所包围。路易斯过来找到我。他在进球之后替补下场，现在穿着件天蓝色的训练上衣。路易斯知道没什么可说的。他赢了，我输了，但我们还是朋友。他把手搁在我头上，我低着头往下看——有那么几秒钟，他的手就放在那儿——然后，我点了点头。最后握了下手，路易斯·苏亚雷斯就离开了。

我情绪低落。让我感觉糟糕的是球是蹭到了我的头上但飞走落到了苏亚雷斯脚下。在我们换完衣服一声不吭地走去球队大巴时，我掏出了手机。我给詹米·卡拉格发短信问他关于那个头球的事。处理在我面前的所有解围是我的任务，但我不觉得我应该倒退去争顶一颗中场附近越过我头顶的球。罗伊·霍奇森说了后防线应该喊出来并且上来处理这个球。但我希望听听詹米的意见——他不仅是一位诚实的批评家，他本人以前也是名中后卫。

卡拉也觉得这球应该由后卫来处理——以及既然我去争顶了，那么中后卫应该已经为最糟糕的情况做好了准备。但这是整个团队的责任。我处理这个头球的结果太不理想，而我们给苏亚雷斯那么多的空间也是重大错误。这让人很受伤，但如果你没法接受指责那么就别当职业球员了，也别想着为利物浦或者英格兰效力。

我也需要接受残酷的事实。球队里没有一个人踢得足够好，我们配不上拥有更好的结果，我们必须要接受惩罚。

去年10月的那个夜晚似乎已经过去了很久。八个月前我在对阵波兰的进球帮助我们锁定世界杯出线。从那一刻开始，尽管对英格兰的上限不抱任何幻想，但我们来到巴西的最低要求还是小组出线。我们比过去任何一支英格兰队更早地告别了世界杯。

在我们最后一场和哥斯达黎加毫无意义的比赛之前，有一场英格兰新闻发布会。我想我本可以逃避责任，本可以拒绝出席或者找点理由，但直面媒体让我感到很重要。2014年6月22日，我想我让不少在我英格兰职业生涯中一直随队报道的记者大吃一惊。

我感觉一团糟，我看起来也一团糟，我两眼都是黑眼圈。过去的三天晚上我几乎都没睡上觉。我四天没刮胡子了，我的胡渣又尖又硬。

我走进里约乌尔卡区的媒体中心。到处都是记者，我认出了几张熟悉的面孔，里头很多人我都能叫得出名字，我甚至很信任过其中几个。我没有和任何人打招呼。我甚至对那些跟我最熟的记者连头都不点一下。我只是过去在桌子后面的椅子上坐下。罗伊・霍奇森坐在我旁边。

我凝视着没人的空位，等待着。开场的几个问题我都已经知道，这些我之前都听过。2014年7月我们在南非4：1输给德国之后我也是新闻发布会的座上宾。这次则更糟糕，这次要糟糕得多。我们已经世界杯出局，但仍有一场比赛没踢，这令人更感受伤。这简直就是点球大战出局那种等级的失落，感觉如此生疼。

并且，是的，我还因为更深层、更私人的原因而伤得更深。我知道我再也无法参加世界大赛了，一切都结束了。6次大赛经历，6次不同的剧本的心痛历程。

一个记者打开话匣子问了那个不可避免的问题——我感觉如何?

我觉得要求英格兰队长在球队两连败结束世界杯征程之后回答这个问

题很正当合理。于是我如实作答:“我非常受伤。”有几个记者低下了头。我不想要任何同情，但这也是人之常情，他们对我产生了同情。我自顾自说了下去，我感到“崩溃”，痛苦清楚地写在我的脸上。

但要是没有一点争议内容这就不能算是一场英格兰新闻发布会。我的痛苦不算什么争议，这真实得毫无疑问。但是现场还有其他声音，其他问题。我知道这跟我无关。我仍毫不退缩，但这次是出于愤怒。我被问道如何看待哈里·雷德克纳普的评论——他声称当今英超球员并不真正关心英格兰国家队。在罗伊接到任命之前哈里正在追逐英格兰帅位。他说他手下一些热刺球员觉得为英格兰打比赛会有“一大堆麻烦”。

我第一次听说的时候简直无法相信，后来我仍无法相信。“名字给出来，”我直言不讳地说道，“我们要名字。”

下面一片寂静。“来啊，名字给出来，”我重复道，“是阿隆·列侬?凯尔·沃克?安德罗斯·汤森德?”

我无法相信会有任何热刺球员想要逃避英格兰的征召。几个名字和几张脸从我的脑海中闪过。杰梅因·迪福?不可能。落选巴西世界杯大名单让杰梅因失落至极。彼得·克劳奇?莱德利·金?斯科特·帕克?迈克尔·道森?汤姆·哈德尔斯通?我无法相信其中有任何人会逃避为英格兰效力。还有些其他球员，但我不想去想象有任何一位热刺球员会让英格兰失望。

罗伊和我一样愤怒。“肯定不是杰梅因·迪福。”他说。我知道罗伊明白当初告知杰梅因不会带他去巴西的消息有多难。我们俩共同的经纪人斯特鲁恩还告诉我，杰梅因崩溃了。

“如果真是这样，那很恶心。”我说，“他们不想为英格兰出战?谁?他(哈里)指的是谁?我不知道他在说谁。”

罗伊能听出我语气中的犀利。“我赞同史蒂文。”他说，“过去两年我都在，我看到球员们对效力英格兰越来越感兴趣，所以哈里的评论让我觉得有点意外。如果你做了这种评论，你必须给出球员的名字。我通过有事实根据的猜测可以给出一名球员的名字，但‘球员们’？要别人这样去翻旧账有点不公平了。”

任谁都能看出我对英格兰有多用心，我如此用心才会如此心碎。世界杯让我心里五味杂陈，我说道：“失望、痛苦。我在利物浦的这个赛季结局很糟糕。我正慢慢从中解脱出来，试着让这些成为过去，试着找回一些积极向上的事情。现在正是我不希望发生的情况，完完全全一样。过去几天非常令人不快，很心痛。没有任何积极面可谈，让我痛不欲生。”

我望向上方。没必要再三强调英格兰队员们的付出和破碎的希望。事实真相我只须再说一遍。“这里没有一个人想回家。”我说，“没有一个人。”

2014年6月24日，我们的小组赛最后一战——同哥斯达黎加在贝洛奥里藏特的比赛以一场乏味的平局收场后，我们都知道要走人回家了。我们最终排名D组最后一名。哥斯达黎加排名第一，力压乌拉圭和意大利。英格兰的成绩落后一座弹丸小岛6分，后者的人口几乎刚刚够塞满伦敦南部，而哥斯达黎加表现极为出色让所有人都备感意外。

我们试图为尊严而战赢下最后一场比赛，但我们还不够实力对哥斯达黎加全取3分。这着实告诉了我们自己算老几。

几周后在西班牙度假时我看了德国的比赛，也是最终冠军得主在半决赛7：1摧毁了巴西——东道主，世界上最伟大的足球国度惨遭羞辱。即便在小组赛阶段我都能看出德国要比英格兰强出好几条街。我不觉得如果我们在巴西和他们对垒的话会被他们打7：1，但也会是一场跟当年南非的1：4差不多的惨败。2013年，我们还曾经在温布利的一场友谊赛中和他们交锋过，即便他们有多名顶尖选手不在阵中，德国还是比我们技高一筹。

在巴西，英格兰国家队的问题很明显。显然媒体应该更心平气和一些。我觉得球员们也需要更心平气和一些。目前我们有点歇斯底里，因为我们有世界上最激动人心、竞争最激烈的联赛。显然，从技术角度来说这不是世界上最好的联赛，但年轻球员在英超联赛崭露头角之后便在一夜之间成为媒体超级巨星。这种炮制出来的名声除了这些孩子的经纪人和赞助商之外对任何人都毫无益处。

我记得罗伊·基恩曾经在电视上说过的一段话我很喜欢，让我非常有共鸣。他说要成为一位巨星或者传奇是非常难的。只有当你在欧洲和世界舞台上赢得过重大锦标并且在很长一段时间里有稳定出色的发挥之后，才能配得上这些称谓。我觉得现代足球货真价实的巨星和真正的传奇没有多到我们用两只手都数不过来。

所以媒体对待英格兰应该面对现实保持平常心。但，同样重要的是，这些观点也需要被注入到我们这批现役的国脚当中。当英格兰真的进军世界杯或者欧洲杯之后，会面临更加艰难的竞争。你会突然发现面前的都是来自全世界各个角落的顶尖球员，都是杰出的球队和充满智慧的教练。因为很明显，这是最高级的足球。

在我的英格兰生涯中我两种极端都已经历了，所以我欣然接受。我能接受人们的辱骂，因为我也记得长久以来我们受到了多少不配拥有的爱戴。我当然也为之着迷过。我但愿自己当初完全无视媒体对我们的吹捧。但说真的，我内心深处唯一有此感觉的时候，是当我认为我们足够强大能进军到大赛四强时。

“黄金一代”，有些人喜欢这么称呼欧文、贝克汉姆、斯科尔斯、费迪南德、兰帕德和我，还有鲁尼这一代人，我们最后也遭到了不少批评。但回过头去看，这批球员几次杀入1/4决赛的表现也不算太糟。算不上是好成绩，但也不像现在人们声称的那么不堪。点球大战运气再好一些的话那支球队就能成为大赛四强，那就不是个简单的成就了。

最后我们没能做到。所以只有三支英格兰队球员有资格给自己的国家队生涯在满分10分下打出中规中矩的6分或者7分。可能是1996年欧洲杯之队，或许是1990年意大利世界杯班底。以及毫无疑问远高于我们所有人的、唯一的、真正的英格兰传奇——1966年世界杯冠军队仍是光辉的榜样。

那年的西德成了温布利决赛输球的那一边。那是英格兰的顶点，但只是德国人一长串名单中的一次决赛而已。有一天有人告诉我，自从1954年以来，德国赢得了4次世界杯冠军，4次在决赛中败北并且总计12次进入四强。

英格兰的特长是夸张宣传和批判主义，以及不停地自我反省，同时允许不计其数的失误和错误决策来平添困惑和失望。看起来德国人仿佛把所有的精力和智力都放在了寻找解决方案和制订明确计划上。

他们还能生产非常出色的球员，并且在他们有任何大作为之前他们的媒体不会对其大肆炒作称呼他们是超级球星。德国球员只有在手握世界杯或者欧洲杯冠军奖牌之后才会成为超级巨星。我们的球员经常在他们被国家队征召之前就被称作超级球星了。

像若泽·穆里尼奥这样的教练绝不会允许我们的球员自我膨胀。世界杯行将开始前我读到若泽的评论，他回忆了自己当年多么接近签约成为英格兰主教练，这让我驻足思考起来。若泽说他准备为这份工作而献身——他说他“这么接近”时比画出了一小段空间，就像一支笔和一张纸之间的距离——这时他的妻子介入进来劝他不要签约。他的妻子说少了俱乐部带队那种日常接触他不会高兴，于是他决定拒绝英格兰。

这本会是对迷人的组合。除了让我们保持不会头脑过热以外，若泽还会给球队提供必要的保护以对抗外界影响，还会照料好媒体。只要是关系到我们媒体义务的问题，他会为球员减轻很多压力。这都是若泽干得有声有色的活儿。

若泽·穆里尼奥如果挂帅我效力过的最棒的英格兰队——2004年到2006年间那支——那一定会是各种组合里面最为引人注目的。那些年我们在斯文戈兰·埃里克森手下打4—4—2阵型。斯文是位非常不错的主教练，但我认为若泽在战术上更为老练，面对媒体也更加犀利。过去一段时间里4—4—2被认为是很积极的打法，并被用来对付很多国家队对手。但对我而言，这个阵型已经过时很久了。是的，如果你有两名中锋为球队马不停蹄地工作的话，这阵型是能奏效。此外你还需要两名运动能力非常强、能够覆盖大片球场的中前卫。但在过去十多年里，顶尖球队总是能找到办法在球场中央建立起人数优势。遇到合适的球队4—4—2会被彻底杀死。想象一下用4—4—2打西班牙？你这是要经历人生最漫长的90分钟了。

和斯文不同的是，若泽绝对不会踢4—4—2。即便当他还在执教波尔图的时候他就展示了他绝对不会如此天真。所以如果若泽·穆里尼奥在2004年和2006年执教英格兰的话，我坚信我们至少可以打进一次决赛。同时我认为拉法·贝尼特斯也能带我们进一次欧洲杯或者世界杯决赛。但拉法唯一的问题是，很多球员可能并不会享受在他手下效力，而在一届漫长的大赛中压力和紧张都在所难免。这就是为什么在我特别希望在我的球员生涯中若泽·穆里尼奥能成为英格兰教练。想象一下带着一支拥有贝克汉姆、斯科尔斯、欧文、特里、内维尔、鲁尼、坎贝尔、费迪南德、兰帕德、科尔、杰拉德和其他一众球员的球队，他能打出怎样的成绩？这对我来说简直就是足球幻想。

回到现实世界中来，我没觉得在巴西受到了羞辱。我只是感到苦涩的失望。我们踢了三场比赛连一场都没赢下来，我们只进了两个球，丢了四个球。讽刺的是，在头两场比赛里我们可能是积极过头了。我认为我们被逮了个正着。罗伊在2012欧洲杯上遭到了一些批评，当时我们踢得太保守、太消极。他觉得好像自己已经别无选择，唯有放手一搏了。但这也对我们造成了损失，因为我不太确定这是罗伊的风格。在过去很长很长的一段时间里，他一直都是位有条理的教练——排出2道4人组一套标准的4—4—2阵型。现代足球已经现时不同往日，在战术上你必须比从前要复杂精巧得多。

但罗伊本质上是一位非常保守的教练。他非常有条理、打得非常紧凑，并且他和贝尼特斯很相似的是都偏爱在边路派上为你尽心尽力的中场，而不是攻击型盘带手和边锋。我认为我们在2012年点球输给意大利之后遭到的批评并不公平。虽然这使得我们在巴西更为激进，但我们变得混乱无序。

我们球队里有一批实诚的球员在尽自己最大努力踢球。我们从未拿到我们所需要的喘息机会，而比赛中一些关键时刻总朝着不利于我们的方向发展。最后，没能走得更远只是因为我们还不够出色。总体而言，我认为我们所有在那段时期参与到英格兰足球当中的人都要为我们在巴西遭遇的失望负责任。

我们都经常会落入自我感觉良好的陷阱当中，做起了白日梦。只要你能以实际行动去践行梦想那么做梦并无害处。

至少总会有下一场联赛比赛要打，总会有下一次预选赛要踢，总会有下一届大赛可以期待。也许，有一天，我们能做对。

我没想到最后一次为英格兰出场会是对阵哥斯达黎加。那时我还没有决定要退出国家队。罗伊·霍奇森是个好教练，照顾到了整支球队的感受。所以当他建议我和另外几名参加了意大利和乌拉圭比赛的球员对哥斯达黎加应该当替补时，我理解他的用意。

我们来到巴西之后没多久，谁将进入前两场比赛的首发名单就相当明确了。训练中流失了一分斗志和紧张感——罗伊试图在哥斯达黎加的比赛前找回这些，于是他对替补队员表达了尊重并且给他们体验世界杯的机会。

我接受这个正确的决定。其余的球员一路走来也不容易，他们有资格上场遛一遛。我也知道我会在下半场替补出场。

那场比赛结束后，我走过去向英格兰球迷致谢。这是我整个职业生涯最感动的时刻之一。我受到了球迷们的热情款待，这一切显得格外有意义，因为我知道他们当中很多人当初也经历了那个难忘的慕尼黑夜晚。2001年9月我们5：1粉碎德国，当时我也有一球入账。在一届失望透顶的世界杯尾声，他们刚刚坐看了一场互交白卷的平局，还为此花了不少钱。

但他们还是纷纷起立为我欢呼鼓掌。

我被他们坚定不移的支持深深打动。但这也叫人伤心，因为我的脑海里回荡着一个念头：如果我们几时能赢下一次大赛，想象球迷们会给我们怎样的回应……

我将双手举过头顶为我们的球迷送上掌声，感谢他们如此慷慨，脑海中又回荡起那个念头：想象一下如果那样的话……

一小时后在球队大巴上，我看着窗外，暗自偷偷地向巴西和世界杯道别。至少我马上就能见到阿莱克斯和孩子们了。我的手机振动了，又是条安慰我的短信？WhatsApp的图标在我的手机上闪烁。只是简单几句话加上两张图片。我收到了一张乔吉奥·基耶利尼肩膀的图片——这位在玛瑙斯和我们交过手的意大利后卫正在碰触他外露的受伤的皮肤，他的肩膀被人咬了。第二张图片上是路易斯·苏亚雷斯正抓着他的牙。

我简直无法相信苏亚雷斯又干出这等事来。我知道他咬了基耶利尼。我对路易斯备感失望，为基耶利尼感到难过，这事不可原谅。我知道路易斯马上就要在他的职业生涯中第三次被迫承认这个无可辩驳的事实。

对路易斯·苏亚雷斯和我而言，那是个多么美妙的赛季。当他因为咬了伊万诺维奇遭到禁赛而被驱逐出梅尔伍德的训练之后，我们一起分担了他的痛苦。我说服他留了下来。齐心协力，我们几乎为利物浦赢下联赛冠军。我们动身前往世界杯。苏亚雷斯为他认为过去所遭受的所有轻视和屈辱而惩罚了我们。乌拉圭还击败了意大利，他们晋级到世界杯十六强。但到了最后，路易斯·苏亚雷斯还是遭受同英格兰和我一样的命运。他即将被踢出世界杯。我们都要早早回家了。

我绝望地盯着图片。噢，路易斯，不会又来一次吧……不会吧。

第11章　旋转木马

我作为利物浦队长的工作几乎从未停过。即使在世界杯期间我也抓住一点间歇时间，先不为英格兰操心而是去撮合几笔转会买卖。布兰登·罗杰斯非常希望能说服巴塞罗那的阿莱克西斯·桑切斯加盟利物浦。他知道路易斯·苏亚雷斯有很大机会走上与此相反的旅程。毫无疑问，桑切斯是一名极为出色的球员，他旺盛的精力、渴望、速度和工作的投入让他成为我们正在打造的这支利物浦恰恰需要的那类球星。巴西世界杯上，他在智利的表现再度让人眼前一亮。布兰登和我一致同意我要做做休赛期惯常的抢人头工作。

我面临着极大的困难。因为阿尔塞纳·温格也在争取桑切斯。温格身在巴西而桑切斯排在他的“购物单”首位。去年夏天我们在苏亚雷斯的转会上和阿森纳爆发战争，并且赢下了这场激烈的战役。温格温文尔雅的魅力和在管理球队上的威名远扬往往能让大多数他亲自招待的球员心驰神往。但我希望我能利用我们2013—2014赛季梦幻般的联赛表现趁热打铁说服桑切斯——加盟利物浦相比于阿森纳而言是个更聪明的决定。我深知如果我们能引进桑切斯的话，这能极大地减轻苏亚雷斯离去所带来的打击。

路易斯立下过君子协定，称他会再给利物浦一个赛季，但这之后如果巴塞罗那来争取他的话任何人都不会阻拦他的去路。我暗地里希望过去这个赛季惊险刺激的冠军争夺能让他改变主意，尤其我们现在又有欧冠联赛可打。但当我在贝洛奥里藏特打开手机看到基耶利尼被咬的那一瞬间，所有保住苏亚雷斯的希望都消失了。很明显路易斯会再度遭遇长期禁赛。我知道他绝不会再回到英格兰，在那里他会遭到最严厉的口诛笔伐。

我非常努力地争取桑切斯，因为我真心觉得我们有机会拿下他。我重新踏上了短信旋转木马，拿出了接触球员惯用的那一套步骤。桑切斯回复的方式非常棒，他的英语很好因此我们有不少细节深入的短信交流。我能看得出他对利物浦非常尊敬，他还表示很乐意跟我在同一支球队效力。我说我确实计划还要再打几个赛季，但就在我设想我们能有所成就时，桑切斯很有礼貌且很诚实地指出，他意识到我的职业生涯已临近尾声，他觉得在同利物浦签下合约之前他需要更慎重一些。

基本上，他对利物浦的未来非常不确定，但对阿森纳则有信心得多。我很欣赏他开诚布公、直言不讳地告诉我选择阿森纳的理由，以及在伦敦生活对他和他的女友也很有吸引力。

几周后，2014年7月10日，阿森纳确认以3500万英镑的价格签下桑切斯。我丝毫不意外温格的说服力促成了这笔交易。智利人成为本赛季最佳签约之一——以及整整一年之后我还在好奇如果桑切斯选择了我们而不是阿森纳，利物浦的2014—2015赛季会是怎样的结局。

世界杯那年的夏天，我的另一个短信目标让人感到乐观得有些荒唐。布兰登要我尽力尝试劝说托尼·克罗斯加盟利物浦。当我说这次我们是异想天开时，他只是笑了笑。我们都极为欣赏克罗斯这位球员。我知道皇马正加快进度向拜仁慕尼黑报价，所以我刚开始给克罗斯发短信时觉得有点尴尬。这位德国中场正在随他的国家在赢得世界杯的路上，而皇马是欧洲冠军。不过三分天注定七分靠打拼，我还是试了一把。

有时候世界上最好的那些球员也会是最懂得尊重人的球员。克罗斯超级尊重人，他没有让我感觉自己像个彻头彻尾的傻瓜。但毫无疑问，他马上就要签约皇马了。我们愉快地互通了几条短信后，我告诉他干得不错，祝他好运。

“要争这个人我们只可能是输家。”我提醒布兰登。

2014年7月，我们回到梅尔伍德。这里的情绪和一年前的胡思乱想有所不同。我们已经认定将会失去路易斯，但我们清楚地意识到为丹尼尔·斯图里奇签下一位锋线搭档的必要性。布兰登努力去填补这个空缺，而我则深入到我的另一项球队建设任务中去。除了跟可能的未来队员互通短信之外，鼓舞士气也是我的任务。我一直认为我们需要球队中的一员来接过主心骨的衣钵。

外界以及一些球迷可能认为我视自己为利物浦的领军人物——因为我是队长，还是效力球队时间最长的球员，比其他队友长得多。但我从不曾这样看待自己。我一直都在寻找一位进球如麻的球星来成为我们的头牌球星。这才能符合安菲尔德将球队最好的射手定为利物浦领军人物的传统。我看着一段光辉的传承，从凯文·基冈到肯尼·达格利什，到罗比·福勒，到迈克尔·欧文，再到费尔南多·托雷斯和路易斯·苏亚雷斯。那些人是我们的英雄，在训练中我也喜欢对上托雷斯和苏亚雷斯这些球员，以此提升自己。

我比其他队员承担更多责任也更有影响力，但我一直以来都尽自己最大努力去告诉别人他是球队里最重要的一分子。这是我的工作。当我们新签下一位明星球员或者当新赛季开始时，需要激励他们的时候，我每天都会在他们耳边嘀咕。在费尔南多的耳边嘀咕，然后是路易斯的耳边："你才是头牌。今天全看你的了。这些球队里没有一支想要跟你过招。"我每天都在给他们打气，让他们感觉良好。在他们低落时我会支撑他们站起来。当他们看起来受了打击时，我会帮他们解决问题，让他们再次感觉自己非同一般。

当然了，我明白球队团结一致的重要性，我也会努力去确保每个人感到自己对我而言都同等重要。但是，当我和顶尖球员单独相处时我会把话说得很清楚。想要取得成功，想要在顶级水准竞争，我们需要一位世界级射手——而他就是我看好的人选。

在我接受了苏亚雷斯已经离队的事实之后，我的计划马上就变成了为丹尼尔·斯图里奇注入信心，2014年整个夏天我都在告诉他他有多么出色，我们有多么需要他。那时我全然不知丹尼尔的赛季会如此不幸地遭受伤病的影响，但在新赛季的备战过程中我为他建立起了十足的希望。他上个赛季打进21粒进球的成绩意味着他有潜力更上层楼，并且帮助球队继续留在前四。拥有一名致命的射手对于确保欧冠席位大有帮助。如果有两名在手，就如同苏亚雷斯和斯图里奇所证明的，能够助推你走到夺冠边缘。

7月初，有次我们在A队的场地上刚完成梅尔伍德的一节季前训练课，布兰登叫我过去聊聊。他说："我正在拼命搞个前锋过来，我真的很想要卢瓦克·雷米。你怎么看？"

我很喜欢雷米，认为他绝对够水平为利物浦效力。他有技术有速度，和斯图里奇出任锋线搭档将会是一笔宝贵的资产。阿森纳和切尔西同样对他有兴趣，所以我们必须果断行动。雷米有女王公园巡游者的合同在身，当球队在上赛季为英超升级而努力的同时，他被租借到纽卡斯尔度过了一个成功的赛季。他的合同当中有一条解约条款：只要任何欧冠联赛俱乐部提出不低于850万镑的报价，雷米就可以离开女王公园巡游者。

布兰登对于签下雷米充满自信，并且这一次我和我们的转会目标亲自见面，而不是发短信交流。季前赛期间我和雷米在瑞士见了面。任何推销都没必要做了，雷米本人非常期待为利物浦效力。为什么不是所有的转会目标都这么容易搞定呢？

不用说，这笔直截了当的交易很快就出了差错。我们的队医在雷米体检时查出问题，交易取消。雷米很生气，他觉得利物浦错了。结果他最后反而签约了切尔西。我只知道如果还没有另一位射手来分担斯图里奇的负荷的话，我们就有麻烦了。

联赛开幕日那天，拉希姆·斯特林和斯图里奇在主场破门，帮助球队战胜了遭到我们大肆劫掠的南安普顿。那年夏天我们签下了三名“圣徒”[1]球员：里基·兰伯特、亚当·拉拉纳和德扬·洛夫伦。对我来说很意外的是我们为洛夫伦花了2000万镑。南安普顿并不想出售他，所以他们提出了很高的价码。一位2000万镑级别的后卫，在我看来，是约翰·特里或者詹米·卡拉格水准的。我对洛夫伦不太熟悉，没法判断他到底值不值这么大一笔投资。

然而，他的第一堂训练课让我难以置信地眼前一亮。我想：是的，这就是为什么我们付了2000万。他将身体横在每一脚射门的路线上，每次都能将球争顶出去。他还能用英语很顺畅地交流。洛夫伦那天看起来坚如磐石。我至今仍认为他有足够实力长期占据利物浦的中后卫位置。但在安菲尔德的第一个赛季，受到媒体强烈批评的影响，他的自信心出了很大问题。

在两三场比赛后，球员们有时候会在报纸上、《今日比赛》上或者天空体育的节目上被卡拉格和内维尔批得一无是处，这些会给他们带去极大的冲击。球员们会去读那些对他们的评论，他们会听解说的评价并且非常留意这些。有些球员就会重整旗鼓，也是我一直以来试着去回应的方式——去上场证明“专家们”错了。但另一些球员会将自己封闭起来，这些批评会对他们造成长时间的影响。好几次我不得不上去搂住洛夫伦，我得给他打打气。

即便在他经历了艰难的处子赛季之后，我依旧认为他有能力在利物浦立足下来，并且打出状态，他是个好后卫。但我们会需要三到四年来判断他值不值2000万镑。洛夫伦是个可爱的伙计，且也想要取得成功，这对他颇有助益。他工作认真很有职业态度。这些品质都很关键。

同样的话也能对兰伯特说。他刚到球队就证明了自己是位真正的职业球员，每天的工作都努力得让人感到不可思议。签约利物浦对里基来说有着非常重要的意义，因为他就出生在柯克比[2]附近。俱乐部在他15岁时放

[1] 南安普顿的昵称，Saints。

[2] 利物浦青训基地所在地。

走了他——当时他已经在青训学院度过了五个年头。我能想象到这对他的打击有多大，因为我至今记得在我年轻时候身为青训球员的那份自豪。但里基没有自暴自弃，他必须全力以赴才能实现成为职业球员的梦想，而在他和南安普顿一同升入英超之前他先后效力过布莱克浦、麦克尔斯菲尔德、斯托克波特、罗奇代尔和布里斯托流浪者。我对他通过在英格兰低级别联赛里的长期厮混之后让自己成为一名英格兰国脚的经历抱有极大的尊重。所以当2014年6月他先后签约利物浦并入选英格兰大名单随队出征巴西，对他来说一定是个梦幻般的夏天。

他喜爱利物浦，这点我很喜欢。那份热情和职业素养意味着他的态度绝对不会有所动摇，即便事实很快就显示他在安菲尔德只有当替补的分儿。他会不断从替补席上出场，并且出场顺位会不亚于斯图里奇和另一位前锋。无论布兰登在2014年8月底转会窗关闭之前签下的谁都一样。

最后在8月中旬，布兰登过来找我，我们在训练场上聊了一会儿。他说："你知道我们已经错过好几个目标了。我基本上别无选择只能赌一把了。"

布兰登再次开口之前稍作停顿："赌一把马里奥·巴洛特利。"

我的本能反应是："啊噢。"我从没见过巴洛特利，但我听过他居家烟火秀的各种故事以及若泽·穆里尼奥形容他是位"无法管理的球员"。我看得出，赶上心情好的时候，他是位高水平球员，但是他职业生涯剩余时间简直就是对天赋的极大浪费。这就是我对巴洛特利的看法，但我也不得不承认，当他为意大利出场时，他似乎能开启天赋模式就像是突然开窍了一样。

一个月前，当他在玛瑙斯打进对阵英格兰的制胜球时，他让人们看到了他巅峰时期让人难以防守的移动能力。我跟布兰登谈了谈这些比较正面的印象——没有任何必要去唠叨巴洛特利的负面公众形象。

"好吧，如果你赌对了，也觉得有办法管教他的话，"我对布兰登说，"也许能行。我在英格兰和他几次交手，他的表现都非常非常好。"

我还告诉布兰登，在球场上近距离看的话，你能发现他是个高大、充满力量的家伙。巴洛特利有潜力成为世界级射手，有技术、有力量也有得分能力。我提到了他的心理问题，但布兰登自信他能成为巴洛特利需要的教练。

我理解这次赌博。我们在斯图里奇之外缺少另一位顶级射手，兰伯特会是个很好的后备，但我们需要一位天赋异禀的球员。巴洛特利就有。如果布兰登能创造奇迹让巴洛特利脑子清楚些，放在我们面前的可能就是全世界最划算的1600万镑交易。我们仍在等待。

布兰登还是感受到了我有所保留，因为他补充了一下为什么这笔交易值得冒险。布兰登暗示巴洛特利已经没有其他地方可去，似乎利物浦会是巴洛特利最后一次在豪门证明自己的机会。

他可能会拿到一笔非常严格的合同，任何行为不检点都将遭到惩罚。布兰登说他会跟巴洛特利在梅尔伍德见见，与此同时我们去调查除此之外唯一的选择——萨穆埃尔·埃托奥。

可能他是有些自高自大，但埃托奥曾经随巴塞罗那和国际米兰先后赢得过欧冠联赛，在埃托奥的体内有着赢家心态。这也是为什么曾经在国际米兰执教过他的穆里尼奥将他带到了切尔西。但是33岁高龄的埃托奥的状态正在迅速下滑，他的体能状况和伤病史也让人颇为担心。最终决定一边由布兰登和巴洛特利坐下来谈谈，另一边由我们的体能教练乔丹·米尔索姆会去巴黎和埃托奥待一段时间。他会做些测试，然后由布兰登来做定夺。

几天后我收到了布兰登的回应，他打算要豪赌一把，我们准备签下巴洛特利。我听到脑海深处又是“啊噢”的一声。我百感交集。

我提醒自己我向来都能不计前嫌允许每一位新球员融入到俱乐部中来。巴洛特利的名声对我的决心是个考验，但我将尽最大努力敞开心胸来接纳他，从8月26日他第一天来参加训练起便是如此——一天前我们在新赛季第二场比赛中1：3输给了曼城，巴洛特利的老东家之一。

他刚来就让人“耳目一新”。当时我们正在做防守定位球演练，然后巴洛特利对布兰登说：“罚角球时我不盯人。我不能。”我差点一把摔倒在门柱上。我在想："你是什么？6尺3的身高，我在球场上见过的最强壮的人之一，你说你角球不能盯人？"

布兰登很坚定。他对巴洛特利说："好了，你现在能了——而且如果你不会的话你得学。"这是布兰登和巴洛特利之间的第一次冲突，在他加盟的第一天，但教练在马里奥面前真的底气十足。从一刻起，巴洛特利开始在防角球时盯人了，并且在随后的几个月里他甚至好几次帮忙防住了不少关键球。

巴洛特利在2014年8月31日完成了他的利物浦首秀，在客场对阵托特纳姆的比赛里，他发挥得还不错。我们3：0赢球，斯特林、我和阿尔伯托·莫雷诺分别取得了进球。托特纳姆的新帅毛里西奥·波切蒂诺刚刚接手一支孱弱的球队。他是位好教练，但是他需要时间来调整球队进入某种比赛节奏。那天我们发挥得很好，几乎达到了我们上赛季5：0和4：0战胜热刺的水准。巴洛特利的表现并不突出，但他努力为球队而战，也有两三次得分机会。他甚至看起来就像是位团队球员。

好景不长。十天后丹尼尔·斯图里奇在英格兰集训中受伤。他将因伤缺席很久。突然间马里奥的赌注陷入了危急——因为我知道打单箭头的话巴洛特利必然没法达到我们所需要的工作投入。一切变得更加盘根错节，也更加困难重重。

击败托特纳姆的比赛的后一天，路易斯·苏亚雷斯回到了梅尔伍德。我希望我能说他是回来继续为利物浦踢球的，但路易斯是来说再见的。他还给我带了件礼物，那是件巴塞罗那球衣，背后印了9号，苏亚雷斯还在上面签了名。路易斯还没法真正穿上他的新球衣，因为在他的世界杯咬人事件——也是他生涯第三次咬人事件之后，他遭到了比以往更严厉的处罚。除了乌拉圭国家队9场禁赛之外，他被勒令四个月内禁止从事一切"足球相关"活动并处以6.6万英镑罚款。他起初还抗议称咬人并非有意，这更是给事件火上浇油。

“事情的发展绝对不像你们所描述的那样，那不是一次蓄意咬人。”在FIFA纪律委员会判处苏亚雷斯咬基耶利尼罪名成立之后，他的律师代表他这么写道，“发生碰撞之后我失去了平衡，以至于我的身体没法站立，所以我倒在我对手身上。这时候我的脸撞到了对方球员身上，我的脸撞伤了而且牙齿感到一阵剧痛。”

这辩护简直就是疯了。FIFA公正合理地坚称这次咬人是“故意、蓄意并且平白无故的”，并且执行了他们的处罚。6月30日，路易斯最终在公开声明中进行了道歉：

> 在家和家人相处了几天后，我终于有机会重拾冷静，并反思了在2014年6月24日意大利—乌拉圭的比赛中到底发生了什么。事实是我的同行乔吉奥·基耶利尼在他和我的碰撞中被我咬伤，他因此承受了肉体上的痛楚。对此，我对所发生的一切深表遗憾。我向乔吉奥·基耶利尼和整个足球大家庭表达我的歉意。我对公众发誓再也不会发生这样的意外。

我知道事件所产生的影响，以及路易斯一个人造成这起事件的事实仍然使他自己很受伤。相对地，我把注意力放在对他而言开心的一面，他以7500万镑转会去了巴塞罗那。我知道一直以来他对巴塞罗那的感情，还有对他和他的妻子而言，终于踏上了去加泰罗尼亚的旅途意味着什么。十一年前，当他只有16岁时，路易斯第一次前往巴塞罗那去见他的女朋友索菲。她和她的家人从乌拉圭移民到西班牙。他们住在卡斯特尔德费尔斯，就在巴塞罗那沿岸向北不远处。

和女友分别让路易斯心痛不已，他对索菲和自己发誓，通过足球他会找回重返欧洲并且最终去到巴塞罗那的路。在他向她道别飞回蒙得维的亚之前，16岁的路易斯和索菲偷偷溜进诺坎普，好让他能拍下这座球场空无一人时的照片。索菲很担心他们会被抓到，但路易斯搞到了他的照片。现在他已经把梦想变成了现实。

他和现在已经成为他妻子的索菲，还有两个孩子德尔菲娜和本贾明会在卡斯特尔德费尔斯租一间房子。一段爱情故事和一段足球幻想就此圆满。尽管失去他这位队友让我很伤心，但为路易斯我唯有感到高兴。在巴塞罗那和梅西以及内马尔搭档，我毫不怀疑他会取得巨大的成功。

我们在梅尔伍德坐了一会儿。几乎整整一年前我也坐在这里劝说他拒绝阿森纳，在利物浦再待一个赛季。我俩上赛季神奇的表现最后没能换来渴望已久的冠军，让我们至今都感到神伤，但我们收获了我们的记忆和我们的友谊。

另一点打动我的是，那天在他永远告别梅尔伍德前，路易斯跟我提起了菲利普·库蒂尼奥。“你要保证照顾好他，”路易斯说到菲利普，“他是个好孩子。”这告诉了我苏亚雷斯有多么欣赏库蒂尼奥这名球员。我知道他们很亲近，因为所有的南美和西语系球员都喜欢路易斯。但是当路易斯挑出菲利普作为我们最特别的青年才俊，还是让我很有共鸣。这和我的观点不谋而合。

菲利普天赋极高，我看好他，他能成为利物浦的头号球星。许多利物浦球迷已经将他视作我们的头牌。他刚和球队续下新约，而且他和妻子——一对可爱的小夫妇——似乎在这儿安顿了下来。但我也知道西甲双雄巴塞罗那和皇家马德里用不了几个赛季就会来考察菲利普，就像他们对路易斯那样。那时候利物浦就棘手了，因为对南美球员或者西班牙球员而言，加盟这两家俱乐部的诱惑太强了。直到那一刻为止，利物浦都应该好好珍惜菲利普。

我一直都对他密切关注。但自从路易斯在利物浦生涯最后一天跟我谈过之后，我对菲利普更是照顾有加。如果我一段时间不在阵中，因为受伤或者停赛之类的，我会确保每场比赛之前或者之后给菲利普发去短信。我知道我们必须尽可能长时间地留住他。

我不经常用社交媒体，但偶尔用的时候，我会在Instagram上挂一些照片。2014年9月1日的梅尔伍德快照上是路易斯和我，还有他刚刚送给我的巴萨球衣。一起拿着球衣的时候我俩都是笑容满面。“他带礼物回来了。”我在Instagram上写道，“今天早晨激动地和我们的头号球星道别。向这位现象级球员献上最美好的祝福。”

路易斯那天晚上在推特上发出了他在利物浦的最后一条推文，附有一张他和我，以及格伦·约翰逊还有琼·弗拉纳甘的合影：

> 今天我和几个朋友道别了，想到那些我们曾一同经历的美好时光就让人兴奋。感谢你们给我带来的所有快乐！！！！！@Glen_johnson，@jon_flan93和史蒂文·杰拉德！！！

在退出国家队之后，我在利物浦的未来似乎更加巩固了。这条消息在7月21日公布，但是其实我还在巴西的时候就已经做好了决定。出于对罗伊·霍奇森的尊重我同意再多思考几周时间。

布兰登·罗杰斯在其中起到了关键作用。世界杯前我和他简单聊了会，谈到这可能是我代表英格兰出场的最后几场比赛了。我说我们看看这次世界杯情况怎样，然后我们同意等时机合适的时候以开放的态度好好讨论一下。

小组赛开打之前布兰登一直跟我互通短信，还打电话来祝我好运。然后在乌拉圭和哥斯达黎加两场比赛之间我们又谈了一次，因为我需要知道我们的季前训练时间安排。我还觉得这是个把我在英格兰的未来这个话题摆上台面的好机会。

罗伊非常希望我能继续留在队内。在输给乌拉圭之后，他就清楚地表明了这一点。罗伊说我可以以任何自己觉得舒服的形式留在队内——无论是继续当队长或是做一名普通球员。我们的交谈非常随意，因为在两场世界杯失利之后我们都还处在痛苦之中，但是罗伊暗示我们甚至可以挑选要打哪些比赛不打哪些比赛。他说如果某些小场面友谊赛我不参加球队集训对他来说没问题，甚至一些走过场的预选赛也可以不参加。如果他觉得不需要我首发出场，那么我能留在利物浦以此作为恢复时间。

我认为这样的安排对其他队员来说会不太公平。如果英格兰在没有我的情况下5：0赢球了，那么下一场比赛我直接回到球队当中去显得有些突兀。但我和罗伊之间的感情太好了，所以我答应会考虑一下。

史蒂夫·彼得斯跟随英格兰一同出征巴西，而且他也表达了罗伊有多么希望我留下。加里也跟我聊一次。他说："听着，别着急。这支球队需要你，因为我们有很多年轻球员。回去好好考虑考虑。"

我已经34岁了，并且因为我和利物浦还有球迷们的感情，我优先要考虑的是布兰登的反应。他说："我明白你在英格兰的地位有多重要。你是队长。你没法那么轻易地放下。"

但是当布兰登开始告诉我关于安排我的比赛那一刻起，一切都改变了。他说："如果你想要留在英格兰的话对我来说没问题。我绝对可以帮你定制比赛。"

在脑海中，我艰难地做出了让步。我可不打算让我的利物浦生涯受到限制。

布兰登跟我谈到他计划至少要引进五名新援。我们需要一支更壮大的阵容，尤其因为我们有欧冠联赛要打，而他很乐意轮换使用我。他明确表示如果碰上重大比赛那么我还是他的首选，但如果我想继续我的英格兰生涯，那么他可以合理分配一下我在利物浦的出场机会。

对我来说这是一整个赛季最重要的一通电话。就在我听到布兰登说他能为我定制出场机会那一刻，我就做出决定了。我说："我不希望我的利物浦比赛受到管理，所以我将100%从英格兰退役。"

从利物浦的角度来说布兰登很高兴。但他建议我跟罗伊谈谈，再多找几个人聊聊，然后把事情想想清楚。就是那时罗伊要我不要做任何仓促决定。他已经前往度假，而我也和阿莱克斯还有孩子们也是一样。于是我们一致同意，等我回到英格兰，我会给自己三到四周时间来做最后决定。

我跟詹米·雷德克纳普、加里·麦卡利斯特、詹米·卡拉格、迪迪·哈曼[1]和大卫都聊过——他们都是我在足球上需要建议时会去找的前队友们。我跟布兰登也聊了一次，还跟我的经纪人斯特鲁恩还有我父亲谈了谈。我还和足球圈外的几个密友讨论了这件事。我的脑海里已经90%拿定主意了——因为那时第一次和布兰登谈到分配我的比赛时间之后，我基本就决定要从英格兰退役了。

只有一个人对我的本能反应表示了反对。大卫·贝克汉姆很坚定，他说："别退役，别离开英格兰。如果你这么做了，你也许会后悔的。"

我知道在2006年世界杯之后史蒂夫·麦克拉伦将他驱逐出国家队阵容之后，大卫非常怀念为国效力的日子。他经过努力重新回到国家队中并且最终为英格兰出场115场，比我多一场。

但当我跟小贝提及细节的时候，他听得很仔细。我告诉他我害怕变成替补球员，然后他的立场也软化了。他说他理解也尊重我的决定。

罗伊也非常善解人意，我们的关系仍一如既往地牢固。我们保持着密切联系，当足总同意他留任英格兰主帅时我非常高兴。我坚信罗伊是执教英格兰的最佳人选。英格兰在整个2014—2015赛季里保持不败的事实——尽管对手并不一直是顶尖强队，这也支持了我对他的信心。

当我的决定得到确认并公之于众后，我很自信一切都会好起来。我目前同利物浦的合同将在2015年6月到期，但布兰登已经告诉我他要求老板解决我的合同问题并且向我提供之前说好了的1年续约。我心情已放松，期待着在我们去年所取得的成功的基础上再接再厉。少了在英格兰国家队的比赛，我期待自己能更有活力，在利物浦发挥出水平。一切似乎非常明确而又积极向上。

足球这桩生意总是习惯把事情搞得很复杂。我们在伦敦3：0击败热刺之后，球场上出现了一点小麻烦，我们遭遇了两连败——主场0：1输给阿

[1] 也就是前德国国脚、利物浦球员迪特马尔·哈曼（Dietmar Hamann），昵称为迪迪（Didi）。

斯顿维拉和客场1：3输给西汉姆。两场比赛我都遭到了严密的盯防，我发现在我站稳了脚跟的拖后中场位置上遇到了阻击。我认为在我上赛季打出那么好的状态之后，英超联赛的教练们已经发现了新的方式来限制我。所以他们开始安插一人紧紧地贴着我。好像他们认定如果给我时间和空间的话，我就能摧毁他们。

加比·阿邦拉霍是第一位真正被派上场对我做这件特派工作的。在我们对阵维拉的比赛中，他一整场比赛都纠缠着我——除了他在第8分钟打进全场唯一进球的时候。他极大地限制了我拿球时的出球点，我只能打打短传，因为阿邦拉霍非常卖力地限制我。他甚至都懒得去看皮球，他始终都在看着我，像是最黏的胶水一样贴着我。对他们而言这很管用，维拉赢下了比赛。

随后一周山姆·阿勒代斯重复了保罗·兰伯特的战术。斯图尔特·唐宁片刻不离地跟着我，这招又奏效了。不得不称赞两位主帅都用对了战术。媒体对此进行了大肆渲染，我想他们忘了还有另外九名没有受到人盯人防守的利物浦球员。媒体在英格兰就是这么运作的。但遭到限制没法在比赛中正常发挥让我很困扰，因为在上个赛季我们有许多攻势都是从拖后位置发起的。

而即便当我摆脱人盯人防守，进攻同样很困难。因为缺少了苏亚雷斯和受伤的斯图里奇，我们的前场少了太多机动力。巴洛特利让我独自一人处理球时并没有太多选择。起码在对阵热刺的比赛中，巴特罗丽和斯图里奇的组合，加上斯特林出任10号位，让我在传球的时候能有一大把选择，而我们3：0赢下了比赛。

球队的犀利程度和灵敏度也不如平时，一般在世界杯后的最初几个月里很常见。联赛最佳球员、也是世界上最出色的球员之一的苏亚雷斯去往巴萨，让球队迟迟没有缓过神来。

我去找布兰登讨论了我对自身状态的担忧。这次并没有我们之前那次交谈这么深入，当时我们打定主意让我更换场上位置，但这次寻求的是另一种帮助。布兰登的反应很平静。他说："不要再苛求自己了。现在任何人去打你的位置都会发现不好打，因为我们在前场的选择比之前有限得多。"

他还指出有球队将我看作是一大威胁，还牺牲一名球员试图抑制我，我应该将此看作一种赞赏。我们同意将在训练中尝试各种练习，以想办法让我能再次为自己找到空间。

我们的下一场比赛是主场对阵埃弗顿。布兰登决定将阵型改换为4—2—3—1。通过双后腰组合，布兰登说："如果他们对你采取人盯人策略，那么你就能把站位提上去，因为我们还有另一名队员后撤以确保防线安全。"

用我和乔丹·亨德森打双后腰出奇有效。史蒂文·奈史密斯那天是埃弗顿的10号位球员，他从比赛刚开始就试图跟防我。但他不断转身和自家中场争论，抱怨只有他独自一人在进行紧逼。他们的中前卫看起来很不自在，而当他上前紧逼亨多的时候，我就能拉开角度拿球，又能自由自在地发挥了。

很明显，我们是更为出色的一边。巴洛特利和拉拉纳都和进球失之交臂，在上半场进行到一半时我们本该得到一粒点球机会。"这差不多是一次扑救了。"布兰登随后对加雷斯·巴里用手臂挡出斯特林抽射的瞬间大倒苦水，"除了没用两手抱住球之外，这个点球再明显不过了。"

之前也提到过了，马丁·阿特金森一直都是最不受我们欢迎的主裁判，而这就像是他对利物浦的典型判罚。他还一如既往地对我出示了黄牌警告，不过他倒是在第63分钟给了我们一个任意球。我的射门绕过埃弗顿人墙，直飞球门上角。我飞奔庆祝了起来，已经几个月没有这种感受了。

在这座城市，无论是我们的球迷还是埃弗顿球迷，有时候总是能轻易抹杀一名球员——比如，在几场比赛发挥不佳之后就会说："他完了，他没戏了……"

我是在还击这种不经大脑思考的意见和媒体——在我对阵西汉姆的无力表现后他们痛批了我一番。对阵埃弗顿时我是利物浦表现最好的球员。这本该是一场属于我们的胜利，不过在第90分钟他们莫名其妙地打进一记天外飞仙式的进球。洛夫伦将球解围出去，25码开外菲尔·贾吉尔卡抡起一脚，球就这么飞进了网窝。对任何人来说这都是一粒惊天动地的进球，更别说是个中后卫打进的了。

我只差这几秒钟就能打进德比的制胜进球了。赛后的焦点本该集中在我重新找回状态以及利物浦在开局5战3负之后开始找回赢球的感觉上。但相反地，注意力都转向了贾吉尔卡的“神奇一击”上。一如他的主教练罗伯托·马丁内斯形容的那样:“这可能是我见过的最漂亮的一脚球了。”

即便没能让所有的质疑者闭嘴，我也让其中一些收回了质疑，与此同时我们将注意力转向了欧冠联赛。9月的最后一天我们启程前往巴塞尔——一座我曾在此遭到自家主帅强烈质疑和批评的城市。

那是在2002年11月中旬，就在我们飞往巴塞尔进行一场决定性的欧冠小组赛比赛前，我被叫去梅尔伍德的主教练办公室。在办公室里的不止热拉德·霍利尔一人。他看起来很生气，在他两边是助教菲尔·汤普森和萨米·李，同在现场的还有守门员教练乔·科里根和首席球探亚历克斯·米勒。当年22岁的我看起来就像是要被这五人匪帮严刑拷打了一样。

在我为一线队踢球的三年半时间里，热拉德非常用心地呵护我的成长。但现在他身上所有的慈祥似乎都不见了。热拉德准备向我抛出他的第一个问题。

“你到底怎么回事，史蒂文？”他问道。

我只是低着头。几周前，10月26日，就在我状态低迷越陷越深时，热拉德在安菲尔德对阵热刺的比赛中将我换下。看到我的号码被第四官员高举在Kop看台前，我顿感羞耻。内心深处的我知道自己表现得就像个被宠坏了的坏小子。但那时我还是个孩子，我的脑海里乱七八糟。

我冲下球场直接从霍利尔身边走过，直接走向通道去了空无一人的更衣室。老大让沃勒医生来带我出去。

“不可能！”我怒气冲冲地说。

沃勒医生能看得出我脸上的暴怒，于是他留下我一人待着。热拉德可不太满意。他对我处以罚款，又在接下来对阵西汉姆的比赛里将我晾在板凳上。随后一周打米德尔斯堡我又回到了首发阵容中，但又被提前换下。

于是乎就有了这场梅尔伍德审讯。五位中年男子从各种角度向我开炮。你是哪里有问题？做这事你有经过大脑考虑吗？你有问题吗？家里出事了？你想谈谈吗？

如果是热拉德和我两人独处，也许能开口谈谈。但他们敌意的审讯只有让我更加闭口不言。他们的攻势愈发猛烈：我的态度很糟糕；我的训练不够刻苦；我看起来狂妄自大。

这事似乎处理得有些夸大了。除了我的教练和助教之外，首席球探和守门员教练也来对我横加指责。我还记得当年我和其他青训学院的兄弟们每天早晨呼喊大笑，一边给球打气，一边吸着乔・科里根早晨肠胃运动的臭气的情景。科里根之屎的威力似乎永无止境地让人发笑。现在乔大爷也来当帮凶——跟米勒、李、汤普森和霍利尔一起，他们都扑在我这桩事上。

终于，当他们的怒气稍有间歇，我开口了：“你们几个说完了？”

在任何一个人能回答之前我就走出了主教练办公室。那段日子里我和丹尼・墨菲说了这件事。一如既往，我们的关系非常近，我完全信任他。我告诉丹尼在梅尔伍德发生了什么，以及更为重要的问题——我为什么会苦恼。

我的父母正在闹分居，我因此支离破碎。我刚开始能赚点小钱的时候我给全家在惠斯顿买了栋不错的房子，我的父母和我都搬了进去。我希望哥哥保罗也能跟我们一起，因为我们一家人关系很亲。但保罗不想离开艾恩赛德路，对他而言那里仍是家。于是我们协议保罗继续留在老家，而爸妈会搬来惠斯顿和我住。

这本来应该是个完美的结局。我在利物浦蒸蒸日上，生活美满。爸妈和我住在一起，有大把时间享受人生。生活上没有任何经济压力，所有无聊的日常麻烦事应该都消失不见。但每每我回到新家听到的总是争执声。当我在家的时候，爸妈总是尽可能不吵架以免让我不安。但到了2002年秋天，他们已经很明确要永久分开了。他们已经不再相爱，两人都想要各走各的路。

现在我能够理解这事，而所有事情也都得到了解决，但当时我整个人都崩溃了。我的比赛受到了影响，情绪也跌落谷底。我感到无助。

那次巴塞尔之旅，丹尼帮我熬过了这场噩梦。他是我最好的倾诉对象，因为他能理解。他的父母也曾经历过相同的动荡期。在我们对话的最后，丹尼说："别担心。你会渡过这次难关的。你只要试着暂时忘记发生了什么，上场去比赛就是了。"

在那场对阵巴塞尔的比赛，我很意外热拉德选了我出任首发。这之前我们已经在主客场被当时由拉法·贝尼特斯执教的瓦伦西亚双杀，并在安菲尔德1：1战平巴塞尔，我们必须赢下在瑞士的最后一场比赛才能从小组出线。巴塞尔的情绪很坚定，他们全队刚在黑森州进行了一次野营，为这场欧冠生死战做了针对性准备。我完全没有做好准备，发挥得也不好。半场结束时我们3：0落后。

我们刚一走进更衣室，热拉德就喊道："史蒂文——洗澡去。"

这是足球界最耻辱的事之一——半场被换下。更糟糕的是当我听到我是被萨利夫·迪奥换下。

"别低头。"我去冲澡时乔·科里根说道。

"滚开，你！"我回应。

在没有我的情况下，利物浦奋起反击3：3逼平对手，为我的尴尬画上了句号。我很高兴丹尼打进了其中一球，但我们还是被淘汰出了欧冠联赛。在赛后新闻发布会上霍利尔好好给了我一点颜色。他基本上把我说成了个超级蠢货。"当一位球员开始觉得所有事情都是围着他转，并且自以为‘我才是世界之王’的时候，他就有麻烦和危险了。”霍利尔说道。

我可能脾气是暴躁了点，但我从没有看起来招摇过市像是世界之王的样子。霍利尔的评论让我很受伤。他接着说道：“杰拉德这一段时间过得很糟糕。我仍坚决拥护他，但对阵巴塞尔的比赛他就是不够出色。我们想念那个好的史蒂文·杰拉德，那个我们喜爱的史蒂文·杰拉德。”

坏的史蒂文·杰拉德气疯了。这个故事充斥着各大报纸的版面，所以当热拉德给我打电话的时候，我基本不搭理他。他声称媒体夸大了他的原话。但是《每日快报》的保罗·乔伊斯告诉我所有报社都准确无误地引用了霍利尔的原话。乔伊西[1]是我最信得过的记者，我知道霍利尔只是在掩饰他的行径。即便是英格兰主帅斯文戈兰·埃里克森也就这出争端接受了采访。他承认看到我被自家主教练如此公开地批评让他感到很吃惊。利物浦对这种冲突一般的处理方式都是在梅尔伍德自家关起门来说话。

我父亲也看了报纸。“出什么事了，史蒂文？”他问道。

我耸耸肩一言不发。父亲说，我们彼此都知道我为什么发挥不佳。“因为这栋房子里我和你妈妈之间的事。热拉德知道吧，是吗？”

我难过得说不出话。“你告诉他了吧？告诉了吗？”父亲问。

“没。”我低声说道，“为什么要说？”

父亲无法相信。他坚持要我和教练谈谈。当我说我不想的时候，他问我要了霍利尔的电话。我摇头拒绝。

“好的。”父亲一边往门口走去一边说，“我现在就去训练场跟教练说。”

我想要阻止他，但他火冒三丈，随后是一段漫长又痛苦的等待。最后，差不多一个小时后，我的手机响了。是热拉德。他的语气听起来有所不同，比之前温柔而又慈祥得多。热拉德说我父亲向他和菲尔·汤普森解释了所有事情。我要不要去见见他——就我们两个人之间碰个面？

在梅尔伍德我听说了父亲都说了什么。“这是我的错和朱莉的错，不

---

[1] 乔伊斯的亲称，Joycey。

是史蒂文的错。他不在比赛状态是因为我们。”

和别人谈论婚姻破裂对父亲来说并不容易，但无论是他还是我的母亲都无法接受我因为他们的问题而状态下滑。他们决心坐下来冷静地把一切都处理好。婚姻就此终结让我很难受，但我仍和他俩保持着一如既往的亲近。热拉德也给予了我极大的支持。我们握手言和，我感到如释重负。

待我回到惠斯顿的家中，我感谢了父亲。“我知道这对你来说很艰难。”他说，“我很久没见你笑过了，史蒂文。不过反正你本来也不是个没事偷着乐的人……”

这时候我笑了出来。我的情绪也爽朗了起来。我又能自在呼吸了，我又恢复了笑容，我又能开始踢球了。

几周后，当我的状态开始回暖，热拉德又在新闻发布会上提到了我。“我们很怀念他，但好的史蒂文·杰拉德终于回来了。”

差不多十二年后，2014年10月1日，我们回到了巴塞尔的圣雅各布公园球场。我自觉苍老了不少，更睿智了不少，不再是当年那个苦闷的22岁毛头小子了。我的家庭生活重回正轨——爸妈见到我和阿莱克斯喜结良缘也激动不已，还当上了我们三个孩子莉莉·艾拉、莱克茜和露德丝的外公外婆。

这次和巴塞尔的比赛我们的压力可比上次要略微小一些。我们的欧冠分组形势算是很不错了。卫冕冠军皇家马德里是众望所归的大热门，而巴塞尔素有英超克星的名头，战胜过曼联和切尔西这些英格兰球队。但我们认为自己比巴塞尔更强。B组第4支球队是保加利亚的卢多戈雷茨拉兹格勒。没多少人听说过卢多戈雷茨，但两周之前在主场的首回合对阵中我们遭到了对手的顽强阻击。直到我在加时赛第3分钟打进一粒点球，我们才以2：1赢下了比赛。要是在打巴塞尔的比赛中我们能拿到一场理想的结果，那么我们就能在淘汰赛晋级之路上迈出一大步。

我仍没有得到任何关于新合同的消息。9月底布兰登问我，老板有没有和我的经纪人联系过。我摇了摇头，但我很放松。我暗地里很信任布兰登，他说过他肯定芬威或者利物浦总经理伊恩·艾尔会找时间和斯特鲁恩·马绍尔接触，以解决合同问题。

在巴塞尔赛前的新闻发布会上我被问及新合同的问题。我收到新合同了吗？我不得不实话实说："没有。"

在布兰登的发布会上，当有人问他关于我的问题时，他热情洋溢：

> 这是位真正的超级巨星，这个国家并没有诞生过太多这样的球星。他踢出去的球仍旧几乎比所有人都好——无论是他的传球还是他的射门。每天和他一起工作都很愉快，作为球员也好，作为个人也好。
>
> 他坐镇球队当中，是球队在过去18个月里所取得的一切成就的真正催化剂。某些针对他的批评，正显示了他一直以来稳定出色的发挥。现在各支球队对他进行盯人防守的事实让你看到了他给比赛带来的影响。

被确切问到我的合同问题，布兰登说：

> 这是我们俱乐部的当务之急。还有史蒂文本人和他的感觉。他的身体状态仍然非常好。他34岁了，每天都参加训练，他一天都不用休息，他想要工作。他会一路训练，让自己做好准备直到最后一刻。而那是何时，我们还要走着瞧。

布兰登还被问到了十二年前对阵巴塞尔时我被换下的事：

> 我跟史蒂文聊过那天晚上的事，我知道这段经历后来给了他

很大的帮助。很明显他和热拉德·霍利尔的关系非常棒，但当时他还是位年轻球员，在职业生涯初期就被好好上了一课，学会了你必须好好表现，做好充足的准备。

不幸的是，2014年对巴塞尔一战我们一来没做好准备二来也没能好好表现。我觉得布兰登被媒体摆了一道。媒体把这场比赛渲染成了他和保罗·索萨的斗法——两人都曾经执教过斯旺西。罗杰斯在2010年夏天从索萨手中接过了斯旺西帅印。赛前有不少媒体交流讨论，到底哪位教练的球队会打出更漂亮的足球。布兰登在他赛前对这支瑞士球队的演示中非常有自信，他明确指出对手不是一支好球队。我们过分自信了。

要是我们前场有苏亚雷斯和斯图里奇，加上斯特林在他们身后，那我们可以摧毁巴塞尔和欧洲大多数球队。但三个人里面我们就只有斯特林——而巴洛特利又是形单影只地顶在锋线上。对埃弗顿那场我们的表现有所好转，但如果率领球队的是我的话我会说："今天我们必须有所变化。"

相反地，我们打得太过开放，巴塞尔1：0击败了我们。我很失望因为我们本该从客场带走1分。无论你的对手是谁，欧冠客场平局都是一个不错的结果。如果你要以输球为代价，那么打出铺张、美丽的足球毫无意义。

中场休息时布兰登对我们破口大骂。他说整支球队里只有我是能把球从A点传到B点的人。下半场我们的表现有所起色，但我们仍没有任何人有能力为球队捞回1分。

赛后我接受天空体育的采访时质疑了队友的表现。"他们更想赢球，"我说到了巴塞尔，"这让人非常失望。我们配不上任何结果。整个球场上我们都太软了，又是定位球丢球，不够好。"

不少人对我的直言不讳感到意外。他们还想怎样呢？我应该出来说我们踢得很不错然而我们并没有？10次里有9次，我的风格都是保护我的队员们、鼓励他们。但对巴塞尔的这场里我们就是一群废物，打出这种表现要是还有任何人指望我为他们辩护的话，那我宁可不当队长。

在新闻发布会上我还指出了一点，是给布兰登的讯息。他领会了我的意图并且在接下来的球队会议上指出了相同的一点："出去打欧冠客场的时候你不能软弱，也不能打得太开放。你每一场比赛都要有所变化。"

我对布兰登的执教和为人都抱有极大的敬意，但我所经历过的欧冠联赛的年头比他多太多了。我知道这是一项残酷无情的赛事，我觉得巴塞尔那晚的比赛给我们全队上了昂贵的一课。

不过即便我们在战术上找对方向，打得更加紧凑，我们也会很煎熬。巴洛特利是我们的首发前锋，而他无药可救。在对阵托特纳姆那场让人充满希望的首秀之后，他在训练中和随后的比赛里都懒懒散散。他的行为非常没品。自那以后我很快就对巴洛特利放弃了希望。

我们俩之间没有任何摩擦，相处得很好。我仍然试图去帮助，并且一直找机会表扬他。但我能看出当穆里尼奥说巴洛特利无法管教的时候，他说得没错。他非常有天赋，有成为世界级球员的潜力，但以他的心智和他平时交往的圈子他永远都达不到那个高度。巴洛特利总是迟到，而他又总是想要博得关注——他在社交媒体上乱说话。在我看来，他没能日复一日地卖力工作。和巴洛特利一起你永远只能打一场只输不赢的仗，他犯的错太多太多了。

巴塞尔的那个夜晚，为那个赛季剩余比赛里的巴洛特利的表现定下了基调。跟他当队友让我很沮丧——因为我知道如果他端正态度，他能给球队带来很多帮助。要是你现在问我，在所有英超前锋中选一个身体、力量和球感最好的那我知道我会选谁。要是你能有什么办法转变他的态度，那么我每次都会考虑马里奥·巴洛特利。即便在两人经历了一个反差鲜明的赛季之后，纯粹论能力的话我还是认为巴洛特利优于哈里·凯恩。要是能撇开球员的态度不谈，我很可能会选巴洛特利而非目前任何一位英超前锋，因为他拥有成为最佳所需的一切条件。不幸的是，没有正确的心智，能力几乎没有意义。

回到2014年10月，那天晚上当我们离开巴塞尔时，我看着巴洛特利和里基·兰伯特。这场比赛兰伯特又是枯坐板凳，在比赛最后10分钟才出场，但是兰伯特又一次竭尽全力并且对替补毫无怨言。他自始至终都是彻头彻尾的职业球员。

我永远都会优先选兰伯特而非巴洛特利——就凭他的精神和为队友拼命的渴望。教练总是会被他们在训练中见到的情形所影响，所以也许这就是为什么马里奥没拿到更多出场机会。

如果你能把里基·兰伯特的精神转移到马里奥·巴洛特利的身体里，你就能得到一名世界级球员了。

第12章　合同、决定和8号铁杆之夜

一个月过去了，我仍在等待。我不再确定利物浦是不是会向我提供新合同。当地足球记者的短信蜂拥而至。“发生什么事了？”他们问我，“老板们跟你联系了吗？”“下赛季你还会在这里吗？”他们把这三个内在相连的问题问成了个死循环。对第一个和第三个问题的答案只有“我不知道”，中间那个问题的答案可能是个直白的“没有”。

我的经纪人仍没有跟俱乐部老板或者伊恩·艾尔有过接触。斯特鲁恩只跟布兰登·罗杰斯谈过，布兰登告诉他的内容就是跟过去几个月里他在办公室里多次跟我聊到的情况。布兰登想要留下我，只需芬威或者伊恩·艾尔拿起电话和斯特鲁恩谈谈，整理一份适合我在职业生涯当前阶段的合同就行了。

我跟不少记者都是老相识了，我感觉到了他们的意外。这是我在俱乐部的第27年，最早要追溯到我8岁那年用歪歪扭扭的笔迹签下一份表格同意加入利物浦卓越中心算起。我正接近为利物浦一线队的第700次出场，我自从2003年起就是俱乐部队长。但我的年龄显然是需要考量的因素。我很实际，知道自己正慢慢走向职业生涯终点。我很乐意在此基础上商讨一份新合同——尤其布兰登强调他希望我继续留在利物浦。

然而日子一个月一个月地过去了，从8月到9月到10月，再到11月，这家我从孩提时代起珍爱的俱乐部给我的只有沉默。但那份爱，我给利物浦的爱，从未改变。续约杳无音讯并没有让我心绪不宁，布兰登向我保证他的信念仍未改变。他仍将我看作是他计划的中心，无论是这个赛季还是2015—2016赛季。我只能推测那位掌管俱乐部财政的人正在拖延进展，避免过早和斯特鲁恩进行谈判——或者他觉得没什么好着急的，也许他们觉得我继续留队是预料中的结局。

10月底，我的两家主赞助商之一的葡萄适[1]要求我做一次来自《每日电讯报》和《每日邮报》的采访。我为阿迪达斯和葡萄适代言了很多年，我喜欢集中精力和他们共事而不是去接一大批各式各样的赞助。后者也许更能广开财路，但我喜欢保持忠诚，限制我的商业活动以便把注意力放在足球上。我感到很放松，因为这次采访将由克里斯·巴斯坎比和伊恩·雷迪曼来完成。我和克里斯相识多年，自打他加入《利物浦回声报》起就认识了，和伊恩交谈也让我感到很舒服。

采访在2014年10月30日出刊，我告诉两位主笔："今年夏天我不会退役。这个赛季之后我还会继续踢球。我们得等等看到时候是在利物浦还是要去别处。决定权在利物浦手里。"

可以引用的内容我们就此打住，转而谈了利物浦本赛季跌跌撞撞的开局，苏亚雷斯的离开以及我对马里奥·巴洛特利可能仍有机会在安菲尔德取得成功的微弱希望。在巴洛特利的问题上，我已经处理得没法更圆滑了，公开表示我已经开始对马里奥失去信心并无任何意义。在合同的问题上，我可以更好地利用这次机会，但我仍真的心存希望觉得俱乐部很快就会和斯特鲁恩取得联系，我们能签订一笔双方都能接受的交易。我很高兴我发出了一条直白的讯息说我会继续踢下去——无论利物浦作何决定。

11月1日我们客赴纽卡斯尔，在又一场飘忽不定的发挥后0：1输掉比

[1] 原名Lucozade，一种运动饮料。

赛。不过赛后的焦点却集中在我迟迟未能续约一事上。布兰登受到了媒体的盘问，在此情况下他尽可能明确了自己的立场：

> 这很简单直接。我之前和史蒂文的代理人会面解释了目前的情况。我们在此所做的一切都是因为我希望他能成为其中一分子。对我而言他一直以来都是位出色的队长。我将此转达给了老板。我希望所有人都能带着这些消息离开，希望他的代理人会安排好合同。史蒂文在我如今的工作中是很重要的一部分，他是位独一无二的球员，独一无二的人才。

我们又等了一个礼拜。终于，斯特鲁恩收到了伊恩·艾尔的消息。俱乐部想要给我开一份新合同。他们能谈谈吗？

斯特鲁恩安排了一次与伊恩的会面，对我来说这是一个大日子。我对我在利物浦的最后一份合同抱有很高的期待，但是只是想快点敲定这事好让我能把念头重新放到足球这一件事上来。

斯特鲁恩在会面之后给我打了电话，比我预期得要早很多。我对他说："进展如何？你在那儿待了多久？"

斯特鲁恩说："15到20分钟。"

"真的假的？15分钟？"

斯特鲁恩知道我为何吃惊，作为决定我利物浦生涯句点的一次会面，这似乎显得有些太短了。斯特鲁恩解释了当时的情况。利物浦为我提供了一份合同，但这情形差不多就是"合同就这样了"。信息都这么明确了，伊恩和斯特鲁恩再谈多久都没有意义。

我在家里通过手机听斯特鲁恩跟我说着。我想：OK，我等了这么久才看清他们想怎样，结果就开出这种条件？是时候想想清楚了。

也许利物浦和我注定没法一起走进第28个年头。看起来是我更想要他们而他们并不那么想要我。那一刻我有些不确定，但我还是比我在2005年当时要冷静得多。当时坐在伊恩位子上的里克·帕里也让我苦苦等候一份新合同，尽管当时我们才刚刚在欧冠决赛中胜出。当时感觉血气方刚的我已经沸腾了，如今34岁的我比当年深思熟虑得多。但这件事还是让我大吃一惊。我以为斯特鲁恩和伊恩会谈个一个小时左右，然后我们之间能有些积极的进展。

短短15分钟时间里，利物浦向我提供了一份新协议，内容是降薪40%续约一年。奖金条款非常丰厚，但这些内容却与布兰登跟我所说的一切恰恰相反。布兰登同样在一次简短的会面中告诉我："听着，你不会再拿到很多首发机会。我们会调整你的比赛和出场时间以确保你每场比赛都能保持精力充沛，这才是真正重要的。"但俱乐部提供的奖金都是基于不丢球场次、首发场次、进球数、助攻数以及球队能否进入联赛前四，这些都是奖金条款的条件。我很困惑，我的出场时间将会越来越少，但他们却给我提供了一份包含表现相关奖励的合同？我对他们开出的价码并没什么意见。要是在夏天的时候他们提出一模一样的合同我会很乐意在上面签字。但我可是刚放弃了英格兰将自己全身心地交给了利物浦。

工资大幅削减合情合理。34岁的年纪，我不再是十年前那位举起欧冠大耳杯的球员了。我也理解自己的出场时间将被减少——但我仍视自己为一名顶级球员，是球队的重要一员。我仍是一队之长，而在为球队效力了那么多年后得到一份绩效奖励合同让我备感失望。我想他们应该知道，以我对自身表现的那份自尊和对利物浦无尽的爱，我不需要任何激励来驱动我尽心尽力。

最完美的剧本是，利物浦可以提供我一份一年续约合同，包含转型进入一线队制服组的机会。这样一份合同会比一年替补球员合同来得更有吸引力。同布兰登和他的班子共事一年会是一段价值无穷的经验——像瑞恩·吉格斯、菲尔·内维尔和加里·蒙克这些球员都在其他俱乐部享受了这段时光。

我相信从他们提出的条件里我能读出字里行间的意思。在我看来这是来自利物浦的一条赤裸裸的消息：无论我们是对是错，感觉时间已到；好好享受和我们一起的最后六个月，然后去别处重新开始吧。

自从欧冠联赛在巴塞尔的糟糕表现之后，我们又两负皇马——安菲尔德的3：0和伯纳乌的1：0。我们在主场对皇马的排兵布阵没有问题。我出任双后腰中的一个位置，我们的阵型比之前紧凑得多，并且尝试战术包围他们的主要火力点。当罗纳尔多拿球时我们迅速有两到三名球员上去合围他。但和皇马对阵的问题在于他们有五六名世界级球员，也许你能遏制住一个，但这样另外五个就会得到更大自由度。

双方的实力有着巨大的差距，而且皇马正处在他们的最佳状态。他们充满了冠军球队的自信，正摆着大摇大摆的架势。虽然我们偶尔能打出些配合给他们制造一点麻烦，但我们连一个能把握机会的前锋都没有。

巴洛特利又惹麻烦了。他在半场休息我们离场时和佩佩交换了球衣。主教练当然不满意了，中场休息时马里奥被换下。

回头做客马德里的比赛让我怀念起了2009年3月那场球。我们在淘汰赛以5：0的总比分击败皇马，在客场和安菲尔德分别以1：0和4：0取胜。这场主场大屠杀是我在欧洲战场上最美妙的夜晚之一，这场比赛引出了齐内丁·齐达内对我的那段慷慨评价："他是世界最佳。忘了梅西，忘了罗纳尔多，杰拉德才是。"

我在安菲尔德打进两球，费尔南多·托雷斯和安德雷·多塞纳也分别取得了进球。我们有一支不错的球队，有马斯切拉诺和阿隆索在我身后，还有托雷斯。不过皇马那晚的阵容也很强大：伊克尔·卡西利亚斯、塞尔吉奥·拉莫斯、法比奥·卡纳瓦罗、佩佩、加布里埃尔·海因策、阿扬·罗本、拉萨纳·迪亚拉、费尔南多·加戈、韦斯利·斯内德、劳尔和冈萨罗·伊瓜因。另有拉斐尔·范德法特、古蒂和马塞洛三人替补登场。

他们闲庭信步地走进安菲尔德，自以为可以掀翻我们。一位皇马球员登上了杂志头版，上面是他在利物浦主场的照片。上面的头条写着“所以这就是鼎鼎大名的安菲尔德？”接着下面还附上一句写着“那又如何？”。

球场的气氛令人难以置信，我们轻松击败了皇马。他们跟不上我们打出的节奏、速度和强度。那晚的托雷斯惊为天人，而这可能是我所见过的他的最佳表现之一。从前场开始压迫，充满侵略性、有速度、有力量并且极具破坏力，托雷斯让塞尔吉奥·拉莫斯和佩佩度过了一个可怕的夜晚。你看得出这场比赛对他而言很重要，对阵他曾经的死敌[1]，他们根本没法控制住托雷斯。他打开了许多场上空间让我能在比赛中闪耀。皇家马德里那晚离开安菲尔德时完全被震住了。

五年零四个月后，这次轮到我被震住了。2014年11月4日对阵皇家马德里，布兰登有意雪藏了部分主力。周末我们将在安菲尔德对阵切尔西，他决定对皇马这场将巴洛特利、斯特林、库蒂尼奥、亨德森和我放在板凳上。他应该是希望我们在对阵切尔西时能有充沛的体力，并且寄望于小组赛最后两场赢下卢多戈雷茨和巴塞尔，带领我们进军十六强。

正是在那天晚上，躲在伯纳乌的替补席深处，我是失望之情渐行渐深。我几乎下定了决心：现在是时候寻求改变了。如果布兰登所说的分配给我的比赛指的是要在马德里对阵皇马时坐板凳的话，那感觉我已经能看到结局了。如果等待着我的都是这种空虚的夜晚，我为何还要再为利物浦效力一年？

下半场我替补登场，一起出场的还有库蒂尼奥和斯特林。虽然只是一场0：1的失利，但让人感觉早在开场之前布兰登就缴枪投降了。我的职业生涯再也不会像当年一样了。

紧接着的周六，切尔西回到了安菲尔德。我想几乎所有关注英格兰足球的人都知道2005年7月我距离离开利物浦前往斯坦福桥是有多么近。与

[1] 托雷斯出自马德里竞技青训。

这出肥皂剧相关的记载非常完备。之前我就有写到过，整个事件的框架只要到网上随便一搜就能找到。但只有我能深入自己的内心，挖掘出所有让我至今记忆犹新的情感冲突。2005年7月5日，这些事情几乎将我撕成碎片——直到同一天深夜，我再一次将自己奉献给了利物浦。

九年前那个夏日，从早到晚代表了我一生中最艰难的24个小时。

转会风波早在一年前就开始，即便当时我正在随英格兰征战2004年欧洲杯。这届杯赛韦恩·鲁尼状态大火，我们看上去非常有机会一路杀进决赛，但我的未来成为了疑问。英格兰队友们都在问我是不是正要加盟切尔西。在刚结束的英超联赛中，利物浦的积分比阿森纳少了30分，我严重怀疑在下个赛季结束后我们是否有能力晋级欧冠联赛。

在2004—2005赛季中，我向利物浦表明，只有当我了解球队是否处在可以持续冲击欧冠联赛的地位之后我才会讨论新合同的事。有人或许会说我自私，但我正处在球员生涯的黄金时期。在20多岁年纪的我需要有人保证我能待在一家能够缩小我们同联赛领头羊之间30分差距的俱乐部。我想留在利物浦，但我也想踢最高水平的足球。

结果这又是一个令人失望的英超赛季，我们没能进入联赛前四，但我们在欧战上的情况要好一些。我们成功晋级伊斯坦布尔的决赛，俱乐部知道我准备签下新合同。我期待着利物浦来向我提供合同，尤其是他们已经同伊戈尔·比斯坎和迪迪·哈曼开始讨论新合同的事。现在回过头去看，利物浦似乎是可以在备战伊斯坦布尔的一周时间内提出合同。趁着你们年轻队长一生最重要的比赛前让他精神一振，这不是最完美的时机吗？和他续约确保他无后顾之忧。

但关于我的合同，在决赛前和我们赢下那场惊人的比赛后我都没有听到俱乐部任何消息。我在将这座庞然大物一般的奖杯高举上土耳其天空后，很快接受了采访。我明确表示希望留在利物浦。

“我确信主教练和里克·帕里会想要快点坐下来谈谈，到时就有决定了。”我在忘情庆祝前说道，“但是度过了这样一个夜晚我又怎能离开呢？”

我想留下。但整个6月和7月的头几天里我都没听到任何消息。这给了切尔西——尤其是穆里尼奥一个给我洗脑的机会。这么多年后，我仍然吃不准为什么利物浦对我毫无动作。我听说里克·帕里当时就出门去度假了，而拉法·贝尼特斯也在过他的假期。

他们的想法中有一点会滋生一些自满："他刚拿了欧洲冠军，为什么还会想去别的地方？"

我的合同还有两年半到期。拿这个和2015年初的斯特林相比，他的情况和我当时一样，而利物浦正试图和他签一份新合同，但斯特林可没有刚刚赢得欧冠联赛。

2005年我的问题遭到了忽视。我不知道应该怪谁，但是在欧冠联赛决赛后他们是不是应该向我提供一份合同呢？是的，我是这么认为的。我始终觉得他们应该在随后的一周就来找我说："让我们来把这个搞定了。"这样就能杀死所有传闻，大家也不会有那么多心痛。

我和拉法的关系太过疏远让情况更为不利。我不断问自己："拉法真的想要留住我吗？还是他打算尽可能在我身上捞钱，然后用他真正中意的球员打造一支新球队？"

我还很困惑，因为我没有要求任何超出足球经济正常通胀规律的东西。我要求的只是按照现行市价来支付一名欧洲顶级中场的工资。切尔西给出了更高的工资，但那并不重要。我们赢得欧冠是在5月25日。五周后，我仍没有收到利物浦的正式报价，于是7月1日那天我告诉斯特鲁恩，让他着手查查到底是什么情况。

他打给里克·帕里并告诉他，因为迟迟没有新合同，我准备离开俱乐部，虽然非常不情愿。

“再给我几天。”里克说。

续约再遭推迟给了切尔西信心。他们正式对我报价3200万英镑。利物浦拒绝了报价，里克声称合同正在发给斯特鲁恩。我的脑袋里一团糟，我开始好奇他们现在是不是想要造一份合同来让球迷们看到他们在试图留住我，与此同时却迫使我加盟切尔西。我决定要找出真相。7月5日，我让斯特鲁恩发出一份口头转会申请。

里克对外公布了消息，然后那天余下的时间就在令人痛苦的嘈杂中度过了。媒体对此进行了滚动报道，我难以置信地看着电视画面。我看到球迷们焚烧背后印有我名字的利物浦球衣。为了镜头效果，他们把汽油倒在我曾经穿过的17号球衣上——上面印着大大的“GERRARD”字样，然后在梅尔伍德外点燃。

六个礼拜前，俱乐部历史上最著名也最喜悦的夜晚之一，我发起的绝地反击最后以利物浦的凯旋而告终。狂热的球迷欢迎我们回到利物浦，我们感到备受崇拜，因为我们刚刚完成了伊斯坦布尔奇迹。接着现在看到我的名字在梅尔伍德外被人付之一炬，这让人有些不安。好在这位“肇事者”最后凭借他的特技演出从媒体那赚了40镑。

我还算足够理性，知道只有一小部分球迷做出此种反映。但陷入媒体的严密审查、成为当天全国头条新闻，都让我惶惶不安。我可不想得到这样的关注，我不想被人侮辱。我其实只想踢足球，最好是为利物浦，并且努力再去赢得更多奖杯。就是那么简单——然而一切还是变得如此错综险恶。我觉得利物浦采取行动的速度比他们所应有的要慢很多。

我感觉头要炸了，我像吃巧克力豆一样地在吃退烧药。在所有的重压之下我就快喘不过气来了。

阿莱克斯很贴心。她清楚地告诉我，无论我做了什么决定她都会支持我——无论我是去伦敦还是留在利物浦。她和我们当时唯一的女儿莉莉・艾拉会跟我到天涯海角。我为我的妻子和小女儿感到担心，苦恼她们要如何适应伦敦的新生活，与此同时关于我的足球生涯那老一套的问题还在我胀痛的脑海里翻滚。

我知道我必须跟老爸谈谈。我们安排了我和哥哥保罗晚上一起去老爸家见面。

事情蜂拥而至。我问老爸："你怎么看？我该怎么做？"

老爸很冷静，在他发表意见前，他让我先谈谈自己的切身感受。我告诉老爸和保罗，我不认为俱乐部向我表达了我想要的爱。我觉得他们应该更快采取行动。切尔西求购我是玩真的，而穆里尼奥的因素在很大程度上左右了我的想法。穆里尼奥改变了我的想法，我想为他踢球。但就在我把所有事情都梳理清楚之后，我迷失了——我又开始谈起了利物浦。我所说的关于利物浦的事要比切尔西多得多。

我曾如此接近要永远离开利物浦，但和我老爸还有保罗相处的那一个小时改变了一切。不像一些球员被一群利欲熏心的人所包围，我的身边是爱我的家人。他们所提出的问题关心的都是我的安危，而非我的银行账户。

"对你来说怎样最好？你想要什么？这样或者那样的话哪一个更有意义？你能承受Kop对你反目成仇吗？你能接受再也不能为利物浦效力的事实吗？"在家里前厅的四面围墙中，我与父亲审视的就是这样的问题，没有一个是和金钱挂钩的。我们都知道如果我去切尔西的话能多赚几千万，但金钱无关紧要。老爸把问题归结到我的原动力上——我将心怀怎样的梦想，作为一名球员又想赢得怎样的冠军？

跟随利物浦去赢得两三座奖杯对我来说是不是比跟随切尔西赢得比这多双倍、甚至三倍的奖杯来得更有意义？

这个问题悬而未决。正当我在脑海里左思右想的时候，保罗开口了。我认为他希望我继续当利物浦球员，但他首先是我的兄长。他说："无论你决定要怎么做，我都支持你……"保罗没有给我任何压力，只有支持。但自那晚之后他说了很多次："我真高兴你留下来了。"

老爸说："如果你看着我的眼睛告诉我你100%想要转会切尔西，那么我会自始至终都支持你。但我不觉得你能。"

我没有看老爸的眼睛。我远没有确信想要加盟切尔西。我想的只有利物浦。

老爸感觉到了。“别离开。”他最后说道，简短有力，“别离开你爱的俱乐部。”

当晚11点，度过了我一生中最精疲力竭的一天后，我给斯特鲁恩·马绍尔去了电话:“告诉利物浦我想留下。”

当几分钟后电话响起的时候，里克·帕里也许是全利物浦最大吃一惊的人。

我在2005年7月8日签署了我的新合同，此前我告知里克去除我的解约条款——此前该条款明确规定如果利物浦在球场上表现不佳，我有理由转会加盟其他俱乐部。我再也不想考虑离开利物浦了。

2014年冬天我的思想斗争就远没有那么折磨人了。2005年夏天情况有所不同，当时在安菲尔德外和我的脑袋里都燃起了一把火。但到了34岁的年纪，我能采取谨慎的方式来衡量我的选项，决定我是要在利物浦再待一年，带着所有关于我出场时间的疑问和不确定，又或者去美国寻求一份潜在的新事业。好的一点是我已经排除了许多麻烦纠纷。

不同于2005年，当时我面临着身穿切尔西蓝色战袍回到安菲尔德对阵利物浦这令人不安的可能性，现在我很坚定——我绝对不会跟任何有可能在正式比赛中对阵利物浦的球队签约。这么一来就排除了所有英格兰和欧洲的俱乐部。除了在利物浦再留一年之外，美国是我唯一现实的选择。做了决定之后我有一阵奇特的放松感。终于有一次，我能把我的家庭放在第一位并且考虑一段能对我们所有人都好的未来，而不仅仅只是考虑我的足球事业。

当2014年11月斯特鲁恩告知了我利物浦开出的条件之后，我完全可以派他再去坚持谈判提高待遇。但对阵皇马苦坐板凳的痛苦才是重点，任何合同的经济条款都没法让我真正提起兴致。因此斯特鲁恩再也没有跟伊恩多说半句，我只是找布兰登谈了谈。我说:“听着，我们拿到合同了，这跟钱无关。更多是我需要时间去考虑什么最有利我的未来发展。”布兰登很理解，并且跟往常一样，我们之间很好地交流了意见。他说我想花多长时间来拿定主意都没问题。

就在利物浦向我开出降等合同要约之后没多久，俱乐部来找我出演一支妮维雅的广告。很明显，在场下我对利物浦仍然很重要。但我拒绝了。

最后乔丹·亨德森加入了演出，而当我在电视上看到这则广告之后我备感宽心。拍这种广告真不是我的风格。我有一大堆让我袒胸露背去给产品做广告的邀请，而我全都说了不。也许这就是为什么，不同于大多数顶级球星，我从没要求和利物浦签肖像权合同。

斯特鲁恩跟我确认过很多次："我们是不是应该在合同里加上肖像权条款？"而我总是回答"不"。

我有听到其他球员们在更衣室里谈论肖像权的事，谈论能给他们赚多少钱。个人意见，我认为一名球员向他的俱乐部要求肖像权的行为很恶心。我的信条是既然你和俱乐部签订合同了，那么你的肖像权也转交给了他们。无论如何，他们给了你充足的工资，你为他们工作。但如果你是梅西或者罗纳尔多的话，也许这要另当别论。

但妮维雅这个广告是我可以拒绝的一项来自俱乐部的要求。过去这么多年来我已经为利物浦承担了很多商业义务，因为这是我身为队长的责任。我的人生已经进入到我不再打算继续承担的阶段了。无论如何现在我都太老了，不适合那些了，但我能给你一张长长的清单，上面写满了多年以来我所拒绝的本可以为我带来巨大经济效益的事项。我的生涯全都围绕着足球，无论是巨额的财产还是名人形象我都真的不感兴趣。

当然了我有三个孩子需要操心，但我早在20出头就已经有经济保障了。我知道，过去十多年来，我从来不需要从经济角度出发做任何关于足球或是关于我未来的决定。我是有多么幸运。

所以事态渐渐明朗。如果我决定去美国大联盟为洛杉矶银河效力的话，我拿到的钱要比留在利物浦少，但对此我毫无问题。而这同样也是为什么与此同时，我拒绝了去卡塔尔踢球两年净收入1350万欧元的合同。这笔钱很明显会是我有史以来挣得最多的一次，但卡塔尔对我和我的家人来说不是个合适的去处。

美国则有吸引力得多。MLS[1]能让我一边再踢上几年高水平足球，同时又能和阿莱克斯还有姑娘们好好待上一阵子，远离在利物浦高压锅式的生活。就职业角度来说，我无法接受成为替补球员。我记得看着弗兰克·兰帕德——一位伟大的球员，也是我的一位同龄人——在离开切尔西之后一周又一周地坐在曼城的板凳上。我不认为自己也能走这条路线，我总是想上场比赛。

2014年11月29日，我的感觉甚至更为迫切。那是我在的利物浦一线队首秀16周年纪念日，布兰登在主场对阵斯托克城的比赛中将我安排在了替补席上。我们即将迎来最后两场欧冠小组赛，我能看得出轮换我的合理性，但我不太喜欢这样。

很多人只看见足球人生活中的名和利，他们可能并不明白为利物浦这样的俱乐部踢球也是件困难的事。球场上已经很考验人，场下更是充满了挑战。在我的家乡城市，你无论走到哪里都会遇上利物浦和埃弗顿球迷，想要过上正常日子成为了奢望。

只有当我没有时时刻刻处在紧张状态下或是需要特别小心的时候，我才能做自己，当那个我真正喜欢的人。那只有当我在家或是在梅尔伍德时才会发生，对大多数顶级球员来说都是这样。人们有时候会忘记，如果去掉我们的工资和名气，我们只不过是普通人，也喜欢做大家都喜欢做的事，我们并没有那么特别。而这也是为什么我总是觉得脚踏实地很重要的原因。我希望人们尊重的是我的为人和我这段奇缘，而不是某个非常走运的千万富翁。对我来说尽可能地保持平常心显得尤为重要。

但即便是像带孩子们去当地的泳池游泳或是接她们舞蹈班、体操班放学这么简单的事我也常常无法做到。我没法当个普通爸爸，因为无论我去

[1] 美国职业足球大联盟的缩写，Major League Soccer。

哪里都会被球迷团团围住——要么歌颂我要么侮辱我。这令人感到厌烦，即使在一切顺利的时候也是。也许人们只是想来拍拍你的背或者和你握握手，但我肯定不想在跟孩子们一起的时候忍受任何侮辱。

当你成为国脚，同样的事就会在全国各地发生。即使是在伦敦，我每过几分钟就会被迫停下来跟人合影，或是你正在和家人吃饭的时候有人过来桌边打招呼。在我那虚幻又充满压力的职业球员世界里度过了17年后，我渴望成为某个无忧无虑的无名氏。

尤其是过去的这一年，我有时候把我的担忧带回家里。阿莱克斯很通情达理，因为这是我的工作而她知道我热爱这份工作。但2014年底，我开始感觉到是时候让我做些改变把她和孩子们放在第一位了。在美国，我能做到。

当我们开始和MLS内部人士开始商谈之后，情况很明确，我很可能要在洛杉矶和纽约之间做个选择。还有两三家俱乐部我也有兴趣，但我更倾向于去洛杉矶这个想法。纽约的熙熙攘攘真不是我的菜，我更倾心加利福尼亚比较慵懒的生活方式。

我和罗比·基恩还有大卫·贝克汉姆聊了聊，他们都对洛杉矶和洛杉矶银河大加赞赏。小贝给我发来了很多关于洛杉矶的短信。他知道阿莱克斯和孩子们会爱上那里。他还说："那边的足球会很有挑战，有长途旅行、高温和高湿度，但水平一直在提升。你会爱上你的队友们，你会爱上这家俱乐部。组织很好，设备也很好，但关键会是你和你的家人绝对会爱上那里。"他最后说了句，"我每天都想念那里。"

蒂埃里·亨利也给了我一些建议。他那时还在纽约踢球，但他说："如果你有机会，去MLS吧。洛杉矶银河是一家非常不错的组织。"

随着英格兰的寒冬降临，我愈发感到确定，很快就会到改变的时候了。

2014年12月初，我的欧冠联赛之夜慢慢临近终点，我在家陷入了深深的沉思。伟大的胜利和惨痛的失利接二连三地展开，如五彩缤纷的画卷又像是回忆的迷宫。想起我们最离奇又好笑的一次欧战经历，我忍俊不禁。那是2007年2月21日我们在诺坎普挑战巴塞罗那。

真正的鬼把戏是发生在阿尔加夫。比赛一周前我们开展温带气候特训营为比赛做准备。这本该是一次团队凝聚力练习，因为我们显然处于下风。我们认为这场对决中我们需要战友之情，团结一心才能对付技巧娴熟的巴塞罗那和他们那8.8万名狂热球迷。所以我们要刻苦训练做好准备。但拉法·贝尼特斯也同意我们能有一晚上的空闲时间，作为一支团队一起去喝上几杯。他希望我们能在晚上11点左右回到狼谷度假村。

我对葡萄牙那块太熟络了，所以那次冲突可能是我的错。因为常年在阿尔加夫打高尔夫，我知道如果想找个地方开心一下，再稍微唱点卡拉OK，那最好就是蒙蒂屋了。我给老板打去电话定了座，然后把大家伙都带去。那晚我们玩得非常尽兴——直到卡拉OK唱得场面有点失控。现在记忆有些朦胧了，但我仍记得克雷格·贝拉米逼着约翰·阿尔内·里瑟上台给大家高歌一曲。贝拉米毫不留情地挑逗生姜。他并没有忘记生姜错过了几个月前的圣诞派对，当时作为新人的贝拉米，要为大家献唱一曲。贝拉米不停地说："轮到你上啦，生姜，轮到你上啦！这次你跑不掉了，你个生姜杂种。"

里瑟跟我有几分像，他可不是个卡拉OK麦霸。他转向贝拉米然后说："不，你起来。你太吵了，要我说的话，你起来上去唱。"贝勒[1]可不乐意了。他这人性子很急，接着他和生姜马上就顶上牛了。事态变得有些过激了，全是"我要宰了你，这个生姜蠢货！"之类的话，而生姜看起来真的准备要杀了贝拉米。

我们终于让两人冷静下来。生姜怒气冲冲地回了酒店。他和丹尼尔·阿格同住一间，但丹尼尔还不想离开蒙蒂屋因为他还在兴头上，于是生姜说他不会把门闩上，这样阿格不用吵醒他也能进房。

我们其余的人继续留在蒙蒂屋。在酒精的作用下人就会失去理智，我

[1] 贝拉米的绰号，Bellers。

记得耶尔兹·杜德克的状态非常糟糕。平时的耶尔兹是这个星球上最友善的家伙，但在喝了一晚上酒之后他走出蒙蒂屋时竟然想跟保安和警察打一架。他想跟全世界单挑。我想就是这时候我们大多数人睡眼惺忪地意识到：今晚是时候该收场了。

我回到我的房间，还没过几分钟我就听到老大来到我的门外。拉法使劲地敲门，听起来气坏了。我去应了门，装作看上去已经睡了好几个钟头的样子。

“出什么事了？”拉法说。口气格外冰冷。

为了将我的刚睡醒骗局继续演下去，我做了几个伸懒腰假动作又擦了擦眼睛。“不知啊，老大。”我说，尽力不让拉法闻出我的满身酒气。

“里瑟和贝拉米正大打出手。”拉法冷冰冰地说，“其他人都在哪儿？”

“交给我吧，老大，”我说，“我去看看出什么事了。”

有个兄弟的房里就跟刚开了派对一样。房里一副刚经历了“大屠杀”的景象，而史蒂夫·芬南的表情像是刚见鬼了或是目击了一场谋杀。我迅速发现可能更接近于谋杀。

芬[1]回到房里发现贝拉米的情绪出奇愤怒。贝勒说：“好的，我这就去干掉他。”这位威尔士怪才从他的高尔夫球袋里抽出一支8号铁杆——他最爱的球杆。当时芬南非常担心，因为贝拉米看起来已经处于半疯状态了。他带着8号铁杆就跑去了生姜和阿格的房间。芬在后面追赶，但贝勒跑得很快。

不用说，门栓没上，于是贝拉米直直冲进房里开始用8号球杆暴揍里瑟。生姜穿着他的平角裤躺在床上，立马摆出了守势把自己遮挡起来。芬南赶到现场成功阻止贝拉米再造成进一步伤害。

次日早晨吃早餐时气氛就像是停尸间一样。我们听说那间俱乐部因为耶尔兹的行为遭到了警方投诉，拉法很不高兴。所有人都严重宿醉，生姜

---

[1] 芬南的昵称，Finn。

的腿上满是淤青。情况看上去很不妙，而且都已经全盘闹到网上去了。老家那头的报纸乐开了怀。俱乐部怒不可遏，因为这是一场公关灾难。就在一场欧冠重头戏前夕，一名球员用高尔夫球杆袭击了他的队友可不是什么人人都能消化的行为，无论是老板们还是赞助商。我觉得我们有些球迷可能对这还挺津津乐道的，因为这是个疯狂的故事。但这事也马虎不得。

贝勒和生姜的个性截然不同，我早有预料他们之间会很火爆。他们俩都是自以为是的人。我以前有见过队友硬碰硬，也有几次你一句我一句嘴上不饶人和不少下流的垃圾话漫天飞舞，但从未出现过那么危险的事。

如果把我放在生姜的位置，我也不觉得我能受得了。这事完全失控了，尤其是起因只是在蒙蒂屋这么欢乐的卡拉OK吧里吵架这么愚蠢的事。拉法对这事的处理出人意料地轻描淡写。他不太满意，但他让双方握手言和，然后我们就迅速翻篇了。但这次事故以一种怪异的方式帮助了球队，它让所有人都忘却了在诺坎普比赛有多么令人胆寒。

媒体进行了铺天盖地的报道，而他们的统一口径是贝拉米将被禁止出场。但电视、电台和报纸行业的伙计们可不像我一样了解拉法，当他向我们公布球队名单的时候一切都在意料之中。里瑟将会出场，拖着淤青的腿；同样会出场的还有贝拉米。拉法的战术头脑掌管了一切。蒙蒂屋里发生的种种情绪和8号铁杆之夜的事他统统撇开不谈。

客场对阵巴塞罗那这种豪门时，拉法喜欢后撤防守保持阵型紧凑，而反击当需要速度。贝拉米有着闪电般的速度，所以拉法派他上场完全合理。他也知道在对阵卫冕冠军时，边后卫位置上和反击当中我们需要里瑟坐镇。

即便德科早早取得进球，在开场仅仅14分钟后就帮助巴萨1：0领先，我们的士气仍然很高昂。就像贝拉米所坚持的，我们还没完。半场结束前几分钟，哈维·阿隆索的任意球找到了芬南，这位8号铁杆袭击事件的主要证人刚刚从中恢复过来，抽出一记美妙的传中。盯防贝拉米的巴塞罗那后卫稍有松懈便被他溜走，后者大力头球顶向球门。维克托·巴尔德斯奋力想将球捞出，但皮球已经越过了门线。德克·库伊特跟进，球被再次打入球网——但这粒进球属于贝拉米。

当我们看到贝拉米的庆祝动作时，我们的狂喜变成了爆笑。他给自己腾出空间，然后挥舞起了一支看不见的8号球杆。看到贝拉米的疯狂一刻，我笑得不能自持了，但我很同情生姜。我知道他仍然非常生气，因为他确实对这起高尔夫球杆袭击事件耿耿于怀。换了我也会有同样的感受。

罗纳尔迪尼奥和那时留着长发的梅西都与进球差之毫厘，但我们也有不少机会险些得分：巴尔德斯扑出了我的任意球射门，库伊特也错过了一次绝佳机会。但毫无疑问又是贝拉米，他展现他优美的视野理所当然地找到了里瑟——这之后已经没有什么能阻止我们扩大比分了。不同于他平时的左脚大力轰门，生姜用右脚打出一脚爆射飞进了巴塞罗那球门。他的庆祝以及我们的庆祝都简直太狂暴了。生姜没有拿出他想象中的8号球杆，他尖叫着从闪耀的绿色草坪上滑行而过。

那晚我们2：1击败了巴塞罗那。里瑟赛后表现得十分老练。“命运注定了我俩都要进球，我认为，”他说，“贝拉米和我都经历了一段困难的备战期，但在关键时刻我们已经放下了这件事。他的庆祝并没有让我不爽。听着，他也经历了一段困难的时光，我能看出来这一切对他来说很重要。我为他感到高兴，全队都是。”

贝勒只是一脸坏笑。与其说是感受到了命运的魔爪，他更像是“又惊又笑”。

那年利物浦一路闯进了欧冠决赛。我们在雅典输给了AC米兰——也许我们是漏用了一招，没有在决赛前回到阿尔加夫和蒙蒂屋再搞个团队凝聚力建设环节。我不确定生姜是不是真的原谅贝拉米了，但是这两人一起，给我们带来了我们最美好的欧冠回忆。能在诺坎普赢球的球队可没几支。

在日常生活中，十年是一段很长的时间，在足球世界里感觉则更长。

十年是一段年代，几乎可算是一个时代，整整一代球员和整整一代比赛。过去的十年里在利物浦和我身上都发生了太多故事。我们赢了一场欧冠决赛也输了一场，我们上过高级法院也进过争冠行列。我们经历了三组老板，有过四位不同的主教练，但只有一位队长。

我在2003年成为球队队长，后来还当了国家队队长。我完成了人生大事并成为了三个女孩的爸爸。我的利物浦出场数越过690场大关，入选国家队超过100次。我也已经做出决定，不久后就要把利物浦换成洛杉矶了。

有过心烦意乱的时候也有过眉开眼笑的时光，有过担忧也有过荣耀，有犹豫不决的时候也有过坚信不疑的时候。最重要的是，从2004年12月8日利物浦主场对阵奥林匹亚科斯，到2014年12月9日巴塞尔来访安菲尔德，这是令人难忘的十年。两场比赛都是孤注一掷的欧冠小组赛生死战。2004年，我们必须以两球优势击败奥林匹亚科斯才能晋级淘汰赛阶段。但十年后的任务要简单多了——拿下巴塞尔，哪怕只赢一球，这一球就足以在一连串跌跌撞撞的小组赛之后将我们送进欧冠最终十六强了。

当有人指出，在利物浦与奥林匹亚科斯那场难忘的遭遇战当天，我们的关键球星之一的拉希姆·斯特林刚好年满10岁，这让我感受到了岁月的沉重。在我们对阵巴塞尔的前一天他将度过20岁生日。

在这十年间，利物浦一共签下75名球员，花费了5.2亿英镑。在2004年到2014年间，我所见到步入梅尔伍德的球星数量简直惊人。我近距离密切观察着他们每个人的第一堂训练课，好奇我们到底买了一位球星还是又一个废物，是一位国王还是一头蠢驴，是一位哈维·阿隆索还是一个艾尔·哈吉·迪乌夫，是一位路易斯·苏亚雷斯还是一个马里奥·巴洛特利。

第一堂训练课之后就明显能看出阿隆索很忠诚，拉法·贝尼特斯最初买下他非常聪明，但五年后将他卖给皇马却又同样很愚蠢。失去一名伟大球员的伤痛甚至比招致五位糟糕新援更沉痛。2004—2005赛季开始前，拉法作为我们新任主帅进驻俱乐部。他最初的四名引援全是西班牙人：马拉加的何塞米、皇马的安东尼奥·努涅斯、皇家社会的哈维·阿隆索和巴塞罗那的路易斯·加西亚。这掀起了一阵小小的“西班牙革命”，对帮助俱乐部完成转型起了很大的作用，并最终让我们在拉法的第一个赛季末成为了欧洲冠军。

在加盟俱乐部之前，阿隆索就已经同利物浦有所关联。在皇家社会他接受了约翰·托沙克的指导——他是一位伟大的利物浦前锋也是位机智的主教练。托沙克对阿隆索关爱有加，阿隆索年纪轻轻就在皇家社会当上了队长，所以我们彼此早就有了关系。在2004年到2009年间，阿隆索就是利物浦的一大发现，是我所搭档过的最出色的中前卫，比其他人要高出一大截。

因此卖掉阿隆索是个灾难般的决定，尤其只卖了3000万镑——要是你看看他随后所取得的成就，无论是在皇家马德里还是在拜仁慕尼黑，还有跟随西班牙赢得欧洲杯和世界杯，这笔交易看起来简直就是捡便宜货。失去阿隆索我完全要怪罪拉法。

拉法打来电话问我会不会帮助他签下加雷斯·巴里——我的英格兰队友。他竟然希望想用加雷斯来取代哈维。加雷斯是位非常好的球员，但哈维是世界级的。这是疯了！但拉法满脑子觉得阿隆索没为他尽力，想要阿隆索走人，然后引进巴里作为他的替代品。阿隆索回到西班牙，这让我黯然神伤。

哈维·阿隆索本可以继续为利物浦效力，再踢上个六年甚至七年，所以为什么他要在27岁时离开——当他的合同仍有至少三年才到期？马斯切拉诺是自己想走，并且他在转会之前拒绝出场比赛；托雷斯跑来要我帮他离开，他在加盟切尔西之前就撒手不干了；但哈维·阿隆索从未跟我说过一次他想转会。

我更多时间都在想我们所失去的那些特别的球员——阿隆索、托雷斯和苏亚雷斯——而不去想那些拖我们后腿的糟糕引援。我真的不想浪费时间去思考关于艾尔·哈吉·迪乌夫的事，但他在利物浦所浪费的赛季值得作为例子强调一下——事情要如何全盘皆错。热拉德·霍利尔是位非常不错的教练，通常看人都很睿智，他在2002年夏天签下了迪乌夫。热拉德花了1000万镑从朗斯买来了迪乌夫——仅仅基于他的前任助教帕特里斯·贝尔格的推荐，后者在朗斯执教过迪乌夫。

2002年世界杯上迪乌夫在塞内加尔发挥得很好，他们打进了1/4决赛。我明白热拉德为什么着急买人，但他对迪乌夫的为人并不真的了解。为了将利物浦打造成英超冠军的招来的三名引援，迪乌夫是其中之一。上个赛季我们排在曼联之后拿到亚军，迪乌夫、萨利夫·迪奥和布鲁诺·谢鲁的组合本应该将我们推向冠军宝座。这可能是利物浦历史上花得最冤枉的1800万镑。我们以第五名完成了这个赛季，而迪乌夫在我最不喜欢的利物浦引援榜单上锁定了他的榜首地位。

在我看来迪乌夫似乎并不是真的对足球有兴趣，他对利物浦毫不关心。举个例子，2003年3月在帕克海德的一场联盟杯比赛上，他对一位凯尔特人球迷吐了一大口痰的行为，就概括了他轻蔑又恶毒的言行举止。

有人因此问我在迪乌夫和马里奥·巴洛特利身上有没有看到什么共同点——我的回答一直是没有。我对巴洛特利有所尊重，但我对迪乌夫丝毫没有。巴洛特利有时会讨人喜欢——但那是个你永远都无法和迪乌夫联系到一起的特征。迪乌夫唯一的积极面就是他在球场上很卖力，除此之外这就是笔令人不快的签约。他总是想要拿球，从不闪躲。但是过了一阵子我确定迪乌夫肯定不是你通常意义上的足球运动员。我感觉就像是足球妨碍了他的社交生活。

起码巴洛特利有时还能让我微笑。我有个小小愿望：希望有朝一日，巴洛特利的生涯能有所起色，他能持续稳定地证明他的潜能。

我们花了1.2亿英镑打造了这支要在2014年12月同巴塞尔进行我们最后一场欧冠小组赛的球队——巴洛特利占了其中的1600万，但在比赛当天他甚至都没能进入大名单，因为他正在与轻微的腹股沟疼痛以及他更为复杂的心理缺陷作斗争。我试着专心在巴塞尔身上——但是所有人都不断地提醒我对阵奥林匹亚科斯时我那颗“世界波”。

这是球员慢慢老去的一道诅咒。总会有另一个周年纪念、另一个历史的回响来提醒你那些淡去的时光。总会有另一场比赛，无论结果是赢是输，来作为今天的征兆。有时候这些纪念日这些比赛，这些夜晚这些进球，模糊不清就像我过去的鬼魂。

但是，有一些，会永远像灯塔一般树立在我的脑海里。奥林匹亚科斯是一个，巴塞尔是另一个，虽然两者的原因有着天壤之别。

第13章　世界波和伤病忧郁

2004年12月8日，周三
安菲尔德

Kop看台，炫目的泛光灯下被点缀得五彩缤纷，在夜晚显得美不胜收。我带领利物浦走出球员通道时转身凝视着眼前这壮观的景象。那是一片巨大的红色海洋，镶嵌着白色和黄色，看台上轰鸣的声浪似乎比海上的狂风大浪更洪亮。当我们走上这片久负盛名的球场之时，我握着球童的手因为激动而颤抖。这感觉就像我记忆中老爸第一次带我来安菲尔德时一样。

那也是一个周三夜晚，1986年11月26日，利物浦在小森林杯上对阵考文垂。当时我差不多6岁半，可能比我们最后一场欧冠小组赛上牵着我的手跟奥林匹亚科斯球员一起进场的那个球童还小一些。

1986年那晚，炽热的画面和激情还深深烙在我的脑海中。最最关键的是，我无法相信老爸竟然带我和他一起去看比赛——明天还要上课！

我们坐在老科林路看台下层。在1986年11月那个周三的夜晚，我也凝视着Kop看台。我整个人都兴奋地不知所措了。

这是我第一次目睹这片红色海洋，我还开心得感觉头昏眼花。球场内的噪音太大了我想用双手遮住耳朵，但我没有。太神奇了，我爱这些歌声和助威。

所有这些我都记得。但最重要的是，我记得在明亮的灯光下安菲尔德绿色的草坪有多么美丽。

利物浦3：1击败了考文垂，扬·莫尔比攻入了全部三粒进球。每球都是点球。三个点球？我记得在想：这不是真的，我肯定是在做梦。

十八年过去了，这一切感觉还非常真实，草还是那么绿。我望过去，这片完美的比赛场地熠熠生辉。今晚能来个点球会不错，但三个是不可能的。那是扬·莫尔比的活和我的儿时美梦。但一个进球，即使是个点球，也许就足以赢下奥林匹亚科斯了。

莫尔比的点球盛宴第二天，在学校昏昏沉沉了一天后的下午，我把艾恩赛德路变成了安菲尔德。我把坚硬的水泥地想象成安菲尔德的绿草，我假装一排排紧挨着的房子是Kop看台、主看台和科林路看台。而我变成了扬·莫尔比。我攻进了至少三个帽子戏法，将每一粒点球踢进我们用铁皮垃圾桶做成的球门。我喜欢在海顿将这场比赛重现一遍，而我是一切的主角。

在那么鲜明的反差之下，2004年12月的冬夜要严肃得多，我的目光像以往一样，被Kop看台拉了回去。来自西班牙的元素让利物浦球迷们又多了一番风味。在Kop看台一侧的球门后，挂着一副看起来像是西班牙国旗的标语。一道巨大的黄色横线被夹在两条红边当中，黄条中间有一只红色的利物鸟，被四颗红色星星所包围——这代表着我们四次登顶欧洲冠军。两条边上用金色字迹绣着“拉法的红番队”。

面朝球门，从最底部的位置向右看去，我的视线被一幅新标语所吸引。这幅标语已经开始成为安菲尔德欧战之夜的常客：

佩斯利赢了3座

费根拿下第4座

拉法率领红军

又一座¿拜托[1]?

谁说人没法通过足球受到任何教育?每场比赛看到“红军”球迷的新标语,我的西班牙语就有所进步。

我的数学本来就挺好,所以解读数字很简单。4支球队5场战罢,奥林匹亚科斯积10分排名小组第一;摩纳哥第二积9分,而我们有7分在手。拉科鲁尼亚仅仅打平两场比赛已经提前出局——其中一场就是在安菲尔德。这场互交白卷的平局意味着我们必须击败奥林匹亚科斯才能出线。净胜球统计很直白,我们要么1:0赢球,要么就要净胜两球——如果奥林匹亚科斯进球的话。

那时我还只有24岁,即便作为队长,我还没能掌握如何在大赛前夕控制好我这“老实巴交”的脾气。周二的新闻发布会上我激动地谈论了无法晋级欧冠淘汰赛阶段的后果,以及如果我们排名小组第三就将会被降格去打二流欧战赛事的事情。“对俱乐部来说,以及对我个人来说,周四去打联盟杯就是一场灾难。”我说道,“就我来说,过去几年征战联盟杯都很令人失望。我已经拿过联盟杯了,但它相对于欧冠联赛只是个配角罢了。作为球员和俱乐部,我从不退而求其次。我想去的是欧冠联赛。”

无意之间,这种方式给我的球队增添了压力——我听起来就像是自以为自己跟球队一样重要。我并非真的这样认为,我再年少无知也不会这么想,但我没能控制好语气中流露出的野心。我离开利物浦加盟切尔西的传闻从之前的夏天就开始传了,所有人都知道。并且我在了解到俱乐部下个赛季的欧冠参赛可能之前不愿磋商新合同。我生怕有人没搞清楚情况,我又重申了一遍:“我不想在比赛第二天早晨起来的时候已经欧冠出局了。如果我们下赛季没能晋级,我就必须考虑我的未来了。”

---

[1] 此处原文用了西班牙语,¿Por Favor?,前后使用正反两个问号也是西语的语法习惯。

我所说的话给这场对决又平添了几分故事性。在我参加过的赛前新闻发布会里，这可能不是最聪明的一次，但这都是血淋淋的事实。如果我们没法跨过奥林匹亚科斯，我可能就不会再随利物浦一同征战欧冠——这想法在我脑海中挥之不去。

同样在这次发布会上，我还努力显得信心十足、实事求是：

> 有人说一定要1：0赢球或者净胜两球会很困难。但如果在小组赛开始前你告诉我我们要在主场1：0拿下奥林匹亚科斯就能晋级的话，那我会欣然接受。我不担心他们进球。如果他们进了，我们就要进三球。但那OK，我们会尽力的。

我们当然会尽力，但我也非常害怕早早丢球。私底下，当只有我和卡拉坐在更衣室角落里的时候，我说："我们不能让对手进球。只要我们失误一次，想要晋级有如翻山越岭。"

卡拉很赞同。

我紧张极了。我不希望我们的欧冠梦想就此终结。

那个赛季我们很幸运，有萨米·海皮亚和詹米·卡拉格坐镇防线中心地带。他们比得上欧洲任何一对中卫组合。我和卡拉相识多年，但是在2003年时热拉德·霍利尔委任只有23岁的我担任队长时，萨米让我看到了他有多么特别的深思熟虑。我担任队长意味着萨米必须放弃队长袖标。当我跑去见他，作为他的新人队长羞愧难当时，萨米不厌其烦地表示一路上他时时刻刻都会在那里给我帮助。

对阵奥林匹亚科斯，我和萨米差点早早联袂得分。我在左边路主罚的角球找到了近门柱的萨米，但他的头球擦着门柱出了底线。

我们还必须做好防守。希腊罚出一颗下坠任意球，我被迫将球顶出底线形成角球。即便有安菲尔德一阵又一阵的歌声咆哮着支援我们，但这注定将会是个充满考验的夜晚。开场20分钟我们几乎破门得分，哈维·阿隆索的完美的定位球输送，我只要伸一伸脚就能将球送向球门方向。我看着黄色和紫色相间的皮球砸在门柱上。我们只差一点点就能早早取得我们所需要的进球。

第26分钟，身着黑衣的希腊球队在禁区弧外得到一个定位球。我们有六名球员组成人墙，还有三人在人墙附近。我们的门将克里斯·柯克兰大喊着让我们靠得紧一些。里瓦尔多站定准备起脚射门。伟大的巴西人在前25分钟里碌碌无为——不似三年前他效力巴塞罗那时那般，将我和利物浦玩弄于股掌之间。2001年巴萨在安菲尔德3：1赢球，我们几乎无法近他的身。加入奥林匹亚科斯后他已经老了三岁，但我们仍旧在他面前显得无能为力。他两步助跑并将球射过人墙，1：0，奥林匹亚科斯。

柯克兰对我们大发雷霆。但我好好教训了他一番，因为他让任意球直接就这么飞进了球门中路。他站错了位置，这球是柯克兰的失误。我失望之下将球一脚踢飞，还为此受到了黄牌警告。我将会错过下一场比赛——这感觉像是我们已经告别这片赛场了。现在我们需要三个进球来实现自我救赎。

半场休息时拉法惊人地冷静。他只是拿出战术板，做了几个战术调整然后说了几句简单的话，非常好理解："吉米（特拉奥雷）下。弗洛朗（希纳马·庞格勒）上。三后卫。胆子大点。别犯错。我们拼一拼。我们还剩45分钟来继续留在欧洲战场。上去让我看看你们有多想留在欧洲战场。上去让球迷看看。"

下半场开始的2分钟，我们士气大振。拉法的换人奏效了。哈里·科威尔在左翼形成突破后将球横扫门前。希纳马·庞格勒将球捅进球门，然后冲进门里捡起皮球又冲回了中场线。拉法没有庆祝。他只是故意摆弄了一下手表。我们还剩43分钟来打进两球。这听起来很简单但做起来犹如登天一样难。

科威尔、米兰·巴罗什和我打出小配合，当皮球划出一道弧线向我飞来时我打出一脚凌空。皮球从倒地的希腊门将身下钻过滚进球门，但哨声已经提前响起。我的进球被判无效，因为巴罗什对加布里埃尔·舒勒尔犯规在先。我绝望地双手抱头。

我不断在想，一遍又一遍：这会是属于我们的夜晚吗？这会是属于我们的夜晚吗？

两边互有得分机会，但比赛进行到80分钟比分仍是1：1。我们需要在最后10分钟里打进两球。1分钟后我们逼得一粒角球。哈维·阿隆索开出角球，科威尔在禁区内摔倒。我们向裁判申请点球，但遭到了无视，这时皮球弹到了希纳马·庞格勒脚下。他起脚传中，努涅斯的头球被尼科波利迪斯用手掌挡出——但球径直落到了尼尔·梅洛的行进路线上。这是拉法又一次神来之笔，替补上场的梅洛将球射入。他上场还不到3分钟，2：1利物浦领先。

安菲尔德欢声雷动。我们做了一连串奇怪的庆祝动作。我们跑向队友互相叫喊击掌，速度之快就像是我们的手都滚烫滚烫似的。我们就是这样节约时间冲回本方半场，好让比赛快点重新开始。

拉法没有庆祝。站在边线上的他只是再次看了看表，像是他冰澈的大脑正在冷静地计算我们还剩多少秒可以在安菲尔德释放更大的骚乱。

我所知道的是我们还有9分钟时间来打进那颗拯救我们欧冠赛季的进球。

等待奥林匹亚科斯开球之际，压力和紧张遍布全队上下。他们想要浪费几秒钟。我和卡拉不顾一切地在安菲尔德的吵闹声中团结着球队，告诉每个人保持冷静。我们仍有可能取胜。

5分钟过去了。科威尔和我互相传递后我起脚传中。这球看起来非常有威胁。梅洛倒在禁区里，我们又全体向裁判抗议。没有点球。

时钟显示还剩4分钟。还有4分钟可以拯救我们。

卡拉加入到进攻中。球在他脚下，卡拉都开始带球了。这就能看出我们是有多绝望了。我们准备尝试一切可能。但即便我都没法相信自己的眼睛，我依然看到卡拉做了个克鲁伊夫回旋，拉球转身180度在对手禁区边缘内切进来。

我在中场附近，距离对方球门30码开外。我举起双手希望卡拉能看到我处在一大片空当之中。

不过，卡拉轻巧地将球传给了梅洛。就在梅洛跳到空中时我向他移动过去。

“做给我，做给我！”我尖叫着。

梅洛听到了我的叫声。他看到了我。梅洛恰到好处的头球将球稳稳地点向我的方向。皮球在地上弹了一下，然后缓缓地划出一道弧线，往我面前落下。就在球快要再次落地的时候，我高速插上抡起一脚凌空射门。我打开身体以调整到最佳角度，我整个人的体重都压到了这脚射门上。25码开外我这脚抡得完美无比。

这是一记爆射。这是一脚绝对的世界波，将会改变我一生的世界波。

黄紫相间的欧冠联赛用球[1]像箭一般飞出，像一颗呼啸而过的导弹，径直飞进了Kop看台前球门的右侧。嘣！

我跑向Kop看台，欢欣鼓舞地挥动着拳头，冲向球迷时我的手臂和我的腿疯狂地摆动着。他们也陷入了疯狂。我对着空气振臂高挥，然后疯狂地、用双手指着一名看起来开心得马上就要炸了的球迷。

他伸出手来，我便马不停蹄地跑上前去。我想：我要进去……

我一头栽进人群当中，我的队友们使劲在后面追。从座位上站起来跑向我的利物浦球迷，像潮水一样从Kop看台上涌下来。

“是的，我和你们同在！”一张张脸朝我涌上来时我脑海里想道，“我是你们的一员。我也要进来……”

人群将我吸了进去。我很快就消失在了这片欢乐地咆哮着的红色海洋里。

---

[1] 此处原文有误，这场比赛所用的是英超联赛用球，而非欧冠联赛专用的星形球。

曾经在周三晚上的小森林杯激动人心的表演中，那个为扬·莫尔比的点球帽子神魂颠倒的6岁半小男孩，绝不会相信十八年后在他身上发生的一切。

对奥林匹亚科斯这球我已经看了无数遍，在颁奖晚会上和纪念晚宴上，翻来覆去，一年又一年，整个过程历历在目。卡拉从边路传中，梅洛在禁区里接应，而我知道他唯一能尝试去做的就是把球做给我。只要梅洛背对球队，他向来都会选择做球。就技术层面而言，他的局限性非常大但仍不失为一名优秀的机会型射手。这么多年来，我脑袋里出现过的唯一一个问题是：梅洛这球能处理好吗？他做到了。当球朝我弹过来的时候我很清楚，如果我调整好身体角度干净利落地打上一脚，我就能进球。这球要打好还是颇有难度，但我逮得就跟做梦一样。因为触球的感觉，这球一离开脚我就知道要进了。这球甜得就像高尔夫里那种挥杆，你挥得特别准，甚至都感觉不到球的存在。对我和俱乐部来说这都是一粒非常非常重要的进球。

天空体育的解说现在已经深深地刻在了我的脑海里。“卡拉格拿球。”荧屏上是马丁·泰勒的声音，“试着保持冷静……梅洛……巧妙地头球一垫……但是杰杰杰杰拉拉拉拉拉拉德德德德！”

泰勒狂吼着将我的名字喊出一半时，安迪·格雷爆发出一阵尖叫，与我射门的炙热轨迹交相辉映。“噢噢噢噢噢噢！好家伙！这球太棒了，小伙子！这球……太……棒了！”

前埃弗顿球员格雷，一位蓝血人，怒吼着赞美这颗令人难以忘怀的进球，他完全迷失其中了。

我射得美妙、强力、没有一点瑕疵。如果这球是我在梅尔伍德某个寒冷的周三早晨的一堂普通的训练课上打进的，也足以引发一阵艳羡的喊声。但这球真正的神奇之处在于，它不早不晚正好在一个狂热的周三夜晚降临，在一场痛苦的欧冠生死战还剩4分钟时降临。它飞过了12月寒冷的夜空，飞进了我未来的生活——一遍又一遍地被放映，正是这一瞬间让我们在那个赛季走上荣登欧洲冠军的道路。

现在回过头去看，我能看到我的坚定和渴望。我呼叫梅洛做球，希望自己在那场比赛里还能再拿到一次机会。我只需要梅洛将球让给我，垫到我的跑动路线上，而我会尽力搞定后面的事。

电视屏幕上的镜头重播随着加里的尖叫声渐渐淡去。泰勒说："好吧，这种情况下就是捡漏你也要了。但你所见到的这欧冠一击，可以比肩今年以及过去许多年里这项赛事中所诞生的任何进球。"

又是这个进球，重播再次进行。加里接过了话头并且打算稍稍冷静一下。"你不需要我解释，"他说，"只要看看这个。让画面来告诉你一切。这可非同一般。好好看看，孩子们。"

这时候有件事总能让我会心一笑，因为拉法还是没在庆祝。他在边线上打转，独自一人，看上去有些神志不清。一名喜气洋洋穿着橘色马甲的巡场员冲上去抱住了他。拉法一动不动地站着，像个西班牙小男孩被一个从没见过面的白发苍苍的远房亲戚一把抱住了一样。最后，这位乐坏了的巡场抱着我们的主教练，拉法轻轻拍打了他几下。对拉法来说，这就跟我发疯似的冲进Kop看台，淹没在哭喊、尖叫欢呼的人群中是一样的。

屏幕上的画面从不苟言笑的拉法切到了我身上。中圈里，我正咬紧牙关，摩拳擦掌，提醒每个人保持注意力集中，在这之后不能再有丢球了。我看起来那么年轻，又那么坚定。

"他不想明早起床发现自己身在联盟杯，"马丁·泰勒解释道，"昨天他在说这事。而伴随他那天才的右脚一挥，史蒂文·杰拉德说：'欧冠淘汰赛，我们来了。'"

2014年12月9日，周二

安菲尔德

我始终如一，从一而终。对奥林匹亚科斯进球后的十年零一天后，我即将带领利物浦在安菲尔德又一场欧战小组赛对决中迎战巴塞尔。

皇马手握15分，赢下了他们全部5场比赛。巴塞尔积6分，而利物浦和卢多戈雷茨各积4分。我们在净胜球上更占优势，而且保加利亚人最后一场必须做客马德里。争取小组第二将会是巴塞尔和我们之间的直接对话。这比奥林匹亚科斯的故事要简单得多。比分毫无关系，一场胜利就可以让我们进军淘汰赛阶段，并且在这个艰难的赛季中写下一笔小小的进步。

看起来似乎一切都要看我们的新球员能否继承那份无坚不摧的意志力。这份意志力为与今天完全不同的那支球队在对阵奥林匹亚科斯时注入了能量，我是那支球队唯一留存至今的人，我是最后的独苗——所以我和我的进球周年纪念聚焦了很深的关注，布兰登·罗杰斯就是其中之一：

> 这项赛事和利物浦有着很深的渊源，而那场对阵奥林匹亚科斯的比赛就是那段历史的一部分。这场与巴塞尔的比赛对这些球员而言，是一个让他们争取书写相同传说的机会。我们不能只靠史蒂文一个人。对阵巴塞尔必须是一场全队齐心协力的表现。我们需要其他人也成为球队的催化剂，这就是史蒂文踢球的本质。球队里没几个世界级球员，所以如果你身背世界级的天赋，那么责任就降临在你身上，但这次需要的是集体的努力。我们需要全队发挥出顶尖水平以取得理想的成绩。

安菲尔德有一种精神，我在其他的足球场从来都没有见过。利物浦球迷有股力量和能量，有时会让你相信他们能把球吸引到对手的球网里。对阵奥林匹亚科斯时最后20分钟的噪音是我所听过的激烈的——直到几个月后，我们在半决赛第二回合赢下穆里尼奥的球队时，比赛中的助威声更为响亮。

安菲尔德的球迷同样颇具智慧，他们懂足球。我认为这就是为什么在对阵巴塞尔时，球迷们一反常态地默不作声。就好像在一场倾盆大雨后，他们知道我们不再有同样的热情与怒火、技术和精准，来杀死这支瑞士球队。占据球场一隅的客队球迷要比我们的球迷活蹦乱跳得多。

上半场我们打得支离破碎毫无生机，而巴塞尔表现得沉着冷静。他们还展现了精湛的技术。比赛第25分钟，巴塞尔在我们禁区外围打出一串精妙配合之后，法比安・福赖一脚漂亮的射门洞穿了西蒙・米尼奥莱的十指关。我们0：1落后，仍需要进两球。

“进攻，进攻，进攻……！”就在我们举步维艰之际，球迷们突然带着怒火喊了起来。我知道中场休息时我们必须点燃心中的那把火。

布兰登在中场时调整了阵容。恩里克被莫雷诺换下，拉扎尔・马尔科维奇出场替下兰伯特。15分钟后马尔科维奇和贝朗・萨法里争球。萨法里是巴塞尔最好的球员，他还证明了自己是他们最好的演员。马尔科维奇在争抢中挥动手臂以超越对手，他的手指擦到了萨法里的鼻子。巴塞尔人应声倒地，好像他被一记上勾拳直中面门似的。裁判伸手掏出红牌，马尔科维奇被判离场。我们只剩十人应战。

我们不打算要放弃。雨点打在我的脸上，我不断催促、鼓励队友，不停地抢断、奔跑。我一次使尽全力的拼抢从陶兰特・扎卡脚下将球断下。我继续向前，对方门将托马什・瓦西利克情急之下大胆扑向我的脚下。球迷气势大涨，安菲尔德的噪音和信念又回来了。

我们仍然有机会。我感到曾经的那股坚定涌上心头。第81分钟我准备一粒在巴塞尔右路的任意球。这球打得兼具速度和下坠，皮球飞过人墙飞进了球门上角，门将没有一点机会。

1：1。我撒腿跑开，向身体两侧挥动着手臂，坚信奇迹会再度上演。

十年前对阵奥林匹亚科斯的最后10分钟，我们需要两粒进球。现在我们只需要一球。

观众们所有抑郁的低声细语都不见了，咆哮的红色海洋回来了。

我刚刚打进了自己在130场欧冠比赛中的第41球。我渴望着第42球。

斯特林给瑞士人制造威胁，来回闪转腾挪，皮球弹到了乔丹·亨德森面前。当亨多胸部停球打出一脚美妙的凌空抽射时，安菲尔德沸腾了，他们相信奇迹发生了。皮球飞向球门，但对方门将使尽全力飞身扑救，将球挡了出去。

最后几分钟过得太快了。我们绷紧了神经努力追赶，但随后令人崩溃地，我们听到了终场哨音。我无力地蹲了下去，我的头发被汗水和雨水浸透了。我擦了擦脸，继续蹲在地上。一切都结束了。我不会再参加任何欧冠比赛了。

是时候告诉全世界了。我已经告知俱乐部，我会在2015年6月底离队前往美国。我可以选择沉默，但这对教练来说不公平。关于我未来的疑虑开始主导球队的方方面面。布兰登一直问我这方面的问题。

我跟斯特鲁恩说："我希望布兰登是第一个知道我将要离开的人，然后俱乐部可以决定要怎么处理这些消息。"

于是我去见了布兰登，把消息告诉了他。我没有提到在马德里枯坐板凳的那个忧郁的夜晚，我就已经去意已决的事。相对地，我说："现在让我告诉你，坦白地，面对面地：一切都不会改变了。每一天我都会努力训练，并且从现在开始直到赛季结束，我都会尽力做出贡献。我会为你倾尽全力。"这次和布兰登的交谈和往常一样，充满了相互尊重。

俱乐部主席汤姆·沃纳从波士顿给我打来了电话。我和汤姆还有约翰·亨利相处得很好，并且作为俱乐部老板，他们对我很不错。我能从汤姆的声音里听出他有些伤心和失望，并且对我决定离开感到吃惊，但他非常尊重人。他询问了我原因，我解释了自己的理由并表示去美国待上几年对我和我的家人而言都是好事。我们愉快地聊了20来分钟，而我将会继续同他和约翰保持联系。只要他们来到利物浦，他们总会请我见面喝杯咖啡，于是他们能让我随时知晓他们的计划进展。我认为在芬威手里，利物浦会得到很好的照料。

在我公布消息之前，斯特鲁恩的手机开始响个不停了。其他俱乐部听闻了我可能离开利物浦的风声。第一个提出想要谈谈的是土耳其俱乐部贝西克塔斯和他们的教练斯拉文·比利奇，接着是摩纳哥，他们非常有诚意。巴黎圣日耳曼同样有兴趣。大卫·莫耶斯给斯特鲁恩打了好几次电话，来看看我是否有兴趣到皇家社会去为他效力。

几家英格兰俱乐部打来了电话，但我不会同利物浦兵戎相见。托特纳姆和他们的主教练毛里西奥·波切蒂诺对我有兴趣，要我保持联系。听到波切蒂诺仍然看得上我真让人很高兴。我很肯定我还能在英超再战一年，但是和托特纳姆一起再从头来过我并不是非常有兴趣。斯特鲁恩也知道我不想和利物浦做对手。

我对巴黎圣日耳曼和摩纳哥略有兴趣，而且继续留在欧洲的想法掠过我的心头。但如果碰上欧战比赛我要如何重回安菲尔德？于是我对斯特鲁恩明确表态。我说："不可能。我不想留在欧洲。是时候尝试点新东西了。"

卡塔尔带着大合同找上门来，中东还有另外几份报价。但是我们已经和MLS那边进行了先期对话，我确信洛杉矶银河会是最好的选择。

我剩下唯一要做的就是告诉媒体和球迷。2015年1月2日，我发表了一份声明，确认我将会在赛季结束后离开利物浦前往美国。我被几乎在声明的同时蜂拥而至的赞美和感谢深深打动了。

在新年当天战平莱斯特城的比赛后，我还同利物浦俱乐部电台克莱尔·鲁克一起完成了一次专访——我打进两粒点球后，半场我们2：0领先，但莱斯特在休息之后迅速扳回两球。我只想快点做完专访，这次专访将在几天后于俱乐部的电视频道上播出。

在他们开始拍摄前我就感觉有些哽咽。我必须提醒克莱尔，只有在情况不会太过煽情的情况下我们才能进行专访。

克莱尔很棒，但专访仍然令人难受。“我一直都知道总会有结束的一天，那会是一个百感交集的决定。”我说，“现在它成了现实，这感觉很奇怪。我把自己和俱乐部视为一体。这是个艰难的决定，但现实是今年夏天我就35岁了。希望有朝一日我会回来。”

我突然意识到我刚刚开口对我挚爱了一生的俱乐部说了一声非常长的道别。我不太确定自己在未来的五个月里能否顶得住如此深沉的感情。现在谈论离开已经让人感觉残忍而艰难——今年才刚刚开始。

“我不再是24岁了，”我说，尽可能让自己保持实际，“但我希望我还是24岁。我希望24岁的时候遇到了布兰登，因为我觉得那样的话我会坐在这里谈论很多我们一同赢得的冠军。但现实是布兰登来到这家俱乐部时我已经32岁了。”

克莱尔准备了一些来自教练和我队友的感谢打算要读。我摇了摇头说：“这会让我心碎的。”但克莱尔还是读了希尔斯堡家属支援会的玛格丽特·阿斯皮纳尔所写的一些动人的词句。我说不出话，我真的无言以对。

我能感觉到自己热泪盈眶几乎要哽咽了，但我深吸一口气控制住了情绪：

> 等到这赛季末会有大把时间留给眼泪和伤感。从个人的观点出发，现在的目标是强势地完成这个赛季——同样也要为球队争取一些成绩，努力让球迷感到高兴。跟我们所有人一样，他们也经历了艰难的六个月……但是没什么比带着一座奖杯离开和球队保持最佳状态更让我开心的了。我们会努力争取赢得一座奖杯，

并且暂时忘记史蒂文·杰拉德这个人。

2015年1月5日周一，我们打了一场非常英式的足球比赛。这是足总杯第三轮AFC温布尔登和利物浦之间的对阵，比赛地点他们位于诺比顿的小球场国王牧场。这唤起了我对1988年温布利那场决赛的回忆。就是那年，对8岁的我而言噩梦一般的经历——温布尔登的狂帮1：0击败了利物浦。自那时起27年后——正好和我的利物浦生涯一样长——温布尔登被新老板接管、买断然后搬迁去了米尔顿凯恩斯。在那里他们重新命名并且“品牌重组”成了MK唐斯。

我理解也认同老派温布尔登球迷的愤怒和团结，他们拒绝改变自己的身份。他们要随AFC温布尔登[1]重新来过。他们从非职业联赛缓慢又稳定地一级一级攀登上来。现在他们又成为了一家职业联赛俱乐部，在相当于前英格兰第四级职业联赛里征战。

这是一段振奋人心的故事，而AFC温布尔登更是有一位另类英雄——他们重达16石[2]的前锋阿德巴约·阿金芬瓦。这位“野兽”又名“英格兰足坛最强壮的男人”。他是位利物浦球迷，而我，很明显，是他最爱的球员。但这并不能阻止这个大个子，他拿球的感觉轻巧得惊人，并且在比赛第36分钟打进了扳平比分的进球。我为球队取得了领先，当时我先将球传给了哈维尔·曼基略，随后冲入禁区在两名英乙联赛魁梧的中卫之间杀出血路顶进了一个大力头球。我就是这样告诉每个人，我仍一如既往地投入。

下半场我们急需一粒制胜进球，我旋出一脚任意球翻过人墙打进了球门上角。AFC温布尔登主教练尼尔·阿德利说他曾经给门将詹姆斯·舍伊看了我无数同样的任意球得分视频。他们在赛后面带微笑非常亲切。

“那就是史蒂文·杰拉德。”舍伊说，“那就是他所做的事。”

---

[1] 原温布尔登FC在改头换面为MK唐斯之后，原俱乐部球迷成立了AFC温布尔登并买回原俱乐部队徽继承了原俱乐部遗志。

[2] 相当于102公斤。

前狂帮成员之一的阿德利更是慷慨："最后我们被一位世界级球员给做掉了。"

我很高兴同野兽交换球衣，我们互相祝愿对方好运。在返回利物浦的漫长旅途中，我做起了梦来。2015年足总杯决赛将会于5月30日在温布利举行，那天正是我的35岁生日。脑海里我给自己想了个完美的、童话般的结局。

就像是置身一段新的梦幻中似的，利物浦突然来了状态。我们联赛五战四胜，德比战中0：0在古迪逊公园互交白卷。我们客场战胜了桑德兰和维拉，主场战胜了西汉姆和托特纳姆。感觉似乎我们再次向冠军挺进了。我对热刺打进一球，53分钟时的一粒点球。但15分钟后我因为腿筋受伤，被迫一瘸一拐地离开了球场。

感觉不太好，当晚医疗组确认了坏消息。我将缺阵三周——至少。理疗师和队医明白对于临近终点的我来说，身穿利物浦球衣的每一场比赛、每一分钟有多么重要。但我们一起经历了那么多，在那么多离奇的、可能终结职业生涯的伤病之后，他们什么都不用说。我知道一直以来我有多幸运。

克里斯·摩根会告诉你他一直在我的生涯边缘上工作。理疗师往往淡化他们在球员生活中的作用，因为他们出色的决定从来不会受到关注。而他们的错误决定，比如他们让球员太快回归球场时，能让他们和球员在随后多年里心神不宁。在这笔生意上他们得到的感谢太少——除了那些像我一样，亏欠他们很多的球员们，会给予他们感谢。

曾经有过两次，克里斯帮忙挽救了我的职业生涯和我的理智。在这两次里，我几乎以为我将要失去一切。2011年，我感觉我的腹股沟和我的头脑都彻底毁了，被疼痛和绝望撕成了碎片。是克里斯拯救了我。

我的整个职业生涯都受到腹股沟伤病的困扰，此外还有内收肌疼痛并进行了多次疝气手术。我因为腹股沟和股薄肌（内侧大腿上的一块小肌肉）治疗而失去了2002年世界杯的参赛资格。这是个病理性问题，并且我已经重做了此前的疝气手术以强化下腹壁。但2011年3月我遭遇了腹股沟撕裂。这个伤就像它听起来一样恶心，因为基本上你的整块腹股沟肌肉都从骨头上脱落了下来。

这一切发生在我在梅尔伍德做了一次克鲁伊夫回旋后。我勉强走下球场去了医疗室。我刚瘸着走进房间，医疗组就知道我有麻烦了。“发生什么了？”克里斯说，语气中流露着担忧。

我摇摇头：“我的腹股沟刚刚爆了。”

这个词用得很夸张，但“爆了”在某种程度上用得挺准。他们很快就弄明白了我是将长收肌肌腱从骨骼上扯了下来。这次撕裂发生在我的内收肌同耻骨联合区相连的位置。

内收肌主要是在你交叉摆腿时发挥作用。此种伤势本身有自愈的可能，因为它可以在低处形成新的联结。有些球员甚至带着半联结的内收肌踢球，然后他们会引发次级腭裂——一条小裂缝，可以帮助他们完成动作。但就在我听说了如果采取保守疗法，我标志性的斜长传可能会因此损失力量，我就非常坚定。我想动手术。如果一切顺利，这次手术可以确保我的内收肌感觉就像新的一样。

我很乐于接受他的建议，他还对我进行保证说弗兰克·兰帕德也从相同的伤病中康复归来。我将缺席十二周，但我能获得完全康复。这使我提前结束了赛季，但克里斯表示夏天会陪我一同前往葡萄牙。不等2011—2012赛季开始我就能准备出场比赛了。

在腹股沟和内收肌区域附近建立强壮的核心非常关键，因为在一场标准的英超联赛比赛中，我要跑上8公里并且其中1公里是在高速跑动中完成的。腹股沟和内收肌要承受大量扭曲和旋转。不少球员认为按摩师是一切的关键，但我们的医疗组坚信积极性复健、加固和努力锻炼才是确保手术成功的关键。

我点了点头。做完手术无论我们要如何努力，我都已经准备好了。

手术似乎一切顺利，在我腿上留下了一条漂亮的4英寸伤疤，我密密麻麻的伤痕里又添一件新藏品。但我们很快就遇到了问题。我持续感到不适，而且有时我的盆骨内和附近都有痛感。克里斯、利物浦队医扎夫·伊克巴尔、彼得·布吕克纳和执刀医生厄内斯特·谢尔德斯都对我进行了检查，但结果都是完全健康。现在还在术后初期，我只是需要放松自己，让内收肌自然愈合。

我们觉得多晒晒太阳会帮我改善心情。我迫切想要去葡萄牙然后重新恢复正常。阿莱克斯、孩子们和我一起出国过暑假——而克里斯陪着我们度过了一个工作假期。我们早晨和晚上都会去健身房刻苦锻炼，他把其余时间留给我好好跟家人一起享受假期。

但进展很令人沮丧。我们需要不断延后原定的7月1日目标——原先我希望在这天展开季前训练。类似高抬腿或者弓步这样的动作我都感觉疼得不行。这些是我们加固内收肌所必需的基础练习。

我们制订了一套新计划——将在梅尔伍德加速恢复进程。到那时我应该，肯定，休息充分了。

然而计划出现了偏差。回到梅尔伍德的第一天，在我们完成一套漫长又温和的热身步骤后，我们决定让我稍微慢跑一下。我知道我没法踢球，但毫无疑问，绕训练场跑个10分钟我是能做到的。我在康复池里取得了一些进展，反重力机上表现也不错——这是一种负重跑步机，能让你在不增加任何身体压力的情况下进行慢跑。

我对此充满了期待，期待到外面不紧不慢地双脚一前一后运动那种简单无脑的快乐。我很久没跑过步了。

我的双脚开始移动。一步、两步、三步……直到我跑出我的第九第十步时我不得不停下来了。我的脸就是一张痛苦的面具。

我没法再多跑一步。感觉非常痛苦，而且非常可怕。

出什么事了？我是个职业球员而我甚至连十步都跑不动。我的手术已经是十二周以前的事了。我到这会儿本应该健健康康活蹦乱跳了。

显然队医们也很担心。他们工作的一部分就是研究临床表现，然后确定球员可能感到疼痛的原因。诸如此类的解释一般能帮忙舒缓压力和担心。但他们不确定要跟我解释些什么。队医们至今所做的所有测试都显示手术进行得很成功。但我仍觉得自己是个彻底的废人。

他们解释称，多年以前我受过的伤病要多于其他很多球员，因为我有着超人的机动力——这意味着我的关节周围非常柔韧。很大程度上那份柔韧性对我踢球提供了帮助，不利的一面是我更容易受伤。但我最近的伤势显然已经通过手术解决了。

克里斯和队医组研究起了一套新的扫描图片。他们跟我一起逐一进行了深入分析。他们向我展示，当我撕裂内收肌的时候，我还一起扯下了耻骨区下侧的肌腱。这就解释了为什么我的行动受到了阻碍，而这可能会造成一些不稳定。队医推测我盆骨区域的豁口是造成疼痛的病因。对此我们能做的不多，除了静候肌腱彻底愈合。

一周后，感觉有所好转，我们和全体队医见了次面，我们决定短时间内我要避免跑动。我会改为骑自行车。

梅尔伍德给人感觉很空旷，一线队外出进行季前赛拉练，但是俱乐部的首席体能教练达伦·伯吉斯很快给我打来了电话。他要求我做一组24分钟的骑行。“拿这个当是体质测试，”达伦说，“告诉我你适应得怎么样。”

他们的计划是以这次骑行作为第一次真正的测试，并以此为基础循序渐进。我的好朋友乔丹·米尔索姆，同时也是位体能教练，会到场观测我和相关数据。我爬上自行车开始蹬了起来。

哇，太痛苦了。两三分钟后，我的额头上已经满是豆大的汗水，我的脸痛苦扭曲，活像一位上了年纪的老人。这感觉就像我要坐在一堆钉子上一路从利物浦骑到曼彻斯特的特拉福德中心似的。感觉就是这么痛苦。

5分钟后我放弃了。我不得不停下。我投降了。

我给达伦的语音信箱留了言。“你别再让我挨这苦了，”我说，“哪里不太对劲。感觉很严重。”

我的情绪越来越低。“感觉不太好，”我告诉乔丹和克里斯，“太折磨人了。”

“具体痛起来是什么感觉？”乔丹问道。

“有点像是蛋蛋后面疼。”我说。

他们看起来很担心。

“嗯，”我说，“感觉像是有人在蛋蛋后面用刀子捅我。”

我们没有笑。我开始怀疑自己从今晚后是否还能再踢球。距离我那次性命攸关的克鲁伊夫回旋已经过去差不多四个月了。到这个阶段我本应该可以出战常规比赛了，但我的身体放弃了。

疼痛时有时无。我可以一连几个小时安然无恙，然而当我在做一些很简单的动作——比如走出汽车时，突然就有如刀割一般地痛。

“听起来像是每当你打开盆骨时就会引发疼痛。”克里斯提出了看法。

“有可能，”我说。“我的私处和裆部中间应该有点问题，盆骨下面有点什么。感觉我的盆骨是打开的，感觉有个很大的豁口。”

扎夫·伊克巴尔和克里斯带我去找了主刀医生厄内斯特·谢尔德斯，谢尔德斯此前在布拉德福德附近的约克郡诊所中完成了我的手术。谢尔德斯是一位出色的外科医生，来自比利时，作为髋关节和腹股沟专家多年来深得俱乐部信任。我很信任他，而当他也没法确诊刺痛到底缘何而起时我就更担心了。我们告诉了他被迫终止慢跑和骑自行车的事。谢尔德斯看起来备感困惑。他再度表示他完全相信手术进行得很顺利。谢尔德斯认为我们需要再找个人来看看。他建议我去找一位伦敦的盆骨专家。

问题听起来越来越严重。我没法跑步，我没法骑自行车，我没法踢球，更没有一丝可能跃到空中顶球了。我几乎对此束手无策。

扎夫、克里斯和我一同坐火车去了伦敦。我有大把时间和他们谈心。他们试着让我振作精神，但我们都知道我的病情很有可能毫无进展。我们必须面对现实，在14年的一线队球员生涯之后，关节周遭已经遭受了太多伤害，导致整个盆骨区域很不稳定。没有结构支撑我就不再是那个高机动力球员，也许不再是任何类型的球员。只要我稍做哪怕最基础的动作，我的整个盆骨就感觉裂开了。

扎夫和克里斯给了我鼓励。可能这次盆骨手术就是解决问题的方法。也许有可能固定住盆骨?

但当他们解释说这手术就像是在关节上打一颗钉子的时候，我耸了耸肩。

好极了。去见我们的最新盆骨专家时我的感觉并不好，我等着听听他是不是要告诉我职业生涯就要结束了。他非常细致，经过长时间的检查之后，他回过去看了当天早晨的扫描。

“看这里。”他说，手指着一块模糊的斑点，“你这里全是这种白色的积液。我不知道这个手术之后你应该有多少积液，因为这不是我动的刀。但你需要弄明白这些积液是怎么回事。你最好回去找谢尔德斯看看。”

我们正在原地打转。但是，在乘火车返回利物浦的途中，伊克巴尔医生解释这种积液的形成一般说明有感染。这让人挺困惑的，因为他已经进行了一套完整血液测试检查有无感染。感染最显著的标志就是白血球指数升高，但长时间以来我的指数一直都和正常值别无异样。也许谢尔德斯对此会有所灵感。

我们安排了在那周稍晚时候同谢尔德斯在布拉德福德再会面一次。扎夫和克里斯要我在家尽可能多地休息。

我的身体运作得太神奇了，也许它决定我可怜的老心脏和大脑已经遭受了足够多的心痛和头痛，它开始发生了一些非常奇特的变化。回到利物浦的第二天，在家里的时候，我的伤口破了个小口。里面渗出了白色、泛黄污浊的脓液。

一道干净、缝合完美的伤疤破了开来——与其说像一朵花，更像是一团肮脏的杂草上面带着一些白色和黄色的芽。现在发生什么了? 我找出一块棉垫将伤口轻轻擦拭干净，但更多污物流了出来。

我被眼前所见的东西吓坏了，我拍了一张伤口的照片。我当时真的慌了。我把图片发给克里斯并附了一句话："这是什么？！"

克里斯回来短信："这个太好了。过两分钟给你去电话。这说明伤口真的有感染。"

我给他发过去："这叫好？！"还给他发去了一张最新图片。

克里斯打来了电话。我告诉他我刚刚又用棉垫擦了一波脓水。

"这是利好消息，史蒂文。"克里斯喜出望外。我必然满腹狐疑地哼哼了几声，因为他很快就几乎肯定了我的疼痛是由脓液挤压关节所导致。这同时还可能导致了我盆骨部位的错位感。我们之前担心盆骨区域出现了什么很严重错位，但这可能是积液导致关节产生巨大压力并最终导致分离。怪不得感觉盆骨部位很不稳定。

克里斯马上带我回到布拉德福德见了谢尔德斯，并重做了一套核磁共振扫描。在检查了核磁共振扫描之后，他们说一切都一清二楚了。他们能看到脓液堆积在关节部位和我的耻骨区之间。常见的术后积液可能形成了严重的感染，但奇怪的是，在所有的测试中都没有被检测出来。

我开始弄明白了。怪不得我感觉像是有人在捅我的蛋蛋。

在我们等待脓液化验，以确认是否是大家所怀疑的感染时，克里斯带我去了布拉德福德边上的希普利去喝了杯咖啡。克里斯精神大振。"这可一定得是个感染！"他告诉我，"如果这是感染的话那你就没事了。你的问题就解决了。"

我突然迫不及待了，我希望我被感染了。我默默祈祷这是个感染。

一小时后化验结果出来，推测得到了充分证实。我是感染了。我都想挥拳庆祝了。这结果太棒了！

谢尔德斯笑了。他很清楚，他也如释重负——手术过程中有万分之一的几率感染炎症。这解释了一切，我就是那一个。但这没关系，我会去尖塔——利物浦的一家医院花一周时间养伤。他们会给我用足抗生素来消除感染。

我最晚到10月份也能复出了，有机会在2011年9月底打上比赛。在去医院进行一周静养的路上我笑得合不拢嘴。

我全然不知接下来我会比之前任何时候都更低落。又一次神秘的伤病，又一次深深的抑郁笼罩在我的头上。最糟的正要来临。

最初全是利好消息。住院期间我的疼痛迅速消失了。脓液全都抽干净了，我每天在行动上都能感受到显著的进步。我的复健开始了。

回家不到一周我就重返梅尔伍德了。几天后我就能自由自在地慢跑了，我能不带一点疼痛地骑车。没多久就能跑了，能跳了，能踢球了。这感觉太美妙了。

但我仍然很紧张。我已经缺阵长达六个月，对我的身体不再那么有自信。我不确定我的腹股沟和盆骨能承受住激烈的训练。但没几天我就感觉又像曾经那个自己了。我感觉恢复了正常，终于。

我在2011年9月21日复出。我们在联赛杯上对阵布莱顿，这是我六个月以来的第一场足球比赛。但在停工了那么久之后我被安排在了板凳上，75分钟1：0领先的情况下，肯尼·达格利什安排我替补出场。我换下了路易斯·苏亚雷斯。要是能跟路易斯再次搭档会很棒，但光是能踏上球场的草皮已经让我很满足了。

6分钟后我伸腿挡住了一记射门。皮球弹开，我冲上去追球。我向前推进然后找到克雷格·贝拉米，后者一顿迷踪步盘过对手后卫。贝拉米助攻德克·库伊特打进了我们的第二粒进球。布莱顿在最后时刻追回一球，但我们仍然取得胜利晋级到第四轮，最终我们会在接下来的2月份拿到这项杯赛的冠军。

我把球衣给了我的好朋友克雷格·努恩，那晚的比赛他打得很好。

我复出之后球队在客场对阵狼队和埃弗顿取得了两连胜，让我更是笑容满面。在10月15日老特拉福德客战曼联的备战过程中，我感觉接近回到了自己的最佳状态。

在比赛前一天的训练中，我们正在练习定位球战术，丹尼尔·阿格的球鞋带到了我。他的鞋钉刮伤了我的脚踝。真没什么大不了的，也就是“哎哟”了那么一下。训练结束后我去了医务室，他们给我清理了伤口，稍微做了加压包扎以防止出现肿胀。我们还闲聊了一会儿曼联的比赛还有我多么想赢下他们。

这远不是一场精彩绝伦的比赛，最终被人们所铭记也只是苏亚雷斯被指控种族歧视埃弗拉那针尖对麦芒的争论。但在这出故事爆发之前，我在第68分钟以一粒任意球打破了场上僵局。我彻底疯了，狂奔、轻吻队徽然后高兴地滑跪庆祝。

“再次感受到这种激动的心情太棒了，”我在赛后新闻发布会上说，“我甚至不能说这个任意球罚得很好。我想要把球踢过人墙但球绕过了人墙。好不容易能走运一把也挺好的。”

曼联在最后10分钟时扳平了比分，接着没多久足球界就陷入了苏亚雷斯与埃弗拉的肥皂剧当中。

我自身新一轮的问题此时正要拉开序幕。问题的开端是脚踝疼痛。和扭伤的感觉不太一样，只是有点隐隐的闷疼。我跟理疗师说了一下，但是当他们前后左右地掰我的脚时，并没有什么明显的不适。

此刻命运从中作梗了。克里斯看到我走出医务室。他荡在我后面，什么都没说就猛吸一口气。克里斯看到我脚踝后侧有一块肿块。他看到我的拖鞋上的一块肉就肿在那里。

后来克里斯告诉我他挺忐忑的。他想：这不对劲。克里斯见多了关节肿胀，而这个不太寻常。肿块看起来湿乎乎的。克里斯这次没有对我吱声，但他直接去找了扎夫·伊克巴尔。他们都担心我又感染了。

克里斯对我的脚踝做了冰敷，但关于他们所担心的感染，他对我只字不提。他只是听我不停唠叨要确保我能出战周末同西布朗的比赛。

克里斯告诉我他的担忧开始加深。他通常很喜欢处理脚踝伤势，因为这是个非常容易摆弄的关节。克里斯会把手指按在脚踝上，然后自然地顺着脚踝的轮廓移动。然而在我肿胀的脚踝上无法这样移动。扎夫更担心的是感染有可能已经穿透了踝关节。尽管他刚开始闭口不提，他知道他们需要确定脓液是否已经渗透脚踝内外。如果只是在外部的话，那么他们可以把脓液抽走。但如果脓液已经渗透到关节，那么将会引起极为严重的破坏。脓液不是普通的积液，它会软化关节内的软骨组织。如果我想带着渗满脓液的脚踝打比赛的话，它能将软骨直接从我的脚踝上扯下来。

克里斯说扎夫只是想对脚踝做个快速检查。扎夫走进来，拿出了一支超级大的针筒。他们看上去非常严肃。针头插到脚踝里，黄色的脓水注满了针筒。扎夫直接离开去化验结果了。因为不想让我太过担心，他俩互相保守了这个最黑暗的恐惧。我回到俱乐部用比赛准备压力机做了些挤压，试图在西布朗的比赛前减轻脚踝肿胀。我对暗中潜伏的危险浑然不知。

周五晚上，同西布朗的比赛前一晚，我们在伯明翰附近的酒店里吃了晚餐。扎夫坐在我旁边。我注意到他看手机的频率要比平时高得多。现在我知道是为什么了。他正在等邮件，里面是我的测试结果。阅读手机屏幕上的消息时他非常安静。测试确认了最糟的结果。丹尼尔·阿格的鞋钉造成的皮外伤愈合了，但在皮肤底下，感染已经深入了关节当中。

扎夫首先告诉我我会缺席比赛，我将无法出场对阵西布朗。扎夫突然变得非常直截了当。“我们直接去医院，”他说，“我们必须从你身上把感染去除，速度要快。”

当时我很担心。又是感染，又要动手术，又要住院。一连串的不详征兆开始显现。

我们在利物浦与克里斯碰面，扎夫启程返回伯明翰，因为他有跟队比赛任务。克里斯接手了后面的事。他再次帮我订了塔尖的病房并安排了手术。最快要到明天下午才能动手术。

克里斯解释了我伤势的严重性。如果我带着感染的脚踝出战西布朗的比赛，那几乎肯定会是我职业生涯的最后一场比赛。

我难以置信地看着克里斯。他不是在开玩笑，他强调说我是有多走运。

“走运？”我说，心里暗暗咒骂了一遍过去十八个月里我那伤病缠身的悲惨命运。

克里斯指出这纯粹都是运气，他刚好走在我身后，而我正好穿着拖鞋，他才看到我的脚肿了。我那么坚决地想要出场，肯定不会跟任何人抱怨脚伤的事。如果积液没有被抽出或者化验，没有一个人会想到我即将带着感染的踝关节走上一场英超联赛的赛场。我真的是非常非常走运了。

克里斯·沃克，这位塔尖医院的足踝手术师的名字真是恰如其分[1]，他迅速把情况说得一清二楚。他告诉我们如果我当时出赛与西布朗的比赛，连续的启停动作绝对会造成踝关节错位。脓液会把软组织从关节上削下来，就像是用刀片削奶酪一样。

这次伤情直接威胁到我的职业生涯，他们需要在麻醉情况下清除所有脓液和感染。之后我必须在接下来的六周时间内在受伤的脚上穿一只无负重鞋，以帮助软化的软组织自我修复。我别无选择，只能默默接受。

利物浦和西布朗的比赛在2011年10月29日周六下午5点开打。那时我已经失去知觉地躺在手术台上。克里斯一如既往地在手术室里陪着我，以便观察整个手术过程。当手术刀划开了我的血肉时，他抬头看了看手术室墙上的钟：下午5点31分。

“看这个。”沃克退后一步对克里斯说。黄色液体从我的脚踝里大量涌出，洒到了医院地板上。

毒液从关节和脚踝周围的组织中涌出来。手术开始差不多8分钟后，他们可以开始着手清理创口。与此同时，下午5点39分，利物浦获得一粒点球。若不是克里斯和扎夫的雷厉风行，我本会尝试用我感染的脚主罚那个点球。我，又一次，走了大运。同样高兴的还有查理·亚当。他替我主罚点球并取得了进球。利物浦再接再厉以2：0赢下比赛，此时此刻我刚开始恢复知觉，从麻醉中睁开眼睛。

---

[1] 沃克英文名为Walker，也就是步行者，正好与腿脚相关。

麻醉中的睡眠，我整晚睡睡醒醒。第二天早晨，10月份周日一个寒风瑟瑟的早晨，我感觉就像是毒素从脚踝转移到了我的脑袋里。我感觉糟透了。

日复一日，我的忧郁越来越深。我穿的可能是无负重鞋，但感觉有一股致命的重量正压在我的身上。我开始想象终点的到来。我已经31岁，我已经觉得自己像个疲惫不堪的过气球星。腹股沟和第一次感染，接着是脚踝和又一次感染，让我实在消受不起。

最后，我告诉克里斯我的想法有多么糟糕。“我很低落，真的很低落。”我说。

我如此沉沦以至于我不知道要如何摆脱这股情绪，重新找回自我。我完全被抑郁的情绪所控制了。

我一点都没有起床的动力。我感觉走在一条看不到光的隧道里。我不知道何时，甚至我到底还能不能再出场比赛了。很显然没有足球的生活对我来说就是灾难。

克里斯仔细聆听了我的想法，然后在我说出了后面两句话时他点了点头。“我想我需要去找人看看，我想我需要帮助……我每天都觉得很低落。”

第14章　猩猩、踩踏和信

2011年一个凛冽的冬日，我第一次见了史蒂夫·彼得斯。他住在奥尔德汉姆和斯托克波特远处的山坡上。是克里斯·摩根和扎夫·伊克巴尔带我过去的，因为那时我还拄着拐杖。另外我还需要有人说服我完成这次旅途。想到我竟然要去看心理医生让我更加感到郁闷。虽然我在手术之后和克里斯说过需要帮助，但心理医生似乎并不适合我。

过去这么多年里我有过情绪不佳的时候。有些日子我会脾气很差或者让人有些不爽。跟大多数正常人一样，我也有低谷期，但我之前从来没有如此低落过。人的一生中都有高潮和低谷，顺心和不顺心的日子，我也不例外。我对生活的中庸之道最确定的一点是，我几乎每次都知道情绪突然恶化的原因是什么。一般来说几乎都是和足球相关的事。我在短时间内感到低落，因为输了一场球，犯了一个错或者有哪位队友想要离开我们。我能理顺所有的事然后找到一条心理平衡的道路。但在腹股沟、脚踝和连环感染之后，每件事都盘根错节、纠缠不清。

我仍然明白自己低落的真正原因。我担心再也没法回到自己多年来保持的竞技状态。这是我找克里斯寻求帮助的原因。但当他提到看心理医生的时候我对此表示怀疑。接受心理治疗听起来很诡异。

克里斯是从利物浦的另一名队医彼得·布吕克纳那里听说彼得斯的。

布吕克纳在一次学术研讨会上被彼得斯发表的一次精彩演讲所深深震撼。自那以后彼得成为了澳大利亚板球国家队的队医，击球手菲利普·休斯被板球击中后悲惨离世时，他就已经在队内了。

当他还在利物浦任职时，我们都很尊重布吕克纳医生的意见。他对彼得斯赞不绝口，后者最为人知的要数他当时为克里斯·霍伊以及维多利亚·彭德尔顿这些自行车手提供帮助。我还是不太确定，但与此同时，我情绪太低落了需要帮助。“你知道吗？”我最后对克里斯说，“我要试试。我感觉一团糟，来什么我都试。”

一个天寒地冻的下午，连马路看起来都暗藏威胁。去史蒂夫家的路上我们花了一个半小时。当我把自己从车里拽出来，撑起拐杖拖着步子开始向他的房子走去时，我非常担心会一屁股滑倒，而下一件倒霉事就是我会撕裂几根韧带或者摔断几根骨头。在我们走向史蒂夫家前门的时候，这就是我的心理状态。

我们进了屋子，我成功地在没有滑倒也没有摔断脖子的情况下坐了下来。这就要开始了，终于。史蒂夫非常易于交谈，不经开导我就打开了话匣子。在我跟他说了一些关于伤病和过去八个月里发生的事之后，我承认同样也有些好消息。我生活中与足球无关的那部分都很好——阿莱克斯、孩子们、我的整个家庭、我的朋友们。他们一直都是我的支援网，我重视他们也爱他们。唯一的问题是当似乎我的生涯、我的足球生命可能要被早早剥夺的时候，没有人真的可以给我提供太多的帮助或者慰藉。

那场初次会面后，史蒂夫就给我留下了非常好的印象。他可能对我说了一些其他人根本不敢说的话。他很严厉但也很公正。史蒂夫还问了我一些强硬又棘手的问题。“好吧，”他说，“如果你再也没法踢球，那又怎样？”

我震惊地看着他。当史蒂夫再次说出那四个字的时候他没有耸肩：“那又怎样？”

随后史蒂夫趁热打铁给了我答案。“你有三个漂亮的女儿，听起来她们既快乐又健康。所以你是一位父亲。你还结婚了，有一位可爱的妻子，一路上的每一步她都支持着你。有一个如此美妙的家庭，你是个走运的男人。你还有一段难以置信的职业生涯。你为利物浦踢了13年球。你赢得了俱乐部领域最重要的奖杯。你为你的国家出场那么多次。你住在一间非常美丽的大房子里。你的余生都有经济保障。你在担心什么？”

我什么都没说，但我点了点头。

“所以有什么好担心的？”史蒂夫又问了一遍。

“担心我的职业生涯可能要结束了。”我低声说道。

然后史蒂夫的口气更加坚定了。他告诉我他认识不少年轻运动员，有男有女，从事运动半年多就被迫退役，他们从没有机会去取得任何成就。他们对体育事业一生的奉献没有换来半块金牌，他们也没有钱。和他们相比我有多走运？

史蒂夫展开了话题，说到人们在生活的方方面面都有各种各样的麻烦。有人赌得倾家荡产毁了一生，还有人一辈子醉生梦死。他们破败的生活要怎么跟我的比？我的一生太梦幻了。

他说得没错，毫无疑问，而我听得很认真。这是我第一次知道“猩猩”这件事。史蒂夫告诉我有多少人让我们的“大猩猩”——我们大脑里不理性的一面拖累自己。“大猩猩”逼迫我们想办法去看最糟糕的结果，然后屏蔽所有的希望和常识。我的“大猩猩”已经掌管了我的生活，并且大肆作乱。“大猩猩”正在引发浩劫。每天早晨我醒来时他都对我说：“你不会再踢球了。你完了，一切都结束了。”

当我年轻还单身的那会儿，足球就是我生命的一切和全部，我真的认为如果我不能踢球的话我的生活就毫无意义。我的想法错了，但这还容易理解一些，因为那时候我还很年轻很天真。但我不再是那个天真的少年了。我已经31岁，是一位丈夫和三个孩子的父亲。足球不再是我生命中最重要的一环。我的家庭是第一位的——即便我仍旧对这项运动爱得发狂并且渴望取得成功。足球现在是第二位的——于是我知道即便没有足球我也能活下去。也许我依旧能开开心心地过下去。

利物浦的球迷真是太棒了！他们是彻头彻尾忠诚的球迷！

我永远不会忘记，当我在安菲尔德作深情告别时，现场的歌声、旗帜和喧闹声。

当我在安菲尔德的最后一场比赛结束之后，所有的利物浦球员都穿上了8号球衣。

我始终以一个“一队之臣”自居，离开利物浦和这些球迷是我所做过的最艰难的决定。

用这场与斯托克城灾难般的决赛作为送行，并不是我所希望的。

这也许对我们的命运没有多大影响，但我很高兴完成了我在利物浦的最后一个进球。

我正被介绍给洛杉矶银河队的球迷们。

我在为首秀热身。

我在首秀的赛场上。

2006年，我获得了英格兰足球运动员协会的年度最佳球员奖。

2009年，我被评为年度英格兰FMA足球先生。

我和我可爱的妻子阿莱克斯在白金汉宫外。

面见女王陛下接受我的MBE帝国勋章，这比任何一场决赛都让我更伤脑筋。

我的家庭——阿莱克斯和我的女儿们就像是我生命当中的摇滚乐。

2009年，比赛前穿着红色球衣的莉莉和莱克茜。

自从我8岁时加入利物浦学院，到现在已经27年了。如今我带着满满的职业生涯回忆、心碎和满足离开。现在我在我的女儿们身边，开始展望即将在洛杉矶银河队开始的新篇章。

史蒂夫还有更多话要说。“你会重回球场，”他着重说道，“我跟你的医生谈了谈，他们对此毫不怀疑。你会没事的。你能渡过这个难关，然后你会表现得跟以往一样出色。但你需要重新控制住你的思维，因为‘大猩猩’完全劫持了你，控制着你的生活。”

我决定要扼杀掉我那该死的“大猩猩”，我要让它闭嘴。我觉得最好还是不要在史蒂夫面前爆粗口，我只是笑了笑。这是发自内心的微笑，真正的微笑，在我过去几个月的生活中消失不见了的微笑。

我们同意从此以后我和史蒂夫会定期会面，只是为了看住这只老伙计“大猩猩”，确保我又掌管了我的脑袋。

我重新撑起了拐杖并且和史蒂夫握手以表达我的感谢。我用手臂撑起整个人走出了他的房子，我一点都不害怕在结冰的小路上滑倒。

三年多之后，在2015年3月，我还是会相对定期地去拜访史蒂夫·彼得斯。自从在他家中的第一次会面之后，他就一直支持着我让我稳步向前。在我恢复健康，重回赛场之后，史蒂夫对我的影响变得更为深刻。2012年2月的温布利大球场联赛杯决赛，我带领利物浦取得胜利。在我的表弟安东尼·杰拉德罚丢点球后，我们通过点球大战3：2战胜了加的夫城，我将又一座奖杯举过头顶，我效力肯尼·达格利什帐下的第一座。

等待着我的并不全是喜悦，因为和安东尼一样，我也罚丢了点球，汤姆·希顿以一记美妙的扑救挡出了我的射门。史蒂夫·彼得斯坚定地告诉我：“你对自己太严厉了。”他的这句口头禅此后对我引用了无数遍，“即便你没能给出一次满分10分的表现，你仍然是球场上的最佳球员之一。”史蒂夫帮我重建自信的时候就会说些这样的话。我还提议我需要一个人能对我说实话——一个既不是家庭成员也不是我足球圈以外的好友的人。我需要一个能让我排解愤怒和沮丧的人，一个能对我的表现直言不讳的人。克里斯显然就是那个人。他乐观聪明而且从来不说废话。克里斯经过史蒂夫的特许可以对我毫无保留地坦白——并且时刻确保我没有钻牛角尖。

2015年2月10日，当我在对阵热刺的比赛中拉伤腿筋，将缺席利物浦接下来的7场比赛时，克里斯在身边陪着我。球队在没有我的情况下状态很好，并且重新回到争四行列冲击欧冠席位。利物浦在7场比赛中只输掉1场，我们在欧联杯上被土耳其劲旅贝西克塔斯淘汰出局。

我们随后的一场比赛是在3月16日周一客场对阵斯旺西，我身体无恙可以出战。在自由球场我到底是首发还是担任替补，布兰登坚决表示不会让任何感情因素影响他的决定，他做得没错。同时他对我仍不吝溢美之词：

> 这家伙是英超历史上最伟大的球员之一，还可能是这家俱乐部最伟大的球员。史蒂文永远都把球队放在第一位。无论他是否上场，我对他这名球员和这个人都有着巨大的尊重和钦佩。
>
> 但我不是那种会因为我喜欢谁或者不喜欢谁而做出冲动决定的人。对我来说关键在于找到能让球队取胜的平衡之道。史蒂文仍然有着很高的水准，我们从现在起到赛季结束都需要他。但我在此执教至今你能看到的是我依靠球队整体。我一直都会选出我认为能赢下比赛的最强阵容。

利物浦这一波状态非常出色。两周前3月1日，我们坐镇安菲尔德2：1击败了曼城。乔·阿伦在我的位置发挥出色，而乔丹·亨德森和菲利普·库蒂尼奥分别取得了进球。我听到了部分利物浦球迷的意见。他们认为我已经是过去时了，我不够能力重新回到阵容当中，利物浦不再需要我了。他们有权利有自己的想法，但是逻辑上来说，用史蒂夫·彼得斯的技巧退后一步不带任何偏激感情地去看问题，我大可不必去理会这些观点。并不是每位球迷都对足球知之甚多。有时候他们的意见响彻云霄：“我们再也不需要杰拉德了。”但这也就是三四杯酒的工夫。

我知道我还能有所作为。我还知道一个赛季的英超联赛有38场比赛。英超不仅仅是主场击败曼城这么简单。前一个赛季的教训，当我们以相同比分2：1战胜曼城之后，在随后一个主场比赛中输给了切尔西。这被深深地刻在我们争冠失败的记忆当中。

我也很务实。我明白不去改变一支连胜球队阵容背后的逻辑性。我意识到在缺阵7场之后我可能需要一点时间来找回节奏和我的比赛感觉。所以当布兰登把我叫到一边向我解释为什么对阵斯旺西的比赛中我要打替补的时候，我毫无意见。

当你身体健康可以出场的时候，坐在板凳上观看比赛总是件磨人的事情。那个赛季我已经有过好几次这样的经历，从主场对斯托克的比赛到客场同皇马的交锋，我并没有就此习惯这种感觉。在斯旺西的比赛后，有人问我可曾希望球队在没有我的情况下表现糟糕，然后下一场我就可能回到首发。不假思索的真相是，作为利物浦球迷和球员，我绝不会坐在板凳上想“我希望我们今天不要赢”。作为球队的支持者我首先想要拿到那3分。

但在自由球场我的感受有些复杂。除了想要在对斯旺西的比赛中上场之外，我还渴望能在周日主场对曼联的比赛中获得首发。

自从我公开确认将在赛季结束后离开，很难避免的就是被问及面对一系列“最后一次”时我都有些什么感觉。我对最后一次出战默西塞德德比有何感想？我的最后一次联赛杯比赛有什么感觉？当时我们在半决赛上以微弱的差距输给了切尔西，我对最后一次对阵曼联作何感想？我唯一知道的是，我不希望坐在替补席上观看我最后一次对曼联的比赛。

于是，仅此一次，对阵斯旺西时，我希望利物浦的开局不要完全一帆风顺。我越发明目张胆地希望，比赛发展到需要一位极具经验的34岁老队长来执掌中场的拖后位置。斯旺西寒冷的周一夜晚，我坐在场边，被这些私欲所吞噬。

某种程度上，我得到了我想要的结果。我们上半场没有丢球但被斯旺西完全压制了。他们在中场争夺中取得了人数优势，在主教练加里·蒙克的带领下，打出了流畅的攻势足球。我们则显得紧张、焦躁得多。从板凳上看似乎一切都很明确。利物浦需要冷静下来，打好传递，而不是一有机会就向前冲吊设法在拿球后就迅速取得进球。

这支年轻的球队在最近的连胜势头中所积攒的自信被用错了地方。就我看来孩子们似乎想着他们每场比赛都可以“一招鲜，吃遍天”。他们想要在斯旺西先声夺人，结果却是欲速不达。我们需要先把球权赢回来，然后保持住。我们需要保持耐心，当空当最终来临的时候，以一种更有层次的节奏去进攻斯旺西。我们要相信自己，最终进球会来的。我觉得这比赛就是为我量身定做，让我上场去帮助利物浦掌握主动的。

每当斯旺西看起来就要取得他们理所应当的领先时，我还是像一名球迷似的怕得十足。西蒙·米尼奥莱的状态不错，他的出色发挥挡出了巴费蒂姆比·戈米和吉尔费·西于尔兹松极具威胁的射门。斯克特尔有过几次最后时刻的头球解围，而拉拉纳折射出了琼乔·谢尔维一脚来势凶猛的抽射。半场休息，在走回更衣室的路上我们都步履沉重。我们很清楚利物浦仍旧和对手0：0打平是有多走运。

布兰登怒不可遏。他怒骂了球队一番并径直指向了我：“我做过的最艰难的决定之一就是没有直接让他回到球队当中，这该死的世界上最好的球员之一。我没让他首发是因为你们打得不错，你们正处在连胜当中。于是我没上史蒂文·杰拉德。我给了你们所有人一个机会。我选择了忠于这支球队。”

布兰登看着球员们的时候，更衣室里鸦雀无声。然后他直截了当、甚至有些挖苦地说道：“我究竟犯了多大的错？”

布兰登再次开口时，几个小伙子低下了头：“所以我信任你们而现在让我们再来一次……”

更衣室里的气氛异常紧张。“他一定要出场披上披风然后再次拯救我们吗？”布兰登问道，指着我好像我是超人一样，“你知道吗？我这下不得不告诉他要在10分钟里换上披风然后帮我们扭转局势，又一次！”

布兰登说出这番话的时候我感到有些丢人。我想尽快上场，但我可没感觉自己像个超级英雄。我只是想好好发挥，赢下比赛然后争取到下一场打曼联的位置。

布兰登让他的训话声慢慢褪去，转而切换到了一套更为战术的思维模式。他再一次，展现了他阅读比赛的惊人能力。我们的阵型在对手的菱形站位面前丝毫不起作用。我们用双后腰和双10号位打出方形站位，他们的菱形中场完全摧毁了我们的中场。我们看起来在中场总是被对手打穿，于是布兰登聪明地将我们的阵型也切换为相应的菱形站位。我们采取人盯人战术，试图在下半场进行15到20分钟我替补登场后，亨德森能有更多推进的空间。我会牵制住斯旺西让比赛更为开放。但我们如果想在一对一对抗中占得上风，也需要投入更多的体力、强度和速度。而这一切的开端就是我们更加深入斯旺西半场展开紧逼。

“我只是要求你们像个男人一样。”布兰登在送球队返回球场时说道。他对我点了点头。我要做好上场准备。

第64分钟信号来临。第四官员的电子板上亮起了号码18，莫雷诺被换下，我的8号在板上闪烁。我和莫雷诺击掌致意后冲上球场。乔丹·亨德森向我飞奔过来。虽然他没被人要求这么做，但他把队长袖标交给了我。

我的肩膀上并没有什么披风，但在4分钟后，我们取得了想要的进球。这球要归功于极好的运气而不是漫画英雄般的神力。

丹尼尔·斯图里奇将球传到亨多的前插路线上，突然获得压上的空间，亨多和对方后卫拼起了速度。斯旺西后卫约尔迪·阿马特距离球更近，他做出滑铲以赢得球权。阿马特的解围打到了亨德森的腿上。亨多对此毫无知觉，但球砸在他的迎面骨上反弹划出一道弧线越过了斯旺西门将卢卡斯·法比安斯基的头顶——他对此束手无策。幸运女神最后眷顾了我们。

余下的比赛时间里我们打得冷静而坚定。1：0的胜利意味着在29场比赛后我们暂时排名第五，只落后曼联两分，落后阿森纳3分。上周末曼城爆冷输给伯恩利，现在他们只领先我们4分了。四支球队都还有九场比赛要打，布兰登谈到再次冲击联赛第二——我们都知道切尔西正势如破竹地向又一座冠军进发：

> 这是球队的品格和韧劲的一次完美展示，尤其在我们的上半场表现之后。我们的表现一点都不像话，我们知道下半场我们会好起来的。我们还改变了球队的站位——我认为下半场我们完全控制了比赛。所有人都在谈争四，但每年对我来说都是一样。我们尽自己的全力争取最高的名次。而我认为曼城的比分给了我们争夺第二的机会。我们只要保持好心态、连胜的状态并且将目前的信心带入每一场比赛里就行了。

从斯旺西回家是一段漫长的旅途。穿越漆黑寒冷的夜晚，抵达利物浦已经是次日凌晨2点了，我有大把时间进行思考。

对阵曼联的比赛我比以往任何时候都更带个人情绪。比起其他对手，有两支球队我总是更想要战胜——埃弗顿和曼联。这一点从未改变过，过去四个月里的种种情感仍盘旋在我的周围。离开利物浦的艰难决定、公开这项决定所带来的伤感以及随后的伤病和对阵斯旺西时任替补。我希望能补偿我所失去的时光，补偿我最后一个赛季结束后再也拿不回来的时光。最后一次对阵曼联的比赛，给了我最后一次击败那支曾经在艾恩赛德路上最憎恨的球队的机会。

埃弗顿是这座城市的蓝血人，我们一直都想击败同城死敌，但说到底他们还是利物浦人。当我在艾恩赛德路上勇猛抢球，擦伤膝盖也要把球赢回来的时候，我总是想象自己抢的是曼联或者埃弗顿球员的球，然后在安菲尔德带球前进，打入对他们的制胜进球。

我感觉我有希望被布兰登列入周日的首发11人名单当中。

赛季早些时候我就接到了他的一条明确信息。当时我还没有决定未来去向，布兰登把我叫到他的办公室好好聊了一下。他说："即便我在控制着你的比赛，你也要明白很重要的一点是，我是在帮助你保持充沛的体能。我没法每场比赛都把你往死里用，因为这样达不到你的最佳状态。有时候，我会让你休息，然后你能精力充沛地回来并且能有出色的发挥。”

他说的话很有道理，我很赞同。在我起身正要离开的时候，布兰登接着说道：“听着，我还有件事希望你知道。如果我们有一场非常重要的比赛要打，一场联赛的关键战或是杯赛决赛，那么很明显，你是我的第一选择。我会把你放进首发，而且你是我的队长。自从我走进这扇门后你所给我的一切，让我在很久以前就打定主意了。如果我们有一场重头戏，你上……”

我们已经欧冠出局，而联赛冠军也早就没悬念了。但我们正在冲击前四，而曼联是我们几十年来最憎恨的死敌。主场对曼联的比赛感觉就想是本赛季最重要的一战。所以我很有信心自己会入选首发。

但我累了，我们从威尔士回家的旅途上时间已过0点，一个奇怪的歪点子困扰住了我。利物浦在过去13场联赛中保持不败——我们上一次输球是去年12月在老特拉福德0：3输给了曼联。那场失利之后布兰登将阵型换成了3—4—3，就像是施了魔法一般，突然就对路了。

我们一鼓作气拿下联赛五连胜，并且在接下来的六个客场比赛中保持不失球。数据非常亮眼，同样亮眼的还有过去的39分当中我们拿到了33分。万一布兰登决定保持球队的运转模式，将我排在替补里，那该怎么办？

我和自己小小地交流了一番。控制住“大猩猩”，别胡思乱想。布兰登在赛季之初跟我说的——在对阵斯旺西时的更衣室里所说的一切都已经很清楚了。毫无疑问我将会为利物浦首发出战曼联。

周三我的训练表现很好，感觉比球队里任何人都更犀利也更饥渴。我在梅尔伍德的目标一直都是这样。但长期的缺阵和对曼联这场关键战的期待更刺激了我的欲望。我感到状态正佳准备就绪时，而我们仍有四天时间准备。

似乎布兰登和我想的一样。周三晚上，在家陪阿莱克斯和孩子们的时候我收到了教练的短信：“过去几天你练得真不错，我们能聊聊吗？早晨训练之前你能到我办公室来一次吗？”

我已经在床上躺着了，但我立刻回了消息：“好的没问题，谢了。”

我在短信里的语气听起来也许挺随意，但躺在床上的我实际上要兴奋得多。我把布兰登的短信又读了一遍。

这下我要进首发了，我想。他在想曼联的事——主场，关键战。这场他需要我。

接下来的一个小时里我躺在黑暗之中，想着所有事情，而阿莱克斯在我身边睡得很平静。曼联在上周末对阵热刺的比赛中发挥得非常出色，终于，他们在路易·范加尔的手下开始拧成一股绳。他们会是对利物浦真正的考验。我好奇为了给我腾出位置布兰登会把谁排除出主力，还有他将会选择哪种阵型。他可能会轮换我们的首发，但留下乔·阿伦和乔丹·亨德森，因为他们最近几周发挥都很好。我认为他可能会沿用我们对阵斯旺西时下半场所用的菱形站位。我等不及第二天早晨去梅尔伍德——还有安菲尔德周日的比赛。想到最后，我渐渐坠入梦乡。

一觉醒来，我感觉充满了活力。等布兰登和我见面后，我知道对我来说很重要的一点是更加努力训练——这只是为了证明他选择信任我是多么正确的事情。几个月来去训练的路上都没有今天那么开心。

我抵达基地的时候布兰登在他的办公室里。我一走进办公室伸手跟他道早安时他就满面微笑。布兰登脸上一直挂着微笑，他往后靠在椅子上说：“感觉怎么样？”

“嗯，我很好，不错。”我说，“没问题。”

稍作停顿之后布兰登说：“听着，我很迫切想让你回到首发。但球队现在表现很好，我打算继续用那天晚上打首发的伙计们。”

突然间我感到喉咙哽咽了。我看着布兰登，在那疯狂的一刻，我要在一瞬间做决定：我要跟他争吗？

我选择了另一条路。我走了正确的路。我决定保持职业的态度。“没问题，好的。”我说道。

“OK？”布兰登说。

“OK，”我点点头，“我尊重你的决定。”

我们就此打住。我离开办公室准备训练。

我开始神志飘忽起来，我无法相信这一切。当时这给我的感觉就像是在彰显权力。我和布兰登之间的关系很好，他没必要向我证明什么。但我好奇这是不是他的一种向媒体展示他有足够魄力去做困难的决定的方式。我因伤缺席期间，球队状态良好，媒体那边已经有很多关于我的讨论。34岁的我会直接回到连胜阵容中吗？这似乎是布兰登彰显自身权威，对外清楚地表达这是他的球队的好机会。

我很确定这是个错误的决定。我理解对斯旺西时的人员选择，因为当时我刚伤愈归来。但要击败曼联，最佳11人中应该有我的一席之地。即便在我的年纪，在我利物浦生涯的最后几个月，有我在自己的位置上，并担任队长时，球队仍然更为强大。

现在我能尊重布兰登的决定，即便我仍认为这是个明显的错误。他想要对每一位为他卖力表现的球员表达忠诚，但这伤到了我。尤其因为我们之前的谈话，还有他周三晚上的短信——那天充满了赞许的短信让我误入歧途。我很肯定他不是要误导我，但他的短信让我脑海里确认了我将被选为首发。

不管到哪儿，球员就是球员。如果你没进首发11人那教练就是个某某某。全世界都跟你作对，你回到家里为自己感到难过。说到底我们都是一样，我们就像是被宠坏的孩子。我们长大成人之后的感觉就跟我们8岁毛孩时一样。我们想要被选为首发。

随着经验累积，我慢慢学会，有时候你必须扪心自问：我什么我没进首发？我哪里做得不对？我要不要分析一下我的比赛然后在特定的方面有所改进？我自认为能够站在这个角度看问题，我走在了很多球员前面。许多球员会生闷气或是将自己封闭起来，而我不会。但我不常坐在板凳上，我仍处在新事物带来的震撼之中。我在训练场上和更衣室里都很职业地面对此事，但内心深处我仍感到被伤害了。我感到沮丧和愤怒。

史蒂夫·彼得斯在比赛当天早上见了我，后来他告诉我他真的很后悔没有花更多时间陪我。他说现在看来危险信号非常明显。我谈到了我需要把脑袋里所有消极情绪都清理干净，尽可能试着为球队拿出职业态度。但史蒂夫说那天早晨我最后对他说的一件事让他吓了一跳。在我转身离开的时候我说我感觉像只笼子里的困兽。

史蒂夫现在真希望当初他让我留下来并且让我冷静下来，因为困兽在球场上可待不了太久。

2015年3月22日，周日

安菲尔德

这是安菲尔德一个阳光明媚的下午，但坐在替补席的笼子里我能看出曼联要高出利物浦一大截。他们的传球熟练又有自信——当对手没能做出任何有效抢断时，这对曼联来说轻而易举。他们全队都是出色的球员。不知因为什么奇怪的理由，利物浦所做的和我们应该做的恰恰相反。我们退居后场任由曼联掌控比赛。

第一粒进球发生在比赛的第14分钟。马鲁万·费莱尼将球传给安德尔·埃雷拉，后者没有受到利物浦快速紧逼，有充足的时间和空间向前移动。接着他抬头扫了一眼就是一脚传球。这球兼具视野和穿透性，像切桃子一样切开了我们的防线。胡安·马塔上前接应，米尼奥莱出击试图缩小射门角度，西班牙人的射门越过了门将打在右侧立柱上，弹进了球门死角。这球进得太轻松了。

我们在场上亮点全无，没过多久布兰登就让我到边线上进行热身。亚当·拉拉纳在第22分钟时同菲尔·琼斯发生了碰撞。他看起来只是有些喘不过来，但布兰登是在给场上的每一位队员传达信息：如果还是踢得那么糟糕的话，他们当中的每一个人都有可能被换下。

我跑向曼联球迷那侧，拉伸双腿时他们也扯开了嗓子。他们向我抛来了侮辱谩骂——他们最爱的歌曲回响在客队看台："史蒂文·杰拉德，杰拉德 / 他滑倒摔了一屁股 / 他把球给了登巴·巴 / 史蒂文·杰拉德，杰拉德……"

过了一会儿，他们唱腻了之后又换了首老掉牙的曲子："你差点就赢下联赛了 / 你差点就赢下联赛了……现在你还是信了吧 / 现在你还是信了吧 / 你差点就赢下联赛了。"

困兽心中的怒火越烧越旺。我应该逼自己做几个深呼吸平复一下情绪，但试图证明我应该进入首发11人的想法让我整个人都沸腾起来。我还想还击过去几周里围绕着我的批评声。

拉拉纳继续留在场上，但30分钟后明眼人都看得出我将会在下半时替补登场。范加尔看穿了布兰登的中场站位，曼联正予取予求。安菲尔德非常安静。

我再次起立热身，布兰登告诉我我将换下拉拉纳。这对我来说是又一个集中注意力为球队带来一些积极影响的机会。但是我怒从心生，决心要给对手一个下马威。

上半场我们对曼联很放任，没有做太多的抢断。这同扎根在我DNA里的一切背道而驰。我曾经说过："抢断是足球的重要一部分，同场男孩和男人的分别就在于此"。抢断和冲撞在对曼联的比赛里很重要。从海顿到梅尔伍德到安菲尔德，26年来，我一直都觉得必须要向曼联展现出怒火。他们是敌人。对曼联你不能绕着他走。要是被他们进了一个，你必须予以还击。你该更卖力地去拼，更咬紧牙关，只为了让他们知道这就是私人恩怨。他们也是这样对待我们的。

阳光明媚的周日下午，那场比赛的一切都变成了痛苦的私人恩怨。

利物浦的表现让布兰登恼羞成怒。在他的脑海里一定想过媒体会大书特书范加尔在上半场的战术安排上比他技高一筹，因为下半场要求我出场的决定就是对此的承认和表态。

下半场我和球队一起跑上球场。这是一个温暖的下午，天空一片湛蓝。Kop看台看到我的身影之后爆发出了热烈的欢呼。乔丹·亨德森跑过来，我们勾着互相的肩膀说了几句互相鼓励的话。我蓄势待发。等待开场哨时我环视了安菲尔德——我的古老战场，同时最后做了下热身，扭了扭了上肢和臀部，拽了拽我的球裤，迫不及待地等着比赛重新开始。

马丁·阿特金森一声哨响下半场比赛开始。库蒂尼奥将球推给斯图里奇，后者转身将球给到中圈上的我。我和阿伦做了个干净利落的二过一。埃雷拉向我移动过来，在我背后紧追不舍，我不得已内切以摆脱他的防守。阿伦又跟我互相做了几次传递。皮球回到我脚下，已经完全深陷到比赛当中的我抬头看了看。我一脚斜长传找到右路35码开外的埃姆雷·詹。安菲尔德全场响起了掌声。

詹用胸部卸下我的传球。曼联仍然保持着紧逼，詹别无选择只能回到中路将球交还给我。我将球挑过埃雷拉交给阿伦，他又回传给我。他的回传球稍有些短，皮球向马塔方向旋了过去。

我坚决不让马塔得到球。我猛地冲了上去，做出了一记符合规则但非常猛烈的抢断。我铲翻了马塔，后者飞了起来，我拿到了球。球迷咆哮着叫好。

很快我又加入了争夺，这次是萨科将球传给了我。

埃雷拉向我飞奔过来以压缩我的空间。我比他快了一步。当埃雷拉倒地滑铲过来的时候我已经将球传了出去。

他的右腿直勾勾地伸在安菲尔德的草坪上。我控制不住自己。连想都没有想，我伸出左脚对着埃雷拉踩了下去。我感觉到我的鞋钉扎进了他脚踝上方的皮肉中。想必他疼痛不已。

埃雷拉紧紧攥住他的脚踝扭作一团在地上打滚。我将手举过头顶做出愤怒的模样。我想要分散我身上的注意力，因为我已经听到了一阵刺耳的哨声。

助理裁判将这一幕尽收眼底。踩踏发生不到几秒钟他就举起了边旗。他肯定已经通过耳机向裁判描述了一切，因为阿特金森正快速向我走来。

我知道我有麻烦了。但我仍是一名球员，于是我指着自己，几乎是一副自卫的模样，像是在说："什么？我？"

"是的，你。"阿特金森边走边说。我不喜欢他走过来的架势，我不喜欢他脸上的表情。

费莱尼和鲁尼就在附近。韦恩看着我。他知道我完了。世界杯打葡萄牙的比赛上他曾经有过跟我一样的处境。裁判将手伸向上衣口袋时他和阿特金森说了几句。

我知道会是张红牌，于是我不停地在抱怨埃雷拉。我也许还能抱怨几句，因为我知道我肯定要下场了。

我不打算温顺地离开，我不会让我的怒火慢慢地变成绝望。

马丁·斯克特尔跑过来进行抗议。我感激他前来捍卫我，但是以他的大光头和满身的刺青，斯克特尔看起来可不太像是个口齿流利的辩护律师，他毫无机会。而我，毫无疑问，在阿特金森面前也毫无机会。裁判的判罚没错，但当他用手指着我然后煞有其事地指向球员通道时，我还是觉得很恶心。

我愤怒地向阿特金森挥舞着手臂，小声地咒骂着。接着，就像是在说："OK，懂了，懂了……"似的，我转过身向边线走去。我嘴里不停地嘀咕着，摇晃着我乱成一团的脑袋。

"你刚刚做了什么？"我问我的"大猩猩"，"你蠢吗？"

在我身后，埃雷拉重新站了起来，正在和阿特金森抱怨，阿特金森对他出示黄牌，因为他之前对我抢断时出脚太迟。

曼联球迷对此毫不在意。他们为我的不幸陷入了狂欢。

对曼联的比赛中我只用了38秒就让自己被红牌罚下。38秒内我处在每一次精密对抗和每一次狂怒表现的中心地带。最终，这是被愤怒和某种疯狂所定义的38秒。

十人应战的利物浦1：2输掉了比赛，随后的比赛中马塔又打进了一粒美妙的进球，斯图里奇打进了安慰性的一球，而米尼奥莱扑出了鲁尼的点球。

赛后，我面对着摄像机镜头。至少，我很诚实：“我必须承认，这是一次正确的判罚。今天我让队友和教练失望了。更重要的是我让球迷们失望了。所以我为自己的行为负全部责任。”

我被问到为何会如此怒不可遏。“我不知道。也许，只是对之前抢断的自然反应。我觉得我不该对此发表更多意见。我只是来向更衣室里的每一个人、全体球迷、所有球员们道歉，因为我还为今天的比赛结果负全部责任。”

那天晚上，我在家里，羞愧和丢人的情绪再度涌上心头，我和阿莱克斯谈了谈。我告诉了她自从周四早晨起我有多么生气，而我现在对自己又是多么失望。我已经34岁了。想必在这个年龄，尤其作为职业球员，我应该有能力在足球比赛上控制好自己。

我很好地隐藏了我的愤怒——对布兰登、对我的队友们甚至对史蒂夫·彼得斯。在我将自己比作困兽，之前史蒂夫都觉得我干得不错。

阿莱克斯当然知道我是什么感受。她和我朝夕相处。她了解我。她爱我。于是那晚上我们彻夜长谈时，她也坦白了一些事。

“我就知道今天要出那样的事。”她说。

我惊讶地抬起头。

“只要看看你过去这三天的样子就知道了，”阿莱克斯说，“你不太对劲，我能看得出你很苦恼。”

阿莱克斯一直非常努力以免影响我的职业生涯。她不太关心比赛，她也从来不会告诉我作为球员该做什么或不该做什么。相对地，她只是信任我会做正确的选择，并且在大多数时间里，并没有什么问题。我努力做到公平正派，但我也有低谷期。我也会屈服于情绪，会被失望和愤怒所摆布。

我在17年的利物浦球员生涯中被罚下过8次。算下来每两个赛季不到一次被罚下，或者说是每88场被罚下一次。这不是世界上最糟糕的纪律纪录，但我同样清楚这与加里·莱因克尔这样的球员的职业生涯有多大的差距。他在为俱乐部和国家队效力期间从来没有得过哪怕一张黄牌。但他是一位得分手而非一名抢断者。

似乎很重要的一点是，我有一半被罚下的经历来自与两家俱乐部的比赛。你能猜猜看是哪两家——曼彻斯特联和埃弗顿，各有两次。

当我的情绪处在最高昂的状态，且正好与凶猛的死敌处在最为关键的比赛的时候，我总是最接近危险地带——和红牌。

我必须接受我是一名非常两面化的球员，会被激发也会被拖累。我为利物浦打进的最为重要的进球——在欧冠冠军赛季对阵奥林匹亚科斯和AC米兰的进球，都是在激昂的情绪中打进的。与此同时，我最低谷的时刻——对切尔西的失误和对曼联的踩踏，也都是带着在比赛准备过程中所经历的极端情绪。

差不多一年前，在摩纳哥时围绕着我的许多想法又回到了脑海中。当时我正沉浸在对切尔西滑倒的悲痛之中。不变的真理在这里也适用。足球世界的冲突情绪，无论仅仅是活着，是天赋和瑕疵并存，是幸运却又受制于命运，还是伊斯坦布尔和希尔斯堡，总是相辅相成互不可少。

我被禁赛三场，很合理。我将错过两场联赛比赛——对阵阿森纳和纽卡斯尔，以及一场足总杯半决赛同布莱克本流浪者的重赛。在我的35岁生日，在温布利的足总杯决赛上完成我在利物浦的最后一战的年头，在黑暗中散发出了更大的光芒。一切正走向一个乱七八糟的结局但我很肯定还会有最后一次转机。而没有什么比得上在我身披利物浦战袍的最后一天出战一场重大比赛——一场杯赛决赛。

于是，几天后——就在踩踏风波刚刚平息后，我回归冷静并且几乎变得乐观起来。我会让命运自行主宰它的方向。除此之外再次坐到场边的我无能为力，唯有等着这个赛季的最后几周——我在英格兰的足球生涯的最后几周，静静地在我面前展开。

我已经对赛程烂熟于心，所以我无须反复核实。我的禁赛意味着我作为利物浦球员还剩两场主场比赛——对阵女王公园巡游者和水晶宫。不过好在，就在曼联那场比赛的灾难表现恰好一周之后，我又得到了一次在安菲尔德比赛的机会。

3月29日，一场杰拉德11人对阵卡拉格11人的慈善赛在安菲尔德打响——所有募集到的款项都会捐给利物浦俱乐部基金会和奥德黑儿童医院。我们的目标是尽我们的可能募集到100万英镑左右的善款。在一连串的坏消息之后能做些好事让人感觉如释重负。

举办这场比赛的想法最早是在利物浦基金会来找我的时候提出的。他们说:“你想不想再打场比赛，然后一半的钱进入你的基金会，另一半归入俱乐部基金会？”

我当即拒绝了他们。这距离2013—2014赛季开始前我们和奥林匹亚科斯为我的基金会打的那场慈善赛过去才十八个月。我说:“不了。这看起来会像是又一场纪念赛，我不想对球迷这样做。他们给了我可以想象的最棒的纪念赛，而我不想让人们再伸手掏钱了。”

他们很快又回来找我说:“你看我们能不能换种方式。我们给利物浦基金会募资——里头大多数都是用以帮助残障儿童的社区项目。剩下40%到50%的钱你可以选择捐给一家医院。”

这个想法听起来好多了，于是我说:“OK。但是为什么我们不把剩下的50%平分给本地所有的慈善机构，然后确保大多数给到奥德黑医院？”

利物浦基金会很喜欢这个提议，这让我很高兴。奥德黑是本地的主医院，每一位球迷都有需求。利物浦人都需要它。

我还表示我不希望打着我的名号。“别把这弄成是我的比赛，为什么不搞成是这座城市的比赛？”但我很乐意在幕后起作用，这样的话就能以我的名义邀请球员们来参赛。

最初的目标是让埃弗顿和他们的本国球员加入进来，由罗伯托·马丁内斯作为这支球队当天的主教练。但埃弗顿希望一半的门票收入能进入他们的基金会，而利物浦不会允许这种事情发生。所以不幸的是，没有任何埃弗顿球员加入进来，但我们仍度过了完美的一天，收获了一场完美的上座率。

当我们请求球员们来无偿参加比赛时，如此多的优秀球员的回应让我大为感动，其中有老队友也有老对手。我的球队都是我的老相好——路易斯·苏亚雷斯、费尔南多·托雷斯、哈维·阿隆索、约翰·特里、蒂埃里·亨利、约翰·阿尔内·里瑟、格伦·约翰逊和我的表弟安东尼·杰拉德。卡拉的球队也不遑多让——包括了佩佩·雷纳、迪迪埃·德罗巴、盖尔·克利希、克雷格·贝拉米、卢卡斯、马里奥·巴洛特利和克雷格·努恩。

看到大家齐聚一堂的感觉太棒了，所有的记忆如同潮水一样翻滚而来——关于路易斯和费尔南多的、关于生姜和贝拉米的8号铁杆大乱、关于和切尔西和JT以及迪迪埃的大战。大多数球员都是我的朋友，并且和利物浦有着特殊的联系。但是像JT、迪迪埃、蒂埃里和盖尔可以轻而易举地说一句："不好意思，我很忙。我今天有别的事要忙。"但他们都现身了。

卡拉的球队依靠巴洛特利和德罗巴的进球2：0领先。我在半场结束前点球扳回一城。

我们必须要尊重这些球员们的俱乐部，所以其中有些球星，比如路易斯和费尔南多，只打了下半场比赛，但我还是度过了一段梦幻般的球场时光。我又重新和哈维并肩作战，他是我搭档过的最出色的中前卫。在锋线上我们有路易斯和费尔南多搭档。他们玩得很痛快。

我太爱这次慈善赛了。布兰登管理我的球队，而罗伊·埃文斯执掌卡拉11人。但路易斯和费尔南多同时出现在我身前的画面让我有点飘飘然，我又一次无视了教练的指示开始打起了10号位。站在苏亚雷斯和托雷斯的身后你要如何抵挡住10号位的诱惑？

安菲尔德也兴致正佳，一首首老歌回响在坐满了人的球场里。

史蒂文·杰拉德是我们的队长 / 史蒂文·杰拉德是个红血人 / 史蒂文·杰拉德为利物浦而战 / 地地道道的利物浦人。

再次听到路易斯之歌让我怀念不已，用流行尖端[1]的曲调唱着《就是不满足》。路易斯刚从板凳上起立，助威声就呼啸而至：

他的名字叫路易斯·苏亚雷斯 / 他穿着著名的红球衣 / 我就是不满足 / 我就是不满足……

我们在第67分钟拿到一粒点球。我把它让给了路易斯。我觉得让他在Kop看台前进球会是个很棒的主意。路易斯说："不，你来罚。"我知道路易斯希望我打进第二球，但我同样认为他应该是不想把这球罚丢。

我上前主罚，命中，安菲尔德充满了欢乐。而当Kop看台再次开始对费尔南多表达感谢的时候，我既惊讶又感动。因为他转会切尔西，让球迷饱尝苦涩和怨毒，因此每当他回到安菲尔德后，堆积在他身上的憎恨就会爆发，现在听到球迷们再度为他高歌实在令人动容：

他的袖标证明他是红血人 / 托雷斯，托雷斯 / 袖标书写着永不独行 / 托雷斯，托雷斯 / 我们从阳光明媚的西班牙买来这小伙，他一拿球就得分 / 费尔南多·托雷斯就是利物浦的9号！

当他听到自己的老歌之后，费尔南多被激发了前所未有的狂热和火花。我觉得他可能比任何人都更享受这场比赛。后来他告诉我："我真的很高兴在这里得到了第二次机会。之前这件事一直让我挥之不去——在安菲尔德遭嘘。但现在我平和了。我能继续前进了……"

苏亚雷斯和托雷斯的水准极高，惊艳的小动作层出不穷，我开始神游起

[1] 一支乐队，英语名为Depeche Mode。

来。在这两人身后打10号位该是种怎样的体验啊——还有阿隆索和马斯切拉诺在中场，卡拉坐镇后防，以及若泽·穆里尼奥作为利物浦主教练坐在替补席上！这样一来我们能拿下多少联赛冠军啊？这简直就是梦之队啊。

回到现实中，苏亚雷斯和马斯切拉诺的巴塞罗那，很快就要在欧冠半决赛对上阿隆索的拜仁慕尼黑了。而我正为自己的幻想加速前进——度过我的禁赛期然后在温布利再战两场，足总杯的半决赛和决赛。

这已是美不胜收的一天，在约翰·特里交给我一个信封时，这一天圆满了。

"给你的。"JT说，"若泽给的……"

"真的？"

"嗯，"JT说，"我很好奇他在里面放了什么？"

我把信封翻了过来就忍不住笑了。信封用透明胶带封着，还附有穆里尼奥的签名。"好的，哥们儿。"我对JT说，"很明显他为了不让你知道还在上面签了字。"

JT也大笑起来，我再次感谢了他当天光临安菲尔德的高尚行为。我们握了握手，然后我跑去找了个安静的角落拆开了信封。

这是一封手写信，写在切尔西的便签纸上，是穆里尼奥亲笔写给我的：

亲爱的史蒂文：

我知道一切仍未结束，但首先我想要祝贺你在你心爱的俱乐部里完成了一段梦幻般的职业生涯。第二，我希望让你知道，从未见过你训练的模样让我感到多么遗憾。第三，好好享受这一天，和你的朋友们、家人们、你的球场、你的球迷还有你的美好的回忆。第四，最重要的是，带着孩子们的微笑开开心心地过好生命中的每一天！

敬上

若泽·穆里尼奥

他写下这些话可不是计划着要引诱我离开利物浦。那些日子早已过去，这只是男人与男人之间的一条友好讯息。

这封信对我来说意味着太多，我知道我马上就会把它装裱起来。我会永远留着它。

第15章　做梦

时间进入到4月，终点突然感觉近在咫尺。直到月中我都将因禁赛缺席，所以我能称自己为利物浦球员的时间仅仅只剩几周了。我陷入了深深的悲伤之中，但我安慰自己，想着一定还会有一次转机和转折。一帆风顺的结局似乎不太可能，但我知道，我一直都知道，到时一定会有闹剧和感动。

利物浦和斯特林之间已经因为另一种闹剧而纠缠不清。就足球层面而言，显然斯特林和我出自不同的时代。我横跨了利物浦历史上的多个时代，几乎长达30年之久，从青训学院队员到青年队小将，然后再到职业球员。我是利物浦传承的最后纽带之一——从我展开到肯尼·达格利什到史蒂夫·海韦再到比尔·香克利。在我的利物浦历史中，拉希姆·斯特林和比尔·香克利分别站在两端——他们之间有着天壤之别。

斯特林身边最初的流言蜚语是在去年12月的时候传开的。我曾和他私下谈过，因为我知道报纸和他的经纪人埃迪·沃德会更多地参与到一笔潜在转会的讨论之中，而不是一个刚刚告别青葱岁月的孩子。我喜欢拉希姆，所以我建议他保持低调，集中注意力打出他闪耀的足球风格。我们都知道他有这个能力。

4月1日，拉希姆同意接受来自BBC的一期长篇，在我看来那是一次非常欠考虑的电视采访。这很可能是经过了他经纪人的同意。拉希姆在电视上抗议道："我不想被看作是个见钱眼开的20岁小伙。"与此同时，他明确表示在赛季结束前都不会对利物浦做出决定，而后者已经为他开出了一份新合同，很明显周薪达到了10万英镑。

这期采访对拉希姆产生了非常不利的回火效应。他失去了一部分利物浦球迷的支持。球迷们觉得他在争论他们心中这家豪门俱乐部是否配得上他，这家赢得了五次欧洲冠军，并且从他15岁加入青训以来就一直培养他成为今天这名球员的俱乐部。公众方面也广泛传播着对斯特林的奚落，并且很快将进一步恶化。

我没有严厉责备拉希姆。我也曾经因为自己的前途去向而处在旋涡中心，对利物浦能否继续竞争欧冠满心疑虑。但我和拉希姆的情况有所不同。2005年7月我被几个利物浦球迷烧球衣的时候已经25岁了。我刚以队长身份带领利物浦夺取欧冠。我还是球队三冠王成员——2001年的联赛杯、足总杯和联盟杯冠军。拉希姆至今一无所获。

当时他才为利物浦打了80场比赛。上赛季在路易斯·苏亚雷斯和健康的丹尼尔·斯图里奇身后，他开始崭露头角。世界杯上对阵意大利的比赛中，他也有过1个小时的出色发挥，随后渐渐失去踪影。拉希姆显然有潜力成为明星球员，但是在2015年4月他看起来不过是个表现不错、非常有潜力的英超小将而已。他明显还有很多要学的，无论是战术上还是技术上，同时他还要加强处理最后一传的能力并且努力填充自己的进球账户。作为一名拖后组织中场，我那个赛季的进球比拉希姆更多。如果他真的想将自己定义为一名锋线球员，那么他需要在绝大多数赛季里争取突破20球大关。

如果我继续留在利物浦担任队长，我肯定会把拉希姆从头到尾教训一遍。但我对身边的变化很敏感。我很快就要走人了，所以我克制住自己只和他私下聊了几次。基本上我告诉拉希姆："你必须做你和支持你的人们想要做的事，但是就个人来说，我认为对你来说利物浦是家很棒的俱乐部。你将会首发，你将能打上比赛。你能成长，你能学习。几年内你将会成为一名更为出色的球员。如果你想转会，那么这决定权在你手里。但，如果我是你，我不会去任何地方。”

我觉得在他开始讨论转会这桩事之前，他应该至少先跟着利物浦打上200场比赛再说。从我的个人生涯来评判，最初的200场比赛是你学到最多东西，为你积累比赛经验夯实基础的阶段。不少球员太早转会，然后他们就永远都找不回曾经的自己了。我在弗兰尼·杰弗斯身上见过这一幕——当年他过早地从埃弗顿转会去了阿森纳。你可以说杰克·罗德维尔离开埃弗顿加盟曼城也犯了相同的错误。拉希姆或许会是个例外，但是对于年轻球员过早去到一家他可以被轻易放弃的俱乐部，我总是有些疑虑。我们还得看看拉希姆要怎么面对挑战，因为在曼城占据首发阵容一席之地绝非易事。

我还认为在他只有20岁的时候，争论他是否需要去一家欧冠俱乐部只会更加混淆了问题。要是利物浦未来两年没能进入前四，那么在那以后他还有八年时间可以去打欧冠。有几年我也没能打上欧冠，这对我没造成任何负面效应。我后来仍然拿下了欧冠。他现在的情况，给我的感觉像是他的经纪人正在利用欧冠当作鼓动他转会的借口。也许事实会证明我错了，拉希姆将来会立即享受到在国内赛场和欧洲赛场无穷无尽的成功。我会非常期待看他在曼城的表现。

因为电视转播合同，现如今有太多的资金涌入到足球领域，并且情况似乎正变得越来越糟。我认为我们会看到球员转会比以前频繁得多得多，是因为经纪人们会不断去寻找机会推动下一笔转会。他们感觉“这是我去干一笔大买卖的好机会，如果我没能搞定的话，怕是可能机会不会再来了”。

我的经纪人斯特鲁恩·马绍尔让我能忠实于自己的哲学——那就是专注在足球上。这是从我父母身上遗传得到的东西，一种“你只要做到最好，剩下的一切都会水到渠成”的想法。你避免变得贪婪，你会专心致志去当一名好球员而不是一位“大牌”或是一枚“商标”。

我知道曼城正蠢蠢欲动，拉希姆·斯特林已经有足够能力进入曼努埃尔·佩莱格里尼的球队。如果你问我在斯特林和萨米尔·纳斯里之间会选谁，答案显而易见：斯特林。但我认为如果他能在未来五年里低调行事，把注意力集中在足球上，那么到2020年我们会拿斯特林跟远比纳斯里出色的球员相提并论。

当他接受BBC那次灾难般的专访时，所有的信号都指向拉希姆离开利物浦。当时他还声称来自阿森纳潜在的兴趣让他“受宠若惊”，而阿森纳正好就是我们下一战的对手。在一周的备战中他比平时要安静得多，但我知道他有足够强大的心智来忍受外界对他的指指点点。在球场上，他从来都不是个甘当背景的人。

在为美国之行做准备时，我和阿莱克斯把我们的房子卖给了布兰登，然后租了另一间房子。说来造化弄人真是奇妙，结果拉希姆以前就住在我们租的那间房里。有时训练结束后我有些出神，会跟着自动导航从梅尔伍德开去以前的家，然后突然意识到现在是我的教练住在那里。

在斯特林被各大媒体轮番报道的前一周，我已经决定要在酋长球场一战的电视转播上跟踪关注他，然后就此写一份报告作为我欧足联B级教练班作业的一部分。于是，禁赛赋闲在家待在拉希姆的老房子里，我拿出一本便签一支笔，打开电视看他在复活节周六午餐档的比赛里如何表现。我准备好了为拉扎[1]写一份作业。

分析拉希姆对阵阿森纳时的比赛表现非常吸引人，因为他背负着巨大的压力。这让我有机会评估他的心理状态。战术层面上，他打在中路位置，这是他最中意的位置，我认为他适应得很好。虽然阿森纳赢得兵不血刃，4：1，但拉希姆是利物浦最出色的球员。这让世人重新看到了他的能力和坚韧。那天的评估作业上我给他打了个小钩。

我仍在训练，但在我的空闲时间里，我整个人投身在了教练执照上。执教和上场踢球之间区别之大让人大开眼界。在训练课当中我经常停下来

[1] 调侃斯特林的昵称，来源于加斯科因的加扎（Gazza）。

发表一些简单的观点——现在我必须学会如何观察全局并且找到合适的语言来向一大群球员解释一些更为深奥的内容。这很发人深省，我能理解为何那么多顶尖球员当教练之后就是没法脱颖而出。

我其实还挺喜欢的——尽管我不认为自己会成为那种上场地摆标志桶、指导训练、设计控球和射门训练还有所有日常训练的教练。如果未来我决定要到一家俱乐部工作，那我会当一名助理教练，或者更理想一点，主教练。但执教很有趣——即便有时候B级证书里有些内容显得冗长无聊。当我苦读一些营养学和心理学内容的时候，我会想：啊上帝，我可不想当营养师啊；或是我可不想变成史蒂夫·彼得斯。我已经在做这些了。我每一天都吃着健康的食物，我分析自己的精神状态。我明白我必须向主考官证明我在各方面都有着深厚的背景知识，并且可以处理球员们日常发生的状况。

自那时以后，我已经完成并且通过了我的B级测试，现在我要好好休息一下然后集中精力为洛杉矶银河踢球，然后等我彻底回到英格兰之后再开足马力考我的欧足联A级证书。虽然日后变身成为教练的念头让我兴趣满满，但我仍然不知道我会不会走这条路。

等我在美国的球员生涯结束后，我想要探寻一下管理的方方面面。我很乐意和几位顶级主教练待上一段时间。如果你有机会坐下来和穆里尼奥、温格、霍奇森还有罗杰斯谈谈管理的细节，你怎可能不因此而受益匪浅？我很乐意学习一下他们精明的脑瓜子。相同的道理也适用于佩普·瓜迪奥拉。我会很愿意花上一周时间去看看佩普是怎么带队的。当然了，我们曾经交过手，而哈维·阿隆索也说过他可以帮忙牵线搭桥。我还很愿意回利物浦待上一段时间，跟着布兰登，尽我的可能了解管理球队所带来的挑战，看看我爱不爱干这行，以及我是不是能从中脱颖而出。

我想看看一位主教练到底要干些什么，他如何应付会议以及在幕后都说了些什么。我觉得过去17年里我所累积的经验将会有所帮助——还有我从历任教练身上所学到的知识。但是我作为球员所获得的任何成功并不会让我自动成为一名好经理或好教练。

如果我的身边都是聪明人，加上正确的教练团队支持，我自认为能在主教练岗位上取得成功。但一切都不是板上钉钉的——这正是当教练的有趣之处。我有时会让自己的思绪游走，幻想着“要是有一天能执教利物浦那该多棒？”这是当然了。不过现如今我不知道自己是否足够出色，或者未来我是否会有机会获得这份工作或是任何同一线队一起工作的机会。首先我得有自信自己能成为一名成功的主帅。我绝不会光凭自己的名声接手主教练的工作——或者仅仅因为部分球迷希望我出任主帅，因为他们曾经在我的球员时代支持过我。

我深知担任利物浦足球俱乐部的主教练是一份艰巨的工作，需要有正确资质和技能的合适人选才能胜任。所以对我来说，就目前而言，除了一个“也许”以外别无其他。我唯一能说的就是这是个美好的梦，但我完全不知道这会不会发生，甚至谈论这件事是否现实。

小小幻想还是挺有意思的。如果，完全出于假设，有一天我要当利物浦主教练的话我会选谁当我的助理教练呢？哈维·阿隆索或者詹米·卡拉格。他们都很有智慧，对足球有着深厚的知识，都是与众不同的男人。球员们会很尊重他们，球迷会很喜欢他们，而我认为我们一同共事会干出一番成绩。

我从来没和哈维或者詹米提过这事，所以我认为要是他们读到这个的话会很意外。哈维本人也许会继续走下去成为一位出色的主教练，而我不得不尴尬地承认，如果有他辅佐我的话，执教利物浦会是件梦幻般的工作。

如果我真的当上主教练了，很有可能会是利物浦之外的俱乐部或者是U21级别的工作。对此很重要的一点是去吸收知识和经验。所以我有可能会以球队的二把手或者三把手作为起步。但或者我会选择一条执教之外的道路。

我已经开始在媒体做一些工作，作为BT体育的特邀解说嘉宾，这给了我一个从赛场上退后一步承担更多分析任务的机会。但我不想从事太多的电视工作，因为我不太适合周而复始地从一场平淡无奇的联赛比赛说到下一场。但为BT做一些工作能让我有机会近距离观察球员，有机会和主教练们谈谈的同时还可能有机会在一些顶尖教练身边工作——如果他们愿意的话。

对我来说，在利物浦U16梯队进行过一些执教工作也是棒极了。利物浦青训学院接受俱乐部主教练的管辖，所以在过去十年里我们的青训学院经历了三种风格鲜明的管理模式，因为我们有过三位截然不同的主教练——达格利什、贝尼特斯和罗杰斯。布兰登挺不错的，因为即便预备队和U21球员同一线队分开训练，他经常邀请他们和一些青训营的孩子来梅尔伍德。但是，如果孩子们大多数时间都待在柯克比，当他偶尔来到我们的总训练营参加特邀训练时，他还是会畏首畏尾。

我认为俱乐部本身应该选择一条统一的战略来经营青训学院。这能帮助俱乐部建立稳定的架构，同时孩子们可以通过和他们喜欢模仿的一线队球星在同一场地训练而受到激励启发。

在我执教U16梯队时，有几个孩子真的让我眼前一亮。特伦特·阿诺德很有可能会成为一名顶尖职业球员。他体形挺瘦长的，但他的身板很不错，并且似乎具备了一切必备条件。他刚刚年满16岁，目前还不够强壮，但那只是时间问题。他的职业态度很好。他来自西德比，梅尔伍德的所在地，所以特伦特也是个土生土长的利物浦人。很明显，就像我幻想自己是约翰·巴恩斯和史蒂夫·麦克马洪一样，在他的成长过程中他假装成我的样子在默西塞德的公园里踢着足球。他能打6号位拖后组织中场，但他是个多面手，我看他打过很多不同的位置。我知道全英格兰都在关注着他。

赫比·凯恩同样鹤立鸡群。几年前我们从布里斯托城手中将他签下，他打的是中前卫位置。他的风格打法有些凶狠，但在他这个位置上是必需的，而且在英格兰U16国家队他是个响当当的人物。特伦特也有那股狠劲，当然了是用在了最好的地方。他和赫比看起来能够锻炼出强壮的体魄以承载他们的技术，有朝一日打上英超联赛。

他们俩都知道我对他们评价颇高，因为曾经给他们一对一开过小灶，而且我一直问U16的主管教练佩平・林德斯这两人能不能划到我的队里。他们为我提供了执教考评所需要的内容，而我也知道如果我要求他们做些什么的，他们的完成质量会比其他人要好上那么一点点。

队里还有几个天赋不错的孩子，可以把他们放在一起比较一番。几堂训练课之后你就能看出哪些孩子比较自大或是态度傲慢。这意味着比起不断磨砺自身，他们更感兴趣的是刚到手的新球鞋。

不少球员球员光凭天赋就能走上职业道路就此过上好日子，但那些职业生涯稳定持久的球员们对这项运动有着一份真正的热情。他们应是早在年轻时期便如此了，他们能带着那份对足球的爱并通过纪律和献身来加以巩固。那些不惜一切投身足球的天才球员，最后才能更上层楼变成迈克尔・欧文、詹米・卡拉格和约翰・特里这样的球员。这是我一直以来的哲学。我知道如果我忠实于此道，经济上的回报会自然而然地得到解决。

当你受邀同一线队一起训练和外出征战时，一切都改变了。当你看到印有自己号码的球衣挂在更衣室衣架上的那一刻，就是你告别年少天真的那一刻。老队员们正在观察着你，看看你是否足够资格每天踏进那扇门。

17年前当机会降临到我身上时我很快就被上了一课。你在训练中丢球，或是在比赛中背弃球队，那么像保罗・因斯这样老练又铁血的球员就会来好好鞭挞你一顿——他会好好给你点颜色瞧瞧。但反过来如果你在拼抢中赢得球权或是传出一记秒传，那么因斯、罗比・福勒和詹米・雷德克纳普这些好球员都会过来拍拍你的后背。当你走进一线队更衣室，那就是非浮即沉的时刻。如果你不能延续稳定的发挥，你是待不久的。我立马就明白了其中道理，但是对我来说，最好的建议来自我的父亲。

在我进入一线队之后有些时候我会想：我干得不错，我成功了！老爸立刻给我上了一课。我很欣赏他的诚实，虽然忠言逆耳：“你现在还一事无成。”老爸说道，“你在足球上根本什么都没干过。到现在之前你所做的一切都已经过去了。那些都不重要了。如果你想留在利物浦，如果你想获得成功，你必须每一天都有所表现。就从现在开始。在足球上你付出了什么，你才会收获什么。”

我永远都不会忘记那段睿智的话语，并且即便到了这最后关头，我还是努力地贯彻着这条道路。我只剩下六场，也许最多有七场比赛能为利物浦效力。如果我们能成功闯进足总杯决赛，那么这会是完美的七场比赛。但此刻我又想起了父亲的谆谆教诲："一切就从现在开始。在此之前你所做的一切都是过去了。"

4月13日周一，在我们同阿斯顿维拉在温布利的足总杯半决赛的前六天，我为利物浦U18打了一场比赛。我们在梅尔伍德对阵什鲁斯伯里U18。在我的禁赛期结束后，打一场90分钟的比赛很重要。我把队长袖标交给了特伦特·阿诺德。他看起来万分震惊，他看着我的眼神好像在说："你在干什么？"

我做此行为是有原因的。我用这种方式告诉特伦特，我相信有朝一日他也能当上利物浦队长。我对赫比·凯恩也同样有信心。我和他一同出任坐镇中场中路而特伦特是我们的右后卫。他们跨了几个年龄段在比赛，他们需要和年长几岁的小伙子们较一较劲。对我来说，要和一群16岁到18岁的孩子们一起踢球，这感觉要奇特得多。

我不想看上去像个爱卖弄的人，满场飞奔想着要当全场最佳。我有点担心和他们的默契问题，因为我不太确定他们能不能跟上英超联赛的传球节奏。于是我对于如何处理这场比赛有点无从下手。对面的小伙子也想在我面前露一手，一个个都是百米冲刺的速度朝我冲过来。我被撞了好几次。但整场比赛下来我没有受任何伤，也没有弄伤任何人。比起踢一场整场的英超比赛，想要调整到小伙子们的比赛水平显得更有难度一些。

比赛结束后我很高兴。当什鲁斯伯里的球员们在梅尔伍德吃上东西之后，我和他们每个人都一一握手。能和一个利物浦一线队成员同场竞技他们很兴奋——马丁·斯克特尔和法比奥·博里尼也打了那场比赛。

他们应该都知道，等我下一次踏上球场应该就是那周日的温布利了。我怀疑他们其中可能没有人还记得2006年的足总杯决赛。那时候他们应该都还不到10岁。以及如果他们当中有人听说过利物浦和西汉姆联之间那场经典决赛，那对他们而言就像是来自远古世界的玩意儿。但对我来说，这就像昨天刚发生的。

2006年5月13日，周六
加的夫，千年球场

总有些日子阳光明媚，而你觉得万夫莫敌。你25岁正值当打之年，你感觉棒极了。这就是那样的一天。你浑身上下翻腾着能量、力量和信念。似乎这些感觉之强烈，永远都不会有消退的一天。如果不是你太年轻不懂得欣赏这一切，如此美妙的一天美得几乎让人心碎。

你感觉完美，当然了，不会一直如此。但那就是为什么年轻球员绝不会虚度这样的一天。当你处在那样一个高光位置，风华正茂的25岁，你根本不会去考虑这些。你只是欣然接受，沉迷此刻，感觉自然而又真实。

我刚以职业球员工会年度最佳球员的身份结束了这个赛季——在英格兰被我的英超同僚们评为最佳球员意义非凡。我还是利物浦的最佳射手，驾临加的夫之前已经有21球入账，而球队取得了联赛第三的成绩。足总杯上我们击败了曼联，在1/4决赛上7：0横扫伯明翰城并在半决赛力克切尔西。

我早已拿过足总杯，还有联赛杯、联盟杯和冠军杯。这三项赛事的决赛中我都曾进过一球。我准备好再拿一块足总杯冠军奖牌并且打进一球来让历史圆满。这样一来我就会成为第一位在上述四项杯赛中进球的英格兰球员。但比起在历史上占据一席之地，我更期盼的是为利物浦举起又一座奖杯。我感到动力十足又心平气和——当你追逐任何成就时这都是一对无敌组合。

比赛前夕还充满了幸福和自豪。在闪亮的更衣室里，我坐在木质长椅上穿上我的利物浦红球袜。我的两个小女儿的名字被绣在了我的球鞋上。莉莉·艾拉绣在左脚的鞋舌上；莱克茜，当时才只有4岁，在右脚的鞋舌上。我感觉自己像是也在为他们而战，才那么一丁点儿大的姑娘们，为两个女儿各进一球正好能定义这特别的一天。系上鞋带，我感觉无所不能。

这将会是千年球场最后一次举办足总杯决赛。这里总共举办过六届，因为新温布利球场正在建设当中，我们曾在2000年赢下了第一座。当年我们“打劫”了一支决赛当天比我们发挥得好得多的阿森纳。那天是迈克尔·欧文在最后时刻梅开二度——当时似乎奖杯已是阿森纳的囊中之物了。我们2：1赢下决赛。我确信我们能赢下另一支伦敦球队西汉姆，为利物浦球迷呈上又一场值得铭记的千年球场之战。

在那个美妙的5月下午，这座球场看起来美轮美奂。西汉姆球迷的吵闹和出色程度丝毫不逊于我们自家球迷，他们正在品味这场对他们而言并不常见的足总杯决赛。利物浦球迷似乎永远都不会厌倦这种场面。在拉法·贝尼特斯执教的第二个赛季，他们仍然很热衷于炫耀他们新学的西班牙语。一幅巨幅标语高呼我们是“Conquistadors”——这个，现在任何地道的利物浦人都知道，意思是我们是“征服者”。

我是有点征服者的情绪，但在我带着威廉王子接见我的队友们，向他一一介绍他们全名时，我仍保持着礼貌。

西汉姆队长奈杰尔·里奥科克、裁判组和我聚集到中圈。我抛起硬币，接住，然后拍在了我左手手背上。我用这种方式来表现我感觉一切尽在掌握。

随后现实控制了比赛走势。一整个下午为西汉姆不知疲倦地奔跑着的尤西·贝纳永，在第21分钟找到了迪恩·阿什顿。阿什顿之后的职业生涯被伤病无情地打断，此时他一记精美的传球为利奥内尔·斯卡洛尼打开了空当。詹米·卡拉格发现了危险，但斯卡洛尼的传中被他阻挡后越过佩佩·雷纳变成了一粒不走运的乌龙球。仅仅7分钟后我们0：2落后，佩佩将马修·埃瑟林顿的射门挡到了阿什顿的面前，后者将球捅过门线。

那时候我就没半个小时前感觉那么不可战胜了。我刚开始时感觉完美的一天有可能输得一败涂地吗？不到一年前我们曾在伊斯坦布尔0：3落后AC米兰，我吸取了那晚给我带来的力量。我仍坚信不疑。

第32分钟我向队友要球，我得球之后深入西汉姆腹地。我抬头看了看，稍作停顿瞄准目标。我右脚踢出一记40码招牌长传，落点正是我和吉布里尔·西塞想要的点。但西塞仍然需要做好临门一脚——而他做到了，他在摔倒的同时踢出一脚凌空爆射，这球打得太精彩了。西塞，留着古怪的拼接发型和染黄的胡子，振臂高呼。他吼的那些我们一个字都听不到但不妨当它是“相信……相信……相信！”

我相信，我保持专注。下半场第9分钟我打进了帮助我们重回起跑线的进球。我拿到皮球，回撤之后将球交给哈维·阿隆索，他的传球找到彼得·克劳奇。克劳奇高高跃起，用他6尺7寸的身躯将球点给我。这招他已经做过千百次了。球在草皮上弹了两下。皮球弹起来，等着我上前，接着我一脚将球抽进球门上角。那种不费吹灰之力的力量和技术，正是你在25岁无坚不摧的年华所能感受得到的。

球门后方的利物浦球迷瞬间炸成一片红色的星海。我转身撒腿就跑。我左手张开，用右手猛捶胸口的利物浦队徽。我欣喜地吐着舌头。比赛前我也许是因为胜券在握而感觉飘飘然，但那时我是真的疯疯癫癫了。

这又是个很好的例子，这就是那种我在艾恩赛德路上幻想着我能打进的球。但这次是来真的。漫画式的美梦再次照进了现实，多么美妙的一天！多么美妙的一场决赛！

随后的一幕让我对足总杯魔法的热情大打折扣。第64分钟，保罗·孔切斯基，我的未来队友，球迷眼中一位绝对西汉姆疯子，从左后卫位置上前插助攻上来。我在他身后奋力追赶。我伸出腿去，就要挡住他射出那重锤一击。我至今仍不太确定这球原本是要传中还是要射门，但大锤孔切斯基这球打得太刁钻了。在超远距离外，这球越过雷纳的头顶。西汉姆3，利物浦2。

伤停补时临近，西塞倒地。斯卡洛尼将球开出界外。这是一个尊重体育道德的举动，但是比赛已经几乎结束。我们开出界外球，出于尊重体育道德，将球丢回给了斯卡洛尼。他一定是被两边高尚的行为给弄蒙了因为他直接把球踢给了我。

90分钟整，我控制着斯卡洛尼的解围。我将球交到左侧给到约翰·阿尔内·里瑟，就在这时球场播音员确认将会有4分钟伤停补时。我听到了。你不可能漏听他嘹亮的声音，但这时我抽筋了。漫长、炎热的下午即将过去，我的双腿渐渐失灵了。但我仍告诉自己我感觉很坚挺。我仍感觉不可战胜。一瘸一拐，但不可战胜。

里瑟再将球旋进西汉姆禁区。费尔南多·莫伦特斯起跳，试图将球摆给利物浦队友，但丹尼·加比顿争顶成功头球解围。皮球弹到距离球门很远处，一下，两下。像是带着磁性一样，球朝我弹了过来。我距离球门35码开外。我累得没力气控下球来再往球门冲过去。下意识地，我决定直接起脚。我抓住了皮球弹起的瞬间，仅存的能量从我紧绷的右腿和猛击的球鞋上传递到飞行中的皮球上。

我这球打得太美妙了。我看着皮球急速飞去。这球打得太完美了，你很难跟上它在空中的轨迹。我的射门飞啊飞啊，几秒钟后——嘣！

西汉姆的球网翻滚震颤。我必须再确认一下。我刚刚真的做到了？球进了！

利物浦看台爆炸了，就像是一大片红色的鞭炮。3：3。补时扳平——我的生涯最佳进球。

我惊呆了，也累坏了。和之前那个进球后相比，这次我的庆祝要克制得多。队友们抓住了我，而我只是微微一笑。

里瑟，伟大的生姜头，用手抓住我的脸。他的双眼看起来就像是因为惊叹而要弹出来了似的。他胡乱地对我说着一些吃惊的话语，我什么都听不清。我仍有些晕乎，所以生姜一放开我，我就走远拍了拍我球衣背后的名字——杰拉德。

这是我的进球。我做到了。我们把比赛拖进了加时，美梦仍在继续。

接下来精疲力竭的30分钟里发生了什么我记不太清，除了佩佩·雷纳神奇地挡出了里奥科克的射门，以及马龙·海伍德跟上的打门偏出。比赛进入点球大战，我丝毫感觉不到紧张。当我在更衣室里穿上印有莉莉·艾拉和莱克茜名字的球鞋时，我脑海里的坚定和信念仍在我的全身上下涌动。我仍然觉得无可匹敌。我知道我们会赢下足总杯。

迪迪·哈曼第一个主罚命中。萨米·海皮亚罚丢了我们的第二粒点球，但随后我和生姜都各自得手。泰迪·谢林汉姆，在40岁的高龄，冷静地为西汉姆打进了点球。但是博比·萨莫拉和孔切斯基都被我们卓越的门神雷纳拒之门外。

所以当安东·费迪南德上前主罚西汉姆的第四粒点球时，比分已是利物浦3：1领先。他必须进球，但雷纳做出了又一次的精彩扑救。结束了。足总杯冠军属于我们。

西汉姆的发挥已经非常出色了，但这是属于我们的一天，这是属于我的一天。我永远都不会忘记西汉姆球迷们起立为利物浦和我鼓掌致意的样子。或许足球很残忍，但其中也包含了许多美好。我举起双手对西汉姆球迷表达感谢。

在我接受了全场最佳奖项之后，威廉王子终于把奖杯递给了我。我把奖杯高高举起，利物浦跟随着烟火一同欢腾起来，雀跃着呼喊着，球员们和看台上的3.5万名球迷一同汇聚成了一个不可战胜的集体。

只有拉法—贝尼特斯仍然保持着冷静和清醒。在落日的余晖下冰人并没有融化。

那天夜里，在工作人员、球员和太太团的派对上，我向拉法走了过去。

我暗地里希望能得到一句“干得好，史蒂文”，但拉法已经着眼未来了。他握了握我的手然后开始以他熟悉的方式谈了起来：“下个赛季我们在英超联赛里必须有所提高。”

那一刻我几乎爱上了拉法。他的目标就是我的目标，我的希望就是他的希望。

他既没有提到我的任何一粒进球，也没有提到我们全队的表现。相反地，他对我稍加责备，提醒我在赛季开始时他给我定下了打进25球的目标。

在足总杯决赛的梅开二度后我已很接近目标，但拉法说：“你没达到25球。你和目标差了两球。”

但那时候，难以置信的是，拉法笑了。这是充满了赞许的笑容。那个微笑几乎给人送来了温暖的感觉。

“下个赛季，老大，”我还以笑容，“让我再试试……”

拉法和我，冰与火，或许终究也没有那么截然不同。即便是在我们最美好的日子，在值得永久珍藏的一场足总杯决赛后，我们俩都认为利物浦和我需要再接再厉。我们都深深沉浸在赢得联赛冠军的念头里。

这始终都没有发生，现在回望过去，我能看到在那个下午我达到了个人状态的绝对巅峰。即便撇开进球和助攻不说，我在这场比赛中的表现，每一点都恰到好处。如果要我选一场比赛说“看，这就是我曾经在球场上的能耐”，我会选择那一场——2006年5月13日的足总杯决赛。

在温布利对阵阿斯顿维拉的半决赛的前四天，我们聚集在了安菲尔德——4月15日一直都是我们回忆另一场足总杯半决赛的日子。

利物浦和诺丁汉森林在希尔斯堡的相遇已经过去了26年。26年光阴，就如我们的96位球迷一样，一去不复返。

每年的希尔斯堡周年纪念都充满了悲伤，每一次都是对我的折磨。但我绝不会错过任何一次仪式。失去亲人的意义，追逐正义的斗争，这些都太重要了，让人没法不去面对，不去尊重。

在那些被悲痛和对真相的追求而团结在一起的家庭中，我们只是其中之一。希尔斯堡家属支援会主席玛格丽特·阿斯皮纳尔，对我们所有人，以及那些经历了希尔斯堡惨案并生还下来的球迷们致以敬意。“很多球迷带着罪恶感从希尔斯堡回到家中。”玛格丽特站在球场上面朝Kop看台说道，“为什么他们会感到罪恶，我永远都不会知道。遇难家庭欠这些球迷们很大一份情，因为没有他们回来说出他们的故事，我们就不会走到今天这一步。所以我非常感谢他们。”

新一轮的调查听取了那些希尔斯堡幸存者们的证词，这轮调查至少还将持续一年。正如玛格丽特所强调的："我们不要看到半途而废的任务，我们要确保这个任务准确无误地完成。"

玛格丽特说，在1989年4月，她还正值青年，身处一个年轻的家庭——包含了她18岁的儿子詹姆斯。如果他还活着的话，詹姆斯·阿斯皮纳尔也有44岁了，并且可能这个周日也要出发赶往温布利。玛格丽特的声音微微一颤，她直言自己现在已是一位老妇人了。她已经成为了一位奶奶，而她和其他所有人仍一同在为正义而做着斗争。

“但就要来了，”玛格丽特说，“就要来了……”

宣读每一位遇难者的姓名历时7分钟。漫长的7分钟里打破静寂的唯有来自逝者的回声。

苏·约翰斯顿，一位热情四射的利物浦球迷，一位深受这座城市爱戴的演员，朗读了披头士歌曲《珍爱今生》的歌词。前埃弗顿球员格拉汉姆·斯图尔特朗读了圣经节选；约翰·阿尔德里奇也是。在我的艾恩赛德岁月里，约翰是我心目中的英雄之一。他作为球队一员跟随肯尼·达格利什出战了希尔斯堡一战。

我坐在Kop看台上，坐在约翰和肯尼、伊恩·拉什和罗比·福勒的后面。我坐在卢卡斯·雷瓦旁边，这位巴西人在利物浦已经待得够久，他完全明白纪念仪式对我们而言有多么重大的意义。作为利物浦球员，卢卡斯对我们的悲痛也感同身受。卢卡斯挪了挪位置以腾出空间让我站到看台边上。我回头看了看，发现了菲尔·贾吉尔卡。埃弗顿队长马上要跟我一起步入球场，我们受邀放飞96只气球。每年的这个日子，都会有96只气球漂浮在安菲尔德的天空。

我欣然接受，因为我很感激希尔斯堡家属支援会没有再要求我担任朗读工作。几年前我做过一次，我好不容易才控制住了情绪，但那真是难以置信地困难。

这是我最后一次以利物浦队长的身份悼念96名遇难者。菲尔和我一同走上球场，在场人群开始唱起了《永不独行》。

“当你穿行在风暴之中，请高昂你的头……”

菲尔和我各自手持一只装满了红色气球的巨大塑料袋。在我们走到中圈时人群正唱到：“在暴风雨结束之后，将会是灿烂的天空……”

我们打开袋子，气球挣脱束缚高飞而去。它们开始慢慢升上天空，一个接一个。红色的气球。

菲尔的气球比我的飞得更快一些，他的袋子很快就空了。他注视着天空，看着他的48个气球越飞越高。我不紧不慢，手里还剩10个气球，最后几只卡在了袋子底下。我轻轻摇了摇，慢慢地，它们松手离去。我看着最后一只气球飞走。乘着风，它飞得很高。

菲尔和我跟随全场一起为那些离我们而去的人们鼓掌。我们看着气球，越飞越远，此时人群唱着：“穿过狂风，穿过暴雨，任你的梦想正被动摇和嘲讽，继续前进，继续前进，希望永存你心……”

直到2015年4月19日周日下午，这份希望都让人感觉无比真实。我的内心充满了一段足球幻想。如果我能选一场比赛为我在利物浦的17年一线队生涯画上句号的话，那一定会是一场欧冠或者足总杯决赛。那年欧洲之梦早已不复奢望，但自从我们在第三轮抽到AFC温布尔顿之后，足总杯就一直是我们的目标。接着我们在第四轮继续提速，在对阵博尔顿流浪者的重赛中我完成了在利物浦的第700次出场。

对于我在5月30日的足总杯决赛上庆祝35岁生日这个美妙的点子而言，我们的签运显得太慷慨仁慈了。我们先击败了水晶宫，通过重赛淘汰了布莱克本流浪者，然后在半决赛抽签中避开了阿森纳。维拉看起来是个好对付得多的对手，他们正在降级区苦苦挣扎，并在不久前刚刚更换了主教练。但在蒂姆·舍伍德麾下的维拉，从来都不是好啃的骨头。

比赛当周，我们的好运气逐渐消失。丹尼尔·斯图里奇伤愈赶上比赛的希望完全破灭；卢卡斯也将因伤缺阵，让球队的大赛经验大打折扣。两人的缺阵都是沉重的打击。舍伍德的维拉采取高位防守打法，我认为斯图里奇本有机会深入后方给对手制造打击。

结果这是非常诡异的一天。尽管在第30分钟库蒂尼奥帮助我们取得领先，但我们似乎既不自在又缺乏活力。可能在赛前被认为是本场比赛大热，让不少年轻球员陷入了胜券在握的错觉当中。布兰登喜欢他的球队打出侵略性、压上进攻、显示出巨大的能量、在快节奏中准确地传递皮球并且利用这些特点来控制比赛。但那天下午我们全队没能做到其中任何一点，无一例外。

维拉在丢球后的6分钟依靠本特克的进球扳平比分，下半时开局阶段法比安·德尔夫帮助维拉取得领先。这么多球员里，偏偏就是德尔夫。我难以理解为什么利物浦在赛季初没有签下德尔夫。我们的经纪人都是斯特鲁恩·马绍尔，我知道德尔夫希望加盟利物浦。他不是那种追求大合同的人，他有很多条件和能力对利物浦而言都非常重要。他有用不完的能量、他非常健壮，准备好了每周为球队披挂上阵。德尔夫刚刚入选英格兰开始国脚生涯，他有一份赢家心态。他正是我们需要的那种球员，我也向俱乐部转达了我的意见。但利物浦从来都没有跟进，而他在温布利以一次全场最佳球员的表现惩罚了我们。

我努力让自己和球队振作起来。比赛还剩10分钟时我以为破门得手了，但基兰·理查德森在门线上化解了我的头球攻门。接着我长传助攻巴洛特利，他完成了最后一击。巴洛特利破门得分，但进球被判越位在先。

这是个错误的判罚，但比分正确无误，因为维拉的表现确实是优于我们。

生日美梦就此告终。重头戏告别的幻想结束了。我再也不会回到温布利比赛了。我再也无法为利物浦捧起奖杯了。

我感到深深的失望，一如我感到悲凉无助。我在利物浦所有的运气似乎都已经用完了。

比尔·香克利那句说足球高于生死的名言我从来都不曾相信。与维拉的半决赛后六天，眼看着就要从杯赛失利的阴影中走出来了，一个悲痛的消息似乎比以往任何时候都来得更不是时候——我的手机一振带来一条骇人的消息：里奥·费迪南德的妻子丽贝卡罹患乳腺癌去世。

我正要从家里出发，开车去安菲尔德出战利物浦生涯的倒数第二个主场比赛。车里音乐开得很响，我感觉到了惯有的那股兴奋劲儿。但那条讯息转变了我的情绪。读完消息之后我立马关掉了音乐。

我们正要对上里奥的球队女王公园巡游者。自行对曼联那场比赛的踩踏事件之后，我一直决心要寻求某种救赎。被罚下后我坐在更衣室里，对自己许诺我要带着最后几分催人奋进的回忆离开利物浦，无论是进球得分还是决定比赛胜负的瞬间。

在整个职业生涯里，我和里奥从不曾走得很近，但我们在英格兰当了十多年的队友。我们在英格兰一同经历了很多，而且一直都还相处得不错。作为一名伟大的球员、一位正直又聪明的人，我很尊敬他。但我们彼此之间还是有一点小小的分歧，因为长久以来我们互为死敌，他为曼联效忠而我是利物浦的红色血脉。

在我们的职业生涯行将结束前，和里奥共处的这段时光可以算是个不大不小的发现。我们之间现在的交情很深，这是我们在球员时代里遥不可及的。

我们上场热身，各种情绪开始浮出水面。我环视安菲尔德四周，情不自禁地想到这是我在主场的最后一场普通比赛了。我知道我在主场最后一次亮相对阵水晶宫的比赛里，想要控制住情绪绝非易事，因为俱乐部已经计划好要为我送上一次难忘的送别。

这里的气氛则有些不同，比赛开始前，我们都缠上了黑纱。我带领球队走出通道，手持一捧巨大的白百合花。和我一样来自海顿的乔伊·巴顿，作为里奥在女王公园巡游者的队友代表里奥接受了献花。

开场后我的状态很差劲。我的传球全然丧失了往日的准度。因为情绪波动，我甚至在短传时多次用力过猛。一切都不是其应有的样子。

我们在之前的一场联赛中输给了胡尔城，现在球队排名第五，仅仅以净胜球优势领先热刺。几个爱哗众取宠的人甚至还租了架飞机从安菲尔德上空飞过，上面挂了条幅说“罗杰斯滚拉法来”。

我对此很不爽，并且处在阴暗的情绪中，我都有些好奇是不是拉法请人做了这特技表演。

至少在比赛第17分钟时我们又回到了熟悉的节奏，我被马丁·阿特金森出示黄牌警告。自打踩踏被他红牌罚下之后这还是我第一次见他。起码在互相看不顺眼上我们之间的状态很稳定。我觉得我可能要开始走入正轨了。

两分钟后我们取得领先，斯特林和兰伯特协力助攻库蒂尼奥破门得分。库蒂尼奥巧妙的右脚弧线球将球送入网窝。

下半场斯特林错过了将比分扩大为2：0的绝佳机会，一次折射和对方门将罗伯·格林的精彩扑救分别阻止了我和斯克特尔破门得分。但是当女王公园巡游者扳平比分时，这个下午就注定不会太太平平地度过了。速度奇怪勒鲁瓦·费尔那天下午没少添麻烦，他接巴顿开出的角球凌空破门，1：1。比赛还剩17分钟。

随后，亨德森主罚角球，斯克特尔在禁区内被拽倒。点球。

在Kop看台前，我上前主罚点球时脑海中的疑虑都集中在门前的格林身上。我不喜欢对着很熟悉我的门将主罚点球。多年以来，在英格兰集训期间我对格里尼主罚了几百粒点球，所以他对我的一举一动了如指掌。罚点球的关键就在于下定决心然后坚持你的决定。看到格里尼在门线上跳来跳去，我违背了这条金科玉律。我直直地看着他，打算玩点新花样。我很清楚他知道我喜欢打左边，于是我的新目标是忽悠他以为我要走右边，然后打反方向。但格里尼反忽悠了我一下。

我射向了左边。格里尼猜对了方向扑向了他的右边。他将球托出门柱后侧形成一粒角球。反正无论如何那个点球本来罚得也不好，因为正好处在门将扑救的最佳高度。

我的脑袋一沉，无法相信这一切。似乎全世界都在跟我唱反调。

我皱着眉头，闭上眼睛仰头朝着天上。OK，冷静下来。比赛还剩多少时间?

我看了看钟。还有12分钟来将功补过。加油。我打起精神，感觉没那么垂头丧气了。还剩12分钟来打进制胜一球。

内顿·奥诺哈累计两张黄牌被罚离场，场上局势发生了天翻地覆的变化。我们开始压住对面10人狂轰滥炸。我们出色的小斗士库蒂尼奥打出一脚妙射。球被理查德·邓恩挡出。角球。库蒂尼奥上前主罚。还剩4分钟。

此时我非常警惕，我正有意识地抽动着。大个子博比·萨莫拉正在盯防我，但我准备好甩开他的防守，向近门柱附近的空当发起冲击。刹那之间我想到了我作为后腰的责任。要是女王公园巡游者将这球解围，费尔有可能长驱直入，打出快速反击。我们可能会因此输掉比赛。

站定了还是钻进去? “我要钻进去，” 我想道， “我要冲进去。”

库蒂尼奥的传球堪称完美，带着下坠飞过了球门。我跑动的时机拿捏得刚刚好，冲破萨莫拉的防线抢在巴顿前顶到了皮球。夹在两名女王公园巡游者球员中间我高高跃起。我的脸很可能被谁的头顶个正着，但我管不了那么多了。这球我要定了。我前插的时机完美无瑕，我的头球美轮美奂。皮球直插球门。格里尼只能望球兴叹。2：1利物浦领先，杰拉德破门。

我知道这可能是我的最后一次，于是我沿着Kop看台边缘飞奔起来。安菲尔德正在庆祝我的进球，我张开双臂，让自己再一次陷入了那种美妙的、充满喜悦的感觉之中。经历了最近的种种悲伤苦痛后——从踩踏到维拉再到我8分钟前的错失点球——在Kop看台前进球是世界上最美妙的感觉。

我讨厌那种亲吻队徽的作秀式庆祝，有些爱出风头的球员刚加盟某家俱乐部领上了10万周薪的新合同，他知道自己只会待上几个赛季然后他的经纪人就会给他找个更阔绰的新东家。但我感觉，在十七年风雨同舟，身披利物浦战袍荣辱与共后，我配得上吻一吻队徽。于是，当我跑向角旗时，我将利物鸟的徽章扯到嘴边吻了下去。

我停下脚步时所有人都已经追到了我身边。他们一个个蹦到我身上——老规矩了。

我的背上有那么多队友，但在我兴高采烈的庆祝当中，感觉他们难以置信地轻。最后，我转身向这片红色海洋敬礼致意。Kop看台再次掀起了一阵有一阵色彩和喧闹的浪潮。

最后1分钟，一个让我感动不已的举动——布兰登对我发出了换人信号。这同时也示意安菲尔德可以开始向我道别了。我慢慢走向边线，耳边响起了他们的歌声。

史蒂文·杰拉德，杰拉德 / 他一传就是四十码 / 他个子又大又硬朗 / 史蒂文·杰拉德，杰拉德……

我停下脚步将队长袖标戴在了乔丹·亨德森的上臂上，然后缓缓地，我原地转了一圈好好看了看安菲尔德的四角。我为在场的每一个人鼓掌，向他们致谢。

一个小时后我受BBC之邀为《今日比赛》节目做一段电视采访。

“你有进过比这还爽的头球吗？”我被问道。

我几乎大笑出声，但我转而只是淡淡地一笑。“欧冠决赛那个也不错，不是吗？”

“我都忘了那个了。”主持人说，几乎陷入了尴尬。

“没比这更爽的了。”我说道。

我在斯坦福桥最后一战的前两天，若泽·穆里尼奥召开了一场新闻发布会：

> 现在由我来致敬一位冠军。现在由我来致敬史蒂文·杰拉德。正因为有了他这样的对手，我才成为了这样的教练，因为我向我的球员们学习，我也向我最好的对手们学习。
>
> 我通过球员们的问题、球员们的疑虑、球员们的能力来学习，并且我向我最好的对手们学习，通过他们给我制造的麻烦——他们让我去思考、他们让我去分析他们并且研究对付他们的最佳途径。
>
> 史蒂文·杰拉德，毫无疑问是我最喜欢的敌人之一——在足球世界里我用“敌人”这个词所能表达的一切好感，都聚集在他的身上。确实，在英格兰他是我亲密的敌人。确实，他让我成为了一名更出色的教练。阻止他或是想方设法阻止他都非常、非常困难。
>
> 我试过将他带到切尔西，我试过将他带去国际米兰，我还试过带他去皇家马德里，但他总是我的亲密敌人。我想要向他致敬，并且希望斯坦福桥有着跟我一样的感受——那就是我们需要像他这样的人来做我们的对手。

穆里尼奥被问及没能执教过我是不是他的最大遗憾之一。这个问题问得太直白了，但他处理得很友好：

> 不，不。我很高兴他没有离开利物浦。到最后我认为他度过了一段美妙的职业生涯，和他的球迷们一起分享了一段美妙的感情，因为他拒绝为其他豪门效力，他还拒绝了其他联赛的邀请，只为效忠利物浦。

我认为这份感情会一直留存下去。谁知道呢？也许有一天我会对上史蒂文执教的利物浦也说不定。

若泽的话让我大为感动。但我知道切尔西球迷可不是这么觉得的。我知道5月10日周日的比赛上，他们会用尽每一个机会来嘲讽我。

他们还觉得自己很幽默逗趣。接待我的是一大片黄色的警示牌，我绝无可能错过这些。我看到的第一面上在一个滑倒的小人图案上写着“杰拉德”，黑色的字迹写着“小心地滑”。另一块本来看起来是块高速公路的标志，上面写着“注意！滑倒危险”。然后上面还有个小人一屁股摔倒在地的图案，为了避免任何混淆，“史蒂文·杰拉德”几个大字也给加上去了。

热身过程中他们将火力集中在我一人身上，一遍又一遍唱着那首都听腻了的滑倒的曲子，还一边大笑一边朝我的方向做着“蠢蛋”的手势。我不为所动。

当我带领利物浦走出通道走上春光明媚的球场时，我仍是同样冷静并且面无表情。我们站成两排仪仗队迎接切尔西的到来。这是他们成为新科英超冠军后的第一个主场比赛，所以，毫无疑问地，将由我来带头向切尔西表示祝贺。

约翰·特里带头的切尔西队员从我们两列红衣球员中走过，我带头为他们鼓起了掌。这支切尔西是一支很棒的队伍，那个赛季的英超联赛中他们是一骑绝尘的领头羊。我尊敬穆里尼奥、JT、德罗巴和全体蓝军将士。

这是JT为切尔西夺得的第11项大赛锦标。如果十年前我加入了切尔西那么我会和他很接近，但即便身处一片辱骂之中并且要对切尔西行礼，我还是感觉轻松自在。身披利物浦红而非切尔西蓝这点上，我从不曾有过一刻的悔恨。我再次庆幸自己选择了坚守利物浦。我和蓝色就是这么不搭。

整个下午大部分时间都能在球场里听到蓝军球迷侮辱我的歌声，但我听得最清楚的一次要属比赛开场仅仅25秒时，塞斯克·法布雷加斯以一个危险动作放倒了斯特林。这种犯规完全可以直接被红牌罚下。当值主裁安德雷·马里纳将手伸向口袋向约翰·奥比·米克尔出示红牌，后者一脸迷惑也实在情有可原。切尔西球员立马上前同裁判进行讨论。马里纳叫回米克尔并向他承认了判罚失误。他转向法布雷加斯然后只对他出示了一张黄牌。这段闹剧持续了两分钟，这给了切尔西的唱诗班小伙子们一展歌喉的大好机会，他们一遍接着一遍来。

史蒂文·杰拉德，杰拉德 / 他滑倒摔了一屁股 / 他把球给了登巴·巴 / 史蒂文·杰拉德，杰拉德……

我没有展现出任何听到歌声的迹象，但我听到了。

开场5分钟后我们1球落后。JT招牌式的定位球头球破门为主队拔得头筹。

切尔西的庆祝结束后歌声再度响起。这让我更为坚定。上半场即将结束时，伊万诺维奇在角旗区附近对拉拉纳犯规。这是我的机会，这是属于我的时刻。

米克尔贴得我很紧，但我前后跳动然后从他身边一闪而过。他跟丢了人而我找到了远门柱附近的空当，这时乔丹·亨德森的任意球旋了进来。我一个简单的头槌砸开了切尔西城门。1：1。

我转身就走，不带一点情绪或者任何想要庆祝的迹象。我不想做得太过火以免接下来我们输掉比赛。

最后双方握手言和。砸了切尔西的庆功宴，我有些小开心。这显然不像一年前穆里尼奥和切尔西让我们的争冠列车直接脱轨那样——但这也算是个事儿。

布兰登在比赛还剩10分钟时将我换下。他对切尔西球迷投上了一票信任票，他的决定是对的。当我走下球场时我注意到球场内的歌声平息了。整个球场，斯坦福桥的每一片看台、每一个角落，整齐划一地站了起来。人们站起身来，起立鼓掌突然听起来如同发自肺腑。我没有做出太多回应。我可不准备当个伪君子。我可不会开始称赞任何切尔西球迷。没门。就像我在赛后电视采访中说的：

> 我更喜欢利物浦球迷们的掌声。切尔西球迷对我表达了几秒钟的尊重，但全场比赛都在恣意侮辱我，所以我打算因此给切尔西球迷送上祝福。感谢他们今天这么做了一次。来自一座球场的起立鼓掌总是极好的，但是对我来说重要的是利物浦球迷，而他们从一开始就一直在那儿支持我。

我还被问到了关于穆里尼奥的问题：

> 对我来说他是世界上最好的教练。如果我不是利物浦球迷，如果我的心里没有利物浦的话我早就投靠他了。我好几次昏了头都是因为他，但是他明白为什么我不能那么做，那是因为我深爱着利物浦。为自己人赢得荣誉总是意味着更多。

第16章　告别利物浦

“我很认真地在考虑你的演说。”周末将是我作为利物浦球员在安菲尔德的最后一次亮相，这周刚开始时我收到了朋友发来的讯息。“我觉得你应该照着这些句子来念。”讯息底下附上了一条YouTube链接。我很好奇，等结束了同水晶宫的比赛后，我接过话筒之时，我的哥们儿到底准备让我说些什么——在一个如此激动的时刻。届时我将要面对现场4.4万名观众，还有上百万观众在电视机前收看直播。我将以这种方式表达对我过去17年生活的感激之情。我到时候要大声地说出这些话，还要保持住情绪不能崩溃。

我告诉几个关系最好的朋友，我很害怕在说到一切都已经结束了的时候会忍不住哭出来。我们对此好好开了一把玩笑，但他们都明白对我而言要控制住情绪会有多困难。于是我点开了他给我的链接。

莱昂纳多·迪卡普里奥的画面撑满了小小的屏幕。他低着头，看起来失败落魄。满屋子的银行家、证券交易员和办公室职员悲伤地看着他，鸦雀无声。迪卡普里奥将话筒举到嘴边但看起来他无话可说。

然后，他猛地把头一抬，迅速而又柔和地说：“你知道吗？”

他放低话筒看着台下的人，就像是在等待答案一样。确定没人回答之后他举起话筒用沙哑的声音说：“我不走了。”

镜头之外你能听到低喘声和尖叫声，还有一声难以置信的“什么？”。

迪卡普里奥点了点头，撑开了鼻孔稍稍大声地说：“我不走了……”

人们先是迷茫地看着他然后迷茫转变成了惊喜。迪卡普里奥踱了几步然后，突然喊了起来：“我不走了！”

这个房间被欢乐和松弛的情绪点燃了。场面看起来就像刚刚进球了一样，人们蹦来跳去互相拥抱。一群中年男子又是撞胸又是尖叫。

迪卡普里奥还没说完。他用右手紧紧抓住话筒，一边用左手画着圈，他吼道：“表演继续进行！”

女同事互相拥抱在一起，男交易员们击掌相庆，欢声雷动。迪卡普里奥接着喊道：“他们得找个拆除球才能把我撵走！他们得去找国民警卫队或者特警队来，因为我哪儿都不去！”

整个屋子爆炸了。看上去就像是绝杀进球后暴走的Kop看台。

待在福姆比的老房子里，此刻距离出发去美国仍有六周时间，我笑得前仰后合。我能想象这画面搬到安菲尔德会是怎样的效果。我能想象自己看起来一脸悲凉难以启齿的样子，对我深爱的球迷们哽咽到一句话都说不出来。然后，伴随落日的余晖洒落到Kop看台，我开口说道：“你们知道吗？我不走了。我不走了！”

我的手机上还在播《华尔街之狼》的片段。迪卡普里奥还在大放厥词，他亮出手指喊道：“去他的！”

然后他开始一边哼哼一边捶胸，时不时地发出一阵猴子般的吠声。慢慢地，房里的人开始模仿他的样子，没多久，所有人都开始捶胸哼哼发出奇怪的叫声，好像一支势不可挡的猩猩大军。

我的演讲准备好了。完美。我能想象当我吼道“他们得找个拆除球才能把我撵走”时将会引起多大的骚动。

如果说我还有心情拿我在安菲尔德的最后一场比赛开玩笑的话，那么翻阅最新一轮的希尔斯堡调查证词所带来的就唯有痛苦。让人震惊的是就在同一周，调查组对我表哥惨死的相关证据展开了听证。5月13日周三，就在我告别安菲尔德的三天前，调查披露了一组骇人的细节。这是希尔斯堡源源不断无止尽的惨剧，二十六年了仍未结束。

2015年5月16日，周六
利物浦，安菲尔德

我很感谢俱乐部让三个女儿在安菲尔德的球员通道里陪着我。莉莉、莱克茜和露德丝穿着相配的杏色和白色外衣。我逐一亲吻了三个女儿，然后抱起露德丝。队伍最前面是乔丹·亨德森，这位下一任队长带领利物浦步入午后柔和的阳光下，风和日丽的一天即将结束。这时是下午5点30分。

不出所料，阿莱克斯不想抛头露面，她和我们各自的母亲一起坐在看台上。她曾经是名模特，所以相机对准她的时候她很有自信，但她仍有害羞的一面。她不喜欢暴露在公众的视野之中，或是在工作以外以及和家人在一起时被拍到。阿莱克斯跟我所认识的任何人都一样害羞。她不想突然踏足我的足球世界。

但我感觉很有必要让孩子们陪在我的身边。我需要她们来分散我的注意力让我不去想流泪哭泣的事。有孩子们在身边我知道我会坚强许多。我不会让她们看到老爸哭泣的样子。

安菲尔德已经为了响起了歌声：

史蒂文·杰拉德是我们的队长 / 史蒂文·杰拉德是个红血人 / 史蒂文·杰拉德为利物浦而战 / 地地道道的利物浦人。

我收到信号，时间到了。“OK，姑娘们，”我说，“我们走……”

莉莉和莱克茜走在前面，她们带着我和露德丝走下楼梯，她们能看到通道外的阳光。右手抱着露德丝，我伸出左手，拍了拍通道内的标志：这里是安菲尔德。

下了楼梯后我们再次停下脚步，我们被要求在此稍作停留。“姑娘们，等等。”我说。播音员正在谈论着我，而我需要再转移一下注意力。我直直地指向前方，告诉孩子们等到允许进场的信号之后，我们只要顺着通道走出去就行了。我仍能听到播音员的话语回荡在安菲尔德内。

“从小到大都是红军球迷，梦想在Kop看台前比赛，后来他为球队出场708次，其中有502场是英超联赛，打进119球并且赢得了几乎可以赢得的所有奖杯……”

我注意到了那个“几乎”，但这是事实。一年前我几乎赢得了联赛冠军。

播音员继续说道：“坐在Kop看台和百年看台的球迷们，现在请你们举起手中的卡片，欢迎你们的队长走上球场出战他在安菲尔德的最后一站。女士们先生们，独一无二的……史蒂文·杰拉德！”

我们走出通道来到柔和的阳光下，利物浦和水晶宫的球员在等着我们。看台上和Kop看台的外延是一圈白色的边框。中间是我们熟悉的红色海洋。黄色的卡片点亮了我名字的首字母“SG”——在S和G的中间是白色的数字8。在百年看台底层，红色的卡片拼写出了单词“CAPTAIN”，底色由纯白色卡片组成。

水晶宫是来访客队，于是我和露德丝转向了黄衣蓝裤的那一排。全体利物浦的弟兄们，还有面对着他们的水晶宫球员们，都在给我鼓掌。露德丝还抱在我的右手边，我伸出左手和每位水晶宫球员一一击掌。当我们达到排末时，安菲尔德响起了另一首耳熟能详的曲子：

史蒂文·杰拉德，杰拉德 / 他一传就是四十码 / 他个子又大

又硬朗 / 史蒂文 · 杰拉德，杰拉德……

露德丝遮住了她的耳朵——是因为球场内的声响而非任何污言秽语。她看着我对我下达了一条命令："快把这噪音关掉，爹地。"

我蹲下身子。"我关不掉。"我咧开嘴笑着说道。平日里我都顺着露德丝，她现在可不打算善罢甘休。"让他们安静。"她说，"告诉他们我们现在在球场上。现在安静点。"

我也许还能再当8天的利物浦队长，但我的权力实在有限。露德丝似乎并不在乎。"他们都是来看我的。"她说，整个人精神了起来。

"是啊，"我笑了，"你说的没错。"

孩子们起作用了。小露德丝让我更想开怀大笑而不是痛哭流涕。孩子们和我手拉手连成一线，莉莉、莱克茜、我和露德丝。我们走向Kop看台，对面开始唱起了《永不独行》。

我几乎就要到达极限。我停下脚步再次蹲了下来。我已经知道最终结果，但这是我冷静情绪的最好方式。我问露德丝他们唱得是不是太大声了。"是的。"她说着又用手遮住了耳朵。两位姐姐笑了起来，她们也蹲到跟我和露德丝一般高，她们也顺着露德丝。我感觉好多了。在Kop看台的歌声中我们又笑了起来。

我看着高高耸立的看台发现了几张巨幅标语和旗帜。

利物浦为我而存，我为利物浦而生

谢谢你史蒂文

和你在一起很荣幸伙计，谢谢你史蒂文

杰拉德利物浦传奇1998—2015

史蒂文 · 杰拉德——独一无二

感谢你带来的所有回忆，史蒂文

转身离开，将孩子们交给工作人员，然后走过去和裁判还有球童合影对我来说几乎是一种解脱。《永不独行》此刻刚好唱到令人颤抖的高潮。

“继续前进，继续前进，希望永存你心……”

不顾我的队友们和水晶宫的球员们，吸引了全场所有的注意力让我感到有些不好意思。谢天谢地我们还有一场比赛要打。

虽然花了点时间，但在比赛进行了25分钟后，在完全压制水晶宫的情况下，我们终于又能全身心投入到比赛当中。拉希姆·斯特林让马丁·凯利苦不堪言。这正是我们所需要的压迫，因为随后凯利情急之下的斜长传越过了后防线上的队友斯科特·丹恩。亚当·拉拉纳充分利用了水晶宫的低级失误。他带球扬长而去，冲进禁区一脚斜射洞穿了韦恩·亨尼西把守的大门。

亚当飞奔庆祝并在寻找我的踪影。他想和我一起庆祝他的进球，尽管进球过程中丝毫没有我的参与。我们开心地相拥在一起。1：0领先。

一年前扬尼克·博拉西耶把我们折磨得死去活来，当时水晶宫在0：3落后的情况9分钟内连扳3球让我们目瞪口呆。本场在安菲尔德他也极具速度和威胁，就在上半场结束前，他在禁区前沿被埃姆雷·詹放倒。杰森·庞昌任意球得手将比分扳平。

比赛在下半场完全脱离了我们的掌控。威尔弗雷德·扎哈替补登场，他出场仅仅22秒就取得了进球。60分钟时我们1：2落后。

突然，这一切感觉像是搭好了舞台，只待我上演一场好莱坞式的结局。但经过了这个赛季、这个月、这一周和这漫长的一天，我早已筋疲力尽。而且，我真的，已经走在了去好莱坞的路上。我仍有些无法相信。

熟悉的感觉回来了。“上啊，”我说，“我们再来过。”

我想在安菲尔德再赢最后一次，我想在Kop看台前再进一次球。但这次行不通了。扎哈进球后不久我就得到一次机会，韦恩·亨尼西舒舒服服地将球救下。比赛还剩14分钟时，我的任意球越过球门飞向一大片利物浦球迷。随后我又打出一脚偏得离谱的射门，Kop看台倒吸一口凉气然后哄堂大笑。欢天喜地地，他们给我送上了一段通常会送给客队前锋的保留节目：“那是什么，那是什么，那到底是什么？”

我对Kop看台竖起了大拇指。他们说得没错，这是一脚非常离谱的射门。

接下来，毫无疑问，到了90分钟剧本大反转的时刻。点球。

是的，算我倒霉。一粒水晶宫的点球。格伦·穆雷主罚，西蒙·米尼奥莱将球救出，但穆雷跟进将球补射入网。

利物浦1，水晶宫3。我很介意，非常介意，但安菲尔德迷失在了歌声之中。他们在我的歌曲中迷失了。伤停补时的最后3分钟他们都在唱这首歌，一秒都未曾停过。

比赛还剩下50秒，安菲尔德仍在唱着同一首歌。歌声越来越响亮。但也许，只是也许，我在这里，在主场，还有最后的高光一刻。

我们得到一次角球机会。我一切准备就绪，要最后一次发起对近门柱附近的空当冲击。我和对方后卫乔尔·沃德为了争夺空间你推我搡，后者不打算对我有分毫让步。当我试图硬挤过去的时候，他甚至把手搭在了我的胸口。

乔丹·亨德森开出角球，但这球被凯利轻易地解围出去。

那时我知道一切都结束了。我跟着球没有停下脚步，安菲尔德也没有停下歌声。这声响太神奇了。感觉就像4.4万人正起立为了鼓掌。其中4万名利物浦球迷，我的红色同胞，正在高唱赞歌，越来越响，歌声回荡在安菲尔德内：

史蒂文·杰拉德是我们的队长 / 史蒂文·杰拉德是个红血人 / 史蒂文·杰拉德为利物浦而战 / 地地道道的利物浦人。

一切都那么真实，而我忍不住想哭。

他们的掌声愈发热烈，而他们的歌声愈发专注。我知道他们正在向我道别。

亨尼西开出全场最后一脚门球。他将球开到边路找左路的扎哈。然后，在我再次接触到皮球前，主裁乔纳森·莫斯吹响了他的口哨。

比赛结束了。我在安菲尔德的生涯结束了。

杰森·庞昌第一个来到我的身边，他拥抱了我。然后他双手托着我的头说了些安慰的话语，我几乎听不清楚。随后一个拥抱我的是另一位水晶宫球员，乔·莱德利，跟在他后面是丹恩、沃德和凯利。我对马丁·凯利笑了笑。他曾经也是位红血人，像我一样。

我的队友紧随其后，同我握了握手，抱抱我，揉揉我的头发。我游荡了一圈，确保我没有漏掉任何一个人。然后就到了回去更衣室接孩子们的时间了。之后我们会一同回来做最后的道别。安菲尔德仍不停地在唱，所以我永远都不会忘记：

史蒂文·杰拉德是我们的队长 / 史蒂文·杰拉德是个红血人 / 史蒂文·杰拉德为利物浦而战 / 地地道道的利物浦人。

回到通道内我见到了水晶宫主教练阿兰·帕杜。从纽卡斯尔转投水晶宫之后他彻底改变了球队的赛季走势。帕杜是一位非常出色的主教练，当年他执掌西汉姆而我正处在利物浦生涯巅峰期之时，我们曾一同经历了2006年足总杯决赛。我们握了握手然后寒暄了几句。

回到孩子们的身边，我立马又感觉坚强多了。她们在跟我东拉西扯，感觉一切又回归了平淡。到最后我不过是位父亲而已。

队友们再次从我们身边匆匆走过。姑娘们指着他们大笑起来。每位利物浦球员都穿着一模一样的球衣，背后印着8号和GERRARD。穿着杰拉德球衣的马里奥·巴洛特利看起来是对非常有趣的组合。我笑了。巴洛特利对我说了几句非常动人的话，还给我写了封公开信。我对此很感激——但我仍然很希望之前马里奥和利物浦之间产生了化学反应。相反地，我们都经历了一个奇怪而又艰难的赛季。足球，归根究底，和生活别无二致。生活也可以很奇怪又很艰难。两者都很鲜活，两者都很真实。

乔丹·亨德森拉着他的女儿带着杰拉德之队回到球场。安菲尔德爆发出了另一阵呼声：

还96人以正义，还96人以正义，还96人以正义！

露德丝在玩弄我的头发时，布兰登·罗杰斯过来和我握了握手。我们都还沉浸在失利的悲伤之中。水晶宫发挥得很好，我们很糟糕。但姑娘们显然并不在意。我甚至不确定她们是否知道最终比分。

我擦了擦脸，再次抱起露德丝。她正在胡言乱语，然后突然间，她好像想起了什么似的，我的乖宝贝抬起头看着我说："我为你自豪，爹地"。我敢肯定有人告诉她："去跟你爸爸说你为他自豪。"

但她说这句话时的样子，还有她随后双手抱紧我脖子的动作，让我不住地哽咽起来。我在想：再过15秒我就要走下这段台阶拿起话筒发言了，这要我如何是好？当时我站在那儿情绪就已几乎失控。

我完全忘了接通我内心的莱昂纳多·迪卡普里奥然后惊叫："我不走了！"严格指示我自己控制住情绪已经让我忙得不可开交了。

莉莉和莱克茜再次领着我们走下台阶。这次我用左手抱着露德丝，伸出右手，最后一次，碰了碰那个标志——这里是安菲尔德。

我们在台阶最底下等待入场的指示。我听着场内的一字一句："我们振奋人心的队长在史蒂夫·海韦、休·麦考利和戴夫·香农的培育下从柯克比学院缓缓升起，成为了世界足坛最完美的球员之一。这个男人就是拥有一切。三冠王赛季的初露锋芒、奥林匹亚科斯之战、2006年对西汉姆的杰拉德决赛，还有最重头的一个——2005年我们一生中最重要的夜晚。"

提到伊斯坦布尔之夜，安菲尔德一阵欢呼。我更多的注意力放在了露德丝身上。置身于这段感人肺腑的赞扬之中，她把手指插进了我的耳朵里。她正聚精会神地挖着，好像她能找到什么有趣的玩意儿似的，我让她继续挖着。在你的小女儿把手指插进你耳朵里的时候，似乎不是值得沾沾自喜的最佳时机。

对我这里上演的耳科检查毫不知情，安菲尔德里继续念道：“语言并不能公正评价这家伙对我们来说有多重要……女士们先生们，天下无不散之筵席。但他的传承会一天天地延续下去，激励着所有希望追随他伟大脚步的年轻一代。女士们先生们……欢迎你们的队长……史蒂文·杰拉德。”

场内的咆哮让露德丝的注意力暂时离开了我的耳朵。跟着莉莉和莱克茜，我们再度踏上球场。我最爱的利物浦主教练，给了我安菲尔德第一次首发经历的热拉德·霍利尔，正在等候着我。他和伊恩·艾尔一同为我颁发了一枚带底座的金色8号。

没多久，话筒交到了我手里。“我一直都在害怕这一刻的到来。”我对着整座安菲尔德说道，“原因是因为我会万分想念这一切。我深爱着过去的每一分钟，而我再也无法在这些球迷面前踢球，这让我感到伤心欲绝。”

观众为自己欢呼鼓掌，他们完全有理由这么做，然后我被问道是否看好俱乐部在缺少了我之后仍能继续前进。“如果以今天的表现为基础的话那么机会非常大。”我笑着说道。提问的同时看台上传出不少失望的叹息声——因为我知道球迷们在这样一个状态起伏的赛季后球迷对俱乐部的未来充满了担忧。但我们损失了路易斯·苏亚雷斯，而丹尼尔·斯图里奇也因伤错过了赛季大部分比赛。我们仍然闯进了两项杯赛的半决赛，在联赛杯的对阵中我们距离淘汰切尔西只差了一点点。我很肯定如果有路易斯和丹尼尔，我们有能力赢得一座奖杯并且进入联赛前四。那样的话还会有球迷为关于未来的问题而叹息吗?

无论是对于安菲尔德所要求的标准，还是球队远大的雄心，这都是个强有力的提醒。但我对布兰登·罗杰斯和我的队友们充满信心，我这么说道：

听着，俱乐部正掌握在可靠的人手里。我们有几位非常棒的老板和伊恩·艾尔，在此之下我们有布兰登这位了不起的教练。球队有着惊人的潜力。我确信还会有不少新援加盟，但我说的只是面前的这些队友，这些许多年来和我共处同一更衣室的队友们。我绝对爱死他们了，我祝福他们在未来的日子里取得成功。

紧接着，在我演说的最后，主持人问我还有没有什么最后想说的。我点点头，随后感谢了俱乐部和所有现任和前任队友们，是他们让我成为了今天这名球员。“但我最后的感谢必须要献给在任何俱乐部都扮演着最重要的角色的人——而这些球迷比其他任何俱乐部的都更出色。我经历了……”

说到这句话的开头我不得不停了下来。现场的掌声太响了，献给我的歌声也太响了。我站在那儿听着这首歌再度响起：

史蒂文·杰拉德是我们的队长 / 史蒂文·杰拉德是个红血人 / 史蒂文·杰拉德为利物浦而战 / 地地道道的利物浦人。

我把露德丝放到地上，举起左手向观众致意。我想哭泣，但我没有。我稍作停顿深吸一口气。“在我离开之前，在泪水流下之前……”我说。

听到我的声音清晰响亮让我如释重负。我终于没有垮掉，我没有崩溃。我抬起头环视整个安菲尔德，然后说出了最后几句话。

“我曾在全世界大多数的球迷面前打过比赛，让我告诉你们——你们是最棒的。非常感谢你们。祝你们一切顺利。”

我将话筒交还主持人，然后带着三个女儿，我开始向Kop看台走去。当他们最后一次为我响起歌声时，我再次举手示意。

当你穿行在风暴之中，请高昂你的头，不要惧怕黑暗……

莉莉和莱克茜蹦到我身前，我抱起露德丝将她扛在肩头。我们继续向Kop看台走去、向球迷们走去、向我的人们走去，去道最后一声再见。

周六晚上在克鲁，我早已疲惫不堪。我刚刚度过了一生中最忙碌的两周。先是备战对阵水晶宫的主场最后一战，接着是我作为利物浦球员的最后一周——已经把我累垮了。但我还剩最后一场比赛，在这个失意赛季的最后一个周日下午客场对阵斯托克。这和我计划中的离别剧本大相径庭。

有太多的再见要说。我又是约了人吃饭、又是召开新闻发布会又是分发礼物——或是接收礼物。媒体那边的几个伙计，尤其是我整个职业生涯都在打交道的几个，看我要走了还真的挺伤心。我有时候不给他们好脸色看，多年来可能甚至有严厉指责过其中一两个人，但我们过去对彼此都挺好的。有人可能觉得职业球员和记者之间水火不容。我们都应该是唯利是图的球员，他们都应该是没心没肺的卑鄙商人，但我和媒体之间的故事并非如此。更多的是真诚而非胡扯，自尊自爱重于一切。和他们最后一次见面时他们为我准备了一个蛋糕。这对一群搞足球的人来说算是想象力非常丰富了，他们在这个蛋糕上纪念了我所有最经典的比赛。我对此表示由衷地感激。

我还在四下奔波，为俱乐部里负责足球事物的每个人搞一件球衣，然后我可以给每个人签上一条寄语。我给利物浦所有男性工作人员送了红酒，姑娘们收到的都是花。我认为自己在梅尔伍德从没有像我在最后一周里这么受欢迎过。

利物浦俱乐部电视台为我做了一条短片。短片必须要经过我同意才能播出，于是某晚在家观看短片的时候，我再次感到激动的情绪在我的全身翻腾。摄制组说服我母亲参演了其中一个片段，我为她感到自豪。我同样为父亲而自豪。他一直都坚决不从我所获得的成功中捞好处，让我再次对他肃然起敬。他礼貌地谢绝了在片中露面的机会，我父亲说这里的主角应该是我，而不是他。

父亲和母亲塑造了我的人格，我最好的一面都是直接继承自他们。父亲是个安静的人，但过去的几天里他跟我谈了不少。他说："多棒的一段生涯，多么忠诚。看看你的数据、你的比赛还有你的奖杯，再看看你的告别。看看你的球迷，看看你留下的财富。人们不想你走，人们想要你回来。想想你现在要是在别的俱乐部结束职业生涯，这会是种什么感觉？你绝对不会收到这样的送别，或者这样的尊重。你干得很好。"

我俩都知道十年前拒绝切尔西留守利物浦是个多么正确的决定。老爸在其中扮演了关键角色，帮我捋清思路，守住真心。但是老爸并不需要对此大肆宣传。他知道我心里清楚，这就够了。老爸看起来高兴而又自豪。

在我们地处克鲁市郊的豪华乡村旅馆里，一场婚礼正在如火如荼地进行着。但所有球员都安分地待在自己房里。有些已经在幻想他们的假期了。他们要我准备好四天的行李。兄弟们打算把我带去哪里然后全队一起向我道别——对斯托克的比赛一结束就走。他们安排了点特殊节目。尽管他们已经告诉阿莱克斯我们要去哪里，并且确保她为我准备好了合适的衣物，但仍然故意对我封锁了所有消息。当时我不忍心告诉他们，最后深感悲伤的我，并不很有兴致。

我有一晚上的时间要消磨。我的腿筋又开始犯事了，我刚在理疗师那做完按摩。我知道那天晚上有拳击转播，我打算看看拳赛，然后希望就这么不知不觉地睡着了。打开电视前我还有几个小时的空闲，于是我回过头来继续写这本书。在我身穿利物浦球衣最最最后一场比赛前，如果不找点让事情让我集中注意力，我可能会发疯的。

过去几个月里我花了很多时间思考生涯中那些低谷时刻——滑倒和踩踏、英格兰国家队的失望之旅和利物浦下滑到联赛积分榜第六。我对那些高潮几乎绝口不提。仅仅回首了奥林匹亚科斯和西汉姆之战，因为它们跟最近几场令人失望的比赛密不可分，无论是欧冠同巴塞尔的比赛，还是足总杯不敌维拉出局。

我之前也写到了伊斯坦布尔，这个夜晚我谈了一遍又一遍。我看了无数次比赛集锦。毫无疑问我很爱看，我喜欢看着自己捧起奖杯的感觉。我很高兴伊斯坦布尔之夜为这家俱乐部，为利物浦这座城市带来了很多。

但我也知道同斯托克的比赛后一天，距离我们在伊斯坦布尔夺得欧冠正好过去了十年。十年足够长了。十年里有DVD、有书还有电影，其中很多都有我的参与。我庆祝了十年，从中获利了十年。

于是我竟然感到一份解脱，到2015年5月25日周一，我会跟兄弟们一起去个未知的地方。我将会因此错过在利物浦回声体育场进行的伊斯坦布尔的10周年纪念庆典。目前利物浦阵容中的大多数都是新晋加盟的年轻球员。当年伊斯坦布尔决赛时，很多人还只是孩子，连年轻人都算不上。所以他们根本不知道这个周年庆典的存在。我很高兴。我被赞美得够多了。我觉得下次你见过出现在伊斯坦布尔相关活动上应该会是四十年之后的事了，等到50周年纪念时。到那时我也七老八十了——在那之后几天就是我的75岁生日。

但是在克鲁，在我安静的酒店房间里，没人想告诉我那晚上我的表现有多么伟大，或是逼我再看一遍所有的进球和点球大战，我感觉轻松又自在。

我开始回忆起AC米兰和利物浦，我和马尔蒂尼，绝望和狂喜，回忆起了伊斯坦布尔的一切对我来说意味着什么。这是我职业生涯的顶点，一生中身穿球衣的最美好的夜晚。投身于这些书稿中，回忆又以一种鲜活的方式被再度唤醒。在生涯的终点线上，几乎让人觉得这些回忆再次为我所有。

想到AC米兰队长保罗·马尔蒂尼和我之间显眼的对比，让我觉得有趣极了。保罗拥有帅气的脸庞和成功的球场生涯。他冷静，他温文尔雅，他晒成古铜色，他有着完美洁白的牙齿。马尔蒂尼还是位卓越的球员。他已经先后四次举起了欧洲冠军奖杯。

伊斯坦布尔偏远地区的阿塔图尔克球场内正在召开最后一场新闻发布

会，坐在马尔蒂尼身边我感觉有些自惭形秽。跟他相比我都做过些什么？和他合影的时候我几乎都感觉焦虑尴尬。我只是个来自海顿，来自艾恩赛德路10号的24岁小毛孩，而他是足坛贵族。

我们起身握手。我看着那对炯炯有神的眼睛，马尔蒂尼看起来有着不可动摇的信心。但他还是很礼貌。“祝明天好运。”他用英语说道。

这时只恨我的意大利语太差。“谢了。”我用英语低声回答，“你也是……”

马尔蒂尼看起来天生就带着幸运光环——但我还能说什么呢？我只是顺着米兰之王的话回答而已，但其实我只想说：“听着，保罗，哥们儿，这杯你已经拿了四次了。给我们一次机会吧，拜托了……就让我有机会举一次奖杯。”

然后我突然想起了一条强有力的事实。利物浦已经四次夺得欧洲冠军杯，米兰六次夺魁。在欧洲范围内只有米兰和皇马比利物浦更为成功。我们属于这个舞台，我属于这个级别。

2005年5月25日，周三
伊斯坦布尔，阿塔图尔克体育场

拉法·贝尼特斯，冷若寒冰的战术大师，是我所效力过的最可靠的战术家。但是，就我看来，在我们走出通道面对漫天烟火，面对球场内的色彩和声响之前，他就已经犯了一个很明显的错误。整整十年后我仍然有点想不明白。拉法使用了错误的阵型。他选择使用4—4—1—1阵型，将哈里·科威尔和生姜安排在两翼，这意味着我们只有两人固守中路。迪迪·哈曼被排除出首发，拉法希望两翼提供速度，路易斯在中场线和前锋线作为10号位提供创造力，但哈里并非100%在状态。但我更担心的是没有迪迪在阵，球队缺少了中流砥柱和丰富的大赛经验——当全队得知他将坐在替补席上的震惊消息时，迪迪没有表达任何情绪。拉法的决定还导致我们要以4—4—1—1对抗米兰的菱形中场。皮尔洛、克莱伦斯·西多夫和卡卡的个人能力打得我们支离破碎。

开场10分钟后问题显而易见。我们中路洞开，在中前卫位置上完全吃紧，我们两人总是要对上四名米兰球员。我很惊讶拉法到开场30分钟都没有改变战术体系——而是留到了中场休息，那时我们显然已经死透了。卡拉和我努力想要向全队传达这些信息，并且不断催促路易斯·加西亚协助弥补中路人数劣势，但我们还是被对方冲垮了。

我们还早早地一球落后对手，马尔蒂尼在比赛第1分钟便取得进球。卡卡在右路赢得任意球机会，皮尔洛准备主罚。他们已经研究出我们会坚持使用区域盯人战术。马尔蒂尼溜进空当，没人对他进行跟防，他凌空垫射破门。我的第一场欧洲决赛开场50秒就0：1落后。

上半场45分钟卡卡就是现象级的存在，他活力四射。他带球跑动的速度要比我无球时还快。要跟上卡卡当晚的步伐、步速和频率非常困难。当今的梅西和罗纳尔多在进球能力和对比赛的决定性影响力上更残酷无情，但卡卡的精明、优雅和跑动也超凡脱俗，他就像是辆速度极快无法阻挡的劳斯莱斯。他的视野和球感也同样出色。当时他可能是世界上最好的两位球员之一，和罗纳尔迪尼奥并驾齐驱。

我们是可以把注意力集中在卡卡身上，但然后你准备怎么对付西多夫和皮尔洛呢？我们寡不敌众，而且在中场完全缺乏应有的保护。我们至少还需要两人才能抵御米兰钻石阵[1]的利刃。弗拉迪·斯米切尔上场替下受伤的科威尔对局面有所帮助，但我们仍然摇摇欲坠。

我们竭力试图稳定军心，做出必要的战术调整。但半场还没打完，我们就已经0：3落后了。从切尔西租借的埃尔南·克雷斯波，在马尔蒂尼之后连下两城。他的第二粒进球，也是米兰的第三粒进球，精彩绝伦。我不

[1] 中场菱形站位的英语为Diamond，所以也被称为钻石阵。

认为世界上有任何球队能阻止这粒进球发生。卡卡送出了一记令人眼花缭乱的助攻，而克雷斯波的挑射根本不属于这个世界——这是我在球场上亲身目睹过的最佳进球之一。

中场休息离场时米兰昂首阔步充满自信，这完全可以理解。从真纳罗·加图索的一举一动里能看出他觉得比赛已经结束了。我记得看着他朝观众挥手。我觉得羞愧难当，真的。当时我唯一的想法只有：我们要如何赢回一点尊重和自尊？但在我脑海深处的阴暗角落里我在想的是：如果我们接下来还这么打的话，这可能会是场6：0的大屠杀。

我知道拉法会做出改变，他一贯如此。刚开始我们在更衣室里怨天尤人，但拉法用他寒冰一般的冷静让我们闭上了嘴。史蒂夫·芬南正受到伤病的影响，他想要继续留在场上，但拉法说的很明确："芬南下，迪迪上。打三后卫。迪迪站在哈维边上，非常紧凑。一起，你们俩搞定卡卡。杰拉德，前向，打10号位。皮尔洛机动力没那么强，西多夫也慢。你能封锁他们两个，赢下球权。你能冲过这两人。别低头。你们是在为利物浦而战！别让球迷们失望！"

我们能听到球迷的声音。即便在更衣室里我们都能听出《永不独行》的调子。我不会说我们的球迷听起来无所畏惧或是充满信念，这里更多的是齐心协力的歌声。他们正在告诉我们："你们搞砸了，但我们仍为你们坚守在这里。"这让我们精神大振，但说这让我们相信奇迹的存在那还有失偏颇。

下半场我们在比赛中站稳了脚跟，迪迪在此起到了关键作用。他帮助球队找回了一些主动权。中路增加一名人手使得我能更加突前，就像拉法所指示的那样。我们比上半场更有威胁，并且在中场更加稳固。

他们本可以取得4：0领先——比赛中出现了一次完全可以判点球的机会。但我们在上半场本来也应该获得一粒点球，这可能影响到了裁判的判罚。可能他觉得欠我们一个点球。

米兰传跑的速度和节奏有所下降。他们不再对我们进行紧逼，进攻端也不再有上半场细腻熟练的配合。米兰放松了警惕。但一直到我们打进第一粒进球，我才稍稍觉得，像克莱夫·蒂尔兹利在他的解说中说的那样："哦……你好，现在3：1了。还有大把时间。"

进球改变比赛，而我的进球无疑改变了这场比赛。拉法希望我起到10号位球员的作用——但我不觉得自己在力量和滞空能力上可以和阿莱桑德罗·内斯塔以及雅普·斯塔姆一较高下。我决定后撤远离他们，试着将他们吸引到他们后腰身边的空当里。我开始尝到些许甜头，约翰·阿尔内·里瑟抽出一脚传中——遭到对手阻挡。他得到第二次传中机会，这次我顶到了。这球我差点把脖子都顶断了，因为生姜要抢在卡福紧逼他之前传球，这球传得又快又猛。我距离球门有12码，我利用生姜的传中借力打力将球顶过了米兰门将迪达。看到球飞入网窝的一瞬间我长出一口气。

我奋力冲向球迷。我想要他们给我们更多动力。我的进球能帮助球队，但他们能让我们脱胎换骨，而他们做到了。他们的战吼给我们更多的能量。我的进球发生在比赛第54分钟，然后仅仅过了两分钟，斯米切尔再下一城。迪达下地太慢，只能目送皮球蹿入球网。3：2。

我的跑动为球队制造了扳平比分的进球，我们5分钟内的第三粒进球。这是我打了一辈子中场一直在做的那种跑位。我在无人盯防的情况下冲入禁区，当中场或者后卫的注意力被另外两名攻击手吸引时，他们一般很难对你进行跟防。我上前接应队友的回做。这球回得有点大，但我还是觉得能赶上。接下来，我感觉脚踝咔哒一下。我应声倒地。点球。

我对哈维·阿隆索绝对有信心。那个赛季他主罚了我们大多数的点球。他很冷静，射门也是一把好手。

迪达挡出了点球，但哈维抓住了跟进补射的机会。这个射门蕴含着惊人的技术——用你的左脚推球门上角，同时对手6尺5寸的大个门将正冲向你做二次扑救。我们陷入了球场的噪音和队友们的人堆之中。我们变成了一堆叠罗汉，我们人多到让你没法呼吸。但我们太高兴了。

开场54分钟0：3落后。第59分钟3：3。

进完拿球之后我想：让我们把这场球拖进加时赛和点球大战吧。即便时间还剩下很多，而且米兰仍惊魂未定，但我们也已精疲力竭了。如果我可以这么做，我会选择当时就地进行点球大战。

现在人们认为在我打进第一球之后我们压着米兰打了1个小时，但事实上并没有。我们必须用尽体内所剩的欲望和能量才将他们拒之门外。那可能是我们有史以来最为努力的比赛。

2015年5月，我在俱乐部的最后一周，当时利物浦录了一段视频向我致敬，马尔蒂尼告诉俱乐部官网，他记得我一次又一次地抢断每一名米兰球员。我说不定是这么做了，因为到最后我完全累瘫了。我结果在那场比赛里打了三个位置，因为在比赛临近结束前，拉法让去打右后卫以限制塞尔吉尼奥。塞尔吉尼奥是匹巴西快马，当他以恐怖的速度向我袭来的时候，我感觉就好像整个身体都抽筋歇菜了。我一辈子都奋不顾身地飞身断球，从艾恩赛德路到伊斯坦布尔，我觉得本能控制了我的身体。他每次拿球我都会上前抢断，但我已耗尽所有体能。

卡拉太强悍了，阻挡了舍甫琴科和卡卡。他也受到抽筋的影响，但卡拉坚不可摧。吉米·特劳雷有一次门线解围，没人提到过这点，他就这么被人们所遗忘了，但这一幕确实发生过。耶尔兹·杜德克还对舍甫琴科做出了一次万里挑一的扑救。那晚有人在天上照看着我们，运气站在我们这边。

那是我一生中经历过的最漫长的点球大战。我奉命主罚决定生死的第五球，如果能进行到这个地步的话。但那天晚上我们有一批真正充满勇气的男人。迪迪·哈曼带着骨折的脚趾打进了我们的第一球。在赛季初期曾经断腿的吉布里·西塞打进了第二球。塞尔吉尼奥和皮尔洛罚丢了米兰的前两粒点球。琼·达尔·托马森将比分扳为1：2，然后里瑟临阵变卦。他的点球被迪达扑出。生姜平时都是个大力水手，但这次他尝试打角度。随后卡卡打进点球。2：2。

弗拉迪·斯米切尔身上压力很大，他正要离开俱乐部。当我们赛季最后一个主场比赛他被拉法排除在球队大名单之外时，弗拉迪恨不得要掐死拉法。但弗拉迪的职业素养就是这么高，他攻入点球。3：2。

然后，是个我永远不会忘记的瞬间，耶尔兹震住了舍甫琴科。耶尔兹凝视他的双眼，在门线上跳个不停然后往前移动了一尺——看起来就像是在寻开心一样。伟大的球员舍甫琴科，射得软绵无力直奔球门中央。耶尔兹扑救成功。我们全都开始尖叫起来，飞奔起来。我都没必要罚我那粒点球了。我们已经赢得欧冠联赛了。我们是欧洲之王了。

我们的疯狂程度你可想而知。我们叫喊、我们尖啸、我们开怀大笑、我们手舞足蹈，我们像傻瓜一样跑来跑去。现在回过头去看我们那些滑稽古怪的动作，我吃惊不已。如果我说错了请纠正我，但你有见过比这更棒的欧冠决赛吗？每一位米兰球员，要么是世界级，要么也接近那个超高水准。他们比我们更为强大，但我们击败了他们。

这不仅仅是运气。下半场的关键节点都朝着有利我们的方向发展，但在我们最后回到更衣室后，我才发现我们付出了很多。到处都是伤口、擦伤、冰袋、绷带、汗水、泥土和许多泪水。看起来就像我们刚从战场上回来。我们刚在阿塔图尔克经历了一场残酷的战争。并且，不知怎么地，凭借着意志力、技能和血战到底的决心，我们不仅仅是从0：3的溃败中存活了下来，我们赢了。我们赢了。

我庆祝了整整一周。这是幸福到极点的一周。我在一线队已经待了七年，我整个成长过程中都清楚地意识到，当你代表利物浦时，你总是肩负着为俱乐部的伟大历史再添华章的压力和责任。这几乎有些不公平，因为现在有能力同利物浦竞争的球队太多太多了。当今欧洲足坛的势力要比二三十年前深厚得多。但我们做到了，我们为利物浦赢得了第五座欧冠奖杯。这是多么令人喜悦的瞬间，但同样也是一份巨大的宽慰。我们没有让火种熄灭。

当我们回到利物浦并且搭上球队大巴后，在街上等待着我们的球迷数量简直难以置信。大巴在颤抖，感觉很危险。但我们并不在乎。我们感觉无可匹敌，集万千宠爱于一身。

从小到大我一直都在电视上看到披头士的图片。我时常在心里想："我想知道那是什么感觉。"我们从欧冠联赛凯旋的那天给我了答案。这几乎就像披头士重新回到了利物浦。就这一周时间里，我们就是披头士。

当晚我们举行了一场派对。演员裘德·洛突然光临现场，我是他的超级粉丝。随后又来了几位大牌。我喝得太醉，真的没太注意到他们。我记得在椅子上跳舞直到第二天早晨5点。我们蹒跚着走出酒吧时天已经亮了。我继续嗨，我继续派对。

四天后，我坐在家里，整个就一废人。我全身像鬼一样惨白，两眼通红。我看起来被掏空了，但我还处在欧冠胜利的精神高潮中。我肯定打破了某些连续四天往身体里灌酒数量的纪录——现在我是绝对做不到了。

但2005年5月30日就是我的25岁生日。我正值壮年——无论场上还是场下。

"我们再来开个小派对，"杰拉德内心的小魔鬼想道，"马上就是我生日了……这不是在做梦。我们真的拿到欧冠了。"

我在利物浦的最后一场比赛，我在俱乐部的第710次出场，结果更像是一场噩梦。2015年5月24日，在不列颠尼亚球场对阵斯托克城的比赛后1个小时，一位朋友发来短信问我对这个离奇的下午有何感想。我用一个字回答了他：

"哇。"

比赛前一晚，我可能有点腿筋拉伤，但比赛过程中没出什么问题。我们没有任何借口，这场球就是一场灾难，一场天灾浩劫。每一件可以出错的事，都出错了。球队没有斗志、没有胆量、没有品格、没有激情。我无法相信我是在一支利物浦队内。

我们半场就已0：5落后。是的——哇。

埃姆雷·詹在半场休息时打算举手承担起失利的责任。我说了几句话阻止了他。埃姆雷是位很有天赋的球员，我认为他会在利物浦成为一名伟大的球员。但他打的是中场，而对阵斯托克的比赛里他被安排在了不熟悉的右后卫位置上。其他几位球员也七嘴八舌地劝说埃姆雷不要把责任揽在自己身上。我们都有错。在我的利物浦生涯中全队表现最糟糕的一场比赛不是埃姆雷或者任何一名球员的责任，这是集体的失败。我们之中大多数人看起来已经开始了度假模式。我同样也要负很大一部分责任，因为在备战过程中我又占据了所有人的心思。但我们的比赛状态毫无借口可找。

我震惊了。每次斯托克向前进攻都感觉他们就要进球了，简直糟糕透顶。情况自始至终没有任何好转。

教练气坏了，我能体会布兰登的心情。他计划要去看他的儿子安东出战在温布利进行的英甲附加赛决赛。我设身处地地为他想了想：如果我打算在比赛后赶去看孩子们一场对我来说很重要的舞蹈演出，然后我的球员们让我大失所望？我会非常失望。而布兰登对我们骇人听闻的糟糕表现完全有理由感到失望。

自私一点说，我不想在我为利物浦效力的最后一场比赛里发生这么丢人的事。但现在我只能接受现实了。

我们最后1：6惨败。我在第70分钟打进1球。我没有放弃。当我在利物浦的最后一粒进球飞进球网时，全场观众都起立了。这很像切尔西还有水晶宫球迷给我的起立鼓掌。很感人也对我很尊重。

身披利物浦战袍的最后四场比赛，我的情绪都非常激动。大家对我倾泻了这么多的善意和宽容。有时令人为之动容，又深深地打动人心。有人跟我说，谈到我所有的道别——“如果嘉士伯也道别的话……”是的，他们可不会让我以1：6客场惨败斯托克来吻别我的利物浦生涯。

我知道比赛一结束，我们就要全队一起出发离开。周五，在我们前往克鲁备战周日同斯托克的比赛前一晚，当我上床睡觉时感觉一阵低落。想到我再也不能够在安菲尔德比赛，让我非常揪心。我并没有度假的心情。

坐在不列颠尼亚的更衣室里，最后一次慢慢地换上我的利物浦球衣，我想道："我们能取消度假吗？输成这样还出去度假似乎不太好吧。"但我不想糟蹋了其他人的心情。待我们到达机场时，我才开始明白他们为这次旅行做了多少工作和计划。小伙子们花了很多工夫，我们这是要去迪拜待上四天，我不能让他们失望。我必须先把比赛结果放在一边。但最初的24小时是一段抑郁的旅行。飞机上大家话都不多。我们仍为5小时前的比赛感到震惊不已。

周一下午，和兄弟们会合一起去吃饭前，我正悠然自得地待在酒店房间里，此刻我的房门被敲响了。是卢卡斯·雷瓦，球队里我的众多好友之一。卢卡斯问我能不能进房里坐一会儿。"我给你准备了点小玩意儿。"他说。

"当然了。"我说。我向来都很乐意见卢卡斯。

他拿出了一面银盘。这是他送给我的，银盘上刻了一段他写给我的话。"我想了好一阵子要做这个。"卢卡斯说。读到他写给我的话时我感到喉咙一阵哽咽。

> 我们常听到一句话说某某独一无二不可替代。
> 以你而言，我的朋友，说得几乎一点都没错。
> 一位队长、领袖，一位配得上传奇这个词全部含义的人。
> 我在球场上同你一起度过的每一刻都是一份荣幸。
> 祝你和家人未来诸事顺利。
> ——卢卡斯·雷瓦

卢卡斯静静地看着我读完了他的话，我几乎情难自控。我感谢了他，而他开心地笑了。我们紧紧相拥在一起。

但他刚一离去，我便失去了控制。任什么也无法阻止我的眼泪滑落。

几个小时后我们全体在酒店酒吧会合喝上几杯。我又恢复了高兴的情绪。我兴致正浓，准备好和兄弟们出去混上一晚上。当乔丹·亨德森起立发言时，第一杯酒就这么轻易地下肚了。乔丹开口时所有人突然非常安静，这是一段很不错的演说。不严肃也不上纲上线，说得恰到好处。乔丹说这次旅行是为了跟我说声谢谢。他还说他们收集了一系列来自我生涯里曾经的队友或者对手给我的留言。乔丹伸手拿来一本精美的皮质书册。他说："我们希望你能喜欢，史蒂文……"我能看得出他们为此倾注了多少心血，我又一次深深地被打动了。每一条留言被用漂亮的书法重新誊写了一遍。

第一页来自齐内丁·齐达内，太赞了。我转身看着其他人；他们每个人都写了一段个人寄语。他们的名字和他们的话在我眼前模糊了起来：布兰登·罗杰斯、肯尼·达格利什、罗比·福勒、史蒂夫·麦克马纳曼、丹尼·墨菲、卢卡斯、菲利普·库蒂尼奥、罗伊·霍奇森、乔丹·亨德森、费尔南多·托雷斯、路易斯·苏亚雷斯、哈维·阿隆索、科洛·图雷、乔·阿伦、拉希姆·斯特林、乔丹·艾布、马丁·斯克特尔、萨米·海皮亚、瑞恩·巴贝尔、马里奥·巴洛特利……

名单还在延续。有几个伙计瞬间就把我逗乐了。科洛，用他给我起的名字"大个子"开始了他的寄语；马里奥的开场是"对不起我英语差"；路易斯·苏亚雷斯写了这段话："对我而言你永远都会是一道标杆，并且在俱乐部层面上，你是我作为个人和球员所搭档过的最棒的一个。史蒂文你是个传奇。谢谢你。"

我满怀喜悦地看着兄弟们。"你们肯定是在路易斯去巴塞罗那之前让他写的，"我说，"现在我在他的榜单上肯定得排到差不多第24名了……"

过了一会儿我必须就此打住，不能再读了。我不想在今晚的狂欢上失声痛哭。我告诉兄弟们晚点我会读完每一条消息，我一个人的时候。现在是时候把伤感留到一边，派对时间到了。我们又喝了一杯啤酒，然后出发去彻夜狂欢了。

我们上了一辆加长版的悍马。我们全部25个人都带着啤酒上了悍马。我的手机开着音乐模式。突然来了个电话，音乐戛然而止。科洛·图雷的名字出现在了手机屏幕上。我打开扬声器接通了科洛。他打电话来给我这个大个子道歉，道歉他没法和我们一起。他在科特迪瓦有一场慈善赛要打。我们在聊东聊西，但是过了一会儿我几乎听不清科洛的声音。弟兄们为他开始唱起了科洛和亚亚之歌。在我跟科洛道别之后他们仍在不停地唱着，直到我们走出悍马去餐厅的路上都没停下。我们要上一段电梯，于是我先行走上去好给小伙子们拍视频。他们唱啊跳啊看起来感觉好极了。

接下来，我只知道马马杜·萨科一把抢走了我的手机。我完全可以在一边看戏，但是去他的，我是队长，我应该身先士卒带头干。于是我跑到了歌舞团的最前面，我来带头，有我加入简直如虎添翼。每次我们唱到"科洛……科洛，科洛……科洛，科洛……图雷……！"小伙子们都俯下身去，蹲到跟地板一样高。然后我们站起身来，越来越高，双手伸向天空并且唱道"亚亚……亚亚，亚亚……亚亚，亚亚……图雷……！"接着我领着他们弯下身子再来下一段"科洛……科洛，科洛……科洛，科洛……图雷……！"我就这样自顾自地跳了一段原创的西非战舞。

一位保安过来从萨科手中接过了我的手机。然后有了萨科的加入我们一套人马齐活了，我们唱着"科洛……科洛，科洛……科洛，科洛……图雷……！"然后"亚亚……亚亚，亚亚……亚亚，亚亚……图雷……！"保安为我们记录下了在阿联酋的这个闷热、潮湿而又愉快的夜晚。除了足球这份我永恒的激情之外，还有何种方式，能让我最后出现在这里，感觉如此疯癫而又快乐？在迪拜高唱着一对来自科特迪瓦的兄弟的名字，其中一个是我的队友，而另一个是来自曼城的老对手。

达到餐厅之后我们在WhatsApp上建了个群聊，我把视频上传到了群组中以便每个人都能看到。我们让自己吃了一惊。不到24小时我们的视频就在网上传疯了。我们之中一个兄弟把视频发给了朋友，后者又传到了YouTube上，然后就火了。英格兰女子国家队如法炮制了这首歌，我还收到了业余联赛球队发来的他们原创的版本。

姑娘们在家可高兴了。"爹地，你在干什么啊？"她们问我，问得有理有据，"那不是你。"

但这就是我。远离了压力和担忧，远离了肩头重担和奋发向上，远离了争冠的雄心勃勃和失利的痛心疾首，我也可以又唱又跳："科洛……科洛，科洛……科洛，科洛……图雷……！"感觉就像我的新生活就这样开始了。

我回到了福姆比的家中，在利物浦和洛杉矶的两段生活之间暂租的房子里。我还剩五天时间。2015年6月27日周六，阿莱克斯和我就要一同飞去洛杉矶了。孩子们很快就会跟我们团聚，等暑假开始，我妈和阿莱克斯的妈妈会带着她们飞往美国。

默西塞德一个平凡的周一夜晚，坐在厨房里，我有了一小片刻思考的时间。布兰登·罗杰斯和利物浦正经历着一个繁忙的夏天。六名新人已经确定转会。我还没有给其中任何一人发去短信告诉他们：就我看来，他们即将做出一生中最关键的一次转会。下面这些球员已经同意加盟利物浦：罗伯托·菲尔米诺、詹姆斯·米尔纳、纳撒尼尔·克莱因、丹尼·英斯、亚当·博格丹和乔·戈麦斯。

让我更感到意外的是布兰登·罗杰斯背后的教练组发生了如此大的动荡。教练班子确实需要有所变化，但我没想到布兰登的助教科林·帕斯科和麦克·马什会双双离任。跟布兰登详细聊了一会儿，我本以为教练组只会有一处人员变动。他没有单独提及任何人，但他告诉我他正打算补强球队和他的团队。很明显马什热爱这家俱乐部，他曾经作为球员效力过利物浦。我很意外他和科林都走了——因为他们俩在布兰登的体系里都没有太大权力。

我唯一能想到的只有布兰登想要给整个团队注入新鲜血液。科林和马什没有任何过错，也没有任何走人的理由。这只是当今足坛现状的又一个例子。该说布兰登勇敢还是背信弃义呢？对我而言这是个很难回答的问题。我很意外的是，俱乐部上上下下，在我签约洛杉矶银河之前，都没有向我提过任何进入教练组的可能性。

我不是说俱乐部应该向我提供助理教练或者一线队教练的职位，因为我可能并没有准备好接手任何一个岗位。但跟我稍作商量对他们会有什么害处吗？也许我本可以继续作为替补球员留队，然后同时接受执教方面的培训？我认为那对于我和詹米·卡拉格来说都会是一个明智的选择。如果俱乐部那样做的话，我就有很多事情需要考虑了，因为现在坐在这里，距离加盟洛杉矶还剩一周时间，我知道我仍有足够实力穿上利物浦战袍。我知道我仍能为球队做贡献。

我知道我说过不太想在利物浦当替补球员，但是如果结合一份最终进入教练岗位的邀请，那么这会让我选择放弃美国之行。这样的经验对我来说将会弥足珍贵。我可能会干上一两年，或者更多。我本可以成为教练组和球员之间的纽带，与此同时，我会看到训练课和战术都是如何计划安排的。我可以坐下来跟教练组还有老板们一起开会。对我来说这会是非常棒的经验，并且我认为，对俱乐部也很有价值。但利物浦另有打算——同样有他们的道理。

对于任命佩平·林德斯出任布兰登的新任助教之一，我并无意见。在佩平和我最爱的两名年轻球员特伦特·阿诺德和赫比·凯恩的帮助下，我完成了我的B级证书，当时佩平还是U16队的教练。佩平是位好教练，也是个很不错的人。他对我很好——他很实诚，在我每次和他一起做完训练课之后都会给我些反馈点拨。他很快会跟肖恩·奥德里斯科尔以及加里·麦卡利斯特一起加入布兰登的教练组，加里是我的前队友，一位非常受我尊敬的人。加里作为利物浦教练组一员，一定能像他2000年作为球员加入时一样，给球队带来激动人心的影响。

与此同时，去美国踢球对我来说也是个很不错的机会。莱克茜走进厨房找喝的，并且告诉我她和姑娘们要去蹦床上玩一会儿。

仲夏夜晚，我问了她一个简单的问题："你期待去洛杉矶吗，莱克茜？"

她的小脸蛋泛起了光。"嗯啊。"她说。

这对我、阿莱克斯、莉莉、莱克茜和露德丝来说都会是一场冒险。虽然身处远方，但我会继续密切关注英格兰和欧洲足坛。我会在洛杉矶早早起床收看利物浦的每一场电视直播，我还会观察路易斯·苏亚雷斯在巴塞罗那的表现、费尔南多·托雷斯在马德里竞技的表现以及拉法·贝尼特斯在皇家马德里的成绩。

路易斯和我保持着联系。看到他跟随巴塞罗那一起赢得欧冠联赛让我备感高兴。他又一次领悟了我们从阿森纳手中将他拯救下来是多么正确——如此一来他才能加盟巴萨。路易斯在加盟诺坎普的第一个赛季里取得如此大的成功，对我而言毫不意外，他在对阵尤文图斯的欧冠决赛中攻入关键的第二粒进球就是对此最好的力证。我知道梅西和内马尔跟苏亚雷斯做队友时的感受会和我当年一样。路易斯·苏亚雷斯也许会犯些古怪的错误，但和他一起踢球太开心了。

我翻出了我的利物浦队友们在迪拜给我的大册子。我打开它读了路易斯·苏亚雷斯给我的留言。我读了齐内丁·齐达内写的话，还有肯尼·达格利什的、约翰·阿尔德里奇的、布兰登·罗杰斯的、乔丹·亨德森的、卢卡斯·雷瓦和其他所有人的。

当我领着全队跳科洛和亚亚之舞时，我的孩子对我说了什么？“你在干什么啊，爹地？那不是你……”

但在我读到那些写给我的话时——来自足球界我所尊重的人们，我感到既感慨怀旧又乐观积极。我还是齐达内眼中的那个人。我还是达格利什、苏亚雷斯和亨德森熟知的那个人。他们都是我的故事的一部分。我是那个从艾恩赛德路走出，赢得了欧冠联赛、足总杯、联盟杯和联赛杯的男孩——即便没有英超在手。我参加了824场顶级足球赛事、710场效力利物浦，114场代表英格兰。我正要完成这段从布鲁贝尔到贝弗利山庄，从海顿到好莱坞的旅途。但我知道我永远都是利物浦之子。我在同一家俱乐部待了27年之久，并且为他们的一线队征战了整整17年。

突然间，在默西塞德那个宁静的周一夜晚，我感到冷静而又沉着。我合上册子，里面装满了关于我的良言善语，然后想到了我的父亲。在我还小的时候老爸经常说什么？“一切从现在开始。你在此之前所做的一切都是过去了。”

在35岁的高龄，生活已不再简单。它更深沉，也更美好。我可以从头来过，但无论去到哪里，我都会带着我的过去、带着我所做过的一切，带上所有的喜悦和悲伤。对我来说，此刻的一切似乎比以往任何时候都更清晰。

光与暗、快乐和伤痛、希望和失利，密不可分。它们相辅相成就像是球门的两根立柱，立在Kop看台前，立在安菲尔德。

附录：数字中的职业生涯

（由盖德·瑞编集）

一些利物浦的数据：

点球得分

排名	球员	联赛	足总杯	联赛杯	欧战	其他	总计
1	史蒂文·杰拉德	32	3	2	10	0	47
2	扬·莫尔比	30	2	7	1	2	42
3	菲尔·尼尔	28	2	3	5	0	38
4	比利·利德尔	34	0	0	0	0	34
5	汤米·史密斯	15	2	2	3	0	22
6	罗比·福勒	14	1	3	2	0	20
7	约翰·阿尔德里奇	15	1	1	0	0	17
8	戈登·霍奇森	16	0	0	0	0	16
9	特里·麦克德莫特	13	1	1	1	0	16
10	迈克尔·欧文	11	1	1	0	0	13
11	凯文·基冈	10	0	0	1	0	11
12	约翰·巴恩斯	7	2	0	0	1	10

一线队队长出场数

排名	球员	总计
1	史蒂文·杰拉德	470
2	罗恩·耶特斯	417
3	埃米尔·休斯	337
4	亚历克斯·莱斯贝克	267
5	唐纳德·麦金雷	250
6	萨米·哈皮亚	197
7	阿兰·汉森	195

一线队出场数

排名	球员	联赛	足总杯	联赛杯	欧战	其他	总计
1	伊恩·卡拉汉	640	79	42	89	7	857
2	詹米·卡拉格	508	40	35	150	4	737
3	史蒂文·杰拉德	504	42	30	130	4	710
4	雷·克莱门斯	470	54	55	80	6	665
5	埃米尔·休斯	474	62	46	79	4	665
6	伊恩·拉什	469	61	78	38	14	660
7	菲尔·尼尔	455	45	66	74	9	650
8	汤米·史密斯	467	52	30	85	4	638
9	布鲁斯·格罗贝拉	440	62	70	38	18	628
10	阿兰·汉森	434	58	68	46	14	620

进球数

排名	球员	联赛	足总杯	联赛杯	欧战	其他	总计
1	伊恩·拉什	229	39	48	20	10	346
2	罗杰·亨特	224	18	5	17	1	285
3	戈登·霍奇森	233	8	—	—	—	241
4	比利·利德尔	215	13	—	—	—	228
5	史蒂文·杰拉德	120	15	9	41	1	186
6	罗比·福勒	128	12	29	14	—	183
7	肯尼·达格利什	118	13	27	11	3	172
8	迈克尔·欧文	118	8	9	22	1	158
9	哈里·钱伯斯	135	16	—	—	—	151
10	山姆·雷布尔德	120	9	—	—	—	129
11	杰克·帕金森	123	5	—	—	—	128
12	迪克·弗肖	116	7	—	—	—	123
13	伊恩·圣约翰	95	12	1	10	—	118
14	杰克·巴尔默	98	12	—	—	—	110
15	约翰·巴恩斯	84	16	3	3	2	108
16	凯文·基冈	68	14	6	12	—	100

鸣 谢

现实生活中，我的家人贯穿了本书的每一页，高高低低，起起落落。所以这本书也同样属于他们，如果缺少了他们不变的爱与支持，我在人生和足球的道路上都不会取得如此的成就。我亏欠我的妻子阿莱克斯很多很多。她可能对足球知之甚少，但她比任何人都更了解我。所以对她一直以来的支持，对她这位如此出色的妻子以及我们三个女儿了不起的母亲，我在此送上最真挚的感谢。

尽管对无法再为利物浦出战仍有一丝伤感，但可以有更多时间陪伴阿莱克斯还有我们三个宝贝女儿——莉莉·艾拉、莱克茜和露德丝让我备感欣喜。在美国，我们能一家人去做一些事，这在我担任利物浦队长期间是根本不可能的。她们让我开怀大笑，她们让我感到非常开心。我很肯定从现在开始，莉莉、莱克茜和露德丝会很享受身边有个普普通通的老爸。

我的父母双亲从一开始就给了我难以置信的支持。他们还向我灌输了对我而言最为重要的价值准则，我希望我能将这些传递给我的孩子们。感谢父亲和母亲一直陪伴在我身边——还有过去35年里他们给我的所有帮助和谆谆教导。

我的兄长保罗，则更像一位挚友。我俩的感情很深，在我最需要他的时候我总是可以仰赖他。我也很高兴我选择留守利物浦完成了在英格兰的全部职业生涯，让保罗和老爸心满意足。

同样让我备感幸运的是有一群志同道合值得信赖的朋友。我可以回归真我，当我和他们在一起的时候，我们总是能纵情欢笑。一如既往，对他们说一声，谢了。

本书同样献给世界上最棒的球迷们，那些支持利物浦的球迷们，因为没有他们的话我便不会忠实于一家俱乐部。他们给我的支持，以及最后为我送上的美妙送别，意味着我永远不会后悔当初留在利物浦的决定。利物浦球迷让我感觉无比幸运——对于跟随国家队和我走遍全世界的英格兰忠实球迷而言，也是一样。少了这些死心塌地的球迷，足球便失去了意义。

感谢所有来自希尔斯堡家属支援团的杰出志士。是你们让96位逝者的记忆得以存续。因为你们，正义，终将会到来。

我想要对利物浦足球俱乐部的每个人道一声谢——我的每一任教练、我的所有前队友、教练组、医疗团队、办公室和行政人员、安保人员以及每一位同俱乐部有所关联的人们，无论是在安菲尔德、在梅尔伍德的训练场，还是我在默西塞德参加过的各级青训学院。我同利物浦这么多人保持着亲密的联系，已经为这家俱乐部说了很多。有朝一日我很乐意回到这里——去往任何一个利物浦足球俱乐部认为我能发光发热的岗位。

与此同时，有机会到美国职业足球大联盟为洛杉矶银河效力让我激动不已。感谢新俱乐部的每一位成员，让我和我的家人感受到如此热烈的欢迎。

我的经纪人斯特鲁恩·马绍尔已经证明了他是业内翘楚，在我的整个职业生涯中他都一直在我的身边。谢谢斯特鲁恩给我的建议和友谊。

之所以会有本书的问世，源自于沃瑟曼媒体集团和邓肯·罗斯和企鹅出版社的丹尼尔·本亚德之间的许多讨论。丹和邓肯从一开始就展现出了我们所想要的坚持与热忱。当丹去查阅由约翰·斯滕贝克为我执笔的第一本书《人鼠之间》的第一版副本时，我就知道他是动真格的。感谢企鹅出版社的每位员工为本书所付出的信念、热情和勤劳苦干。

我还想要感谢利物浦的首席理疗师克里斯·摩根，感谢他为我照料着我遍体鳞伤的身体——还要感谢他以及利物浦俱乐部医疗团队的每个人在过去给我的帮助。

《每日快报》的保罗·乔伊斯和我相识多年。他第一次采访我是在1998年，我刚进入一线队后不久。保罗从不曾让我失望，我自始至终都给予他完全的信任。他还是我和唐·麦克雷的好战友，当我们顶着紧迫的截稿日期撰写本书时，保罗的记忆和远见给我们带来了很大的帮助。

我告诉唐·麦克雷，早在我们第一次见面前，我就已经研究过他和他过去的作品了。我几乎差不多可以原谅他阿森纳球迷的身份。我们一同为这本书辛勤地工作着，而且最棒的是，在准备离开利物浦时，我的周围环绕着如此纷繁复杂的情绪，我们依然很享受一同写作。感谢唐倾听我的故事，记录下来并将它们拼凑在一起。我还向他展示了怎样才算是一名合格的“红军”，噢不，一名利物浦球迷。